Una calamidad educativa

Aprendizaje y enseñanza durante la pandemia de COVID-19

Editado por
Fernando M. Reimers ~ Uche Amaechi ~
Alysha Banerji ~ Margaret Wang

Prólogo de
Stefania Giannini, UNESCO

Con contribuciones de

Francisco Barajas ~ Philip Bell ~ Claire Chadwick ~
Shirley Eadie ~ Jazzlyne Gunawan ~ Arooj Naveed Haq ~
Pierce Henderson ~ Kristen Hinckley ~
Charlotte R. Hinrichs ~ Mohammed Hosain ~
Bingyao Hu ~ Maria Jaramillo ~ Charley Kenyon ~
María José de León Mazariegos ~ Daniel Martinez ~
Maurice McCaulley ~ Jonathan Mendonca ~
Aida Mohajeri ~ Samantha Monroe ~ Mary Nagel ~
Prachi Narang ~ Carrah Olive-Hall ~ Stephanie Ovitt ~
Michael Ryan Pakebusch ~ Gustavo Rojas Ayala ~
Wilbert Sánchez ~ Melanie Shimano ~ Joshua Sparks ~
Peter Swing ~ Tiffany Tryon ~ Patricia Vazquez ~
Renata Villers ~ Revanth Voothaluru ~ Yiqin Wang ~
Vo Ram Yoo

Con traducción al español y revisión editorial de

Gustavo Rojas de Mexicanos Primero Sinaloa
Daniela Uresty ~ Teresa Gutiérrez ~ Erik Ramírez ~
Miriam Peña ~Patricia Vázquez
de Radix Education
Eugenia Garduño
de la Red de Mujeres Unidas por la Educación en México
Kristen Hinckley ~ María Jaramillo

ISBN: 9798737459857

A pesar de que la pandemia ha causado alteraciones extraordinarias en la educación, también ha permitido una innovación social y tecnológica sin precedentes en la línea del frente, convirtiendo en ocasiones a los estudiantes, que normalmente son los destinatarios de los sistemas educativos actuales, en ingenieros de las soluciones educativas del mañana. Este libro recopila un conjunto notable de ejemplos de soluciones creadas por estudiantes. Lo que los hace especiales es que no son simplemente artículos académicos analíticos, sino estudios de caso en los que los estudiantes han trabajado con gobiernos, sociedad civil y el sector educativo de los países que más requieren diseñar y crear soluciones, posibilitando la apropiación de estas y ayudando a implementarlas y llevarlas a escala.

Andreas Schleicher
Director de Educación y Competencias
Organización para la Cooperación y el Desarrollo
Económicos

Índice

Prólogo

Stefania Giannini

Subdirectora General de Educación de la UNESCO

Me complace ver este libro publicado a la par que convocamos, virtualmente, a la Conferencia General de Ministros de Educación de la UNESCO. La razón por la que nos reunimos de manera virtual es obvia. Estamos en medio de una pandemia global, que ha volcado todo en la vida, incluida la educación.

Este libro es resultado del trabajo de un grupo de estudiantes de posgrado en Harvard, que trabajaron junto con autoridades educativas de diez jurisdicciones con el fin de evaluar el impacto educativo de la pandemia y revisar las opciones para mitigar y revertir dicho impacto. Es testimonio del poder que las universidades tienen para hacer aportaciones a la sociedad en un momento de gran necesidad. Como ex rectora de una universidad, estoy consciente del valor social de las universidades y de la importancia de su misión para contribuir a la sociedad mediante el avance del conocimiento, la enseñanza y la divulgación. Este libro ejemplifica el valor de la integración de estas tres misiones para el logro de metas sociales importantes, tales como asegurar la continuidad de las oportunidades educativas en tiempos de crisis.

El impacto de la pandemia en la educación es muy grave. Ha creado una crisis educativa mundial que tendrá secuelas profundas. Durante el último año se cerraron muchas escuelas y universidades, con un giro masivo hacia el aprendizaje remoto que dejó atrás aproximadamente 500 millones de estudiantes. Mientras los gobiernos hacían malabares implementando medidas restrictivas para contener al virus, alrededor de 800 millones de estudiantes continuaron enfrentando interrupciones importantes en su educación, que iban desde cierres generalizados de escuelas en 31 países, hasta horarios académicos reducidos o de tiempo parcial en muchos otros. En promedio, dos terceras partes del año académico se han perdido en todo el mundo debido a los cierres totales o parciales como consecuencia de la pandemia del COVID-19.

El secretario general de la ONU hizo una advertencia sobre la catástrofe generacional hace nueve meses y bien podríamos estar dirigiéndonos hacia ella ahora. Ya no estamos en una emergencia, sino en una "crisis prolongada" que es cada vez más devastadora, no solo desde el punto de vista educativo, sino también social, económico y mental. Diversas reseñas hablan del aumento en el trabajo infantil, el embarazo en la adolescencia, la violencia de género y la desnutrición. Hay relatos de estudiantes universitarios que sufren de aislamiento social extremo, pobreza desoladora y expectativas disminuidas. La pandemia ha puesto de manifiesto la relevancia que tienen las escuelas, los maestros y los educadores en la sociedad. Ellos no estaban preparados para resistir el choque y requieren apoyo para recuperarse y construir algo mejor.

Es hora de desplegar un paquete extenso de recuperación educativa. La pérdida de aprendizaje ya no se cuenta en días y semanas, sino en meses, y en algunos casos más de un año. Los más vulnerables han sido los más afectados. La pandemia incrementó las desigualdades, amplificando la crisis de aprendizaje preexistente. Dirigir al mundo hacia un camino más resiliente, ecológico e inclusivo no sucederá si no se invierte en quienes son los custodios de nuestro futuro. Un paquete de recuperación para la educación se enfoca en la inclusión, la resiliencia y la transformación. Se trata de no dejar a nadie atrás, de prepararse para crisis futuras y de adaptar la enseñanza y el aprendizaje a los desafíos globales actuales.

El primer deber es reabrir las escuelas de manera segura e incluyente, tomando todas las medidas para proteger la salud y el bienestar de alumnos, maestros y educadores. Para ello, los 100 millones de profesores y educadores del mundo deben ser considerados como grupo prioritario en las campañas de vacunación. Son trabajadores de primera línea y los actores más importantes en la recuperación educativa. Tampoco podemos permitir que las limitaciones económicas y las normas de género obstaculicen el regreso a la escuela. Cada escuela tiene que dar prioridad a los alumnos más vulnerables y desfavorecidos, quienes han sufrido el mayor impacto debido a los cierres: primero, rastreando a los que están en riesgo de no regresar a la escuela y proporcionando transferencias monetarias condicionadas a las familias más pobres; en segundo lugar, garantizando que las escuelas brinden programas remediales y de recuperación de los aprendizajes; tercero, impulsando la salud y la nutrición escolares. Todo esto proporciona incentivos robustos. Esta recuperación debe promover la inclusión social y la igualdad de género a través de la educación.

El segundo es desarrollar la resiliencia ante embates futuros, desde los sanitarios hasta los medioambientales. No se trata solo de la tecnología, sino de empoderar a sus usuarios, reconociendo la primacía de la dimensión humana. Los gobiernos, los aliados públicos y privados, deben intensificar las acciones para reducir la brecha digital, ampliar la conectividad y la electrificación, desarrollar contenidos de aprendizaje digital de calidad y ayudar a los profesores a que dominen la enseñanza remota e híbrida. Los sistemas educativos resilientes dependen de maestros en quienes se confíe, estén capacitados, sean respetados y estén empoderados. La crisis fue la catalizadora de innovaciones y de alianzas que la recuperación puede aprovechar para crear sistemas de aprendizaje más flexibles, colaborativos y personalizados.

El tercer deber es desarrollar en los alumnos las habilidades para crear un futuro más sostenible, justo y pacífico. Nuestros sistemas educativos deben reorientarse en torno al interés de la economía verde y digital, de la economía solidaria y de la economía creativa. Necesitan proporcionar a los alumnos el conocimiento y la mentalidad para responder al cambio climático, la amenaza existencial de nuestro siglo. Necesitan desarrollar la resistencia hacia la desinformación que se ha disparado durante esta pandemia. Necesitan conectar el aprendizaje con situaciones de la vida real, para fomentar la concientización y la responsabilidad sobre nuestro planeta único.

La pandemia ha profundizado y dejado al descubierto las desigualdades en la educación y el mayor peligro radica en no reconocer el poder de la educación para reconstruir sociedades más inclusivas, resilientes e innovadoras. No es suficiente proteger el financiamiento a la educación; sería suicida recortarlo. Al igual que nuestras economías, la educación requiere de estímulos. Y, sin embargo, la educación ha permanecido casi invisible en las respuestas fiscales, con un estimado de 0,78% asignado al sector a nivel global. Tampoco se está dando prioridad a los más marginados debido a que solo uno de cada cinco países cuenta con mecanismos equitativos de financiamiento. Esto es carecer de visión: invertir en la educación en el presente generará ahorros en el futuro: una inversión inmediata en programas remediales y de recuperación podría reducir los costos para reparar los daños por el Covid-19 hasta en un 75%. El Reino Unido, los Países Bajos y Suecia se encuentran entre los países europeos que han proporcionado paquetes específicos para apoyar la continuidad del aprendizaje y el desarrollo de habilidades. En los Estados Unidos, la "Ley Cares" prevé asignar 31 mil millones de dólares en fondos de ayuda de emergencia para la educación, destinados a estudiantes, escuelas, instituciones y estados a lo largo del país.

Las próximas semanas y meses serán el momento para poner en marcha la educación. Los gobiernos y la comunidad internacional pueden organizar misiones para reabrir escuelas de manera segura; capacitar a los maestros; impulsar el desarrollo de habilidades; y, expandir la conectividad digital. Estas prioridades se acordaron durante la Reunión Mundial de Educación en 2020. Ahora es tiempo para tomar medidas concretas. El G7 y el G20 han incluido a la educación y las habilidades en sus agendas, lo cual debe traducirse en un compromiso financiero. La Alianza Global para la Educación tiene como objetivo suministrar más de 5 mil millones de dólares para apoyar el aprendizaje en 67 países de ingreso bajo y mediano bajo. Esto no es mucho dinero. Los países de ingreso medio que están al borde de la implosión económica necesitan servicios de financiamiento para apuntalar sus sistemas de educación y capacitación. Un pronóstico de crecimiento lento en los países de ingreso alto exige programas amplios para capacitar a los jóvenes y promover la inclusión digital.

La educación hace que nuestras sociedades sean más fuertes, prósperas y resilientes. La inversión en educación es la mejor respuesta a la incertidumbre que dominará nuestro mundo durante muchos meses y quizás años por venir. Para hacer justicia a la generación del COVID-19, los gobiernos y la comunidad internacional solo tienen una opción: invertir en su futuro ahora. Este libro reafirma mi convicción de que las universidades tienen mucho que ofrecer para construir una mejor educación, mientras enfrentamos la crisis actual y nos preparamos para enfrentar los desafíos del futuro.

Capítulo Uno

¿Pueden las universidades y las escuelas aprender juntas? Vincular la investigación, la enseñanza y la divulgación para mantener las oportunidades educativas durante una pandemia.

Fernando M. Reimers, Uche Amaechi, Alysha Banerji y Margaret Wang

La pandemia de Covid-19 causó interrupciones importantes en la educación en todo el mundo. Desde que la Organización Mundial de la Salud declaró la pandemia el 11 de marzo de 2020, la mayoría de los estudiantes del planeta se vieron afectados por la interrupción de la educación presencial. Para mitigar la pérdida educativa que causaría tal interrupción, las autoridades educativas de todo el mundo crearon una variedad de mecanismos alternativos para brindar servicios educativos. Lo hicieron con mucha rapidez y sin el conocimiento suficiente sobre lo que podría funcionar bien, para cuáles niños y para qué aspectos de la experiencia escolar.

El tener que crear tales arreglos alternativos en tan poco tiempo fue el máximo desafío de liderazgo adaptativo, uno para el cual no existía un manual de tácticas, uno para el que habría que inventar soluciones en lugar de obtenerlas del conocimiento técnico existente. La naturaleza del desafío fue diferente en todo el mundo y en todas las regiones, así como en los países, como resultado del diverso impacto de la pandemia sobre la salud pública y la economía de las comunidades, además de las variaciones en los recursos institucionales y financieros disponibles para corregir dicho impacto, incluyendo la disponibilidad de infraestructura digital y conocimiento previo y experiencia de profesores y estudiantes con pedagogías digitales y otros recursos para crear sistemas alternativos de prestación de servicios educativos.

Mantener las oportunidades educativas en medio de estos desafíos creados por la pandemia fue un ejemplo de una respuesta educativa adaptativa, no a un desafío inesperado único, sino a uno que es parte de una clase más general de problemas, solo uno de los muchos acertijos adaptativos que enfrentan y seguirán enfrentando las comunidades y sociedades, y que definirán nuestro futuro. Más allá de los desafíos resultantes de la pandemia, otras complicaciones de ese tipo anteriores a la pandemia incluyen la pobreza, la desigualdad, la exclusión social, la falta de gobernanza, el cambio climático, entre otras. De alguna manera, la pandemia sirvió como un acelerador para algunas de esas dificultades preexistentes, aumentando su impacto o subrayando la urgencia de abordarlas. Es probable que los acertijos adaptativos de este tipo, incluidas las pandemias, sigan afectando los sistemas educativos en el futuro previsible. Esto hace necesario fortalecer la capacidad de los sistemas educativos para darles respuesta.

Reimaginar los sistemas educativos para que sean resilientes frente a desafíos adaptativos de este tipo es una oportunidad para movilizar nuevos talentos y recursos institucionales. De hecho, sin nuevos talentos y recursos es poco probable que podamos resolver estos nuevos problemas, un corolario de la famosa cita de Albert Einstein de que "No podemos resolver nuestros problemas con la misma forma de pensar con la cual los creamos".

Las asociaciones entre los sistemas escolares y las universidades pueden contribuir a reinventar los sistemas educativos y a hacerlos más resilientes, pueden mejorar la capacidad institucional de los sistemas educativos para idear soluciones e implementarlas. Tales asociaciones también son una oportunidad para que las universidades piensen más detenidamente sobre la integración de sus tres funciones centrales de investigación, enseñanza y divulgación para abordar los importantes desafíos sociales en un contexto cambiante.

Es oportuno que las universidades asuman un papel activo para estar al servicio de la sociedad, por varias razones. La primera, porque es parte fundamental de su misión. Si bien la función de divulgación y extensión universitaria hace explícito el compromiso con el progreso social, el avance en el conocimiento mediante la investigación y la formación de los estudiantes también contribuyen al avance de la sociedad, aunque quizás en un plazo de tiempo mayor que el más inmediato de la extensión universitaria. Estas tres funciones se benefician de las sinergias que resultan cuando ellas están bien integradas. Desafortunadamente, la magnitud y complejidad de las universidades y, en ocasiones, las luchas políticas burocráticas internas, frecuentemente dan por resultado una integración pobre del trabajo que se realiza en núcleos académicos aislados unos de otros. En consecuencia, la contribución total de las universidades a la sociedad puede ser menos que la suma de las contribuciones parciales que hacen a través de cada una de estas tres funciones básicas, debido a las sinergias negativas entre ellas. Por lo tanto, es necesario atar cabos para ayudar a la universidad a llevar a cabo su misión, incluyendo el aumento del valor de sus contribuciones a la sociedad.

Educar a los estudiantes, por ejemplo, para una vida de compromiso cívico y de contribuciones productivas a la sociedad, requiere ayudarlos a comprender el mundo en el que viven y apoyarlos en el desarrollo de una gama amplia de aptitudes necesarias para comprometerse con ese mundo, incluidas las aptitudes para abordar desafíos sociales. En ese sentido, integrar en el plan de estudios universitario las oportunidades para que los estudiantes se involucren con desafíos sociales brinda una oportunidad para ayudar a cultivar las habilidades cognitivas, intrapersonales e interpersonales necesarias para que los estudiantes contribuyan y participen plenamente, en lugar de ser espectadores y transeúntes en sociedades que enfrentan desafíos complejos. Educar a los estudiantes para que sean creadores, hacedores y contribuyentes, al mismo tiempo que se les involucra al servicio de la sociedad es, en resumen, una manera significativa de hacer que su educación sea relevante. La investigación también puede, al menos en algunos ámbitos, ser más apreciada y entendida por la sociedad cuando está al servicio de encontrar solución a problemas sociales urgentes. Abordar problemas sociales significativos también puede ayudar a vincular la investigación llevada a cabo en diferentes disciplinas y departamentos, contribuyendo al avance en la comprensión de la complejidad de los fenómenos, a menudo fragmentados por los límites de los marcos disciplinarios.

El involucrar a los estudiantes en acciones de colaboración con los educadores de los sistemas escolares para desarrollar soluciones a los desafíos sociales también es una manera de cultivar mentalidades colaborativas para la innovación social, introduciendo a los estudiantes en la práctica de las formas del *nuevo poder* basado en el uso de redes participativas, en contraste con aquellas del *viejo poder* que se basan en iniciativas verticales lideradas por burocracias enormes (Heimas y Timms 2018).

Una razón adicional para que las universidades movilicen de manera conjunta las funciones de investigación, docencia y divulgación y extensión universitaria, es comunicar a sus numerosos destinatarios su función social y su valor. Desde hace algunos años, el reconocimiento de las contribuciones sociales de las universidades ha disminuido en varios países. En los Estados Unidos, por ejemplo, una encuesta del centro de investigación Pew demostró que el porcentaje de población adulta que considera que las universidades tienen un impacto positivo en el país ha disminuido en los últimos años, del 60% en 2012 al 50% en 2019. Encuestas de la organización Gallup reportaron hallazgos similares que muestran que entre 2015 y 2018, el porcentaje de encuestados que expresaron mucha o bastante confianza en la educación superior disminuyó del 57% al 48% (Parker 2019).

En este libro presentamos los resultados de un enfoque que integra la investigación, la enseñanza y la divulgación para avanzar en los objetivos que acabamos de describir, como resultado de involucrar a los estudiantes de posgrado en proyectos de colaboración con los sistemas escolares, con el propósito de identificar formas de mantener las oportunidades educativas durante la interrupción causada por la pandemia. Esta actividad involucró a nuestros estudiantes en la investigación y el análisis, contribuyó a su educación y los involucró en un servicio a la sociedad. También generó conocimientos valiosos. Con la publicación de este libro, estamos haciendo público el conocimiento generado por dicha colaboración con las autoridades educativas, para que pueda ser de utilidad al mayor número posible de educadores. Las colaboraciones de este tipo entre universidades y sistemas escolares pueden extenderse a una amplia gama de áreas, desde el desarrollo de un plan de estudios para enseñar acerca del cambio climático (Reimers 2021), hasta el enriquecimiento del plan de estudios en otras áreas o la prestación de apoyo directo a los estudiantes preuniversitarios. Es posible realizar colaboraciones similares en múltiples dominios y disciplinas, no solo en educación: salud pública, vivienda, pobreza, consumo sostenible, entre otros.

En estos capítulos presentamos los resultados del trabajo de un grupo de nuestros estudiantes de posgrado, quienes ayudaron a las autoridades educativas en varias jurisdicciones alrededor del mundo durante la pandemia COVID-19 a comprender el impacto educativo de la pandemia y a identificar las opciones para mantener las oportunidades educativas durante este período de emergencia. Este trabajo se realizó como parte de un curso sobre análisis de políticas de educación comparada que impartimos en el semestre de otoño de 2020. El curso se ofreció en la Escuela de Posgrado en Educación de la Universidad de Harvard, una de las diez escuelas profesionales de la Universidad de Harvard. Los estudiantes trabajaron con las autoridades educativas en diversos países entre septiembre de 2020 y enero de 2021.

Los autores de los capítulos que forman en este libro, nuestros estudiantes, tienen experiencia profesional en Bangladesh, Belice, Brasil, Chile, China, Colombia, Costa Rica, India, Indonesia, Israel, Kenia, Malasia, México, Mozambique, Nigeria, Pakistán, Perú, Sierra Leona, Sri Lanka, Sudáfrica, Somalilandia, Emiratos Árabes Unidos, Reino Unido y Estados Unidos.

Antes de comenzar sus estudios de posgrado, habían trabajado en una variedad de roles en el sector educativo, incluyendo los de maestros, asistentes de enseñanza, consejeros escolares, directores de escuela, formadores de maestros, supervisores educativos, especialistas en educación en una organización de servicios educativos, consultores en educación, especialistas en educación en ministerios de educación, gerentes de proyectos, líderes de equipos de estrategia e investigación, directores de unidades de análisis de políticas educativas, investigadores, defensores de la educación, directores de artes creativas, entrenadores deportivos, terapeutas en educación especial, profesores universitarios, gerentes de asociaciones, asesores de organizaciones educativas de la sociedad civil , empresarios educativos e incluso una ministra de educación a nivel estatal.

La asignatura de educación comparada e internacional en la cual se realizó este trabajo está diseñada para ayudar a los estudiantes a que desarrollen habilidades de análisis de políticas. Los estudiantes que toman este curso leen investigaciones sobre la mejora educativa a nivel sistémico, como planes de estudios y estándares, calidad de los maestros, desarrollo profesional, liderazgo y mejora del sistema. También aprenden metodologías para examinar problemas educativos, identificar sus causas y las opciones para abordarlos. Estos incluyen un enfoque en el análisis de políticas, que consiste en identificar las causas fundamentales de un problema, seleccionar un rango de criterios para evaluar alternativas, delinear opciones para abordar dichas causas fundamentales a partir de la evidencia existente, proyectar los resultados de dichas alternativas basándose en varios criterios y luego hacer una recomendación (Bardach y Patashnik 2020). También estudian un enfoque para analizar el proceso de cambio educativo a través de cinco enfoques: cultural, psicológico, profesional, institucional y político, cada uno de los cuales destaca diferentes elementos de la dinámica de los sistemas educativos.

El marco cultural ve a las escuelas como instituciones en interacción con otras instituciones sociales, como son las familias y las comunidades, y el proceso de cambio como resultado de la negociación de esfuerzos para cambiar la cultura de la educación entre estas diversas instituciones. La perspectiva psicológica destaca el papel del conocimiento sobre cómo aprenden los estudiantes y profesores para informar las iniciativas de cambio. La perspectiva profesional se centra en las normas y procesos que aumentan la experiencia que guía la práctica profesional. La perspectiva institucional atiende a la alineación y coherencia entre los diversos elementos y procesos de un sistema educativo: currículo, evaluación, recursos educativos, gobernanza, entre otros, y la perspectiva política se enfoca en la interacción entre varios grupos de partes interesadas a medida que avanzan y negocian sus intereses en cualquier esfuerzo por transformar la educación (Reimers 2020). Los estudiantes aplican estas herramientas analíticas en una variedad de tareas basadas en los problemas de su elección, con el fin de ayudarlos a desarrollar una comprensión basada en la reflexión de dicha aplicación en la práctica.

En el semestre de otoño de 2020, los estudiantes del curso tuvieron la opción de trabajar con un 'cliente', una autoridad educativa abierta a colaborar con ellos, analizar el impacto de la pandemia en las oportunidades educativas y ayudarlos a identificar opciones para dar continuidad a la educación durante la pandemia. Los estudiantes elaboraron este trabajo por etapas, entregando informes intermedios a su cliente y al equipo docente, y recibiendo de ellos retroalimentación y sugerencias. Al completar un informe final, lo presentaron a sus clientes y en una conferencia de educación global, en la que líderes de la práctica en el campo de la educación y el desarrollo internacionales brindaron retroalimentación a su trabajo. Finalmente, realizamos dos rondas separadas de discusión de las revisiones de sus proyectos finales en el curso, en las que recibieron comentarios adicionales de sus compañeros y de nosotros. A finales de enero de 2021, muchos de los equipos hicieron un seguimiento con su 'cliente' para hacer un balance de lo que había sucedido con sus recomendaciones y agregaron una *coda* a sus capítulos.

La selección de las jurisdicciones para llevar a cabo el proyecto fue realizada por los estudiantes, en la mayoría de los casos en función del acceso que tenían a las autoridades educativas a partir de las relaciones preexistentes de al menos un miembro de cada equipo de autores. Los distintos capítulos discuten en dónde se posicionan los autores en relación con su cliente y el contexto bajo análisis. Debido a que este trabajo se realizó durante la pandemia, cuando los viajes y la movilidad estaban severamente restringidos, la mayor parte de la recopilación de datos y entrevistas se realizaron de manera virtual y remota, y no en persona. Esto fue el caso incluso para los autores que vivían en la misma ciudad que el cliente, ya que los requisitos de distanciamiento social impedían estas reuniones en persona. Los estudiantes también colaboraron entre sí de forma remota, ya que la Escuela de Posgrado en Educación de Harvard ofreció enseñanza a distancia durante el año académico 2020-2021, como resultado de las restricciones de viaje y los requisitos de distanciamiento físico causados por la pandemia. Este acceso remoto pudo haber limitado la oportunidad de que los autores obtuvieran información más completa como resultado de observaciones o conversaciones en persona con las personas en los sitios que estaban estudiando.

El hecho de que este trabajo se haya realizado para un cliente, en la mayoría de los casos una autoridad educativa, indujo a un enfoque particular para encuadrar el problema en el que se enfocaron los estudiantes, así como en el tipo de opciones que podrían considerarse para abordarlo. El enfoque en el análisis de políticas que enseñamos en el curso exige una definición clara del problema desde el principio; esto lleva a centrarse en el análisis de ciertos aspectos de los desafíos de la educación durante la pandemia, dejando otros aspectos fuera. El análisis adopta un punto de vista centrado en el tipo de acciones que los gobiernos podrían tomar para mantener las oportunidades educativas durante la pandemia, en lugar de examinar el impacto de la pandemia en los niños y las familias de una manera más abierta o desde múltiples ángulos.

Debido a que la atención se centra en el impacto de la pandemia en la capacidad de las escuelas para impartir el currículo, el análisis se inclina hacia la búsqueda de oportunidades operativas para que los gobiernos continúen brindando servicios educativos durante la pandemia. Este enfoque específico puede haber oscurecido otros aspectos del impacto educativo de la pandemia. Por ejemplo, si hubo consecuencias positivas como resultado del período prolongado que los estudiantes pasaron confinados en casa con sus familias, esos resultados están fuera del alcance del análisis de los capítulos dado su perspectiva centrada en acciones al alcance de los gobiernos. Al final de este capítulo introductorio, discutimos varias limitaciones que pueden resultar de este enfoque en el análisis. Además, el período cubierto por la participación de los estudiantes con sus clientes, de septiembre a diciembre de 2020, representa solo una parte de la totalidad del período durante el cual la pandemia influyó en la educación en los países analizados, y los estudios que se presentan en este libro se centran en el período desde inicio de la pandemia, en marzo de 2020 hasta el final del año 2020.

Claramente, un recuento completo del impacto educativo de la pandemia tendrá que esperar hasta que la pandemia termine. Los países estudiados en los capítulos de este libro se encontraban en varios puntos a lo largo de la evolución de la pandemia durante el período en que se llevaron a cabo estos estudios, y también se encontraban en varios puntos del año escolar como resultado de los diversos calendarios escolares en todo el mundo. En el momento en que los autores de los estudios incluidos en este libro interactuaron con las diversas autoridades educativas, las jurisdicciones que estudiaron habían intentado diferentes estrategias para dar continuidad a la educación durante la pandemia, que iban desde el cierre completo de las escuelas, con arreglos alternativos limitados para la enseñanza, hasta la creación de varias modalidades para la instrucción remota, para ofrecer alguna forma de instrucción en persona o instrucción híbrida. En ese sentido, el libro no es un relato amplio y completo del impacto educativo de la pandemia en los países incluidos en el estudio, sino un relato de dicho impacto hasta septiembre-diciembre de 2020 en aquellas dimensiones más relevantes para el enfoque de análisis del problema definido por las autoridades educativas.

Presentamos este trabajo realizado por nuestros alumnos con tres objetivos. El primero, porque el enfoque que siguieron para ayudar a los gobiernos a discernir formas efectivas para mantener las oportunidades educativas durante la emergencia creada por la pandemia puede ser útil para otras autoridades educativas durante el resto de esta pandemia así como en futuras emergencias. El segundo, como una invitación a nuestros colegas en educación superior para crear oportunidades con el fin de que sus estudiantes adquieran conocimientos y habilidades que los capaciten para contribuir a la solución de grandes problemas a medida que se involucran con esos mismos problemas. Estamos convencidos de que si más universidades lograran involucrar a sus estudiantes en colaboraciones que resulten en un trabajo tal como el que presentamos en este libro, esto haría una diferencia significativa para dar continuidad a las oportunidades educativas durante esta crisis educativa global.

El tercer objetivo, porque estos estudios brindan un relato útil del impacto educativo de COVID-19 en diez jurisdicciones, con un enfoque en los estudiantes desfavorecidos, y de algunas de las opciones que podrían mitigar dicho impacto, y esta información puede ser útil para los gobiernos y quienes trabajan con ellos para mitigar y revertir la considerable pérdida educativa causada por esta crisis. Si bien es demasiado pronto para analizar la implementación y el impacto de muchas de las recomendaciones contenidas en estos capítulos, algunas de ellas incluyen una CODA adicional que habla de las formas en que estos clientes recibieron y actuaron en base a estas recomendaciones.

Contenido del libro

Los capítulos siguientes examinan el impacto de la pandemia del COVID-19 en las oportunidades educativas en Bangladesh, Belice, el municipio de Santa Ana en Costa Rica, Guatemala, Kenia, en los estados de Sinaloa y Quintana Roo en México, Sudáfrica, Emiratos Árabes Unidos y en el Distrito Escolar Independiente de Richardson en Texas, Estados Unidos.

Este primer capítulo presenta el proyecto en su conjunto y nuestros objetivos, sintetizando los hallazgos clave de los estudios incluidos en este libro sobre el impacto de la pandemia en las oportunidades educativas y las opciones para dar continuidad a la educación durante la misma. Concluimos discutiendo las consecuencias de la pandemia en las oportunidades educativas.

El capítulo 2, *¿Cómo puede a2i blindar al futuro el aprendizaje a distancia en Bangladesh?*, presenta los resultados de una consulta de cuatro meses con Aspire to Innovate (a2i), realizada entre agosto y diciembre de 2020, para mitigar el impacto de la pandemia

COVID-19 en el sistema escolar básico de Bangladesh. Con base en datos de una encuesta de 400 maestros de Bangladesh, discusiones en grupos focales con maestros de escuelas primarias públicas y una revisión de los datos disponibles sobre las mejores prácticas internacionales, el capítulo proporciona un conjunto de recomendaciones para mejorar el acceso y la retención en el contexto a corto plazo de la pandemia, así como fortalecer la digitalización de la educación a largo plazo, iniciada por primera vez en las revisiones a la política educativa nacional de 2010.

El capítulo 3, *Resiliencia en la incertidumbre: mantenimiento y fortalecimiento de la educación primaria en Belice durante la pandemia COVID-19,* analiza los desafíos educativos que enfrentó el Ministerio de Educación de Belice derivados de la pandemia COVID-19. Los autores encuentran que la pandemia y las grandes inundaciones generadas por los huracanes en la región en noviembre de 2020 provocaron la interrupción de la educación escolar, mayor aislamiento social y vulnerabilidad socioeconómica. Si no se abordan estos desafíos agregados, probablemente tendrán efectos negativos a largo plazo en la enseñanza y el aprendizaje en Belice. Para mitigar estos efectos, los autores proponen recomendaciones para el desarrollo de habilidades socioemocionales en maestros y estudiantes de escuela primaria, incluido el apoyo para desarrollar resiliencia emocional en los estudiantes, construir relaciones sólidas entre maestros y estudiantes y promover la propia resiliencia emocional de los maestros.

El Capítulo 4, *Seguimiento de los desafíos de salud mental en el municipio de Santa Ana en Costa Rica,* explora la crisis de salud mental en el municipio de Santa Ana en Costa Rica que se desarrolló en respuesta a la pandemia COVID-19 y el consiguiente cierre de escuelas. Todas las escuelas en Costa Rica cerraron y los estudiantes hicieron la transición hacia el aprendizaje virtual (en un programa llamado *Aprende en Casa*) el 16 de marzo de 2020. El Ministerio de Educación creó una plataforma de aprendizaje en línea para apoyar el aprendizaje remoto y complementó esta plataforma con una programación limitada de radio y televisión destinada a llegar a aquellos estudiantes sin dispositivos con acceso a la plataforma de aprendizaje en línea. No obstante los esfuerzos del gobierno, muchos estudiantes experimentaron problemas de salud mental motivados por el aislamiento. Los autores investigaron la naturaleza y la prevalencia de estos problemas -mediante entrevistas directas con las partes interesadas y en base a los datos proporcionados por el gobierno y las ONG- así como los esfuerzos para responder a las necesidades en desarrollo. Las recomendaciones de los autores se enfocaron en el potencial del Mapeo de Relaciones para ayudar a fortalecer los vínculos entre educadores y niños, identificando y apoyando la salud mental de los estudiantes.

El Capítulo 5, *Promoviendo la continuidad de la educación con el apoyo a maestros en Guatemala durante el COVID-19,* examina la respuesta de Guatemala a la interrupción de la enseñanza y el aprendizaje en la pandemia del COVID-19. El capítulo investiga la iniciativa *Aprendo en Casa,* que se basó en una combinación de materiales impresos, televisión/radio y una plataforma en línea para apoyar la continuidad de la enseñanza y el aprendizaje durante el aprendizaje remoto. A través de una combinación de investigación documental sobre los contextos guatemaltecos y otros comparables, de encuestas a educadores, así como grupos focales y entrevistas, los autores analizaron la eficiencia, efectividad e impacto de la iniciativa *Aprendo en Casa.* Posteriormente, los autores generaron y evaluaron recomendaciones de política para abordar las brechas percibidas en la iniciativa. Estas recomendaciones se enfocaron en desarrollar y apoyar la capacidad de los docentes y se estructuraron para su implementación en tres fases, que responderían tanto al apoyo inmediato o urgente de comunicación, como al desarrollo de la capacidad sistémica y estructural a más largo plazo.

En el Capítulo 6, *Un enfoque integral para la continuidad de la educación rural en Kenia,* los autores proponen una política para mejorar el compromiso académico y el éxito de las poblaciones vulnerables en las zonas rurales de Kenia, específicamente de las niñas que viven en la pobreza extrema. Un resultado adicional en el que se centra este capítulo es la equidad de género y el aprendizaje socioemocional. Este análisis de políticas desde la perspectiva de una organización no gubernamental, la Fundación Asante África, y destaca las formas en que las ONG pueden realizar intervenciones efectivas en el sector de la educación. Los autores realizaron entrevistas con familias de la región y miembros del personal de Asante África, analizaron documentos sobre Asante África y llevaron a cabo una revisión de la literatura como parte del análisis de políticas. Más que crear una respuesta de emergencia para la pandemia, sus recomendaciones enfatizan la importancia de las asociaciones cimentadas en la comunidad y la colaboración entre las ONG y las poblaciones a las que sirven.

En cuanto al capítulo 7, *Abordar las tendencias negativas en las asistencias y las preinscripciones en las escuelas para prevenir la deserción durante el COVID-19: El caso de Quintana Roo, México,* se examina la deserción escolar durante la pandemia en este estado mexicano. Al comparar los datos sobre la matriculación de estudiantes justo antes del inicio del año académico de 2020-2021 (agosto de 2020) y la asistencia durante la primera semana de clases en agosto de 2020, con las matriculaciones de años anteriores, los autores estiman tasas de deserción que oscilan entre 2 % y 4.7% en preinscripción y una tasa de deserción adicional de 4.5% durante la primera semana de clases. La deserción escolar es mayor en la escuela primaria que en la secundaria. También encontraron transiciones considerables en las inscripciones de escuelas privadas hacia las públicas. Este capítulo describe la estrategia de continuidad educativa adoptada por el Estado, complementando la estrategia nacional de educación a través de la televisión y los recursos basados en la web, con materiales instructivos impresos, y utiliza entrevistas con maestros y una revisión de la literatura para identificar opciones para abordar el aumento en el abandono escolar. Los autores identifican seis alternativas para abordar la deserción y las examinan con base en cuatro criterios: efectividad, costo, factibilidad y equidad.

El capítulo 8, *Incrementar el apoyo a los estudiantes durante la pandemia COVID-19 en Sinaloa, México* se enfoca en apoyar el aprendizaje de los estudiantes durante la pandemia en un contexto donde la estrategia nacional frente a la suspensión de la escolarización presencial consistió en impartir educación a través de la televisión. El Estado de Sinaloa había complementado esta respuesta educativa oficial otorgando a los maestros autonomía para reemplazar o mejorar el uso de la televisión con estrategias basadas en el uso de libros de texto y folletos, evaluando las actividades de aprendizaje a través de las redes sociales y el uso de la educación en línea. El capítulo revisa la literatura sobre la continuidad de la educación durante la pandemia, organizándola y utilizando un marco multidimensional para conceptualizar el cambio educativo (Reimers 2020). A partir de esta revisión, explora como opciones de apoyo los programas de tutoría de aprendizaje, los centros comunitarios de aprendizaje para estudiantes en riesgo, los cuidadores de apoyo, y la integración de estas tres alternativas. Examina estas opciones en términos de cuatro criterios: costo, viabilidad política, mitigación de la pérdida de aprendizaje y factibilidad. Sobre la base de este análisis, el capítulo recomienda el establecimiento de centros comunitarios de aprendizaje.

El Capítulo 9, *Currículo de Sudáfrica: Desarrollar competencias para un mundo cambiante* sigue una estrategia diferente a las de otros capítulos en este libro. El cliente de este equipo fue el National Education Collaboration Trust (NECT), un socio clave del Departamento de Educación Básica de Sudáfrica. A pedido de su cliente, en lugar de centrarse en la mitigación de las consecuencias directas a corto plazo de COVID-19, los autores ven la pandemia como un evento que expone un problema educativo existente, un plan de estudios obsoleto que ya no es relevante. Así, los autores analizan cómo una política curricular puede aprovechar esta oportunidad para redefinir la educación en Sudáfrica, uno de los países más desiguales del mundo con altas tasas de desempleo. Debido a este contexto, este capítulo se enfoca en mejorar los resultados de los estudiantes en alfabetización, habilidades del siglo XXI y competencias socioemocionales.

El Capítulo 10, *Apoyando la educación de las personas con determinación en los Emiratos Árabes Unidos durante la pandemia COVID-19* explora los esfuerzos en los Emiratos Árabes Unidos (EAU) para mantener oportunidades de aprendizaje efectivas para los estudiantes con discapacidades (llamadas personas con determinación en los EAU) durante el brote de COVID-19 y la consiguiente transición hacia el aprendizaje a distancia. El capítulo se centra en las escuelas privadas de los Emiratos Árabes Unidos, donde la mayoría de los ciudadanos que no son de los Emiratos Árabes Unidos envían a sus hijos. Antes de COVID-19, los Emiratos Árabes Unidos habían transitado hacia el establecimiento de requisitos legales para que las escuelas brindaran experiencias de aprendizaje equitativas a las personas con determinación. Sin embargo, las limitaciones en las capacidades técnicas y financieras tanto de escuelas como de los padres han tenido un impacto negativo en las experiencias de aprendizaje de las personas con determinación, no sólo durante el período inicial de aprendizaje académico totalmente remoto, sino también durante la perspectiva más flexible del año académico actual, que ofrece a los padres la opción de enseñanza totalmente presencial, totalmente remota o híbrida.

Muchas de las opciones de aprendizaje remoto no satisfacen completamente las necesidades de las personas con determinación. Actualmente, las personas con determinación están excluidas del modelo totalmente presencial dada la naturaleza de sus discapacidades y las restricciones impuestas por los protocolos Covid para la interacción física. Después de explorar el contexto de los Emiratos Árabes Unidos, la capacidad actual de padres, maestros y escuelas, y ejemplos relevantes de éxito de todo el mundo, el capítulo revisa opciones de políticas que mejorarían las experiencias de aprendizaje de las personas con determinación. En última instancia, los autores proponen una política "híbrida" que permita que las personas con determinación reciban apoyo y recursos equitativos.

El Capítulo 11, *El efecto de la pandemia COVID-19 en el Distrito Escolar Independiente de Richardson en los Estados Unidos* se enfoca en la mejora del bienestar de los estudiantes en el Distrito Escolar Independiente de Richardson (RISD), un distrito escolar en Texas que atiende a una población étnicamente diversa, con un porcentaje relativamente grande de estudiantes en condiciones de pobreza, con dominio limitado del inglés y en riesgo. El bienestar del estudiante va más allá del apoyo académico; abarca todos los factores que los estudiantes necesitan para vivir una vida feliz y plena, incluido el aprendizaje socioemocional y la salud física y mental. Los autores se centran en este resultado con base en una teoría del cambio que parte de que la mejora en el bienestar de los estudiantes abordará las consecuencias urgentes de la pandemia COVID-19: disminución de la retención, menor participación de los estudiantes y estados socioemocionales negativos. Su recomendación de política se basa en entrevistas con educadores y administradores, en datos escolares y en la revisión de la literatura

Impacto de la pandemia en la educación

Nueve de los diez estudios incluidos en este libro se centran en el impacto de la pandemia en los estudiantes que asisten a las escuelas públicas, incluidos algunos de los estudiantes más marginados. Solo un capítulo, que se centra en los estudiantes con discapacidades, se enfoca en las escuelas privadas de los Emiratos Árabes Unidos, que atienden a estudiantes no emiratíes. La mayoría de los capítulos se centran en países del sur global. En esos entornos, los capítulos encuentran que la pandemia limitó las oportunidades educativas de varias maneras: limitando el acceso de los estudiantes a la escuela ya que se suspendió la enseñanza en persona, a menudo por períodos de tiempo muy largos, hasta de un año completo. Si bien las autoridades educativas crearon medios alternativos para brindar educación que respaldara alguna forma de enseñanza durante la pandemia, esto se hizo a toda prisa, con serias limitaciones de recursos, infraestructura digital y conocimientos y experiencia previos sobre cómo enseñar y aprender en línea. Las modalidades educativas alternativas que se crearon dependieron, en mayor medida que la enseñanza presencial, de que los estudiantes tuvieran el apoyo de sus padres y condiciones para aprender en casa. El mayor papel de las circunstancias del hogar en la mediación del acceso a la educación aumentó las brechas de equidad en las oportunidades educativas.

Los diversos capítulos describen cómo estos arreglos alternativos produjeron pérdidas en el acceso a la educación, en el acceso constante a la misma y en el compromiso con el aprendizaje, explican cómo generaron una instrucción de limitada calidad y de duración más corta que la enseñanza presencial regular, y cómo los arreglos de aprendizaje remoto diseñados de esta manera limitaron las oportunidades para el desarrollo socioemocional. Los capítulos también documentan la manera en la cual la pandemia y los arreglos educativos produjeron desafíos a la salud mental de los estudiantes, cómo tuvieron impactos negativos en los maestros, aumentando las demandas de sus trabajos, con preparación y apoyos limitados. Los capítulos señalan sistemáticamente la creciente desigualdad educativa consecuencia de esta situación. Algunos de ellos también identifican posibles aspectos positivos que resultaron de la innovación y la creatividad demostradas cuando los educadores crearon alternativas para enseñar durante la pandemia. A continuación, resumimos esos hallazgos.

Impacto en el acceso, la asistencia, la participación y el aprendizaje académico

El resultado educativo principal de la pandemia de COVID-19 ha sido el impacto negativo en la asistencia, el acceso y el compromiso con el aprendizaje de los estudiantes, un hallazgo que se reporta de manera consistente en la mayoría de los capítulos de este libro. Es probable que esto resulte en una pérdida considerable del aprendizaje y en la deserción de los estudiantes. El compromiso de los estudiantes con los aspectos académicos y sociales de la educación y el aprendizaje se basa en su asistencia regular, que a su vez depende de su acceso a todos los aspectos del proceso de enseñanza y aprendizaje. Cada aspecto del proceso de aprendizaje es necesario, aunque no suficiente, para apoyar el aprendizaje académico de los estudiantes. Los estudiantes deben presentarse a clases, listos para aprender, motivados para hacerlo, para aprender con maestros que estén preparados, también motivados para enseñar, para tener suficiente tiempo de aprendizaje que permita que cada estudiante tenga la oportunidad de dominar nuevos conocimientos y desarrollar nuevas habilidades. La evaluación regular brinda a los maestros oportunidades para personalizar el contenido y las estrategias de enseñanza para sus estudiantes. El compromiso constante con la enseñanza y el aprendizaje productivos mantiene la motivación y el aprendizaje continuo. La oportunidad de aprender es tan fuerte como el eslabón más débil de esta cadena que conecta los diversos elementos del proceso de enseñanza y aprendizaje. Si se presenta un estudiante, pero tiene hambre, no estará listo para aprender. Si asiste pero los maestros no están preparados, el aprendizaje no será productivo. Si los estudiantes se involucran con la educación pero aprenden poco, la motivación y el compromiso disminuirán.

Para ser claros, las cosas estaban lejos de ser perfectas antes de la pandemia en términos de esta cadena de factores interrelacionados que apoyan el aprendizaje productivo. De hecho, hubo una variación considerable entre países y regiones en función, entre otros factores, de la capacidad sistémica y estructural de las escuelas y las comunidades, que era decididamente menor en los países y regiones de menores recursos. Como resultado, los niños pobres y desfavorecidos a menudo se concentraban en escuelas de baja calidad donde las oportunidades de aprender eran limitadas. Esta situación fue tan grave que el Banco Mundial la caracterizó como una crisis de aprendizaje global (Banco Mundial, 2018) en una reciente evaluación mundial del estado de la educación. La pandemia de COVID-19 exacerbó la situación en muchos países, ya que las escuelas suspendieron la enseñanza en persona y el lugar para el aprendizaje de muchos cambió del edificio de la escuela y el aula a una computadora o teléfono móvil conectados a Internet, dispositivos que no eran ampliamente accesibles para estudiantes. De manera similar, la puerta de entrada a la enseñanza pasó del aula a las plataformas de Internet, muchas de las cuales no se diseñaron, contaron con recursos, ni comunicaron de manera adecuada a los maestros, estudiantes y familias que las utilizarían para continuar enseñando y aprendiendo. Hay multiples ejemplos del impacto de la pandemia en el acceso, la asistencia y la participación en varios de los capítulos, incluidos los que examinan Bangladesh y Richardson, Texas en los Estados Unidos.

Disminución del Acceso

Hay múltiples ejemplos directos e indirectos de los obstáculos al acceso generados por la pandemia en los capítulos siguientes. En Bangladesh y Kenia, un porcentaje significativo de estudiantes no pudieron (40% en Bangladesh) o tuvieron menos probabilidades (22% en Kenia) de acceder a las plataformas de aprendizaje digital creadas por el gobierno. La situación fue más crítica en ciertos lugares. En algunos condados de Kenia, sólo el 5% de los estudiantes tuvo acceso a materiales de aprendizaje. En Quintana Roo, entre el 2% y el 5% de los estudiantes no se preinscribieron en el semestre de otoño. Se observó una disminución similar en la inscripción en Richardson Texas, aunque los planteles que atienden a estudiantes con antecedentes socioeconómicos más bajos experimentaron descensos educativos más pronunciados.

En los Emiratos Árabes Unidos, los estudiantes con determinación tuvieron una mayor desventaja durante la pandemia, debido a la falta de acceso de los estudiantes y los padres a dispositivos de aprendizaje asistido en el hogar y a la incapacidad de sus escuelas para proporcionar las tecnologías. Además, incluso cuando se abrieron las escuelas y los estudiantes comenzaron a regresar al aula, muchos estudiantes con determinación no pudieron regresar debido a la naturaleza de sus discapacidades, lo que prolongó el insuficiente acceso a apoyos a su aprendizaje.

Asistencia, permanencia y aprendizaje

Incluso cuando los estudiantes pudieron acceder a las plataformas de aprendizaje en línea, la asistencia regular no estuvo garantizada. En Quintana Roo, donde la preinscripción en el semestre de otoño había disminuido en relación con los años anteriores, la asistencia durante la primera semana de clases también disminuyó aún más en un 5% adicional. Como se mencionó anteriormente, incluso cuando los estudiantes pudieron comenzar a regresar a la escuela, a muchos estudiantes con determinación en los EAU no se les permitió regresar, lo que repercutió negativamente en su asistencia y acceso a la enseñanza.

Richardson, Texas experimentó desafíos de asistencia similares y señaló que 1,900 de sus estudiantes (aproximadamente el 5% de su población estudiantil) no intentaron asistir a clase de forma remota o en persona, una cifra que no incluyó a los estudiantes que iniciaron sesión en clases remotas pero que en realidad no estuvieron presentes en las clases. De los estudiantes que sí asistían regularmente a clases remotas, un número importante no participó o ni siquiera encendió sus cámaras.

En Santa Ana, Costa Rica, entrevistas y otros datos cualitativos con maestros y cuidadores revelaron algunos de los desafíos de salud mental que condujeron a la desconexión de los estudiantes y encontraron que el tiempo prolongado frente a la pantalla, el aislamiento social de sus amigos y los problemas en el hogar contribuyeron a la falta de involucramiento de los estudiantes, lo que a su vez impactó negativamente en su aprendizaje (Blackorby, et al; 2004; Masten, et al., 2005). También subrayando la realidad en la disminución de la asistencia, el gobierno de Bangladesh reconoció la pérdida de aprendizaje sistémico derivado de la pandemia y decidió promover automáticamente a los estudiantes al siguiente grado y eliminar los exámenes de admisión a las escuelas primarias y secundarias.

Impacto en el desarrollo socioemocional

La transición hacia formas de enseñanza remota limitó no solo las oportunidades de aprendizaje académico, sino también las interacciones sociales que contribuyen al bienestar y desarrollo socioemocional de los estudiantes. Cuando los estudiantes se encuentran físicamente en las escuelas, muchas de estas oportunidades ocurren naturalmente al congregarse e interactuar con sus compañeros en las aulas, así como también en el patio, participando en deportes u otras actividades grupales. Por lo general, las actividades organizadas por los estudiantes complementan las oportunidades de interacción social creadas por sus maestros, que son más limitadas durante las horas de clase. La evidencia existente sugiere que muchos maestros se basan principalmente en la instrucción dirigida por el maestro y solo de manera muy limitada en el aprendizaje cooperativo y otras formas de colaboración en las aulas. Un estudio realizado por la OCDE en 2018, que examinó las prácticas que los docentes reportaron usar, revela que el porcentaje de docentes que involucran a sus estudiantes en la colaboración es bajo en comparación, por ejemplo, con el porcentaje de docentes que presentan un resumen de contenido o de lo aprendido recientemente y de las metas al comienzo de la lección. En promedio, en los países de la OCDE, solo la mitad de los docentes reporta que con frecuencia tienen estudiantes trabajando en grupos pequeños, en comparación con el 74% que presenta un resumen de contenidos aprendidos recientemente o el 81% que establece metas al inicio de la lección (OCDE 2018). Esta falta de intencionalidad de los maestros en el desarrollo de habilidades socioemocionales en las escuelas es la raíz de los esfuerzos recientes para ampliar el currículo y así como de la coalición que aboga por dicha ampliación en los objetivos curriculares en los Estados Unidos (Aspen 2019, Reimers 2020b).

A medida que la rica gama de oportunidades para la interacción social durante la escolarización presencial fue reemplazada por oportunidades mucho más limitadas durante el aprendizaje a distancia, se hizo más visible la necesidad de una atención explícita al bienestar socioemocional y al desarrollo de los estudiantes. Otros estudios confirman los desafíos creados por la pandemia en este ámbito. En el verano de 2020, la organización Save the Children realizó una encuesta a niños y familias en 46 países para evaluar el impacto de la crisis, centrándose en los participantes de sus programas, otras poblaciones de interés y el público. El informe que presenta los hallazgos referentes a los participantes del programa, que incluye a niños y familias predominantemente vulnerables, documenta la violencia en el hogar, que se reporta en un tercio de los hogares. La mayoría de los niños (83%) y padres (89%) reportaron un aumento en los sentimientos negativos debido a la pandemia, y el 46% de los padres reportaron angustia psicológica en sus hijos. Para los niños que no estaban en contacto con sus amigos, el 57% estaba menos feliz, el 54% estaba más preocupado y el 58% estaba menos seguro. Para los niños que pudieron interactuar con sus amigos, menos del 5% reportó sentimientos similares. Los niños con discapacidades mostraron un aumento en la enuresis nocturna (7%) y llantos y gritos inusuales (17%) desde el estallido de la pandemia, un aumento tres veces mayor que en los niños sin discapacidades. Los niños informaron un aumento en las tareas del hogar que se les asignaron, 63% para las niñas y 43% para los niños, y el 20% de las niñas dijo que sus tareas eran demasiadas para poder dedicar tiempo a sus estudios, en comparación con el 10% de los niños (Ritz et al 2020).

El impacto de la pandemia, incluida la interrupción de las rutinas diarias, el aislamiento social y, para muchos, una mayor vulnerabilidad socioeconómica, se tradujo en una disminución de la motivación, el compromiso y los resultados del aprendizaje de los estudiantes. Las relaciones con los compañeros son un factor importante en el bienestar psicológico y las interacciones entre estudiantes son un factor clave para la vinculación general de los estudiantes con la escuela. Sin embargo, el aprendizaje a distancia ha reducido las oportunidades tanto para la interacción entre pares, como para las relaciones entre estudiantes y maestros. Una encuesta de maestros en Belice reveló que 1 de cada 5 maestros no creía que sus estudiantes tuvieran relaciones significativas en el hogar. En Costa Rica, los adultos jóvenes lanzaron una canción titulada "Me Siento Alone" (Me siento solo) como parte de su campaña nacional #MeSiento (#IFeel) para crear conciencia y desestigmatizar los problemas de salud mental que han proliferado con las disposiciones vigentes para la cuarentena y el cierre de escuelas. Los maestros de las escuelas costarricenses han observado a sus estudiantes atrapados en ciclos de mala salud mental y aprendizaje mutuamente reforzados, donde los malos resultados académicos perpetúan la mala salud mental. A su vez, los estudiantes que se sienten desconectados y aislados tienen menos probabilidades de participar en actividades escolares que puedan mejorar sus resultados de aprendizaje. De manera similar, una encuesta en Sinaloa, México encontró que un porcentaje considerable de estudiantes reportó una menor motivación y un mayor estrés durante el aprendizaje remoto.

Dados estos desafíos para el bienestar socioemocional creados por la pandemia, el lado positivo inesperado de esta crisis puede ser el interés más fuerte y renovado en una incorporación generalizada de los resultados de salud socioemocional y resiliencia mental en los planes de estudio. En este libro, varios capítulos abordan la importancia del bienestar socioemocional y la salud mental durante la pandemia. El capítulo sobre Quintana Roo recomienda un mayor énfasis en el desarrollo socioemocional para abordar las crecientes tasas de deserción escolar. El capítulo que se centra en los desafíos que enfrentan los estudiantes con determinación en los Emiratos Árabes Unidos se enfoca en los desafíos a su bienestar socioemocional creados por la opción de educación a distancia que se les ofrece.

En Belice, el 90% de los maestros encuestados informaron que creían que era su responsabilidad integrar actividades para promover el bienestar de los estudiantes en los paquetes de aprendizaje remoto. Con base en la investigación inicial, incluidos los resultados de la encuesta y el grupo de enfoque que llevaron a cabo, los autores de este capítulo decidieron enfocar su trabajo en apoyar la resiliencia emocional en los estudiantes, construir relaciones sólidas entre maestros y estudiantes y promover la propia resiliencia emocional de los maestros -enfoque que fue validado tanto por los docentes como por el Ministerio de Educación. Sus recomendaciones cubren tanto intervenciones inmediatas como las estrategias a largo plazo, incluida la creación de una guía SEL para maestros, capacitación virtual en el servicio e incorporación de objetivos de aprendizaje de "niño integral" en los resultados de aprendizaje nacionales para formalizar e integrar una cultura de socio- aprendizaje emocional en todos los niveles. De manera similar, en reconocimiento a la importancia de relaciones sólidas entre todos los interesados para promover el aprendizaje socioemocional, los autores del capítulo sobre Quintana Roo, México, recomiendan una mayor comunicación entre maestros, estudiantes y cuidadores. Para Costa Rica, los autores detallan un proceso de tres pasos para mapear las necesidades socioemocionales entre los estudiantes, asegurar que los estudiantes estén vinculados con los profesores y el personal, y brindar al personal la capacitación necesaria para garantizar que puedan satisfacer las necesidades de los estudiantes.

Impacto en los docentes

Varios de los capítulos de este libro analizan el impacto de la pandemia en los maestros. En Richardson, Texas, los maestros reportaron que reajustaron el currículo y las estrategias de participación varias veces durante el inicio del año escolar. La transición hacia el aprendizaje a distancia significó que incluso los maestros con más experiencia dedicaran tiempo a volver a revisar sus materiales didácticos y a prepararlos para ofrecerlos en línea, en lugar de en persona. Los maestros también estaban dedicando más tiempo a comunicarse con los estudiantes y las familias para la entrega de los materiales impresos requeridos, así como para contactar a los estudiantes que estaban ausentes o no participaban en la clase. Dada la menor disponibilidad de maestros sustitutos, muchos maestros se vieron presionados aún más al asumir responsabilidades docentes adicionales. Para agravar el estrés de las responsabilidades adicionales, la transición hacia la videoconferencia y la comunicación basada en texto significó que los maestros también se sintieran cada vez más aislados de sus colegas y estudiantes.

Con base en una encuesta a maestros en Guatemala, los autores de este capítulo encontraron que sólo el 63% de los educadores conocían los recursos de enseñanza en línea que ofrece el Ministerio. En cambio, el 90% de los profesores informaron que estaban creando sus propias guías y comunicándose con pequeños grupos de colegas que trabajaban de manera aislada. Estos hallazgos sobre el enfoque relativamente individualizado de la enseñanza a distancia, hacen eco de los resultados de una encuesta a 441 maestros en Bangladesh. Aunque 355 maestros reportaron haber enseñado activamente durante el cierre, solo 55 participantes reportaron haber recibido capacitación para el uso de herramientas de aprendizaje en línea. 155 maestros reportaron que usaban sus páginas personales de Facebook para enseñar, en lugar de las plataformas de aprendizaje remoto proporcionadas por el gobierno.

Si bien los maestros de todo el mundo han hecho un trabajo encomiable al enfrentar individualmente los desafíos de la pandemia, estos ejemplos apuntan a la necesidad de un apoyo centralizado, la distribución de recursos y el monitoreo y evaluación para brindarles el apoyo que tanto necesitan durante esta difícil y repentina transición, y para asegurar que las intervenciones educativas sean integrales, cohesivas y equitativas.

Impacto en las brechas de equidad entre los países

Los cierres de escuelas en medio de una recesión mundial y los riesgos para la salud han afectado de manera desproporcionada a las poblaciones más vulnerables. Según un informe de la OCDE sobre el impacto de COVID-19 en la equidad, los estudiantes de "familias monoparentales y de bajos ingresos; inmigrantes, refugiados, minorías étnicas e indígenas; los que poseen diversas identidades de género y orientaciones sexuales; y aquellos con necesidades especiales, sufren al verse privados de oportunidades de aprendizaje experienciales, apoyo social y emocional disponible en las escuelas y servicios adicionales como comidas escolares" (OCDE, 2020). Por lo tanto, hay proyecciones de que COVID-19 exacerbará las brechas de equidad existentes dentro de los países. Por ejemplo, los investigadores han estimado que la pérdida de aprendizaje en los EE. UU. hacia junio de 2021 será de cuatro a ocho meses para los estudiantes blancos, en comparación con seis a doce meses para los estudiantes de color; este es solo un ejemplo de cómo las comunidades marginadas se ven afectadas de manera desproporcionada por COVID-19 (Dorn et al, 2020). Los siguientes capítulos de este libro confirman el impacto negativo de la pandemia en la equidad en diferentes países, cada uno de los cuales se enfoca en poblaciones vulnerables específicas.

El capítulo sobre Costa Rica enfatiza los riesgos de deserción, pérdida de aprendizaje y problemas de salud mental para los estudiantes marginados al referirse a estudios que investigan la relación entre los estudiantes de educación especial y las tasas de expulsión debido a trastornos emocionales (Blackorby, et al., 2004). Además, destacan las barreras en la adopción de la programación SEL para comunidades de bajos ingresos con recursos limitados, especialmente considerando una plataforma virtual. Para los estudiantes con discapacidades, el capítulo sobre EAU reporta la falta de oportunidades para asistir a las escuelas durante COVID-19 debido al mayor riesgo de infección. Además, con la creciente dependencia del aprendizaje remoto, los estudiantes con discapacidades tienen mayores desafíos y pueden requerir de tecnología asistiva que las familias no están preparadas para apoyar. El capítulo que revisa el impacto de la pandemia en el Distrito Escolar Independiente de Richardson en Texas muestra que si bien la inscripción de estudiantes disminuyó un 5% en general, la disminución fue del 25% para las escuelas con estudiantes de bajo nivel socioeconómico.

El capítulo sobre las zonas rurales de Kenia analiza específicamente la equidad de género. Este ha sido un tema destacado en la discusión de las brechas de equidad debido a COVID-19, especialmente considerando la menor probabilidad de que las niñas regresen a la escuela después de esta discontinuidad educativa. Para las niñas, el capítulo sobre las zonas rurales de Kenia analiza las barreras para la reinscripción y la pérdida generalizada de aprendizaje debido a la pobreza, las actitudes discriminatorias y las prácticas regresivas. Estas preocupaciones están respaldadas por entrevistas cualitativas con líderes educativos, así como por estudios previos sobre los efectos del ébola en la tasa de reinscripción de las niñas. La UNESCO (2020b) informó que el número de niñas sin escolarizar se triplicó después de la interrupción de las escuelas en Liberia, Guinea y Sierra Leona después del ébola. Estos capítulos no analizan el efecto sobre la equidad de cada población vulnerable. Sin embargo, en conjunto, cuentan una historia de cómo la pandemia ha puesto de manifiesto las desigualdades inherentes dentro de los países que serán persistentes debido al panorama cambiante de la educación.

El efecto dominó de la pandemia sobre las condiciones económicas que enfrentan las familias más pobres también tuvo consecuencias en la equidad. Los capítulos de Sudáfrica, Kenia y Richardson, Texas describen cómo las condiciones económicas llevaron tanto a un aumento del desempleo juvenil (Sudáfrica) como a una mayor demanda sobre el tiempo de los estudiantes de bajos ingresos (Richardson, Texas) en cuanto a las responsabilidades tradicionales del hogar, como cuidar de hermanos y parientes mayores y demandas adicionales creadas por COVID-19, cómo ayudar a los hermanos menores con su aprendizaje en línea.

El capítulo de Kenia describe cómo las condiciones económicas a menudo aumentaron la dependencia de la ayuda alimentaria y materiales básicos de aprendizaje entre las familias de los estudiantes. Entre el aumento del desempleo, la falta de recursos y el aumento de las obligaciones en el hogar, la pandemia creó condiciones hogareñas inhóspitas que limitaron directa e indirectamente el compromiso de los estudiantes con el aprendizaje. De hecho, el capítulo de Costa Rica encontró que los problemas en las relaciones con los miembros del hogar son una causa importante de depresión y ansiedad en muchos jóvenes durante la pandemia, preocupaciones que tienen un impacto directo en la participación y el aprendizaje de los estudiantes.

Mantener las oportunidades educativas durante la pandemia

El propósito principal de los capítulos de este libro, que reflejan los términos de la participación de los estudiantes en el curso con sus aliados en los sistemas educativos de todo el mundo, fue identificar y evaluar opciones para mantener las oportunidades educativas durante la pandemia. Las opciones examinadas, y en última instancia recomendadas, son específicas al desafío identificado por el gobierno con el que los estudiantes se habían asociado, así como del contexto. En ese sentido, no deberíamos asumir que estas opciones podrían transferirse automáticamente a otros contextos. Sin embargo, esperamos que las opciones revisadas en el libro, y resumidas en esta sección, sean valiosas para las autoridades educativas de todo el mundo, ya que continúa la necesidad de idear formas para educar a los estudiantes en el contexto desafiante creado por la pandemia.

Las opciones de política presentadas en los capítulos de este libro incluyen algunas a nivel de la escuela y otras a nivel del sistema. A nivel escolar, los capítulos incluyen opciones para simplificar y cambiar las prioridades curriculares, brindando mayor énfasis al apoyo socioemocional de los estudiantes, utilizando tecnologías más apropiadas y usándolas de manera más efectiva, apoyando a los maestros con oportunidades para desarrollar nuevos conocimientos y habilidades para enseñar de manera efectiva a sus alumnos en este contexto, incluido el uso de la enseñanza a distancia, el fomento de la colaboración de los profesores y el enfoque explícito en los alumnos que necesitan más apoyo para mantener la equidad.

A nivel del sistema, los capítulos enfatizan el papel de los sistemas de información y la tecnología para monitorear el acceso, la participación y el aprendizaje de los estudiantes, para identificar a los estudiantes en riesgo y brindar el apoyo apropiado y para entregar contenidos educativos de manera efectiva y facilitar la interacción entre los estudiantes en tanto no se restablezca la educación presencial. Además, a nivel del sistema, los capítulos priorizan la creación de oportunidades de desarrollo profesional para apoyar a los maestros, respaldar un liderazgo eficaz, promover alianzas entre escuelas y otras organizaciones para promover la innovación y mantener un enfoque en la equidad.

Currículo/academia

Las recomendaciones a nivel curricular en este capítulo proporcionan alternativas que pueden adoptarse a nivel del sistema y de la escuela. A nivel del sistema, estos incluyen enfocarse en apoyar a las escuelas con las tasas más altas de deserción (Capítulo 7- Quintana Roo) y establecer centros comunitarios de aprendizaje para brindarles a los estudiantes apoyo académico adicional (Capítulo 8-Sinaloa). Dentro de las escuelas, estos cubren la simplificación del plan de estudios, de modo que el contenido se priorice de acuerdo con la importancia, la relevancia y la utilidad (Capítulo 7- Quintana Roo), y la integración de protocolos y actividades apropiados para la edad para desarrollar las competencias socioemocionales, incluidas las habilidades de comunicación y la atención plena (Capítulo 9- Sudáfrica). El Capítulo 10 (EAU) se centra específicamente en las necesidades de los estudiantes con discapacidades, recomendando un modelo híbrido en el que los estudiantes podrían recibir apoyo educativo presencial con instructores capacitados en entornos socialmente distanciados, algunos días de la semana.

Tecnología / Sistemas de información

Mantener las oportunidades educativas durante la pandemia creó nuevos requisitos para realizar un seguimiento del acceso, la participación y el aprendizaje de los estudiantes; y la comunicación con los padres, estudiantes, maestros y personal. Igual de importante, las plataformas de entrega de contenidos se volvieron un canal de distribución fundamental. Sin embargo, los sistemas de información y las plataformas tecnológicas existentes eran inadecuadas para satisfacer esas necesidades. La mayoría de los sistemas educativos de los países respondieron con una combinación de sistemas alternativos de monitoreo y sistemas de entrega tanto físicos como tecnológicos, para apoyar la continuidad de la enseñanza y el aprendizaje en contextos remotos.

Sin embargo, muchas de estas respuestas resultaron inadecuadas para llegar a los estudiantes en diferentes condiciones geográficas y económicas, particularmente en contextos rurales y de bajos ingresos. Además, muchas de esas respuestas que pudieron llegar a los niños y las familias resultaron inadecuadas para mantener a los estudiantes comprometidos, y mucho menos aprendiendo. En consecuencia, muchas de las recomendaciones de política presentadas en los diferentes capítulos se centraron en las mejoras de los sistemas de información y las respuestas tecnológicas de los gobiernos.

Varias de las recomendaciones se enfocaron en cómo los gobiernos podrían mejorar sus sistemas de información para respaldar el seguimiento, la distribución y la evaluación de la enseñanza y el aprendizaje durante la crisis. El capítulo de Bangladesh recomienda la creación de un sistema centralizado de evaluación y seguimiento que abarque todas las plataformas. Este sistema complementaría una evaluación a nivel nacional y respaldaría el mapeo de la brecha digital para una mejor representación de la falta de acceso a la tecnología por parte de educadores y estudiantes. El capítulo de Quintana Roo enfatiza el valor de desarrollar un sistema de alerta temprana que pueda identificar a los estudiantes que no asisten, que han abandonado o están en riesgo de abandonarlos. Finalmente, el capítulo de Guatemala recomienda hacer que el sitio web educativo / de recursos del gobierno sea más accesible para los usuarios, mediante un mejor diseño y la creación de una aplicación que sea accesible para más personas y que ayude a los maestros y las familias a acceder a los recursos gubernamentales que apoyan el aprendizaje de los estudiantes en lugares remotos y remotos. contextos híbridos.

Otras recomendaciones se enfocaron más específicamente en cómo la tecnología a nivel escolar podría ayudar a los maestros a ser instructores más efectivos en el contexto remoto. Las recomendaciones de los capítulos de Bangladesh y Guatemala incluyeron la entrega directa de recursos para el desarrollo de capacidades y desarrollo profesional para apoyar la enseñanza a distancia. En Richardson, Texas, se incluyeron en las recomendaciones plataformas para apoyar la colaboración de los maestros para el desarrollo de habilidades y el intercambio de recursos. A veces, los profesores necesitaban más que el acceso a recursos y desarrollo profesional, el poder conectarse de manera confiable con sus estudiantes. El capítulo de Costa Rica propone un novedoso sistema de seguimiento de la participación y acceso de estudiantes basado en un mapa de redes desarrollado por la comunidad. El mapa rastrearía las relaciones entre maestros y estudiantes así como la participación de los estudiantes, y ayudaría a los maestros a apoyar de manera más efectiva las necesidades socioemocionales de los estudiantes. En Guatemala y Bangladesh, los autores recomendaron formalizar plataformas gubernamentales basadas en WhatsApp (Guatemala) o SMS (Bangladesh) para ayudar a los maestros a construir y mantener líneas de comunicación con estudiantes y familias. Estos canales mejorarían los canales de comunicación informales e inconsistentes previamente parcheados por educadores y familias para facilitar la entrega de materiales educativos.

Sin embargo, no todas las recomendaciones de política a nivel escolar se centraron en el desarrollo de capacidades de los maestros. Muchas de las recomendaciones se dirigieron directamente a estudiantes y familias. De hecho, la plataforma basada en WhatsApp recomendada para maestros en Guatemala también fue diseñada para ayudar a las familias. Además, el diseño de la red requeriría la colaboración entre escuelas, familias y gobiernos locales. De manera similar, el capítulo de Guatemala recomienda una revisión del sitio web del gobierno que proporcionó recursos y desarrollo profesional como una forma de mejorar el acceso y la usabilidad para estudiantes y familias. Las tecnologías de monitoreo también se consideraron esenciales para ayudar a los gobiernos y las escuelas a comprender y apoyar el bienestar y la participación de los estudiantes durante la pandemia. Los autores de los capítulos que se enfocan en Richardson, Texas y Kenia recomendaron sistemas de monitoreo digital para rastrear el bienestar de los estudiantes y proporcionar a los maestros y escuelas los datos necesarios para diseñar apoyos e intervenciones relevantes y receptivos.

Desarrollo profesional docente

La pandemia cambió la forma de educar de la presencialidad a la educación a distancia, lo que provocó la necesidad de que los maestros desarrollaran sus habilidades digitales. Sin embargo, más allá de esto, estos capítulos proponen incorporar el desarrollo profesional respecto a la enseñanza de nuevos contenidos, ya que la pandemia también cambió lo que se debería enseñar. Por ejemplo, el capítulo sobre Sudáfrica recomienda diseñar sesiones anuales de capacitación en lectura de los primeros grados, breves, de dos días de duración, para la transición hacia un plan de estudios inspirado en un enfoque en competencias dentro de las escuelas. Además, también recomienda proporcionar entrenadores literarios, visitas mensuales y sesiones de capacitación en grupos pequeños de forma continua durante todo el año. De igual forma, debido a que el capítulo sobre Quintana Roo propone programas de tutoría socioemocional, también recomienda implementar el desarrollo profesional para capacitar a los docentes sobre cómo construir relaciones con los estudiantes e impartir contenidos en entornos remotos. Para combatir las crecientes brechas de desigualdad en la educación, el capítulo sobre los Emiratos Árabes Unidos propone que algunos profesores sean capacitados específicamente para apoyar a los estudiantes con necesidades especiales y apoyarlos con tecnología asistiva.

Además del desarrollo profesional docente, el cambio hacia la dependencia en la tecnología también ha abierto la oportunidad para que los docentes colaboren de manera más eficaz. El capítulo sobre Richardson, Texas recomienda una plataforma en línea para que los maestros de todo el distrito compartan las mejores prácticas y fomenten el trabajo eficaz en equipo entre los maestros. Además, el capítulo sobre Costa Rica propone que el personal y la academia se asocien para desarrollar estrategias para los estudiantes distanciados, además de trabajar con psicólogos infantiles. El capítulo en los Emiratos Árabes Unidos también alinea su recomendación de política de desarrollo profesional docente con la colaboración entre diferentes roles de educadores. La asociación entre estos maestros especialistas que apoyan a los estudiantes con necesidades especiales y los maestros de aula general sería respaldada por el grupo de trabajo COVID-19 de la escuela. En general, estas recomendaciones muestran la necesidad continua de integrar el desarrollo profesional, así como la oportunidad de una mayor colaboración, impulsada por la pandemia.

Más allá de garantizar el desarrollo profesional de los docentes y la colaboración a nivel escolar, las políticas también enfatizaron un cambio sistémico a largo plazo para apoyar a los docentes. Utilizando una perspectiva profesional de la educación, se enfocan en "estructurar los roles de los profesionales de la educación para que la práctica pueda ser informada por el conocimiento experto y ayudar a generar conocimiento experto como motor de cambio" (Reimers, 2020). El Marco SABRE desarrollado por el Banco Mundial también reconoce el desarrollo profesional de los docentes como una palanca de política clave para que los gobiernos garanticen resultados educativos como la matriculación, la finalización y el aprendizaje de los estudiantes (Banco Mundial, 2013). Por ejemplo, el capítulo de Guatemala recomienda que, a largo plazo, la política de formación docente debería reformarse para integrar las TIC y las pedagogías de aprendizaje más profundo en el desarrollo profesional, tanto antes del ingreso al servicio como durante el servicio docente. De manera similar, el capítulo sobre Bangladesh propone distribuir una Guía de Mejores Prácticas de Enseñanza Digital que incluye estrategias para el contacto directo con estudiantes y padres, además de brindar cursos de capacitación digital en línea implementados por el Ministerio de Educación. Por último, el capítulo sobre Kenia propone el uso de ONG para ayudar con los cambios a nivel del sistema en la provisión de desarrollo profesional docente y talleres comunitarios. Asante África, una ONG que sirvió como cliente, ya había establecido un desarrollo profesional docente que ha impactado a más de tres mil escuelas. Como tal, existe la oportunidad de mirar hacia las ONG para que tambíen efectúen cambios a nivel sistema para brindar desarrollo profesional a los maestros.

Más allá de la pandemia. ¿La pandemia creó las condiciones para cambios positivos en el futuro?

Si bien la pandemia interrumpió la educación, también creó la oportunidad de reinventar lo que podría ser la educación. Por ejemplo, la tecnología se está utilizando para innovar el aprendizaje híbrido, los materiales de enseñanza se comparten a nivel mundial y las aulas virtuales están eliminando las barreras para que los maestros aprendan unos de otros y colaboren. Además, el Banco Mundial (2020) ha publicado un informe titulado "Realizando el futuro del aprendizaje" con la premisa de que la respuesta a la pandemia "ha abierto una ventana de oportunidad para que los sistemas educativos avancen hacia un camino de progreso acelerado". Estas oportunidades incluyen tecnología, desarrollo profesional docente y participación de los padres y la comunidad.

Las alianzas comunitarias son un componente integral de muchas de las recomendaciones de estos capítulos, lo que refleja la importancia de la colaboración entre las diversas partes interesadas requerida para la ejecución exitosa de intervenciones educativas. Las partes interesadas de la comunidad en Guatemala juegan un papel importante en el diseño de una red nodal para un sistema de comunicación integral de WhatsApp. Los autores de los capítulos sobre Bangladesh y Quintana Roo recomiendan campañas de comunicación para aumentar el conocimiento local sobre los beneficios del aprendizaje remoto, influir en la mentalidad sobre la importancia de la asistencia remota y brindar información sobre plataformas de aprendizaje específicas. Cuando los estudiantes han abandonado la escuela, los aliados comunitarios pueden ser esenciales para comprender sus contextos y ayudarlos a reinscribirse en la escuela. En este sentido, los autores del capítulo sobre Asante África recomiendan una intervención de varios niveles para identificar y definir las barreras para la reinscripción de los estudiantes, incluso a través de talleres comunitarios. Las agencias multinacionales como UNICEF también se consideran socios potenciales, en contextos como Belice, donde las relaciones existentes pueden aprovecharse para obtener recursos adicionales, así como experiencia financiera y técnica.

A una escala mayor, los líderes educativos se vieron obligados a reevaluar el propósito de la educación, dada la capacidad disminuida para impartir las alternativas construidas, tuvieron que preguntarse: ¿qué es lo que importa a los estudiantes al final del día? El Departamento de Educación Básica de Sudáfrica dio prioridad a esta cuestión debido a los constantes cierres de escuelas y la consiguiente pérdida de aprendizajes. Con el incentivo de recortar un plan de estudios obsoleto y ya ineficaz, el capítulo sobre Sudáfrica identifica como un resultado de COVID-19 la oportunidad para que Sudáfrica mejore el aprendizaje de los primeros grados, integrando las competencias necesarias para el siglo XXI.

Discusión y conclusión

Al discutir lo aprendido en los estudios incluidos en este libro, primero debemos reconocer las limitaciones de estos diez estudios sobre educación durante la crisis creada por la pandemia de COVID-19. Los estudios se basan en un período hasta finales de 2020, nueve meses después de declarada la pandemia mundial. También se llevaron a cabo dentro de las restricciones impuestas por la pandemia: acceder a la información de forma remota, basada en entrevistas, la revisión de la evidencia disponible y encuestas rápidas. Los análisis se enmarcaron en respuesta a los problemas que enfrentan las autoridades educativas, lo que afinó el enfoque y al mismo tiempo lo limitó. Los hallazgos presentados en este capítulo son interesantes tanto por lo que revelan como por lo que ocultan, por lo que no se aborda. Claramente, existen limitaciones para el análisis que se lleva a cabo por servir los intereses y la perspectiva de los formuladores de políticas, como fue el caso en estos estudios.

Uno de esos puntos ciegos es el hecho de que los capítulos no abordan la naturaleza de las relaciones intergubernamentales entre las agencias (salud y educación) y los niveles de gobierno (nacional, estatal y local) que son esenciales para una política coherente, particularmente durante una crisis de salud pública inesperada. Podría decirse que las respuestas educativas en muchas de las jurisdicciones revisadas en el libro estaban en un permanente esfuerzo por responder a las decisiones tomadas por los políticos y las autoridades de salud pública, en lugar de coordinarse con ellos.

Otro punto ciego de estos capítulos se refiere a la capacidad fiscal para abordar estos desafíos, que solo se abordó indirectamente al resaltar la importancia de afrontar el costo como un criterio de comparación de las alternativas examinadas en estos capítulos. Obviamente, la pandemia provocó un severo shock económico, directamente porque desaceleró la actividad económica a medida que cerraron las empresas, e indirectamente porque los gobiernos tuvieron que absorber, en poco tiempo, los costos para afrontar la emergencia de salud pública. La menor cantidad de recursos fiscales para financiar una estrategia adecuada de continuidad educativa ciertamente limitó el espacio que las autoridades educativas tenían para generar alternativas; sin embargo, este importante tema no se aborda explícitamente en este libro. Además, el papel de la pandemia en el aumento de la deserción escolar puede disminuir el financiamiento a la educación en contextos en los que dicho financiamiento se basa en la matrícula, como se menciona en el capítulo que revisa el caso de Estados Unidos. Como explica ese capítulo, en el Distrito Escolar Independiente de Richardson, una disminución del 5% en la inscripción podría traducirse en más de 10 millones de dólares estadounidenses en ingresos perdidos en fondos estatales para el siguiente año escolar.

Otro tema que falta en este libro es la perspectiva de género respecto al impacto de la pandemia. Es revelador el que no figurara de manera más destacada en la formulación de los problemas que las autoridades educativas buscaron con los autores de estos capítulos. Dada la naturaleza de género en la fuerza laboral docente, las muchas formas de marginación educativa determinada por el género y las normas de género que gobiernan la distribución de las tareas domésticas y la crianza de los hijos en muchas sociedades, es concebible que el impacto educativo de esta pandemia tenga múltiples dimensiones de género. Es posible que haya afectado de manera desproporcionada a las mujeres, que constituyen una gran parte de la fuerza laboral docente, muchas de las cuales también pueden haber sido afectadas de manera desproporcionada por la carga de apoyar a sus propios hijos que ahora aprenden en el hogar. En el caso de los estudiantes, es fácil imaginar que las niñas se vieron afectadas de manera desproporcionada al tener que negociar las nuevas demandas del aprendizaje en el hogar con mayores responsabilidades para con el hogar o los hermanos. Pero estos temas no se abordan explícitamente en los capítulos de este libro, aunque el capítulo sobre Kenia sí menciona las barreras desiguales que enfrentan niñas y niños en tiempos normales para acceder a la educación y el seguimiento de este equipo con su cliente reveló que la organización implementó sus recomendaciones utilizando una perspectiva de equidad de género.

Los puntos ciegos de este libro también pueden incluir posibles resquicios de esperanza, ya que el enfoque estrecho resultado de enmarcar los problemas de interés para las autoridades educativas desvió la atención sobre ellos. Quizás los padres desarrollaron un mayor conocimiento de sus hijos debido al tiempo que pasaron juntos durante el período de confinamiento. Como resultado del mayor tiempo para interactuar con sus hijos, es posible que incluso se hayan convertido en mejores padres durante la crisis. Los niños también pueden haber aprendido cosas valiosas del tiempo prolongado que pasaron con sus padres y otros parientes; tal vez, como resultado, los lazos emocionales con sus familias se fortalecieron. Quizás todos aprendieron a apreciar más a sus maestros y compañeros de escuela, porque los extrañan. Por más plausibles que sean estos aspectos positivos, ninguno de ellos aparece en el análisis, porque el encuadre de los problemas que anclaron el análisis de políticas proporcionó un enfoque diferente.

A pesar de estas deficiencias, hay algunos beneficios claros que resultan de los hallazgos presentados en este libro. El primero es un mayor conocimiento de la forma en que la pandemia influyó sobre algunas dimensiones de la educación en diez jurisdicciones diferentes. Dado lo limitado que ha sido el conocimiento sobre el impacto educativo de la crisis, lo que limita la capacidad de las autoridades educativas para tomar decisiones basadas en la evidencia, existe un valor real en el trabajo de nuestros estudiantes para avanzar en lo que se conoce. Si bien este libro se enfoca únicamente en diez jurisdicciones, solo podemos imaginar la rapidez con la que se dispondría de evidencia para abordar esta crisis si solo una fracción de las más de 30,000 instituciones de educación superior en todo el mundo pudieran involucrar a algunos de sus estudiantes en un trabajo como el ejemplificado por este libro.

El segundo beneficio es que las autoridades educativas que sirvieron como clientes de los autores que realizaron este trabajo parecían haber apreciado dicho apoyo. Quizás haya un mensaje importante en esto para las universidades de todo el mundo. En una situación de gran necesidad, las pequeñas acciones pueden marcar una gran diferencia. Dado lo limitada de la capacidad institucional en muchos sistemas educativos, es evidente el valor de aumentar esa capacidad con alianzas con otras instituciones, como se hizo en este caso. Quizás la pandemia haya creado una oportunidad para alianzas más intencionales entre universidades y sistemas escolares, que puedan ser parte de una infraestructura educativa reinventada, con mayor capacidad para enfrentar los desafíos adaptativos que con toda certeza nos aguardan.

Finalmente, nuestros estudiantes desarrollaron habilidades profesionales valiosas al contribuir a abordar una crisis de la educación pública y, lo más importante, aprendieron que podían hacer una diferencia en resolver problemas importantes. Dado que el objetivo de las universidades es educar a los estudiantes para que sean ciudadanos y líderes, para poder servir a la sociedad, una crisis como la que estamos enfrentando ofrece una oportunidad única para contribuir a ese objetivo.

Pasamos ahora a discutir los hallazgos de los capítulos del libro.

Los diez estudios de este libro destacan sistemáticamente que la pandemia de COVID-19 interrumpió gravemente las oportunidades educativas. Además de la alteración en la salud física y mental de los estudiantes, y el incremento del trauma y la vulnerabilidad individual y colectiva, lo hizo principalmente cuando los gobiernos implementaron medidas de distanciamiento social para contener la propagación del virus y los estudiantes y maestros no pudieron reunirse en persona para enseñar y aprender.

Este enorme desafío fue enfrentado por muchos profesores y sistemas con un compromiso extraordinario para tratar de continuar enseñando y aprendiendo en ausencia de la infraestructura adecuada para apoyar el aprendizaje en línea, y sin las habilidades y experiencia adecuadas para continuar aprendiendo en línea. Estos sistemas alternativos, rápidamente ensamblados, fueron al mismo tiempo una expresión de la capacidad de improvisación, de innovación, de los educadores y administradores de la educación, pero también de las limitaciones de tal enfoque para proporcionar sustitutos adecuados de la educación presencial. La evidencia disponible en los capítulos de este libro señala que esos sistemas brindaron oportunidades muy limitadas para aprender y que estas deficiencias fueron mayores para los estudiantes marginados y los estudiantes con discapacidades.

Si bien ninguno de los capítulos del libro proporciona evaluaciones directas de la pérdida de aprendizaje, debido a que no estaban disponibles en los países que fueron el foco del análisis, la evidencia sobre la accesibilidad, la asistencia y el involucramiento con los arreglos alternativos que se implementaron hace que sea probable que la generación actual de estudiantes no habrá aprendido, durante los períodos en que las escuelas permanecieron cerradas, lo que el plan de estudios contemplaba que debieran haber aprendido. Ciertamente, es cierto que incluso en tiempos normales, demasiados niños aprenden poco en los sistemas revisados en este libro, esta crisis del aprendizaje es anterior a la pandemia (Banco Mundial 2018). Pero la interrupción de la escolarización probablemente ha empeorado esta crisis y posiblemente lleve a muchos estudiantes a abandonar la escuela.

En este sentido, la evidencia de este libro ayuda a reconocer el valor de la escuela presencial, con todas sus conocidas deficiencias. Pero la incapacidad de implementar formas más sólidas de enseñanza y aprendizaje a distancia subraya también la fragilidad de las instituciones educativas existentes. Fragilidad en su falta de preparación para una contingencia de este tipo, en no haber construido una infraestructura accesible y robusta de educación habilitada por la tecnología y en no haber ayudado a estudiantes y profesores a desarrollar las habilidades para aprender de manera independiente y en línea. Fragilidad también en la deficiente capacidad institucional para implementar sistemas rápidos de recopilación, monitoreo y análisis de datos para hacer un seguimiento de los niños, evaluar el acceso, la participación y el aprendizaje, para apoyar el diseño y la mejora de estos arreglos innovadores con información y conocimiento. Si bien se debe celebrar la capacidad de improvisación creativa, hay poca virtud en saber que durante esta pandemia los sistemas educativos volaban a ciegas y que en muchos casos los maestros se quedaron a su suerte, sin el apoyo adecuado de los líderes y administradores.

La crisis educativa documentada en los capítulos de este libro pone de manifiesto también las vulnerabilidades que experimentaron muchos estudiantes de todo el mundo, agravadas por los efectos económicos y de salud de la pandemia. Incluyen la falta de acceso a la tecnología y los dispositivos, el tiempo disponible y un lugar tranquilo para estudiar, el apoyo de los padres o la atención y concentración que son posibles cuando se vive sin estrés ni hambre. A medida que la oportunidad de aprender se volvió más dependiente del apoyo de los padres, se ampliaron las disparidades en las oportunidades efectivas para aprender de niños en diferentes condiciones.

La oportunidad educativa es siempre, por supuesto, una función de la interacción de las ventajas familiares y sociales con las oportunidades que brindan las instituciones educativas. Las muchas deficiencias de las instituciones educativas, que con demasiada frecuencia asignan a los niños pobres a escuelas de mala calidad en las que no aprenden mucho de relevancia, han sido bien documentadas (Banco Mundial, 2018). Pero cuando esas escuelas cerraron durante mucho tiempo durante la pandemia, esto hizo visible que, a pesar de esas limitaciones, esas escuelas aún servían como un bien común, como una institución que puede nivelar el campo de juego, en relación con las oportunidades alternativas que los estudiantes tienen para estudiar en casa, que fue la única opción que tenían muchos estudiantes durante la pandemia.

En todos estos capítulos, la mayoría centrados en países de ingresos bajos y medianos, se documentan períodos excesivamente largos de suspensión de clases presenciales. El hecho de que los gobiernos de los países revisados en este libro optaran por mantener las escuelas cerradas durante tanto tiempo es sorprendente, dada la rapidez con la que los gobiernos se dieron cuenta de las deficiencias de los arreglos alternativos que se habían implementado para dar continuidad a la educación, y dada la falta de evidencia que hubiera sugerido que las escuelas eran lugares que contribuían a la propagación del virus. Los capítulos no explican por qué los gobiernos nacionales o las autoridades educativas locales tomaron esta decisión de permanecer cerrados durante tanto tiempo. A finales de enero de 2021, la UNESCO estimó que, a nivel mundial, las escuelas habían cerrado por completo un promedio de 14 semanas, y la duración de los cierres de escuelas se extendía a 22 semanas si se incluían los cierres localizados (UNESCO 2021). Sin embargo, existe una gran variación entre las regiones en la duración de los cierres de escuelas, que van desde 20 semanas de cierres nacionales completos en América Latina y el Caribe, hasta solo un mes en Oceanía y 10 semanas en Europa. Existe una variación similar con respecto a los cierres localizados, de 29 semanas en América Latina y el Caribe a 7 semanas en Oceanía, como se ve en la Figura 1. Para enero de 2021, las escuelas estaban completamente abiertas en sólo 101 países (Ibid).

Junto con esta crisis educativa que resume la preponderancia de la evidencia disponible en este libro, hay algunas señales de que sucedieron ciertas cosas buenas. Sin embargo, parecen tan pocas y tenues que caracterizarlas como fortalezas puede ser demasiado exagerado. Los llamaremos señales prometedoras, hasta que se disponga de más pruebas que justifiquen su actualización al estado de fortalezas.

Una de estas señales prometedoras es que, a pesar de todo, los educadores lograron poner algo en práctica para mantener alguna semblanza de la educación durante una época de crisis. Esto revela un admirable profesionalismo y compromiso con sus estudiantes. El año pasado brindó a los maestros y estudiantes una inmersión en el uso de la tecnología para comunicarse y enseñar. Desafortunadamente, el paso fue el de ahogarse o nadar, sin gradualidad y con poco apoyo, ya que la enseñanza en persona colapsó a las realidades causadas por la pandemia, por políticas de salud deficientes y las insuficiencias en las exigencias de la sociedad, el liderazgo educativo y la capacidad para mantener la educación presencial.

Otra señal de esperanza es que estos casos documentan esfuerzos considerables por parte de los maestros para fortalecer la comunicación con los padres. Que encontremos esto sorprendente, o como un motivo de celebración, es tanto un reconocimiento a una pequeña victoria en la calamidad como una denuncia a los sistemas escolares que operan con tal distanciamiento de las comunidades que debemos celebrar que la pandemia les dio a los maestros y los padres una oportunidad para el reconocimiento mutuo y la colaboración.

Todavía una tercera señal de esperanza son las diversas formas de colaboración docente, la mayoría apoyadas por la tecnología, que fueron esenciales para mantener cualquier apariencia de educación que se mantuvo durante el último año. Si algo sucedió en la educación durante este período oscuro fue porque los maestros hicieron que sucediera, y lo lograron en gran parte porque pudieron colaborar con sus compañeros, dentro de sus escuelas y en todas las escuelas. Esta respuesta fue ilustrativa del nuevo poder de las redes, más importante cuando el antiguo poder de las burocracias demostró ser incapaz de abordar un contexto al revés.

Esperamos que esta pandemia pueda de hecho conducir a una renovación del compromiso con la educación, no solo para reparar los daños y pérdidas que ocurrieron durante la crisis, sino para ayudar a abordar las deficiencias preexistentes. Quizás después de que termine esta larga noche, regresaremos a escuelas más comprometidas a apoyar a todos los niños para que puedan prosperar. Quizás seremos más intencionales en la educación integral de los estudiantes, prestando atención a sus habilidades socioemocionales así como a su desarrollo cognitivo. Quizás reconozcamos la importancia de brindar a todos los estudiantes acceso a la tecnología y la conectividad, y las habilidades para usarla bien. Quizás transformemos las escuelas para que el trabajo de la enseñanza se beneficie de una verdadera colaboración entre profesores, y donde los profesores sean apoyados para desarrollar las habilidades esenciales para la práctica profesional, incluidas las habilidades para la digi-pedagogía. Quizás los sistemas educativos desarrollarán la capacidad y construirán los sistemas para que las escuelas sean más resilientes. Y tal vez las sociedades reconozcan que para hacer esto se requiere financiamiento y asegurarán los recursos esenciales para reconstruir los sistemas educativos, en lugar de agravar aún más el daño causado durante la pandemia al privarlos de recursos. Quizás… quizás… quizás.

Sin embargo, lo cierto en este momento en marzo de 2021, con base en el análisis presentado en este libro, es que en los países revisados en los diez capítulos que siguen, el último año produjo un colapso notable de oportunidades educativas para aprender, robando a la generación actual de estudiantes las oportunidades de adquirir las mismas habilidades que sus contrapartes pudieron desarrollar el año anterior. A menos que se pongan en marcha pronto esfuerzos efectivos para corregir tal pérdida, el futuro de esos estudiantes y el de sus comunidades será menos esperanzador de lo que hubiera sido de otra manera. Solo el tiempo dirá cómo esa pérdida se traduce en otros desafíos para la sociedad, quizás mucho mayores. Con la publicación de este libro nuestro deseo es que podamos prevenir tal tragedia global.

Autores

Fernando M. Reimers es profesor de Práctica en Educación Internacional de la Fundación Ford y director de la Iniciativa Global de Innovación Educativa y del Programa de Políticas Educativas Internacionales de la Universidad de Harvard. Experto en el campo de la educación global, su investigación y enseñanza se centran en comprender cómo educar a los niños y jóvenes para que puedan prosperar en el siglo XXI. Es miembro de la comisión de alto nivel de la UNESCO sobre los futuros de la educación.

Uche Amaechi es instructor en la Escuela de Posgrado en Educación de la Universidad de Harvard, donde enseña sobre liderazgo, comportamiento organizacional y emprendimiento social. Uche también es el coordinador de ELT en la Academia Fletcher Maynard, donde trabaja en liderazgo escolar, participación comunitaria y asuntos de raza y equidad. Uche también forma parte de las juntas directivas de las escuelas y organizaciones sin fines de lucro que se centran en apoyar a los estudiantes de grupos subrepresentados.

Alysha Banerji es estudiante de doctorado en la Escuela de Posgrado en Educación de la Universidad de Harvard y editora de la Harvard Educational Review. Su investigación se enfoca en la ética de la ciudadanía y la educación cívica para la ciudadanía global. Tiene una maestría en Desarrollo Educativo Internacional de la Universidad de Pensilvania y tiene experiencia trabajando en educación en India, Estados Unidos y Chile.

Margaret Wang tiene una maestría en Políticas Educativas Internacionales, egresada de la Escuela de Posgrado en Educación de la Universidad de Harvard. Anteriormente fue profesora de economía y estudios sociales en la escuela secundaria en Bahrein, y ahora está comprometida a ayudar a los jóvenes a ser gestores de los objetivos de desarrollo sostenible. Actualmente es cofundadora de SubjectToClimate, una plataforma en línea para que los educadores de educación básica encuentren recursos didácticos sobre el cambio climático, e Innovate for Africa, una organización de impacto social que apoya a los aspirantes a ser emprendedores en África.

Referencias

Aspen Institute (2019) National Commission on Social, Emotional and Academic Development.   From a nation at risk to a nation at Hope.___ https://www.aspeninstitute.org/programs/national-commission-on-social-emotional-and-academic-development/

Bardach, E. and Patashnick, E. (2020). *A Practical Guide for Policy Analysis: The Eightfold Path to More Effective Problem Solving.* Sixth Edition. Thousand Oaks, CA: CQ Press. Sage Publications.

Dorn, E., Hancock, B., Sarakatsannis, J., & Viruleg, E. (2020). COVID-19 and learning loss-- disparities grow and students need help. *McKinsey.*   https://www.mckinsey.com/industries/public-and-social-sector/our-insights/COVID-19-and-learning-loss-disparities-grow-and-students-need-help

Heimans, J. y Timss, H. (2018) New Power. New York: Anchor Books.

OECD (2018) Talis 2018 Results. Teachers and School Leaders as Lifelong Learners. Volume I. Table I.2.1

OECD (2020). The impact of COVID-19 on student equity and inclusion: Supporting vulnerable students during closures and school re-openings. http://www.oecd.org/coronavirus/policy-responses/the-impact-of-COVID-19-on-student-equity-and-inclusion-supporting-vulnerable-students-during-school-closures-and-school-re-openings-d593b5c8/#endnotea0z4

Parker, K. (2019) The growing partisan divide in views of higher education.   Washington,   DC. https://www.pewresearch.org/social-trends/2019/08/19/the-growing-partisan-divide-in-views-of-higher-education-2/

Reimers, F. (2020) Educating Students to Improve the World. Singapore. Springer.

Reimers, F. (2021) Education and Climate Change. The Role of Universities. Cham, Switzerland: Springer

Ritz, D., O'Hare, G. y Burgess, M. (2020). *The Hidden Impact of COVID-19 on Child Protection and Wellbeing.* London, Save the Children International.

World Bank. 2013. The What, Why, and How of the Systems Approach for Better Education Results (SABER) (Conference Edition). http://wbgfiles.worldbank.org/documents/hdn/ed/saber/supporting_doc/Background/SABER_Overview_Paper.pdf

World Bank. 2018. World Development Report 2018. Learning to Realize Education's Promise. https://www.worldbank.org/en/publication/wdr2018

Uno. Universidades y Escuelas |51

World Bank. 2018. World Development Report 2018. Learning to Realize Education's Promise. https://www.worldbank.org/en/publication/wdr2018

Capítulo Dos

Aprendizaje digital para el futuro en Bangladesh: un estudio de caso de a2i

Philip Bell, Mohammed Hosain y Stephanie Ovitt

Resumen

El ecosistema de educación digital en Bangladesh ha sido puesto al límite durante el COVID-19. En respuesta a la pandemia, *Aspire to Innovate* (a2i), la unidad de innovación del gobierno creó nuevas plataformas de aprendizaje en línea y fortaleció las existentes. Este artículo describe el proyecto llevado a cabo por los autores para ayudar a a2i a promover su avance en el corto plazo a través de plataformas de aprendizaje digital en una estrategia sostenida a largo plazo. Con base en las ideas de una encuesta masiva de docentes en Bangladesh, las recomendaciones de políticas públicas incluyen un programa de comunicación estratégica, desarrollo de habilidades docentes para la enseñanza digital, el uso de contenido por medio de SMS y la creación de un sistema de monitoreo y evaluación.

Introducción

El objetivo es abordar la manera en la que se pueda fortalecer y sostener el uso de plataformas de educación digital en Bangladesh a largo plazo. La 'sostenibilidad' en este contexto implica que las plataformas son ampliamente utilizadas por los estudiantes (el acceso es alto), que se motiva a los estudiantes a permanecer en las plataformas para aprender (la retención en las plataformas es alta) y que mejoran con el tiempo en respuesta a las necesidades de los estudiantes (la capacidad de fortalecimiento y adaptación del sistema es alta). Este fue el principal desafío que *Aspire to Innovate* (a2i), una agencia de innovación del gobierno nos pidió resolver para fortalecer la respuesta del Gobierno de Bangladesh (GoB) al COVID-19 y la manera en que se implementará la educación en el futuro. Este proyecto, de cuatro meses, implicó una consulta con a2i, en torno a su trabajo en el desarrollo de herramientas y plataformas de educación digital para el Ministerio de Educación Primaria y Masiva. El GoB ha hecho hincapié en la digitalización de servicios, en casi todos los sectores públicos, a través de Visión 2021 y "Bangladesh Digital". Desde 2010, cuando se revisó por última vez la política educativa nacional, la integración de la tecnología en el sistema educativo ha sido una prioridad del gobierno.

Específicamente, esta investigación detalla el trabajo de los autores para recomendar a a2i, métodos que garanticen que las plataformas de educación digital (incluidas EduHub, MuktoPaath, la página de Facebook de Ghore Boshi Shikhi, Sangsad TV y Radio) se utilicen de manera sostenible a largo plazo para todos los estudiantes. Para ello, se realizó una revisión de la evidencia sobre los problemas con el aprendizaje digital de Bangladesh, reuniones con a2i y discusiones de grupos focales con maestros y padres de escuelas públicas, de todo esto se obtuvo un conjunto de preguntas para realizar una encuesta que nos permitiera una exploración más profunda. Los resultados de la encuesta se utilizaron para delimitar el enfoque de la revisión de la literatura y para exponer las opciones de políticas disponibles. Finalmente, se evaluaron las implicaciones involucradas en la respuesta de políticas recomendadas para a2i.

Impacto del COVID-19 en la Educación Primaria en Bangladesh

Es difícil medir el impacto del COVID-19 en el sistema educativo en Bangladesh. El Ministerio de Salud confirmó los primeros casos de COVID-19 en Bangladesh el 8 de marzo de 2020 (GoB, 2020). El 16 de marzo, el Ministerio de Educación anunció el cierre de las instituciones educativas por dos semanas (Comunicado de Prensa del MoE, 2020). A partir de febrero de 2021, el cierre permanece vigente y las escuelas cerradas. De los 18 millones de estudiantes de primaria en el país, alrededor del 75% están matriculados en escuelas administradas por el gobierno (Abdullah, 2020). Bangladesh también alberga un importante sector de educación informal dirigido por varias ONGs, que atienden aproximadamente a 1.7 millones de estudiantes, quienes también se han visto afectados por los cierres (GoB, 2020). Como resultado, millones de estudiantes dependen de las medidas de educación a distancia implementadas por el gobierno para continuar con su educación.

Curiosamente, se observó en una discusión de grupo focal que algunas "madrasas" (escuelas islámicas) han operado en persona y, al menos en varios casos, los estudiantes se han trasladado para asistir a clases presenciales. El gobierno ha decidido promover a los estudiantes al siguiente grado para el próximo año y ha confirmado que la admisión a las escuelas primarias y secundarias el próximo año se hará a través de un sistema de lotería, en lugar de exámenes de admisión (Abdullah, 2020). La dinámica temporal de la situación lleva a considerar la posibilidad, a mediano plazo, de que las escuelas abran esporádicamente en los próximos seis meses en el posible escenario de una vacunación masiva.

Definición del Problema

El problema inmediato de a2i durante la pandemia fue que millones de estudiantes no tenían acceso a la educación. Mientras que el 13% de la población de Bangladesh utilizó Internet en 2019, según el Banco Mundial, solo el 5.6% de los hogares tiene acceso a una computadora (Banco Mundial, 2019). El 56% de los hogares tiene acceso a una televisión, pero solo el 0.6% de la población tiene acceso a una radio (aunque es posible que más puedan acceder a la radio a través de sus teléfonos móviles) (GoB, 2020). Si bien, el 92% de las familias en el quintil de riqueza más bajo tiene acceso a teléfonos móviles, solo el 19% de la población total tiene acceso a un teléfono inteligente (Banco Mundial, 2020). De hecho, el uso de teléfonos móviles está muy extendido, existen contratos telefónicos equivalentes en volumen al 99% de la población de Bangladesh (DataRe Portal, 2020). Las plataformas de a2i utilizan Internet, Facebook, TV y radio. Sin embargo, debido a estas limitaciones estructurales, la producción total combinada de todas las plataformas digitales alcanzará, al menos, al 40% del total de estudiantes.

Resultados de la encuesta

La encuesta (disponible en inglés y bengalí) recibió 441 respuestas de docentes. Fue administrada por a2i y tenía como objetivo identificar las tendencias de aprendizaje digital y explorar cómo los docentes utilizan las plataformas de aprendizaje a distancia. Alrededor de 155 participantes utilizaron su página personal de Facebook para enseñar, siendo la plataforma más utilizada, seguida de Zoom, la página de Facebook de Ghore Boshe Shikhi, Muktopaath y Sangsad TV. Sin embargo, el método más común que los participantes utilizaron para acceder a Internet fue a través de teléfonos inteligentes (318 participantes), en comparación con 109 participantes que utilizaron el Internet de su hogar. La mayoría de los encuestados indicó que tiene acceso a varios dispositivos tecnológicos diferentes, como computadoras portátiles (372), teléfonos inteligentes (417) y televisores (267). El medio más común por el cual los participantes se comunicaron con los estudiantes y los padres fue por teléfono (195) en comparación con visitas a sus hogares (133), enviar mensajes (123) y colocar carteles (48).

La mayoría de los participantes informaron que entre el 0 y el 50% de los estudiantes estaba aprendiendo en línea, aunque hubo una amplia variación. Sólo 2 participantes informaron que más del 95% de sus estudiantes participaban activamente en el aprendizaje en línea. Además, la mayoría indicó que se sentían cómodos al enseñar a través de video; y los encuestados, en general, sintieron que sus cónyuges los apoyaban en la enseñanza en línea, un indicador prometedor para incorporar la enseñanza digital de manera sostenible en el sistema educativo. La pregunta sobre el apoyo o manutención de la pareja se incluyó en la recomendación del grupo de enfoque porque puede influir en el acceso a las tecnologías apropiadas o la enseñanza de la comodidad en video, especialmente dada la evidencia de que las mujeres pueden sufrir tasas más altas de exclusión digital en Bangladesh (Rashid, 2016).

Otro hallazgo crítico de la encuesta es que los participantes están ansiosos por participar en capacitaciones docentes, aunque solo 55 participantes informaron haber recibido capacitación o formación para el uso de herramientas de aprendizaje en línea. Los 355 encuestados informaron que habían estado enseñando de manera activa durante el encierro, en comparación con 47 que no lo habían hecho. Sin embargo, la encuesta reveló disparidades en el conocimiento de diferentes plataformas. Por ejemplo, el 78% de los encuestados indicaron que nunca habían oído hablar de EduHub, que no entendían bien qué es ni cómo usarlo.

Literatura consultada

Campañas de sensibilización e información

La efectividad de las campañas de información para promover el aprendizaje y el uso efectivo de la infraestructura de educación digital se ha demostrado en ensayos de control aleatorios en 12 países (Banerjee et. al., 2020). De hecho, existen algunas características comunes en las implementaciones más exitosas de estos programas. Una característica constante de las campañas de información exitosas es proporcionar información sobre los "beneficios de la educación para generar ingresos", especialmente si los beneficios no se comprenden o no son prominentes en la mente de las personas (Banerjee et. al., 2020). En segundo lugar, es fundamental que se confíe en el proveedor de información para que se pueda difundir a los estudiantes o padres a través de diversos canales (mensajes de texto, videos, reuniones de padres, boletas de calificaciones, docentes). Por último, según Banerjee et. al., (2020), los estudiantes o padres deben tener los medios para actuar sobre la orientación que se les está brindando, sin importar cual sea la campaña de información.

Hallazgos similares provienen de estudios que demuestran que los SMS pueden ser un canal particularmente efectivo para campañas informativas que permitan mejorar el logro durante y después de COVID-19. Cuando se utilizó una intervención similar en Chile para informar a los padres sobre los recursos de aprendizaje, éste logró un aumento de la desviación estándar de 0.2 (Allende et al., 2019) cinco años después de la intervención.

Desarrollo de la capacidad de los docentes

La encuesta y las discusiones de los grupos de enfoque sugieren que la capacitación docente es un área importante en la que se necesita más apoyo. Los docentes, no sólo informaron que querían capacitación, sino que 55 de los participantes habían tenido capacitación digital. Un estudio reciente sobre formación virtual para docentes en Sudáfrica encontró que la formación virtual puede ser muy eficaz para preparar a los profesores para enseñar con tecnologías digitales, incluso cuando los profesores no estaban familiarizados con las nuevas tecnologías (Kotze et al., 2018). Bangladesh podría aprovechar Teachers 'Portal y MuktoPaath, dos importantes plataformas de formación de profesores en línea, para programas de desarrollo profesional.

Las agencias multilaterales y el apoyo de los donantes han sido una parte crucial de la estrategia de recuperación de la educación para muchas naciones. El gobierno de Uganda ha implementado un esfuerzo coordinado con la Autoridad de Desarrollo de Bélgica para apoyar a los Colegios Nacionales de Maestros en la capacitación en línea para impulsar las habilidades en TIC y el aprendizaje basado en computadoras (Joynes, et. al., 2020). Dada la falta de fácil acceso a Internet, Bangladesh también puede mirar a Ruanda, donde las tarjetas SD precargadas con recursos se utilizan para el desarrollo profesional continuo remoto de los docentes. El GoB puede aprovechar estas experiencias para personalizar diferentes estrategias de intervención para desarrollar la capacidad de los maestros en el futuro.

Escalar el acceso

Hay contratos telefónicos equivalentes al 99% de la población de Bangladesh (DataRe Portal, 2020). Por lo tanto, la educación basada en dispositivos móviles ofrece una oportunidad significativa para escalar el impacto de las plataformas existentes, especialmente Sangsad TV. Los estudios internacionales durante la pandemia de

COVID-19, sugieren que la evaluación y la educación basadas en dispositivos móviles pueden tener un impacto significativo en el aprendizaje. Por ejemplo, un estudio reciente en Botswana (Angrist et al., 2020) mostró que el contenido y las preguntas basadas en mensajes de texto mejoraron significativamente los resultados de la habilidad numérica de los estudiantes. Este impacto se duplicó cuando se combinó con una llamada telefónica de un instructor hablando con el estudiante a través de los materiales de aprendizaje. De hecho, en Nigeria, se han implementado con éxito cuestionarios de evaluación formativa que utilizan códigos QR (EdoHome, 2020). Estos recientes ejemplos proporcionan una fuerte evidencia de que esta podría ser una opción viable en Bangladesh. De hecho, la evidencia de la encuesta realizada por los autores sugiere que la programación a través de WhatsApp o SMS sería una opción viable para el Ministerio.

De manera análoga, para maximizar el uso de los recursos en línea que se ofrecen actualmente, puede ser esencial reducir el costo del acceso a Internet para los recursos educativos a través de la calificación cero. Los libros de texto electrónicos y la certificación académica de los cursos de educación a distancia puede aumentar el acceso e incentivar el aprendizaje a largo plazo. Sin embargo, a medida que la infraestructura tecnológica mejore en el futuro, el equilibrio entre las soluciones de baja y media tecnología puede cambiar lentamente hacia la alta tecnología (OCDE, 2020). De hecho, el uso de la educación móvil ofrece un amplio margen para garantizar que las intervenciones se dirijan a un nivel de aprendizaje en particular. Se ha descubierto que la focalización en el nivel adecuado es muy eficaz para impulsar el logro en India, Ghana y Zambia (Bannerjee et al., 2016).

Acceso y monitoreo del sistema

La escasez de hardware presenta un cuello de botella para escalar el acceso a los recursos educativos. Un enfoque para este desafío se utilizó en el brote de ébola en Guinea, donde UNICEF difundió radios en comunidades rurales. Una forma rentable de hacer esto es proporcionar a los docentes el hardware para maximizar su contacto con los estudiantes. Sin embargo, puede ser más importante reducir las barreras para el uso de Internet o el uso del teléfono por parte de los docentes al ofrecer datos de Internet gratuitos a sitios web educativos seleccionados, conocidos como calificación cero. Esto ya se utiliza ampliamente en países de ingresos medios y bajos, por ejemplo, en "Econet Zero" de Zimbabwe. Los incentivos del gobierno para la "calificación cero" o "zero-rating" varían, pues pueden obligar a las empresas a proporcionar datos de forma gratuita y recurrir así a los "Fondos de servicio universal" (Chuang, 2020).

El seguimiento y la evaluación son aspectos críticos en todo el sistema. (Banco Mundial, 2020) En otros países, Perú ha implementado con éxito un tablero de Monitoreo y Evaluación, que inicialmente, se completó con datos de una encuesta masiva realizada a docentes que son a la vez, padres o madres de familia. De hecho, la retroalimentación y los datos de los usuarios sobre el compromiso con las diferentes plataformas de aprendizaje se utilizaron posteriormente, para desarrollar contenido. (Banco Mundial, 2020)

Alternativas de Políticas

Criterios para evaluar recomendaciones de políticas

Al considerar diferentes alternativas para apoyar el fortalecimiento y la protección para el futuro de la educación digital en Bangladesh, se han seleccionado tres criterios que son particularmente relevantes para examinar las alternativas. Estos criterios se elaboraron en consulta con a2i.

- Acceso: ¿de qué manera esta intervención apoya la expansión del acceso a la educación para los estudiantes?
- Retención: ¿de qué manera esta intervención apoya el objetivo de retener a los estudiantes en el sistema educativo, tanto durante la pandemia como al regresar a las escuelas?
- Fortalecimiento del sistema: ¿de qué manera esta intervención apoya el fortalecimiento del sistema educativo

en su conjunto o de los sistemas de educación a distancia en particular?

Recomendación 1: Realizar una campaña de información y sensibilización.

Los datos de la encuesta y las conversaciones de los grupos focales con docentes indican que los alumnos, las familias y los maestros pueden no estar al tanto de las herramientas y plataformas de aprendizaje disponibles, lo que implica que no todos los estudiantes que tienen la tecnología para acceder al aprendizaje a distancia lo están haciendo. Además, la plataforma de EduHub no ha sido anunciada ni difundida públicamente, y el reconocimiento de la plataforma por parte de los profesores es relativamente bajo. Por último, una de las principales preocupaciones de a2i es la tasa de retención de los estudiantes, en particular de las niñas, tanto durante el aprendizaje a distancia como en la reapertura de las escuelas.

Por lo tanto, una campaña que llame la atención y sensibilice a los alumnos sobre las plataformas disponibles, y proporcione información sobre los beneficios de utilizar estas plataformas podría impulsar el acceso y el aprendizaje. Como se mencionó anteriormente, enfatizar el beneficio económico del aprendizaje es un ingrediente importante para asegurar que las campañas de información se traduzcan en retención y aprendizaje. (Banerjee et. Al, 2020).

La campaña de información podría fortalecerse mediante el apoyo de ONGs asociadas, otros departamentos ministeriales, y aprovechando el uso de SMS como canal de comunicación. La creación de un personaje de dibujos animados de aprendizaje digital podría apoyar eficazmente las plataformas de educación digital y llegar a más jóvenes. Un precedente de esto es el personaje ampliamente reconocible "Meena" creado por UNICEF en la década de 1990.

Recomendación 2: Desarrollo docente para la enseñanza digital

Si bien la mayoría de los encuestados afirmaron haber recibido algún tipo de formación docente, solo el 27% informó haber recibido formación centrada en la enseñanza remota o digital. Se repitieron hallazgos similares durante una discusión de grupo focal con docentes. Sus respuestas destacaron que la formación en TIC actualmente disponible ha sido insuficiente para sus necesidades y expresaron incertidumbre sobre la efectividad de la intervención actual del aprendizaje a distancia, a menudo citando su falta de conocimiento y confianza en la enseñanza a distancia como una de las principales razones. Ante esto, se recomienda crear y distribuir una "Guía de Buenas Prácticas de Enseñanza Digital", que incluya estrategias y expectativas para el contacto directo con alumnos y padres.

En segundo lugar, como vimos en los contextos de Sudáfrica y Uganda, la formación digital en línea puede ser muy eficaz. Por lo tanto, de acuerdo con las necesidades que los docentes expresaron a través de nuestra encuesta, recomendamos ofrecer un curso de enseñanza digital en línea. Específicamente, los participantes de la encuesta expresaron un interés particular en acceder a la capacitación sobre cómo aprovechar los teléfonos inteligentes para la enseñanza.

Si bien una campaña de información aumentará rápidamente el uso efectivo de las plataformas, el uso de recursos para fomentar un cambio de mentalidad sobre la educación digital sólo tendrá impacto a largo plazo, si los estudiantes se sienten atraídos por la calidad de los contenidos. De hecho, utilizar ONGs asociadas para llevar a cabo la campaña puede ser útil a corto plazo y lograr escalar rápidamente. Sin embargo, si el Gobierno de Bangladesh va a tener control sobre la naturaleza de la campaña, entonces deben asegurarse de que sea implementada por el propio Ministerio. Las principales suposiciones son que las ONGs asociadas estarán dispuestas a participar y los cambios en la información conducirán a cambios en el comportamiento.

Una posible opción podría ser la de vincular la educación con mensajes que fomenten una visión a largo plazo de la educación desde una perspectiva económica, lo que puede conducir, a corto plazo, a una comprensión determinista de los beneficios de la educación. Otra preocupación que debemos tener en cuenta es que depender de ONGs y otros socios para difundir información podría implicar una pérdida de control sobre la dirección de la campaña.

Otra determinación es que las pautas de mejores prácticas para la enseñanza digital pueden obstaculizar la creatividad; sin embargo, asumimos que esto tendrá un impacto relativamente pequeño y, por lo tanto, no será significativa. Para los propósitos a corto plazo de mejorar la educación en caso de que las escuelas permanezcan cerradas, la opción más efectiva es brindar apoyo a los docentes para que se comuniquen con los estudiantes (a través de lo teléfonos y tarifas de red reducidas (Alternativa 2.b)). Sin embargo, un enfoque a largo plazo para mejorar el uso de la tecnología digital para mejorar la enseñanza es utilizar MuktoPaath para proporcionar un curso de formación docente integral en el uso de recursos digitales. Una preocupación inherente a esta alternativa es que avanzar hacia sistemas de formación de aprendizaje a distancia puede disuadir a los docentes mayores de participar activamente en el desarrollo de capacidades.

Recomendación 3: contenido de SMS complementario

El contenido de SMS es la forma más directa de abordar rápidamente la falta de acceso. Los SMS se pueden aprovechar para proporcionar más contacto entre profesores y estudiantes, especialmente si los profesores reciben el apoyo de SMS gratuitos para contactar a los estudiantes. La evidencia de Angrist et al (2020) indicó que el efecto de la educación por SMS se duplicó cuando se agregó el entrenamiento por teléfono. Esto sugiere que los SMS se pueden utilizar para facilitar un mayor apoyo y orientación a los alumnos de forma remota.

Realizar cuestionarios vía SMS del contenido de Sangsad TV es una forma efectiva de transformar el contenido en experiencias de aprendizaje interactivas y posiblemente adaptativas. Un programa más ambicioso diseñaría contenido SMS completamente nuevo para cada edad y nivel de aprendizaje de los estudiantes. Existe una clara evidencia de que la diferenciación es una característica eficaz de las intervenciones educativas (Banerjee et al., 2016). Un precedente importante para aumentar el uso de SMS, es el trabajo de Pratham (2020) en India, que para mantener el contenido divertido, incluyó el uso de acertijos e historias.

Aunque la distribución de radios ha sido útil en otros países (UNICEF, 2020), los datos de nuestra encuesta corroboran varias fuentes de datos externas al sugerir que la radio no es actualmente un aspecto ampliamente utilizado del ecosistema educativo. De hecho, un enfoque más eficaz, en términos de su capacidad para escalar rápidamente y llegar a los estudiantes que solo tienen acceso a teléfonos móviles, sería introducir la educación basada en teléfonos móviles. El uso de SMS como complemento del contenido de Sangsad TV mejoraría la calidad y la retención del contenido. Sin embargo, no mejoraría el acceso para los estudiantes, por lo que, un programa de contenido de SMS completo podría escalar el acceso a los estudiantes que actualmente no pueden acceder a Facebook, Sangsad TV o radio (que es más del 50% de la población, como se describe en la Sección 1), pero que sí tienen acceso a un teléfono. Dado que existen contratos telefónicos equivalentes al 99% de la población de Bangladesh, es razonable suponer que un número significativo de estudiantes que no pueden acceder al contenido existente podrían acceder a él a través de un teléfono móvil.

Debido a la falta sistemática de acceso de los usuarios a las tecnologías relevantes, recomendamos contenido de SMS complementario como un paso inmediato para mejorar la equidad y el acceso a la educación digital en todo el país.

Recomendación 4: Tablero de control y evaluación

La organización a2i informó a los autores que un área significativa de mejora potencial es el monitoreo y la evaluación (M&E) de las plataformas de aprendizaje. De hecho, solo el 12% de los encuestados "sabe que es Eduhub y cómo usarlo" lo que sugiere que pueda ser necesario aumentar los datos de monitoreo y los comentarios de las plataformas para dar forma a la creación de contenido y adaptar la estrategia general. a2i ha informado a los autores que actualmente no existe un sistema centralizado de evaluación y monitoreo que abarque todas las plataformas. La alternativa de un tablero de M&E cumpliría este propósito. Perú implementó con éxito un panel de control y evaluación y descubrió que WhatsApp es, por mucho, la plataforma más grande para la interacción entre estudiantes y docentes (Banco Mundial, 2020).

A largo plazo, recomendamos una evaluación a nivel nacional que conduzca a un mapeo de la brecha digital, que puede representar mejor la falta de acceso y disponibilidad de tecnología de docentes y estudiantes. El acceso debe definirse a través de múltiples indicadores tangibles e intangibles con énfasis en el acceso social a la tecnología. Esto permitirá que el Ministerio de Educación adopte un enfoque más estratégico para distribuir fondos para el desarrollo de infraestructura. Junto con eso, el gobierno podría establecer una plataforma interactiva de acceso a la tecnología que destaque la disponibilidad de electricidad, Internet y dispositivos digitales de los estudiantes y docentes en tiempo real y recomiende un conjunto personalizado de mejores prácticas que deberían ser utilizadas por los docentes de una región específica.

Esta recomendación implica altos niveles de capacidad, pero es más importante si se supone que el aprendizaje a distancia será importante a largo plazo. Es probable que un tablero de monitoreo requiera un tiempo de implementación significativo. Si el período de tiempo de la pandemia se acorta debido a los recientes ensayos exitosos de vacunas, entonces la prioridad inmediata deben ser las intervenciones con impacto inmediato (a saber, las recomendaciones 1 y 2).

Conclusión

Las alternativas de políticas funcionan en conjunto. Una estrategia de información y sensibilización exitosa necesariamente mejorará el uso del contenido de SMS o los cuestionarios de Sangsad TV. De manera similar, la implementación exitosa del desarrollo docente en línea para contenido digital aumentará la calidad del aprendizaje a distancia, incentivando a los estudiantes a permanecer en el sistema educativo, mejorando la retención y aumentando la efectividad tanto de las evaluaciones como de las campañas informativas.

Estas recomendaciones se basarán en los avances que a2i ya ha hecho. Su progreso para producir una infraestructura digital de alta calidad durante COVID-19 no debe subestimarse. Por poner un ejemplo, la creación y el uso continuo de MuktoPaath por parte de los profesores, que ofrece un número sin precedentes de cursos educativos en bengalí, es un gran logro. El hecho de que el 70% de los participantes de la encuesta usen MuktoPaath ocasional o frecuentemente habla de este éxito. Eduhub, Sangsad TV y Ghore Boshe Shikhi Facebook se han implementado rápidamente.

Esta pandemia ha brindado una rara oportunidad de cambiar la forma en que se puede enfocar la educación en Bangladesh. Más importante aún, ha aumentado la tolerancia de la mayoría de las partes interesadas que están dispuestas a trabajar y aceptar cambios importantes. Ahora es el momento adecuado para tomar medidas audaces que se centren en cambios masivos a nivel de sistemas mientras se implementan mejoras incrementales que ayudarán al aprendizaje a corto plazo. En este sentido, es alarmante ver que el presupuesto propuesto para el sector educativo del año fiscal 2020-2021 permanece sin cambios luego del impacto devastador que la pandemia continúa causando (Alamgir, 2020).

El conjunto de intervenciones que se recomienda introducir de inmediato (específicamente una campaña de información y un programa de enseñanza digital) mejoraría el acceso y la retención en el contexto a corto plazo de la pandemia mundial. Se pueden lograr grandes aumentos en el acceso y la retención alentando de manera proactiva a los estudiantes y padres a usar más las plataformas y desarrollando capacitación que les permita aprovechar estas nuevas plataformas. Sin embargo, es importante reconocer que puede ser necesario complementar estas intervenciones con reformas sistemáticas a largo plazo, incluido un tablero de M&E y un enfoque deliberado para recopilar datos sobre el despliegue de herramientas digitales.

Autores

Mohammed Hosain es estudiante de maestría en el programa de Política Educativa Internacional de la Escuela de Educación para Graduados de Harvard. Actualmente, colabora en la administración pública de Bangladesh.
mhosain@gmail.com

Stephanie Ovitt es estudiante de maestría en el programa de Política Educativa Internacional de la Escuela de Educación de Harvard. Ha trabajado en el sector educativo sin fines de lucro en Estados Unidos y Bangladesh.
stephanieovitt@gmail.com

Philip Bell es estudiante de maestría en el programa de Política Educativa Internacional de la Escuela de Graduados de Educación de Harvard. Anteriormente trabajó como profesor en el Reino Unido.
pbell@gse.harvard.edu

Referencias

Abdullah, M. (2020, 25 de noviembre). Dipu Moni: Admissions into schools through lottery. Dhaka Tribune. https://www.dhakatribune.com/bangladesh/education/2020/11/25/dipu-moni-dmissions-into-schools-through-lottery

Abdullah, M. (2020, 9 de septiembre). The guideline to reopen primary schools amid COVID-19 pandemic. https://www.dhakatribune.com/bangladesh/education/2020/09/09/COVID-19- pmeunveils- comprehensive-guideline-for-reopening-schools

Abdullah, M. (2020, 12 de noviembre). Bangladesh decides to keep all educational institutions closed till Dec 19. Dhaka Tribune. https://www.dhakatribune.com/bangladesh/2020/11/12/all-educational-institutions-to-remain-closed-till-december-19

Alam, G. M., Alam, K., Mushtaq, S., Khatun, M. N., & Mamun, M. A. K. (2019). Influence of   socio-demographic factors on mobile phone adoption in rural Bangladesh: Policy   implications. Information Development, 35(5), 739–748.   https://doi.org/10.1177/0266666918792040

Alamgir, M. (2020, 11 de junio). Budget for coronavirus-battered education sector unchanged. The   Daily   Star. https://www.thedailystar.net/bangladesh-budget-2020-21-for-   education-sector-unchanged-   1912649

Allende, C., Gallego, F., y Neilson, C. (2019, julio). Approximating the Equilibrium Effects of Informed School Choice (Working paper No. 628). Industrial Relation Section (IRS) Working   Papers   website: http://arks.princeton.edu/ark:/88435/dsp01fj2364948

Angrist et. Al. (2020) 'Stemming Learning Loss During the Pandemic: A Rapid Randomized Trial of   a Low-Tech Intervention in Botswana', Centre for the Study of African Economies.

Banerjee, A. et al. (2020) 'COST-EFFECTIVE APPROACHES TO IMPROVE GLOBAL   LEARNING', Banco Mundial

Bailey, J. P., & Hess, F. M. (2020, 4 de mayo). A blueprint for back to   school.   https://www.aei.org/research-products/report/a-blueprint-for-back-to-school/

Bangladesh Ministry of Education Press Release: Regarding School Closing.   (2020,   16   de marzo).   https://moedu.gov.bd/sites/default/files/files/moedu.portal.gov.bd/press_release/229eb6   87_97fd_4 8e9_bd0d_ce85a8a7f713/2020-03-16-17-22-be90dfa60b323412310985aecf195f18.pdf

Bangladesh Vision 2021: CPD. (2019, 4 de julio). https://cpd.org.bd/bangladesh-vision-2021/

Banerjee, A. V., Banerji, R., Berry, J., Kannan, H., Mukerji, S., & Walton, M. (2017). From Proof of   Concept to Scalable Policies: Challenges and Solutions, with an Application. JOURNAL OF   ECONOMIC PERSPECTIVES, 31(4), 73-102. doi:10.2139/ssrn.2873236

COST-EFFECTIVE APPROACHES TO IMPROVE GLOBAL LEARNING (Rep.). (2020,   octubre). World Bank website: http://documents1.worldbank.org/curated/en/719211603835247448/pdf/Cost-Effective-Approaches-to-Improve-Global-Learning-What-Does-Recent-Evidence-Tell-Us-Are-Smart- Buys-for-Improving-Learning-in-Low-and-Middle-Income-Countries.pdf

COVID-19 response and recovery plan. (2020, mayo). https://planipolis.iiep.unesco.org/en/2020/COVID-19-response-and-recovery-plan-6981 Government of the People's Republic of Bangladesh, Ministry of Primary and Mass Education

DataRe Portal (2020), [Accessed 9th December 2020] https://datareportal.com/reports/digital-2020-bangaldesh#:~:text=The%20number%20of%20mobile%20connections,99%25%20of%20the%20total%20population.

How to create learning content in 160 characters (SMS) (Guide for creating SMS based educational content). (2020). Pratham website: https://drive.google.com/file/d/1KAPEfOLASE6qxwsIL-7oTlpL7mTv0J6Q/view

Improving school systems at scale- Teachers' training through SD card in Rwanda. (n.d.). https://www.educationdevelopmenttrust.com/our-expertise/improving-school-systems-at- scale/teacher-development

Individuals using the Internet (% of population) - Bangladesh. (2019). https://data.worldbank.org/indicator/IT.NET.USER.ZS?locations=BD

Kemp, S. (2020, 17 de febrero). Digital 2020: Bangladesh - DataReportal – Global Digital Insights. https://datareportal.com/reports/digital-2020-bangaldesh

Mobile Interactive Quizzes " EDO SUBEB. (2020, May 29). https://subeb.edostate.gov.ng/home-school/mobile-interactive-quizzes/

Number of smartphone users by country as of September 2019 (in millions). (2020, 28 de febrero). https://www.statista.com/statistics/748053/worldwide-top-countries-smartphone-users/

COST-EFFECTIVE APPROACHES TO IMPROVE GLOBAL LEARNING (Rep.). (2020, octubre). World Bank website: http://documents1.worldbank.org/curated/en/719211603835247448/pdf/Cost-Effective-Approaches-to-Improve-Global-Learning-What-Does-Recent-Evidence-Tell-Us-Are-Smart-Buys-for-Improving-Learning-in-Low-and-Middle-Income-Countries.pdf

Rashid, A. T. (2016). Digital Inclusion and Social Inequality: Gender Differences in ICT Access and Use in Five Developing Countries. Gender, Technology and Development, 20(3), 306–332. https://doi.org/10.1177/0971852416660651

So, S. (2009). The Development of a SMS-based Teaching and Learning System. Journal of Educational Technology Development and Exchange, 2(1). doi:10.18785/jetde.0201.08

The COVID-19 Pandemic: Shocks to Education and Policy Responses (Rep.). (2020, May 7). World Bank - Open Knowledge Repository (OKR) website: https://openknowledge.worldbank.org/handle/10986/33696

Vyas, Ankit. (2020, noviembre). Tech-free innovations in India help bridge digital divide. https://www.weforum.org/agenda/2020/11/going-back-to-education-basics-as-local-innovations-in-india-help-to-bridge-the-digital-divide/

World Bank. (2020, junio). COVID-19 Could Lead to Permanent Loss in Learning and Trillions of Dollars in Lost Earnings [Press release]. Retrieved December 11, 2020, from https://www.worldbank.org/en/news/press-release/2020/06/18/COVID-19-could-lead-to-permanent-loss-in-learning-and-trillions-of-dollars-in-lost-earnings

World Bank, (2020) Mobile Distance & Hybrid Education Solutions

Capítulo Tres

Resiliencia en la incertidumbre: mantenimiento y fortalecimiento de la educación primaria en Belice durante la pandemia de COVID-19

Claire Chadwick, Charley Kenyon y Mary Nagel

Resumen

El 20 de marzo de 2020, las escuelas cerraron para recibir instrucción en línea en respuesta a la pandemia de COVID-19, pero este no fue el único desafío al que se enfrentó el Ministerio de Educación de Belice. El cierre de las fronteras del país paralizó su economía basada en el turismo, dejando a muchos estudiantes y familias beliceños frente a un futuro económico incierto. Los desastres naturales aumentaron la incertidumbre, mientras que el resultado de las elecciones generales llevó a un nuevo partido político al poder.

Este capítulo se generó a través de consultas con el Ministerio de Educación de Belice utilizando la recopilación de datos primarios y una revisión cuidadosa de la literatura comparativa relevante. A través de este proceso consultivo, los autores desarrollaron una serie de recomendaciones para los esfuerzos de respuesta del Ministerio para apoyar la educación primaria. Las recomendaciones propuestas por los autores son en dos sentidos: estrategias para la mitigación inmediata de la pérdida de aprendizaje y estrategias para construir un plan de recuperación post pandémica más allá del COVID-19.

Contexto

A medida que los países de todo el mundo continúan viéndose afectados por la pandemia de COVID-19, muchos están recurriendo a revisar las acciones de los países con mejor desempeño para aprender y desarrollar sus propios planes de acción. Sin embargo, debido a como las condiciones de salud han evolucionando en el mundo y otros contextos variables, es difícil, sino imposible, que una estrategia que podría haber tenido éxito en Singapur funcione en Canadá, por ejemplo. Sin embargo, con una cuidadosa consideración del contexto, las lecciones aprendidas de una nación se pueden extrapolar y aplicar en consecuencia para mitigar los efectos inmediatos del COVID-19 en los sistemas educativos. Por lo tanto, es imperativo en este momento que los líderes creen una red amplia para la búsqueda de soluciones que les permita continuar los esfuerzos educativos en sus respectivos contextos.

Belice no se ha librado del COVID-19; la pandemia y los efectos posteriores han afectado a muchas partes de la sociedad beliceña. La pandemia ha afectado al turismo, ya que el país, como muchos otros, cerró sus fronteras al mundo exterior para detener la propagación del virus. Esto es particularmente importante para un país como Belice, donde más de un tercio del empleo total se basa en la industria del turismo (Organización Mundial del Comercio, 2017). La devastación económica por la pandemia es global, pero la dependencia de Belice del turismo ha causado una perturbación económica sin precedentes para el país. Lo anterior, ha provocado el desempleo de muchos padres, madres y cuidadores en Belice, lo que agrava aún más la incertidumbre y la adversidad con las que viven los estudiantes durante la pandemia (UNICEF, 2020).

Con respecto a la educación, el Ministerio de Educación cerró todas las escuelas el 20 de marzo de 2020. Esto resultó en graves consecuencias para los estudiantes que ya sufrían de falta de recursos esenciales, incluido el acceso a una infraestructura de tecnología[1] (información y la comunicación) para la transición al aprendizaje remoto. En Belice, solo el 57.2% de los hogares tiene acceso a Internet y el 46.2% tiene acceso a la televisión por cable

---

[1] La falta de TIC incluye tanto la falta de dispositivos físicos con tecnología habilitada, así como la falta de Internet y datos.

(SIB, 2019), lo que significa que cualquier aprendizaje a distancia habilitado por tecnología dejaría fuera a una parte significativa de los estudiantes beliceños. Si bien el Ministerio pudo proporcionar las TIC necesarias en los niveles secundario y terciario, la financiación fue insuficiente para cubrir a todos los estudiantes de la escuela primaria. Por lo tanto, para garantizar la igualdad en el aprendizaje de los estudiantes de primaria, se utilizaron paquetes de aprendizaje impresos, un criterio de máxima preocupación para el Ministerio, para mantener la continuidad educativa durante la pandemia de COVID-19.

Además de los desafíos que presenta la pandemia, Belice, como gran parte de la región del Caribe y Centroamérica, también es particularmente propensa a los desastres naturales, desde inundaciones hasta huracanes. En noviembre de 2020, graves inundaciones en todo el país provocaron daños generalizados y alteraciones de la vida diaria (ReliefWeb, 2020). Esta inundación afectó aún más la capacidad del Ministerio para responder a la pandemia y exacerbó los niveles ya significativos de estrés psicológico de los estudiantes y cuidadores (Federación Internacional de Sociedades de la Cruz Roja y de la Media Luna Roja, 2020).

En medio del reciente desastre natural y la pandemia en curso, Belice también procedió a las elecciones generales del país para ver si el partido del primer ministro Dean Barrow, que había liderado el país durante los últimos 12 años, continuaría dirigiendo a Belice a través de la crisis en curso. Las elecciones tuvieron lugar el 6 de noviembre de 2020, lo que resultó en una transición democrática del poder al recién elegido Partido Unido del Pueblo (PUP). El primer ministro entrante del PUP, Johnny Briceño, reconfiguró el Ministerio para convertirlo en el Ministerio de Educación, Cultura, Ciencia y Tecnología, y nombró a Francis Fonseca como ministro[2]. La ministra Fonseca, junto con la recién nombrada Directora de Educación, la Sra. Yolanda Gongora, quien anteriormente se desempeñó como maestra, directora y líder

---

[2] https://www.moe.gov.bz/minister-of-education-culture-science-and-technology/

dentro del Ministerio de Educación, priorizaría la formación de un Grupo de Trabajo COVID-19 para responder a las necesidades educativas más urgentes en todos los sectores de la educación.

El Ministerio en funciones heredaría un sistema educativo que enfrentaba graves desafíos, que habían empeorado significativamente con la pandemia. Estos desafíos incluían el cierre de escuelas, TIC limitadas en los hogares, apoyo limitado en el hogar para fomentar el aprendizaje y mucho más. A pesar de estas dificultades, la respuesta del sistema educativo de Belice a lo largo de la pandemia COVID-19 ha demostrado una capacidad de resiliencia significativa, de la cual creemos que se puede aprender una gran cantidad de lecciones para otros países que enfrentan limitaciones similares, especialmente con respecto a los datos nacionales limitados y el acceso a las TIC (ver Capítulo 5 Guatemala).

Posicionalidad

Los autores de este capítulo tuvieron la suerte de colaborar con un equipo dedicado del Ministerio de Educación de Belice mientras que el ministerio navegaba por las complejidades de la pandemia. A lo largo de la consultoría, los autores no estaban radicados en Belice ni han vivido experiencias de trabajo en el sistema educativo de Belice. Debido a las restricciones de viaje de COVID-19, los autores trabajaron de forma remota y están particularmente agradecidos por los conocimientos y la orientación brindados por el equipo, para ayudar a maestros de escuela primaria a adaptarse a los cambios pedagógicos y así garantizar la continuidad del aprendizaje.

Los autores también reconocieron la oportunidad única de aprender con y desde la primera línea de un sistema educativo que se parecía a muchos otros países de ingresos medios de todo el mundo. Belice no tuvo acceso a los puntajes de PISA, lo que limita su capacidad para participar y aprender de las perspectivas comparativas y del Movimiento de Educación Global en general. Como tal, los autores reconocieron que, sin estas herramientas comparativas internacionales, adaptar las intervenciones al contexto de Belice sería un desafío, pero mantuvieron su compromiso de apoyar los esfuerzos de respuesta del Ministerio.

A pesar de estos desafíos, los autores accedieron a literatura y datos importantes del Movimiento de Educación Global para ayudar al Ministerio a aprender de los esfuerzos sobre la respuesta internacional a la pandemia. La siguiente sección muestra el proceso de colaboración desde consultas virtuales con los funcionarios salientes del Ministerio hasta la transición política con la nueva administración en funciones a partir de enero de 2021. En el momento en que se finalizó este capítulo (febrero de 2021), los funcionarios recién electos del Ministerio de Educación continuaron con las escuelas cerradas en todo el país.

Enfoque de consultoría

Los autores se reunieron por primera vez con un equipo del Ministerio de Educación de Belice, incluido el entonces actual Director de Educación y dos Oficiales de Educación, el 11 de septiembre de 2020 a través de Zoom. Cuando las escuelas cerraron el 20 de marzo de 2020, el Ministerio actuó rápidamente para implementar pautas para las escuelas primarias en todo el país e instruyó a los maestros para que desarrollaran paquetes de aprendizaje impresos para que los cuidadores los recogieran y los devolvieran a la escuela semanalmente, a fin de garantizar la continuidad del aprendizaje. Con base en esta decisión, el Ministerio pidió a los autores que se concentraran en desarrollar una estrategia para ayudar a los cuidadores a brindar un mejor apoyo a los estudiantes mientras completaban los paquetes de aprendizaje impresos en casa.

Para iterar sobre el problema, los autores realizaron una investigación documental inicial a través de la cual revisaron todos los documentos disponibles sobre los esfuerzos en educación de respuesta al COVID-19 de Belice. Esto incluyó los protocolos para el cierre de escuelas, el plan de estudios abreviado de COVID-19 y las consideraciones que se estaban tomando antes de que las escuelas pudieran reabrir. A partir de esta revisión inicial y las consultas con el cliente, los autores propusieron un planteamiento del problema basado en una nueva comprensión del problema (ver Figura 1). La identificación del problema principal radica que muy pocos estudiantes participaron en el aprendizaje en casa durante la pandemia de COVID-19.

Figura 1. Iteraciones para la identificación del problema

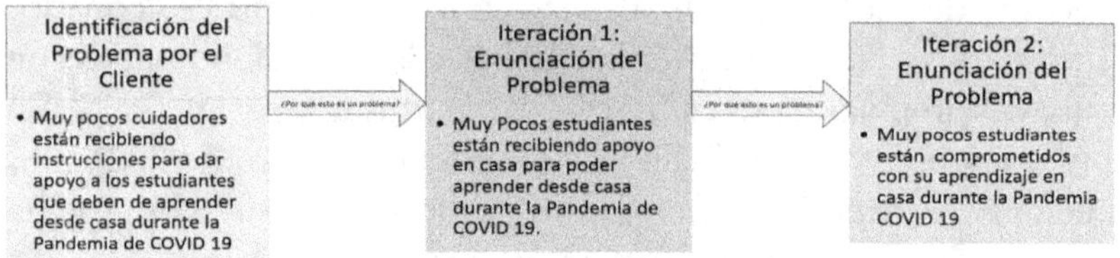

Se reconoció la necesidad de abordar la falta de datos disponibles para identificar la causa raíz del por qué había una participación tan limitada de los estudiantes en relación con la finalización del paquete de aprendizaje impreso. Además, a lo largo de las consultas con el Ministerio, los autores se dieron cuenta de que había datos limitados sobre el aprendizaje de los estudiantes antes de la pandemia de COVID-19 para comparar el aprendizaje de los estudiantes durante la pandemia. Esto incluyó información limitada sobre condiciones como los idiomas que se hablan en el hogar, la inscripción en la escuela primaria y los puntajes de las pruebas nacionales (C. Babb, comunicación personal, 16 de octubre de 2020). Para superar estas limitaciones, los autores desarrollaron un plan con el Ministerio para recopilar datos en tiempo real para informar los esfuerzos de respuesta.

Comprensión del problema

Reconociendo que los autores aún no habían hablado directamente con los maestros responsables de crear los paquetes de aprendizaje impresos y de comunicarse con los cuidadores en el hogar, organizaron un grupo de discusión con 10 maestros de escuela primaria y 1 director de escuela primaria en el Distrito de Belice. Solicitaron los aportes de los maestros para documentar las realidades que enfrentan en mantener la continuidad del aprendizaje y para ayudar a informar sobre las recomendaciones de política para el Ministerio.

A partir de este grupo de enfoque, los docentes indicaron la escasa participación de los estudiantes de primaria durante la pandemia COVID-19 y los desafíos que ya se presentaban. Sin embargo, los docentes no tuvieron mayores elementos para explicar adecuadamente los mecanismos y condiciones específicas que conducen a una baja participación de los estudiantes. Como se mencionó, los estudiantes en Belice enfrentaron adversidades significativas durante el año calendario 2020, incluida la pandemia en sí, las implicaciones económicas relacionadas para muchas familias y las inundaciones. Como tal, los desafíos de aprendizaje que enfrentaron los estudiantes no fueron sorprendentes. Se entiende ampliamente que cuando un niño experimenta un nivel significativo de trauma o adversidad, su cerebro sale del "modo de aprendizaje" y su función ejecutiva disminuye, lo que limita drásticamente su capacidad para aprender (Terrasi y Crain de Galarce, 2017; Barr, 2018; Sitler, 2009). Además, la evidencia muestra que, en el caso de desastres naturales, estos impactos en el aprendizaje de los estudiantes de primaria pueden durar varios años (Wolmer, Hamiel y Laor, 2011).

En cuanto a la pandemia de COVID-19 específicamente, el Banco Mundial especula una pérdida potencial de 0.3 a 0.6 años, en promedio de años de rendimiento estudiantil a nivel mundial, debido a esta pandemia (Banco Mundial, junio de 2020). Además de esta pérdida de aprendizaje, la literatura disponible coincide en gran medida en que el cierre de escuelas y, en general, la pandemia de COVID-19, afectarán negativamente la salud mental y el bienestar emocional de los estudiantes (Miranda et al., 2020; Radwan et al., 2020). La creencia de los autores, basada en el grupo focal y esta investigación inicial, era que la interrupción de las rutinas diarias, el aislamiento social y las condiciones socioeconómicas vulnerables, todas las condiciones que afectan a los estudiantes de primaria en Belice, tendrían efectos a largo plazo en la enseñanza y el aprendizaje. (CEPAL-UNESCO, 2020; Miranda et al., 2020).

A pesar de esta tendencia preocupante, existe evidencia significativa de que las escuelas y los maestros pueden ayudar profundamente a salir adelante a los estudiantes después de un trauma o adversidad, y que este apoyo puede permitir que el aprendizaje se reanude (Mutch, 2015; Terrasi y Crain de Galarce, 2017). Además, se ha demostrado que el aprendizaje socioemocional (*SEL* por sus siglas en inglés) es particularmente poderoso para permitir a los estudiantes volver a participar y reanudar el aprendizaje después de un trauma o adversidad (Powell y Bui, 2016; Salloum y Overstreet, 2012). *SEL* ha sido aclamado por su implementación relativamente fácil, disponibilidad generalizada y beneficios significativos para los estudiantes (Powell & Bui, 2016). Esta comprensión nos llevó a la creencia de que el aprendizaje socioemocional puede, de hecho, ser un punto clave de intervención en el caso de Belice, y tal vez promover el reencuentro y el aprendizaje continuo de los estudiantes de primaria.

La creencia de los autores de que *SEL* era una intervención clave fue validada aún más tanto por el grupo focal como por el Ministerio. Durante el grupo de enfoque, muchos maestros expresaron que estaban tratando informalmente de promover el *SEL* a través de actividades como leer las escrituras a los estudiantes que asisten a una escuela religiosa, fomentar la conexión entre los estudiantes y los cuidadores o brindar actividades basadas en las artes. Además, el Ministerio reconoció y afirmó que *SEL* estaba actualmente ausente de las escuelas primarias de Belice y que *SEL* tenía valor en este contexto.

Revisión de la literatura sobre el aprendizaje socioemocional durante una crisis

Basado en una decisión de colaboración con el cliente para enfocar los esfuerzos en los beneficios del aprendizaje socioemocional para los estudiantes, los autores llevaron a cabo una revisión de la literatura para comprender mejor la investigación líder en *SEL*. Si bien el aprendizaje socioemocional (*SEL por sus siglas en inglés*) es un término general bastante amplio, los autores utilizaron una definición común y bien investigada de *SEL*: como el enfoque del desarrollo de tres grupos de habilidades principales: habilidades cognitivas, habilidades emocionales y habilidades interpersonales (Jones & Doolittle, 2017; Jones et al, 2017; McClelland et al, 2017; Aspen Institute, 2019). Descubrieron que había literatura significativa que indicaba que la impartición de *SEL* por parte de los docentes que se centra en estas habilidades cognitivas, emocionales e interpersonales puede ser muy valiosa para el bienestar del estudiante, incluido el bienestar del estudiante después de una crisis (Cahill et al., 2020; Müller & Goldenberg, 2020 ; véase también Freeman y Strong, 2017; Schonert-Reichal, 2017).

Tres temas clave surgieron de la revisión de la literatura: apoyar la resiliencia emocional en los estudiantes; construir relaciones sólidas entre maestros y estudiantes; y promover la propia capacidad de recuperación emocional de los profesores. Los tres temas abordan, a su manera, cómo el desarrollo del aprendizaje socioemocional de los estudiantes puede ayudarlos a hacer frente a las crisis, a participar más en la escuela y, posteriormente, a producir un rendimiento académico más sólido.

En primer lugar, mirando la resiliencia emocional, definida como un proceso dinámico y complejo que permite a un individuo superar o mitigar los efectos de la adversidad en base a apoyos externos y características internas y habilidades de afrontamiento (Masten, 2014; Rutter, 1999, Ungar, 2012).; Panter-Brick, 2015), los autores encontraron que es esencial para el bienestar tanto durante como después de la crisis (Gouin et al., 2017; Woods-Jaeger et al., 2018). Además, los autores encontraron que el *SEL* puede apoyar el desarrollo de la resiliencia emocional después de una experiencia de crisis (Cahil; et al., 2020; Cramer & Castro-Olivo, 2015; Greenberg et al, 2017). Esto se ha encontrado en numerosos entornos, incluidos los Estados Unidos durante las secuelas del huracán Katrina (Cramer & Castro-Olivo, 2015), en Israel durante la Guerra de Gaza (Asarnow, 2011) y en el Líbano después de la Guerra del Líbano (Buam et al., 2013). En todos estos ejemplos, el bienestar y la capacidad de recuperación de los estudiantes mejoraron debido a la instrucción *SEL* después o durante una crisis significativa. Si bien es ideal comenzar con *SEL* antes de una crisis, los ejemplos muestran los beneficios potenciales de fortalecer la resiliencia emocional de los estudiantes cuando los estudiantes experimentan un trauma.

En segundo lugar, al observar las relaciones alumno-maestro, está establecido que esta relación fundamental para el aprendizaje, puede tener un inmenso poder protector contra los efectos del trauma (Brunzell, Waters & Stokes, 2015; Bernstein-Yamashiro & Noam, 2013; Dods, 2013; Van Loan y Garwood, 2020). Se ha demostrado que esta relación mejora el rendimiento académico de los estudiantes, especialmente después de un trauma (Cornelius-White, 2007). Además, dentro del contexto específico de la pandemia COVID-19, varios autores han sugerido que la relación maestro-alumno ha sido importante para la salud mental durante el aprendizaje remoto y seguirá siendo importante a medida que las escuelas vuelvan a abrir (Cahill et al., 2020; Fontenelle Tereshchuk, 2020; Muro, 2020). La importancia de esta relación es particularmente relevante en el contexto de Belice, donde el trauma de la pandemia COVID-19 se ha unido a los traumas de la temporada de huracanes y las inundaciones severas. Una vez que se establece una sólida relación alumno-maestro, los maestros están bien posicionados para brindar cuidados esenciales para resolver cualquier daño emocional potencial que haya sufrido el estudiante (Foote, 2015) y eventualmente contribuir a mejorar el rendimiento académico (Corenlius-White, 2007). Dado que las escuelas primarias de Belice son completamente remotas y las TIC no se utilizan formalmente, existen mínimas oportunidades para que los maestros establezcan relaciones sólidas con los estudiantes. Sin embargo, es evidente que los estudiantes están experimentando un trauma, contra el cual las sólidas relaciones maestro-alumno pueden amortiguar. Con las escuelas cerradas y las oportunidades de aprendizaje limitadas para los estudiantes, una intervención que prepare a los maestros para establecer relaciones con los estudiantes lo antes posible es fundamental para mitigar la pérdida de aprendizaje a largo plazo.

Finalmente, al observar la resiliencia emocional de los docentes, se ha establecido claramente que para que los docentes apoyen a los estudiantes, los docentes primero deben apoyarse a sí mismos (Cahill et al., 2020, p. 31; O'Toole et al., 2016; O'Toole,

2018). La investigación ha encontrado que los maestros con habilidades emocionales más desarrolladas tienden a reportar menos agotamiento y una mayor satisfacción laboral, abordando dos de las causas principales de la deserción de maestros (Moeller, 2018). Además, en ausencia de tales habilidades emocionales, los maestros que habían experimentado un trauma informaron niveles significativos y preocupantes de agotamiento (O'Toole, 2018; Kaloo et al, 2020, p. 9). Este hallazgo sigue siendo cierto en el contexto de la pandemia de COVID-19, ya que la adaptación a los nuevos métodos de impartición de educación ha puesto estrés en muchos profesores (Cahill et al, 2020). Esto demuestra que apoyar la resiliencia emocional de los maestros es esencial si se les debe encomendar a los maestros la tarea de apoyar la resiliencia de los estudiantes, en un contexto donde el trauma es tan frecuente como lo ha sido en Belice. Además, las consideraciones sobre la deserción de docentes deberían ser particularmente destacadas, dadas las limitaciones relevantes sobre el capital humano de Belice (Näslund-Hadley, et al., 2013).

En enero de 2021, las escuelas primarias de Belice permanecen cerradas para recibir instrucción en persona. La tarea de satisfacer las necesidades de salud emocional y mental de los estudiantes y garantizar que los estudiantes sigan interesados en el aprendizaje ha recaído en gran medida en los maestros de Belice, como ha sucedido con la mayoría de los educadores de todo el mundo. Como se elaboró anteriormente, la literatura que aborda crisis pasadas sugiere que es primordial que los maestros estén capacitados para establecer relaciones saludables y seguras con los estudiantes y puedan promover el sentido de pertenencia, la resiliencia emocional y los mecanismos de afrontamiento de sus estudiantes para manejar el estrés. En el contexto de Belice específicamente, los datos sugieren que un porcentaje significativo de la población ha perdido su trabajo o ha visto una reducción en los ingresos, lo que indica que los padres y cuidadores se encuentran en una posición de extrema vulnerabilidad durante la pandemia (UNICEF, 2020). Por lo tanto, los padres podrían beneficiarse de una intervención centrada en los maestros, ya que les permite concentrarse en brindar estabilidad económica a sus familias y aprovechar este fuerte potencial que las investigaciones demuestran que los maestros tienen en situaciones de crisis. Para que los maestros tengan éxito en este esfuerzo crítico, es esencial que reciban apoyo para mantener también su propia capacidad de recuperación y bienestar.

Recolección de datos primarios

Después de revisar la literatura relevante, los autores en colaboración con el Ministerio, desarrollaron dos encuestas: una encuesta tenía el objetivo de capturar las realidades de los maestros de escuela primaria en Belice en el momento de la distribución (noviembre de 2020) y la segunda tenía el objetivo de determinar el nivel de conciencia e integración social aprendizaje emocional en los paquetes de aprendizaje impresos que los maestros de escuela primaria envían a casa durante la pandemia de COVID-19. Las preguntas se desarrollaron en conjunto con el Ministerio para garantizar que fueran culturalmente competentes y satisficieran las necesidades de quienes trabajan sobre el terreno en el sistema educativo de Belice. Estas preguntas, que fueron validadas frente a un grupo de enfoque, incluyeron una variedad de preguntas de respuesta corta y de opción múltiple destinadas a recopilar información compleja y triangulada. Las encuestas se enviaron a los funcionarios de educación de los seis distritos de Belice y recibieron 197 y 185 respuestas, respectivamente[3]. Sin embargo, es importante señalar que la mayoría de los resultados que se obtuvieron fueron del distrito capital, el distrito de Belice. A pesar de esta limitación, las encuestas proporcionaron a los autores y al Ministerio información valiosa sobre la cual construir.

Un tema emergente digno de mención fue la preocupación de los profesores por el bienestar de sus alumnos. Fue particularmente angustiante encontrar que, en la encuesta de los autores, 1 de cada 5 maestros respondieron que no creían que sus estudiantes tuvieran relaciones significativas en el hogar. También

---

[3] Según el Instituto de Estadística de Belice, hay aproximadamente 3,330 maestros de escuela primaria en Belice. Como tal, este tamaño de muestra representó aproximadamente el 5% de todos los maestros de escuela primaria en Belice.

encontraron que el 35% de los maestros en la encuesta no creían que sus estudiantes tuvieran rutinas estructuradas en casa para completar los paquetes de aprendizaje. Estos hallazgos llevaron a los autores a discutir con el Ministerio algunas de las limitaciones de implementar paquetes de aprendizaje impresos.

Los autores se sintieron particularmente alentados al ver que el 90% de los maestros informaron que creían que era su responsabilidad integrar actividades para promover el bienestar de los estudiantes en los paquetes de aprendizaje y muchos lo estaban haciendo de manera informal sin las pautas del Ministerio. Estos resultados llevaron a los autores a creer que en una línea de tiempo pandémica que depende de resultados inmediatos, anclar cualquier recomendación para aprovechar la fuerza existente de los maestros de Belice sería fundamental para mitigar la pérdida de aprendizaje y garantizar la continuidad del aprendizaje.

Análisis de políticas

Determinación de los criterios

Una vez que los autores desarrollaron una comprensión comparativa de las intervenciones de *SEL* implementadas durante la pandemia de COVID-19, comenzaron conversaciones con el Ministerio para determinar los criterios más apropiados para evaluar las recomendaciones de políticas propuestas. El proceso de determinación de estos criterios fue esencial, ya que los autores debían asegurarse de que las recomendaciones fueran aplicables y pudieran ser efectivas en el contexto específico de Belice.

Hacia el Objetivo

Partiendo del trabajo de Eugene Bardach, los autores eligieron trabajar "Hacia el Objetivo", o *Hit the Target* como se conoce en inglés, como uno de los criterios esenciales. Los autores definieron *Hit the Target* para asegurarse de que estaban logrando los tres objetivos, definidos en la revisión de la literatura: 1) apoyar la resiliencia emocional en los estudiantes; 2) relaciones sólidas entre maestros y estudiantes; y 3) la propia capacidad de recuperación emocional y las relaciones saludables de los maestros.

En resumen, este criterio permitió a los autores asegurarse de que las recomendaciones de política cumplieran, de hecho, los objetivos de los autores de mejorar el *SEL* de los estudiantes y, por lo tanto, la participación de los estudiantes.

Igualdad

Según el Ministerio, la igualdad se define como garantizar que todos los estudiantes tengan el mismo nivel de acceso al aprendizaje durante la pandemia COVID-19 (Babb, comunicación personal, 2020). Si bien los autores reconocen que en la mayoría de los espacios educativos, la equidad es un mejor indicador para satisfacer estas necesidades, el Ministerio consideró firmemente que todos los estudiantes en Belice reciben la misma experiencia educativa y, por lo tanto, el término igualdad es más preciso.

Costo

En consulta con el Ministerio, el costo se consideró como un criterio esencial según el cual se debían medir las políticas. Esto es particularmente importante en Belice ya que los fondos disponibles en el país son limitados. La mayor parte del gasto en educación en respuesta a la pandemia se asignó para proporcionar computadoras portátiles y paquetes de datos a la educación secundaria y terciaria, dejando menos recursos para la inversión en educación primaria y haciendo que el costo sea una consideración crucial para las recomendaciones de políticas propuestas.

Marco de tiempo

Finalmente, considerando la naturaleza incierta de la pandemia de COVID-19, los autores determinaron que el tiempo en el que se podría implementar una política era una consideración esencial. Tras consultar más con el Ministerio y sobre la base de una comprensión de cómo el trauma afecta el aprendizaje, los autores adaptaron sus criterios de tiempo para incorporar un marco de tiempo inmediato y posterior a la pandemia. Distinguir entre estos dos períodos de tiempo permitiría al Ministerio satisfacer las necesidades inmediatas de maestros y estudiantes, al tiempo que planificaría una recuperación post pandémica para construir y fortalecer un sistema educativo beliceño más resiliente.

Escenarios de política

La siguiente sección destaca una serie de escenarios de política desarrollados por los autores con una cuidadosa consideración del contexto de Belice y el potencial de cada escenario para contribuir a la continuidad del aprendizaje en la educación primaria.

Escenario de política I - Añadir Resultados del aprendizaje socioemocional en los Aprendizajes Esperados Nacionales 2021

En Belice, Aprendizajes Esperados Nacionales (*NLO* por sus siglas en inglés) actúan como el plan de estudios nacional y dictan las competencias, habilidades y conocimiento que todos los estudiantes deben ganar, mientras se mantiene la autonomía en el diseño de las clases por los profesores. Como tal, incorporar *SEL* en los *NLO* podría ser un enfoque estratégico para aumentar la cantidad y mejorar la calidad del *SEL* en las aulas de Belice. Además, el uso de *NLO* para garantizar el aprendizaje de los estudiantes en apoyo de un cambio en la pedagogía está bien establecido a nivel internacional (OCDE, 2011; Liang, Kidwai y Zhang, 2016). Por ejemplo, en Singapur, para hacer avanzar el sistema educativo e implementar las habilidades del siglo XXI, se crearon aprendizajes esperados detallados para orientar a los responsables de la formulación de políticas, los profesores y los estudiantes (Tan et al., 2017).

En Belice, más de 500 *NLO* determinan las habilidades, capacidades y aprendizajes que deben adquirir todos los estudiantes. Actualmente, 44 resultados se refieren a *SEL* de forma indirecta, a lo largo de los 7 grados de primaria. Como tal, los *NLO* brindan una oportunidad excepcional para garantizar que el cambio pedagógico se refleje en las aulas de todo el país. Como tal, los autores recomiendan la adición de *NLO* que están directamente relacionados con *SEL*, además de los 44 resultados actuales que se refieren a *SEL* indirectamente. Al incorporar las competencias de *SEL* en los *NLO*, se requerirá que los maestros apoyen el *SEL* de los estudiantes, mientras conservan su propia autonomía para hacerlo de maneras que sean culturalmente competentes y apropiadas. Por lo tanto, este escenario de política acertadamente *llega al objetivo.* Además, esto tiene el potencial de ser altamente igualador, ya que todos los estudiantes se beneficiarán de los *NLO*. Sin embargo, reconocemos que para garantizar que este escenario de políticas sea verdaderamente igualitario, los maestros deben recibir la capacitación suficiente para poder integrar el *SEL*. Prevemos que este escenario de política es financieramente viable. Finalmente, dado que Belice se encuentra actualmente en un proceso de revisión para los *NLO* de 2021, este es un momento estratégico y factible para incorporar *SEL*. Si bien el proceso de finalización de este escenario puede ser relativamente lento, es probable que ayude con la recuperación posterior a COVID-19 y, por lo tanto, valga la pena a pesar del plazo más largo que se requeriría para implementar esta política.

Escenario de política II - Fortalecer la capacidad de los maestros para llevar SEL al aula

El Ministerio de Educación era consciente de la necesidad de apoyar a los maestros durante la pandemia de COVID-19. En julio de 2020, el Ministerio realizó una capacitación virtual para docentes en alianza con organismos internacionales para priorizar las habilidades necesarias para el aprendizaje a distancia (UNESCO, 2020; Cooperación Internacional Brasil-FAO, 2020). Sin embargo, según la revisión de la literatura de los autores y los datos internos de su encuesta (el 79,8% de los maestros han informado que sienten que es su responsabilidad incorporar el bienestar en actividades de aprendizaje remoto), los autores creen que el Ministerio debería comenzar a considerar la priorización de habilidades necesarias para apoyar el aprendizaje socioemocional de los estudiantes. Los autores presentaron esta política como una que aprovecha la fortaleza de los maestros de Belice, con una gran posibilidad de éxito en la mitigación de la pérdida de aprendizaje en este momento.

La investigación comparativa de los autores en los países que enfatiza el *SEL* durante COVID-19 sugiere que el apoyo a los maestros puede conducir a una mayor participación de los estudiantes. Por ejemplo, los profesores uruguayos utilizaron con frecuencia materiales de la iniciativa *Ceibal en Casa.* Los maestros mencionaron el uso continuo de esta plataforma porque se sintieron bien respaldados por la iniciativa y se les dio acceso a materiales y estrategias para mantener las relaciones con sus estudiantes (Ripani, 2020). El análisis preliminar de este programa sugiere que el 85% de los estudiantes de primaria han sido alcanzados de alguna manera por *Ceibal en Casa* (Ripani, 2020). Y en Nueva Zelanda, con la *Te Rito Toi* iniciativa, se capacitó a los maestros sobre la importancia del bienestar socioemocional de los estudiantes y se les brindó información sobre cómo desarrollar *SEL* en sus estudiantes, así como establecer sus propios límites para apoyar su propia resiliencia emocional. Más de la mitad de la fuerza docente de la escuela primaria en Nueva Zelanda accedió a estos recursos, y en el primer mes del programa, 37.000 maestros accedieron al sitio web 250.000 veces, más del 50% de la fuerza laboral docente total (Van Lieshout, 2020; Education Counts, 2019). Si bien es importante reconocer que los sistemas educativos de Nueva Zelanda y Uruguay no son completamente como los de Belice, los resultados iniciales de estos programas basados en *SEL* sugieren que un enfoque en *SEL* es uno que muchos maestros ya están adoptando. También vale la pena señalar que en Belice específicamente, los maestros de escuela primaria, según el grupo focal de los autores, ya están modelando informalmente el *SEL* en su enseñanza y, por lo tanto, serían una estrategia ideal para fijar una intervención de *SEL* para aumentar la participación de los estudiantes.

Con base en estos contextos variados de integración de *SEL* durante COVID-19 y el exitoso precedente para la formación de maestros en servicio en línea en Belice, los autores sugieren que el Ministerio desarrolle una serie de talleres en línea que desarrollen la capacidad de los maestros para implementar *SEL* en su salón de clases remoto. Para ayudar en la efectividad de la capacitación, los autores proponen que el Ministerio cree una guía para distribuir a todos los maestros destacando *SEL*, por qué es importante y cómo se puede implementar. La guía propuesta sería una herramienta informativa breve que proporcionaría a los maestros información pertinente que define el *SEL* y cómo puede verse en el aula en el contexto del aprendizaje en el hogar.

Dado que la igualdad es un criterio crítico, el desarrollo de la capacidad docente es una de las opciones políticas más accesibles y equitativas debido a los sistemas que ya existen relacionados con la formación docente. Los maestros tendrían acceso a la misma capacitación, lo que significa que, en teoría, los estudiantes recibirían una exposición similar a las competencias de *SEL*, independientemente de dónde vayan a la escuela. Además, si los talleres se ofrecen virtualmente los lunes y / o viernes, habrá una mayor probabilidad de asistencia ya que todos los profesores deben estar en las escuelas en esos días y, por lo tanto, tendrán acceso a las TIC necesarias para conectarse a las capacitaciones (Babb, comunicación personal, 19 de noviembre de 2020). Debido al énfasis de esta política en la igualdad, la capacidad de alcanzar la meta en lo que se refiere a *SEL*, y su costo relativamente bajo y un cronograma corto en comparación con los otros escenarios, este escenario de política fue bien recibido por el Ministerio y una guía de este tipo, con un serie de capacitaciones, podría ser una herramienta extremadamente útil para los educadores de Belice en este momento.

Escenario de política III: agregar una dimensión SEL a la capacitación previa al servicio de maestros

Al realizar cambios o adiciones a cualquier plan de estudios, la capacitación previa al servicio es vital, ya que garantiza que los maestros estén bien informados y preparados para ejecutar la visión del plan de estudios (Stephens et al., 2004). Por lo tanto, otro escenario que vale la pena considerar es la incorporación de *SEL* en la formación inicial de maestros de Belice. Todos los maestros en Belice deben pasar por una capacitación previa al servicio en la que aprenden las mejores prácticas, teorías y pedagogías de la enseñanza como un cumplimiento parcial de sus requisitos para obtener una licencia de enseñanza (C. Babb, comunicaciones personales, 9 de octubre de 2020). Bajo este escenario de política, a todos los maestros se les enseñará *SEL* durante los dos años de capacitación previa al servicio y, por lo tanto, se desarrollará una cultura de integración de *SEL* en el aula.

La evidencia muestra que esto aumentará la resiliencia emocional de los estudiantes, mejorará las relaciones alumno-maestro y mejorará la propia resiliencia emocional de los maestros (Cahill et al., 2014, p. 10; Schonert-Reichl, 2017; Legette et al., 2020; Collie et al., 2012). Al requerir que todos los maestros obtengan la competencia *SEL* durante su capacitación previa al servicio, este escenario de política asegurará que todos los maestros nuevos tengan la misma exposición en *SEL*, desarrollarán la capacidad para el cambio estructural que valora *SEL* y garantizará la longevidad de cualquier reforma basada en *SEL*. Si bien es probable que este escenario sea mucho más costoso que otros, es oportuno en el contexto educativo actual de Belice, ya que el Instituto de Educación de Maestros (el organismo responsable de la formación de maestros en Belice) está en proceso de revisión, una práctica que solo ocurre cada 3-5 años (C. Babb, comunicaciones personales, 9 de octubre de 2020) y ahora sería el momento perfecto para comenzar una adaptación programática de varios años.

Escenario de política IV: preparar a los cuidadores para que cumplan con el SEL

Originalmente, el Ministerio tenía la firme convicción de que los cuidadores tenían un potencial significativo para apoyar el aprendizaje de los estudiantes durante la pandemia de COVID-19 y para actuar como co-facilitadores del aprendizaje en Belice (C. 18 de septiembre de 2020). A nivel internacional, esto se ha intentado; Minneapolis en los Estados Unidos creó con éxito un marco para ayudar a los padres a apoyar el *SEL* mientras los estudiantes aprendían desde casa debido a la pandemia COVID-19 al participar en actividades con estudiantes fuera de línea y luego alentar a los estudiantes a compartir sus experiencias en línea (Alexander et al., 2020)). Si bien esto muestra el potencial de que los cuidadores se involucren como co-facilitadores del aprendizaje en Belice, hacerlo no abordaría ni las relaciones alumno-maestro ni la propia capacidad de recuperación emocional de los maestros. Además, en todos los contextos, una política dirigida a los cuidadores deja poco espacio para abordar la igualdad, ya que los niños tienen diferentes relaciones con sus cuidadores, y los cuidadores a menudo enfrentan restricciones financieras y de tiempo que limitan su capacidad para apoyar el aprendizaje. Estas relaciones, y las barreras potenciales, pueden conducir a resultados muy diferentes.

Específicamente en el contexto de Belice, los maestros que participaron en la encuesta de los autores estimaron que el 21.2% de los estudiantes no tenían una relación de apoyo con un cuidador, lo que genera aún más preocupaciones sobre la equidad. Además, es importante reiterar que muchos cuidadores en Belice se enfrentan a un estrés significativo debido a la pandemia, lo que probablemente afectaría su capacidad para actuar como cofacilitadores del aprendizaje. Debido a la gran parte de beliceños que están empleados en el turismo o en la economía informal, la tasa de desempleo en Belice ha aumentado drásticamente durante la pandemia y es aproximadamente del 22% (Equipo de Supervisión Económica, 2020). Además, la tasa de pobreza ha aumentado al 41.3% (Organización Panamericana de la Salud). Es probable que esto disminuya la capacidad de los cuidadores para co-facilitar el aprendizaje, lo que puede crear grandes variaciones en el acceso al *SEL* para los estudiantes. Esto se ve agravado por la significativa diversidad lingüística de Belice. Según los datos de la encuesta de los autores, el 31% de los cuidadores no saben leer y escribir en inglés, lo que significa que un programa en inglés sería inaccesible para un tercio de la población. Si bien el inglés es el idioma oficial de instrucción y, por lo tanto, el idioma de las comunicaciones escolares oficiales y los paquetes de aprendizaje impresos, el inglés no siempre es el idioma principal que se habla en los hogares de Belice. Como tal, un programa dirigido a los cuidadores debería traducirse a una variedad de idiomas. Además, es probable que este escenario político sea más caro que el escenario político comparable de los autores de formar directamente a los profesores de primaria.

Recomendaciones

Con base en el análisis, los autores propusieron una serie de recomendaciones considerando un enfoque inmediato para mitigar la pérdida de aprendizaje, así como consideraciones de recuperación post pandémica.

Mitigar la pérdida de aprendizaje

Con la reciente victoria del Partido Unido del Pueblo (PUP) en las elecciones nacionales, el Ministerio entrante deberá actuar rápidamente para aprovechar las fortalezas existentes del sistema educativo de Belice para responder a las demandas de la actual Pandemia COVID-19. Como tal, los autores elaboraron un conjunto de recomendaciones destinadas a movilizar el activo más fuerte de Belice: sus maestros autónomos y colaborativos.

Sobre la base de esta fortaleza existente dentro del sistema educativo de Belice y considerando todos los escenarios de política propuestos anteriormente, los autores recomiendan que el Ministerio cree una guía *SEL* y desarrolle capacitación virtual en el servicio para todos los maestros en Belice, para ubicar y apoyar a los maestros en el centro de la educación. los esfuerzos de respuesta para mitigar la pérdida de aprendizaje.

<u>Crear una guía de *SEL* para maestros</u>: El Ministerio debe crear una guía digital que describa las prácticas de *SEL* que se pueda utilizar para apoyar el aprendizaje remoto para todos los maestros de escuela primaria. Reconociendo las limitaciones de TIC de ciertos distritos, el Ministerio debería garantizar la entrega física de dichas guías, cuando sea necesario. El Ministerio también debe aprovechar a los maestros como facilitadores, en lugar de cuidadores, ya que los maestros tienen el potencial de forjar relaciones sólidas con los estudiantes y porque la formación de maestros es significativamente más accesible que la formación de cuidadores para el Ministerio.

<u>Desarrollar la capacitación en el servicio en *SEL*</u>: El Ministerio debe desarrollar la capacitación virtual en el servicio que se brindará los lunes y viernes, cuando los maestros tienen el mandato de estar en las escuelas y, por lo tanto, tienen acceso a las TIC. Esta capacitación debe centrarse en las tres dimensiones clave (capacidad de recuperación emocional del estudiante, relaciones entre el estudiante y el maestro y la capacidad de recuperación emocional del maestro) y brindar la oportunidad para que los

maestros aprendan unos de otros en función de sus prácticas de *SEL* informales existentes.

Al igual que con cualquier conjunto de recomendaciones de política, los autores reconocen que puede haber riesgos o deficiencias. En primer lugar, si bien la Guía *SEL* tiene un inmenso potencial para hacer que el conocimiento sobre la integración *SEL* sea accesible para todos los maestros, existe el riesgo de que no se utilice dicha guía. Sin embargo, al combinar esta guía con la capacitación de maestros en servicio, la guía se convierte en el núcleo de la capacitación de maestros a nivel nacional de Belice.

Recuperación post pandémica

Dado el nuevo liderazgo de PUP, existe una enorme oportunidad para comenzar la planificación de la recuperación post pandémica para impulsar una reforma a nivel de sistema en todo el sistema de educación primaria de Belice. Para lograr esto, los autores abogan por la creación de una reforma a nivel de sistema que incentive y apoye la integración continua de *SEL* en las aulas y escuelas de Belice. Como tal, los autores han identificado las mayores oportunidades para impulsar el impacto al incorporar los aprendizajes esperados del "niño en su totalidad" en los Aprendizajes Esperados Nacionales, y para formalizar e integrar las dimensiones del *SEL* en la evaluación nacional de Belice. Además, recomendamos la integración de la capacitación *SEL* en la capacitación previa al servicio para consolidar un aprendizaje "integral del niño" en los Aprendizajes Esperados Nacionales y profundizar una cultura de *SEL* entre los maestros de Belice.

<u>Integración de *SEL* en Aprendizajes Esperados Nacionales</u>: El Ministerio debe incorporar *SEL* explícitamente en y a través de los aprendizajes esperados nacionales. Esta alternativa desarrollará aún más la apreciación cultural y la comprensión del *SEL* y ayudará a crear una estructura y mecanismos sostenidos para incorporar el *SEL* en la capacitación previa al servicio y en el servicio.

<u>Alinear Aprendizajes Esperados Nacionales con BDAT</u>: Los autores también creen que alinear cualquier Aprendizaje Esperado

Nacional nuevo con el Examen de Evaluación Diagnóstica de Belice (*BDAT* por sus siglas en inglés) puede ayudar a construir una pedagogía sostenida alrededor del *SEL* en Belice. Un retraso en la implementación de *BDAT* brinda la oportunidad de considerar la incorporación de nuevas "preguntas experimentales" para evaluar el estado actual de las competencias de *SEL* de los estudiantes. Luego, estos datos podrían usarse para informar las modificaciones de los *NLO*, así como la capacitación en servicio.

<u>Capacitación previa al servicio</u>: El Ministerio debe incorporar el *SEL* en la capacitación docente previa al servicio, ya que es uno de los cambios de política a largo plazo más fuertes que tiene el potencial de aumentar el conocimiento y la capacidad de los maestros en torno al *SEL*. Esta reforma convertiría al *SEL* en una prioridad en las aulas de las escuelas primarias de Belice y profundizaría la cultura del *SEL* entre los maestros de Belice. El momento para esta categoría de cambio es fortuito ya que las pautas previas al servicio se están examinando y revisando actualmente (C. Babb, comunicaciones personales, 13 de noviembre de 2020). Al observar las recomendaciones de recuperación post pandémica, una consideración importante es el riesgo de que se redacten *NLO*, pero que los maestros no cuenten con apoyo en su capacidad para integrarlos en la pedagogía del aula.

Al combinar la creación de estos Aprendizajes Esperados Nacionales con la formación docente a corto plazo, en forma de formación en el servicio y una guía *SEL*, así como con la formación docente a largo plazo, en forma de formación inicial, todos los profesores estarán empoderados para apoyar el desarrollo de habilidades socioemocionales, capacidad y aprendizaje de los estudiantes Además, al integrar nuevos Aprendizajes Esperados Nacionales en el *BDAT*, Belice desarrollará datos a nivel nacional sobre *SEL*, lo que permitirá la comparación internacional y nacional, y las mejores prácticas para enseñar *SEL* en Belice para ser identificadas y transferidas.

Consideraciones de implementación

Sobre la base de la sólida relación existente entre el Ministerio y UNICEF, los autores sugieren que el Ministerio debería asociarse con UNICEF para actuar como un asociado en la implementación. Esta opción será una alternativa relativamente rápida para entregar contenido a los maestros y permitir que el Ministerio utilice estratégicamente los recursos de UNICEF, especialmente los conocimientos técnicos y financieros. Si bien los autores advierten contra una intervención única o una confianza total en UNICEF, también reconocen la oportunidad de aprovechar las habilidades y la experiencia que UNICEF brinda para crear, en asociación, materiales y talleres significativos. De manera similar, los autores esperan que una asociación con UNICEF u otras organizaciones internacionales similares minimice esos costos y haga factibles las recomendaciones de políticas propuestas.

CODA

Los autores se reunieron en febrero de 2021 con el recién nombrado Director de Educación, parte del recién elegido Partido Unido del Pueblo, para presentar recomendaciones generadas durante las dieciséis semanas del período de consultoría. La retroalimentación de los funcionarios del Ministerio nuevos y anteriores estuvo en consonancia con los hallazgos sobre la necesidad de intervenciones basadas en *SEL* para mitigar la pérdida de aprendizaje. Sin embargo, no hubo participación en las recomendaciones de recuperación después de la pandemia, lo que implica que el Ministerio se centra en los esfuerzos de respuesta inmediata. Estos esfuerzos incluyeron la creación de un Grupo de Trabajo Educativo COVID-19. La Directora de Educación manifestó su intención de enviar las recomendaciones de los autores al grupo de trabajo para su revisión. Sin embargo, el Ministerio no se comprometió a implementar ninguna de las recomendaciones.

Los autores presentaron las recomendaciones a varias organizaciones internacionales, que están bien posicionadas para apoyar la educación primaria en Belice en este momento. UNICEF Belice se mostró muy positivo sobre las recomendaciones propuestas y expresó interés en apoyar al Ministerio en la implementación de las recomendaciones. Además, los autores se presentaron ante un especialista líder en educación del BID, con experiencia en el contexto de Belice, quien brindó información valiosa, incluidas estrategias para la implementación. Los autores esperan que sus recomendaciones puedan ayudar a garantizar que todos los estudiantes de la escuela primaria en Belice puedan aprender y permanecer resilientes, tanto durante como después de la pandemia de COVID-19.

Si bien la pandemia de COVID-19 eventualmente terminará, Belice y muchos otros países continuarán enfrentando interrupciones en la educación debido a desastres naturales y otras crisis. Como tal, los sistemas educativos, tanto en Belice como a nivel mundial, deben ser resilientes y apoyar la resiliencia de los profesores y estudiantes para garantizar que la educación pueda continuar a pesar de la incertidumbre futura.

Autores

Claire Chadwick - Claire es candidata a Ed.M en el programa de Política Educativa Internacional en la Escuela de Graduados de Educación de Harvard. Tiene una licenciatura de la Universidad de Dalhousie en Estudios de Desarrollo Internacional y Sostenibilidad. Claire trabaja como tutora de alfabetización y asistente del programa educativo en Halifax, Nueva Escocia.

Charley Kenyon - Charley tiene una licenciatura en historia de Bates College y ha enseñado historia e informática en los Estados Unidos, además de enseñar inglés en Argentina. Actualmente, es candidato a ED.M en el programa de Política Educativa Internacional de la Harvard Graduate School of Education.

Mary Nagel - Mary es candidata a Ed.M en el programa de Política Educativa Internacional en la Escuela de Graduados de Educación de Harvard. Anteriormente trabajó en servicios públicos, consultoría y sistemas educativos en todo el mundo. Mary es actualmente una emprendedora en educación *"edupreneur"* con la misión de crear la próxima generación de innovadores.

Agradecimientos

Los autores de este capítulo desean agradecer a Emily Fingerle por su trabajo durante todo el proceso de consulta, así como a la Dra. Carol Babb, la Sra. Darlene Lozano y el Sr. Patrick Flowers por su orientación, colaboración y compromiso incansable con el éxito de este proyecto.

Referencias

Akyeampong, K. (2009). Public–private partnership in the provision of basic education in Ghana: challenges and choices. Compare, 39(2), 135-149. https://doiorg./10.1080/03057920902750368

Albright, M. & Weissberg, R. P. School-Family Partnership to Promote Social and Emotional Learning. In Christenson, S. L., & Reschly, A. L. (Eds.). (2009). Handbook of school-family partnerships (pp. 246 - 265). Taylor and Francis Group.

Alexander, N., Gibbons, K., Marshall, S., Rodriguez, M., Sweitzer, J., & Varma, K. (2020). Implementing Principles of Reimagine Minnesota in a Period of Remote Teaching and Learning: Education Equity in the Age of COVID-19. Retrieved from: https://conservancy.umn.edu/bitstream/handle/11299/2 2407/Reimagine-COVID-19-Response.pdf?sequence=1

Asarnow, J. R. (2011). Promoting Stress Resistance in War-Exposed Children. Journal of the American Academy of Child & Adolescent Psychiatry (50)4, 320-322. https://doi.org/10.1016/j.jaac.2011.01.010

Aspen Institute (2019) National Commission on Social, Emotional and Academic Development. From a nation at risk to a nation at Hope. https://www.aspeninstitute.org/programs/natio

nal commission-on-social-emotional-and-academic development/

Bardach, E. (2012). A Practical Guide for Policy Analysis. The Eightfold Path to More Effective Problem Solving. CQ Press.

Barr, D. A. (2018). When trauma hinders learning. Phi Delta Kappan, 99(6), 39-44. https://doi-org.ezp prod1.hul.harvard.edu/10.1177/0031721718762 421

Baum, N. L., Lopes Cardozo, B., Pat-Horenczyk, R., Ziv, Y., Blanton, C., Reza, A., ... Brom, D. (2013). Training Teachers to Build Resilience in Children in the Aftermath of War: A Cluster Randomized Trial. Child Youth Care Forum, 42, 339350.https://doi.org/10.1007/s10566-013-9202-5

Belize MOE. Ministry of Education, Youth, Sports and Culture. https://sites.google.com/moe.gov.bz/online-education for-teachers. Accessed on 20 November 2020.

Belize Teaching Service Commission. Handbook. 2012. http://www.teachbelize.org/wp content/uploa ds/2017/06/belize-tsc-handbook-2012.pdf. Accessed on 11 October 2020.

Bernstein-Yamashiro, B., & Noam, G. G. (2013). Teacher-student relationships: A growing field of study. New Directions for Youth Development, 2013(137), 15–26. https://doi.org/10.1002/yd.2004

Brazil-FAO International Cooperation (2020). Demonstration-based training in School Feeding Programs for Food and Nutrition Education: Guide to a successful training. Retrieved from Client.

Brunzell, T., Waters, L., & Stokes, H. (2015). Teaching with strengths in trauma-affected students: A new approach to healing and growth in the classroom. American Journal of Orthopsychiatry, 85(1), 3–9. https://doi.org/10.1037/ort0000048

Brooks, S. K., Webster, R. K., Smith, L. E., Woodland, L., Wessely, S., Greenberg, N., & Rubin, G. J. (2020). The psychological impact of quarantine and how to reduce it:

rapid review of the evidence. The Lancet. doi: https://doi.org/10.1016/S0140-6736(20)30460-8

Cahill, H., Dadvand, B., Shlezinger, K., Romei, K., Farrelly, A., & Ricerche. (2020). Strategies for supporting student and teacher wellbeing post-emergency. 12, 23–38. https://doi.org/10.32076/RA1210

Cahill, H., Beadle, S., Farrelly, A., Forster, R., & Smith, K. (2014). Building resilience in children and young people Early Childhood Development (DEECD). Retrieved from https://www.education.vic.gov.au/Documents/about/de artment/resiliencelitreview.pdf

Chadwick et al. 2020 [Unpublished raw data on survey capturing COVID-19 realities of primary school teachers in Belize]. MOE

Collie, R. J., Shapka, J. D., & Perry, N. E. (2012). School climate and social–emotional learning: Predicting teacher stress, job satisfaction, and teaching efficacy. Journal of Educational Psychology, 104(4), 1189–1204. https://doi.org/10.1037/a0029356

Cornelius-White, J. (2016). Learner-Centered Teacher-Student Relationships Are Effective: A Meta-Analysis – Jeffrey Cornelius-White, 2007. Review of Educational Research. http://journals.sagepub.com/doi/10.3102/00 3465430298 63

Cramer, K. M., & Castro-Olivo, S. (2016). Effects of a Culturally Adapted Social-Emotional Learning Intervention Program on Students' Mental Health. Contemporary School Psychology, 20(2), 118–129. https://doi.org/10.1007/s40688-015-0057 7

Dichaba, M. M., & Mokhele, M. L. (2012). Does the cascade model work for teacher training? Analysis of teachers' experiences. International Journal of Educational Sciences, 4(3), 249-254. https://doi-org/10.1080/09751122.2012.11890049

Dods, J. (2013). Enhancing Understanding of the Nature of Supportive School-based Relationships for Youth who have Experienced Trauma. Canadian Journal of Education / Revue Canadienne de l'éducation, 36(1), 71–

95. https://www.jstor.org/stable/canajeducrevucan.36. 1.71

Drane, C., Vernon, L., & O'Shea, S. (2020). The impact of 'learning at home' on the educational outcomes of vulnerable children in Australia during the COVID-19 pandemic. National Centre for Student Equity in Higher Education, Curtin University.

Economic Oversight Team (March 2020). Summary Report of Unemployment Relief Program. https://www.pressoffice.gov.bz/summary-report-of unemployment-relief-program/. Accessed December 10th, 2020.

Fontenelle-Tereshchuk, D. (2020). Mental Health and the COVID-19 Crisis: The Hopes and Concerns for Children as Schools Re-open. Interchange, 1-16. https://doi.org/10.1007/s10780 020-09413-1

Gouin, J.-P., Caldwell, W., Woods, R., & Malarkey, W. B. (2017). Resilience Resources Moderate the Association of Adverse Childhood Experiences with Adulthood Inflammation. Annals of Behavioral Medicine, 51(5), 782–786. https://doi.org/10.1007/s12160-017-9891-3

Greenberg, M. T., Domitrovich, C. E., Weissberg, R. P., & Durlak, J. A. (2017). Social and emotional learning as a public health approach to education. The future of children, 13-32. Retrieved October 16, 2020, from http://www.jstor.org/stable/44219019

International Federation of Red Cross and Red Crescent Societies (2020). Emergency Plan of Action (EPoA) Belize: Hurricane Eta. Retrieved from: https://adore.ifrc.org/Download.aspx?FileId=35 9100

Jensen, B. (2012). Catching up: Learning from the best school systems in East Asia: Summary report. Melbourne, Australia: Grattan Institute.

Jones, S., Bailey, R., Brush, K., & Kahn, J. (2018). Preparing for effective SEL implementation. Harvard Graduate School of Education Easel Lab.https://www. wallacefoundation. org/knowledgecenter/Documents/ Preparing-for-Effective-SEL Implementation. pdf.

Kalloo, R.C., Mitchell, B. & Kamalodeen, V.J. (2020). Responding to the COVID-19 pandemic in Trinidad and Tobago: challenges and opportunities for teacher education. Journal of Education for Teaching. https://doi.org/10.1080/02607476.2020.1800407

Liang, X., Kidwa, H. & Zhang, M. (2016). How Shanghai Does it: Insights and Lessons from the Highest-Ranking Education System in the World. Washington: World Bank Group. Legette, K. B., Rogers, L. O., & Warren, C. A. (2020). Humanizing Student–Teacher Relationships for Black Children: Implications for Teachers' Social–Emotional Training. Urban Education, 0042085920933319.

Litewka, S. G., & Heitman, E. (2020). Latin American healthcare systems in times of pandemic. Developing world bioethics, 20(2), 69–73. https://doi.org/10.1111/dewb.12262

Madero, C., Vargas, E. & Fernando Reimers. (2020). Chile: Fundación Súmate - Red de Escuelas de Segunda Oportunidad (Súmate Foundation - Second chance schools network). Education continuity during the Coronavirus crisis. https://oecdedutoday.com/wp content/uploads/2020/05/Chile-Fundacion-Sumate.pdf Accessed on 1 December 2020.

Mahfouz, J., & Anthony-Stevens, V. (2020). Why Trouble SEL? The Need for Cultural Relevance in SEL. Occasional Paper Series, 2020(43), 6. Retrieved from https://educate.bankstreet.edu/occasional-paperseries/vol2020/iss43/6/

Martinez, L., Valencia, I., & Trofimoff, V. (2020). Subjective wellbeing and mental health during the COVID-19 pandemic: Data from three population groups in Colombia. Data in Brief Volume 32, October 2020, 106287. https://doi.org/10.1016/j.dib.2020.106287

Ministry of Education, Belize. (2020). Recognized Schools in Belize. Retrieved December 3, 2020 from https://www.moe.gov.bz/recognized-schools-in-belize/.

Ministry of Education, Belize. (2020). Recognized Schools in Belize. Retrieved December 3, 2020 from https://www.moe.gov.bz/recognized-schools-in-belize/.

Moeller, J., Ivcevic, Z., White, A.E., Menges, J.I. and Brackett, M.A. (2018), "Highly engaged but burned out: intra-individual profiles in the US workforce", Career Development International, Vol. 23 No. 1, pp. 86-105. https://doi.org/10.1108/CDI-12-2016 0215

Näslund-Hadley, E., Alonzo, H., & Martin, D. (2013). Challenges and opportunities in the Belize education sector. Inter-American Development Bank, Education Division, Technical Note no. IDB-TN-538, 3.

O'Toole, V. M. (2018). "Running on fumes": Emotional exhaustion and burnout of teachers following a natural disaster. Social Psychology of Education, 21(5), 1081–1112. https://doi.org/10.1007/s11218-018-9454-x

O'Toole, V. M., & Friesen, M. D. (2016). Teachers as first responders in tragedy: The role of emotion in teacher adjustment eighteen months post-earthquake. Teaching and Teacher Education, 59, 57–67. https://doi.org/10.1016/j.tate.2016.05.012

Pellegrino, J. W., & Hilton, M. L. (2012). Committee on defining deeper learning and 21st century skills. Center for Education.

Powell, T. M., & Bui, T. (2016). Supporting social and emotional skills after a disaster: Findings from a mixed methods study. School Mental Health, 8(1), 106-119

Reimers, F. (Ed) 2020. Empowering Teachers to Build a BetterWorld. How Six Nations Support Teachers for 21st Century Education. Springer.

Relief Web (2020). Belize: Hurricane Iota Flash Update No. 01, As of 24 November 2020. International Relief Web. Retrieved from: https://reliefweb.int/report/belize/belize hurricane-iota-flash-update-no-01-24-november-2020

Ripani, Maria Florencia. (2020). Uruguay: Ceibal en Casa (Ceibal at home). Education continuity during the Coronavirus crisis. https://oecdedutoday.com/wp content/upload s/2020/07/Uruguay-Ceibal-en-casa.pdf. Accessed on 1 December 2020.

Salloum, A., & Overstreet, S. (2012). Grief and trauma intervention for children after disaster: Exploring coping skills versus trauma narration. Behaviour research and therapy, 50(3), 169-179.

Schonert-Reichl, K. A. (2017). Social and emotional learning and teachers. The future of Children, 137-155.

Statistical Institute of Belize. (2018). Primary Education Statistics. Retrieved December 4, 2020 from http://sib.org.bz/statistics/other-statistics/.

Statistical Institute of Belize. (2020). Population. http://sib.org.bz/statistics/population/. Accessed on 10 December 2020.

Stephens, P, Tonnessen, F. E., & Kyriacou, C. (2004). Teacher training and teacher education in England and Norway: A comparative study of policy goals. Comparative Education, 40(1), 109-130.

Terrasi, S., & de Galarce, P. C. (2017). Trauma and learning in America's classrooms. Phi Delta Kappan, 98(6), 35–41. https://doi.org/10.1177/0031721717696476

UNESCO (2020). UNESCO and Blackboard launch teachers training in the Caribbean for online and blended learning. UNESCO Cluster Office for the Caribbean. Retrieved Dec. 10th, 2020 from https://en.unesco.org/news/unesco-and-blackboard-launch-teachers-training-caribbean-online-and-blended-learning

UIS (Unesco Institute for Statistics). (2020). Retrieved December 4, 2020 from http://data.uis.unesco.org/.

UNICEF (2020, September 17). More than 12 million children, caregivers and teachers reached by an extended partnership between UNICEF and Millicom (TIGO).

UNICEF. (n.d.) More than 12 million children, caregivers and teachers reached by extended Partnershiphttps://www.unicef.org/lac/en/press-releases/more-12 million-children-caregivers-and-teachers-reached-extended partnership

UNICEF. (2019). Global Framework on Transferable Skills. https://www.unicef.org/media/64751/file/Global framework-on-transferable-skills-2019.pdf. Accessed on 1 December 2020.

UNICEF Belize (n.d.). What We Do. UNICEF. https://www.unicef.org/belize/what-we-do. Accessed on 9 December 2020

Van Lieshout, Koen (2020). New Zealand: Te Rito Toi (Reconnecting students through the arts). Education continuity during the Coronavirus crisis. https://oecdedutoday.com/wp content/uploads/2020/08/New-Zealand-Te-Rito-Toi.pdf Accessed on 1 December 2020.

Van Loan, C. L., & Garwood, J. D. (2020). Facilitating high-quality relationships for students with emotional and behavioral disorders in crisis. Intervention in School and Clinic, 55(4), 253-256. https://doi-org.ezp prod1.hul.harvard.edu/10.1177/1053451219855740

Villegas-Reimers, E. (2003). Teacher professional development: An international review of the literature (Quality education for all). Paris: International Institute for Educational Plan- ning. Retrieved January 15, 2018, from https://www.teachersity.org/files/PDF/UNESCO%20%20Teacher%20Professional%20Development.pdf

Vidal, Quentin. (2020). Turkey: Özelim Eğitimdeyim (I am Special, I am in Education). Education continuity during the Coronavirus crisis. https://oecdedutoday.com/wp content/uploads/2020/10/Turkey-I-am-special-I-am-in education.pdf. Accessed on 1 December 2020.

Viner, R. M., Russell, S. J., Croker, H., Packer, J., Ward, J., Stansfield, C., ... & Booy, R. (2020). School closure and management practices during coronavirus outbreaks including COVID-19: a rapid systematic review. The Lancet Child & Adolescent Health. doi: https://doi.org/10.1016/S2352-4642(20)30095 X

Wall, C. R. G. (2020). Relationship over reproach: Fostering resilience by embracing a trauma-informed approach to elementary education. Journal of Aggression, Maltreatment & Trauma, 0(0), 1–20. https://doi.org/10.1080/10926771.2020.1737292

Weiss, C. 1998. Evaluation. Methods for Studying Programs and Policies. New Jersey. Prentice Hall.

Wolmer, L., Hamiel, D., & Laor, N. (2011). Preventing children's posttraumatic stress after disaster with teacher-based intervention: A controlled study. Journal of the American Academy of Child & Adolescent Psychiatry, 50(4), 340–348. https://doi.org/10.1016/j.jaac.2011.01.0

World Trade Organization. Trade Policy Review Report by Belize. Retrieved from: https://www.wto.org/english/tratop_e/tpr_e/tp453_e.h m

Woods-Jaeger, B. A., Cho, B., Sexton, C. C., Slagel, L., & Goggin, K. (2018). Promoting resilience: Breaking the intergenerational cycle of adverse childhood experiences. Health Education & Behavior, 45(5), 772780.https://doi.org/10.1177/1090198117752785

Capítulo Cuatro

Abordando los desafíos de salud mental en el municipio de Santa Ana en Costa Rica

Bingyao Hu, Peter Swing y Vo Ram Yoon

Resumen

Además de la pérdida generalizada de aprendizaje debido al cierre de escuelas por la pandemia de COVID-19, también existe un deterioro en las condiciones de salud mental de niñas y niños en todo el mundo. Esta tragedia de salud mental representa una pandemia más silenciosa y con efectos de por vida que no pueden ser tratados únicamente con medicamentos. El presente análisis de salud mental en el municipio de Santa Ana en Costa Rica puede considerarse como un estudio de caso que rastrea el impacto del COVID-19 en la salud mental de los jóvenes. Se revisó la literatura académica sobre los efectos de una salud mental deficiente en el rendimiento académico, asimismo se establece un modelo sobre cómo deberían verse las políticas de salud mental en las escuelas durante y después del Covid. Considerando el papel crucial que adquieren las escuelas para fomentar el bienestar mental entre los estudiantes, especialmente en aquellos que se encuentran en comunidades marginadas, los autores destacan el potencial del Mapeo de Relaciones como una herramienta que resulta rentable y poderosa para identificar a los estudiantes que experimentan desafíos de salud mental y que permite fortalecer los vínculos entre los educadores y los niños.

Posicionamiento

El equipo de consultores estuvo conformado por tres estudiantes de la Maestría en Educación de la Universidad de Harvard, todos con antecedentes muy distintos. Peter Swing ha sido residente de Costa Rica por un largo tiempo. Vo Ram Yoon es ciudadano de Bolivia y Corea del Sur, con un interés en salud mental. Bingyao Hu es un ciudadano chino apasionado por la política educativa internacional. Uno de los coautores, Peter Swing, es copropietario y presidente de una escuela privada (Berkeley Academy for Multicultural Studies) que depende y funciona bajo la Supervisión Educativa Regional del Municipio de Santa Ana, que participó en este estudio de caso. Una situación única, que permitió el contacto directo con personal de liderazgo y acceso a datos relevantes basados en una relación profesional de siete años, lo que llevó a nuestro equipo a seleccionar al Municipio de Santa Ana como nuestro caso de estudio. Adicionalmente, nuestros autores se sintieron motivados a elegir el municipio de Santa Ana porque reconocieron la ausencia de esfuerzos para abordar la gran disparidad de recursos educativos entre escuelas públicas y privadas del municipio, esperando brindar apoyo.

La comunicación con el director regional de la Municipalidad de Santa Ana, Jesús Alonso Díaz, hizo que la investigación para este estudio de caso fuera más sencilla, ya que él y su equipo de liderazgo estuvieron muy abiertos a recibir recomendaciones y apoyo. Gozar de una relación profesional establecida con el Municipio de Santa Ana puede haber limitado las recomendaciones de política por parte de los autores debido al conocimiento previo de los problemas económicos y financieros al interior del municipio. Este conocimiento jugó un papel significativo al priorizar los elementos económicos y de rentabilidad, más específicamente en la integración del aprendizaje socioemocional, al considerar criterios para el análisis de las políticas.

Sobre Costa Rica y el impacto de la pandemia COVID-19 en el aprendizaje

Según el Instituto Nacional de Estadística y Censos (INEC), Costa Rica tiene una población total de 5,111,238 y siete provincias que constan de 82 cantones (INEC, 2020). El cantón de Santa Ana está ubicado a ocho millas al oeste de la capital de la nación, San José, y comprende seis distritos: Brasil, Piedades, Pozos, Salitral, Santa Ana y Uruca. Actualmente cuenta con una población estimada de 58,946 (2018) de los cuales el 15.3% (8,991) son alumnos desde preescolar hasta el doceavo grado (Oviedo, 2020). Alrededor del 72.5% (6,519) son alumnos que asisten a instituciones escolares públicas (Oviedo, 2020). Santa Ana es un cantón social y económicamente diverso, representativo de todo el país. A pesar de que el 19.2% de sus habitantes vive en condiciones de pobreza, en Santa Ana hay una alta concentración de los hogares acomodados que se encuentran en Costa Rica (Oviedo, 2020).

La pandemia de -19 devastó el sistema educativo de Costa Rica debido a que el año académico a nivel nacional inicia en febrero. El 6 de marzo, el Ministerio de Salud de Costa Rica informó sobre el primer caso confirmado de COVID-19 y declaró emergencia nacional el 16 de marzo, cerrando así todas las escuelas del país (Ministerio de Salud de Costa Rica, 2020). Siete días después, el Ministerio de Educación Pública (MEP) hizo la transición de todas las escuelas públicas a un programa de escuela virtual, "Aprendo en Casa", que incluía la emisión de más de un millón (1,067,091) de cuentas de correo electrónico para los estudiantes, dándoles acceso a una plataforma en línea y a un programa de educación a distancia que podía variar en cada hogar (Díaz Rojas, 2020).

Para apoyar a los estudiantes sin acceso a electrónicos, un programa de televisión patrocinado por el Ministerio de Educación es televisado en el Canal 13-SINART durante una hora por la mañana y con una repetición por la tarde de lunes a viernes. El programa está dirigido a estudiantes en los grados elementales superiores, sin embargo, rara vez proporciona una orientación que corresponda con el trabajo escrito que será evaluado. Existe un programa de radio (101.5 Estación de radio) y se transmite una hora por la tarde de lunes a viernes. Hay datos e información limitados con respecto a la audiencia de los programas, así como sobre su efectividad para todos los grados y en los resultados del aprendizaje. El 27 de agosto, el MEP anunció que no se permitiría a las escuelas volver a clases presenciales en 2020 (Dirección de

Prensa y Relaciones Públicas, 2020). Además de este anuncio, el Ministerio dio a conocer información relacionada con la conectividad a las plataformas virtuales. De los 1,067,091 estudiantes que asisten a las escuelas públicas en Costa Rica, 372,033 (35%) no se conectaron a la plataforma de escuela virtual.

Una exploración preliminar sobre la salud mental en los jóvenes en Costa Rica

El 8 de octubre del 2020, un grupo de jóvenes adultos costarricenses lanzó una canción titulada "Me Siento Solo" como parte de su campaña nacional #MeSiento, con el objetivo de crear conciencia y desestigmatizar los problemas de salud mental que han proliferado con las órdenes de cuarentena vigentes y el cierre de escuelas (Presidencia de la República de Costa Rica, 2020). El video musical muestra a la cantante Raquel Gómez pasando día tras día en su habitación con ropa esparcida por el piso y confiando en una aplicación de video-chat para mantener algún tipo de conexión humana. La melancólica letra y el video están destinados a representar los sentimientos de depresión y aislamiento que los jóvenes en Costa Rica han enfrentado este año. Muchos han compartido en redes sociales sus propias experiencias lidiando con una mala salud mental, utilizado la etiqueta de la campaña para destacar la urgencia de los problemas de salud mental en Costa Rica, que fueron presentadas en un libro entregado a la Ministra de Justicia y Paz Fiorella Salazar Rojas "We Could Be Music" (Podríamos ser música, 2020).

A pesar de que existen alrededor de cien historias ligadas a la campaña #MeSiento en el sitio web oficial, no está claro cuántos jóvenes más en Costa Rica han estado experimentando problemas de salud mental debido a la pandemia (MeSiento, 2020). No obstante, es conmovedor que hayan alzado la voz para propiciar una respuesta nacional a la pandemia de COVID-19 y concienciar a los líderes políticos sobre cómo ha afectado su bienestar. A escala internacional, investigaciones previas han demostrado que la salud mental de los niños en todo el mundo no iba del todo bien incluso antes de la pandemia: hasta una quinta parte de las niñas y niños en el mundo sufren de una salud mental deficiente y una gran parte de los trastornos mentales comienzan antes de la adolescencia (UNICEF, 2020). Más aún, la investigación sobre los impactos en la salud mental durante las epidemias, como el Ébola y el SARS, demuestra que las personas pueden experimentar una mayor cantidad de ansiedad y angustia debido a una acumulación inesperada de factores estresantes (Naciones Unidas, 2020). Por esta razón, es probable que la pandemia de COVID-19 tenga efectos perjudiciales en la salud mental de los jóvenes que luchaban con estos factores incluso antes de los cierres de las escuelas en todo el mundo.

Por lo tanto, sospechamos que un desafío educativo importante que enfrentan las escuelas públicas en el municipio de Santa Ana está relacionado con un declive en el rendimiento de los estudiantes debido a problemas de salud mental subyacentes, que han sido tanto causados como exacerbados por la pandemia COVID-19. La ausencia de una estrategia municipal que incluya a las escuelas, los docentes y a las familias para responder de manera efectiva a las enfermedades mentales de los estudiantes, exacerba las probabilidades de que puedan recuperarse por completo de las dificultades que ha provocado el aprendizaje a distancia y del trauma de la pandemia, así como re-adaptarse a la educación presencial algún día. Con base en datos cuantitativos de fuentes oficiales en el gobierno, encuestas de estudiantes y datos cualitativos proporcionados por maestros y padres, esperamos establecer la urgencia ocasionada por los problemas de salud mental entre los estudiantes en Costa Rica, brindando una revisión de la literatura sobre el tema de salud mental y las intervenciones nacionales, así como ofrecer respuestas políticas coherentes y concretas para el municipio.

Indicadores cuantitativos sobre la salud mental de los jóvenes en Costa Rica

Al rastrear el número de llamadas telefónicas de ayuda psicológica durante la pandemia, un informe del Colegio de Profesionales en Psicología de Costa Rica (CPPCR) demuestra que los jóvenes costarricenses menores de 18 años han estado experimentando angustia emocional en los últimos meses (Facio, 2020). Una asociación entre la CPPCR y el Ministerio de Salud, la línea directa "13-22", ha sido ampliamente publicitada como un recurso gratuito para cualquier persona que enfrente problemas de salud mental durante la pandemia. El informe muestra que se realizaron un total de 4,090 llamadas telefónicas entre el 4 de mayo y el 13 de octubre. De esas 4,090 llamadas telefónicas, alrededor de 206 (5%) provenían de jóvenes, definidos como cualquier persona menor de 18 años. Dado que esta línea directa se desarrolló específicamente para ayudar con los problemas de salud mental causados por la pandemia COVID-19, es difícil discernir si los números hubiesen sido más bajos en ausencia de una pandemia, ya que es un servicio relativamente nuevo en el país. El informe clasifica la causa de esas 206 llamadas en tres categorías principales, definidas por el CPPCR:

- 62% reportó síntomas de depresión.
- 26% reportó síntomas de ansiedad.
- 12% reportó problemas con el consumo de medicamentos psiquiátricos y/o sustancias psicoactivas.

Un examen más detallado sobre el porqué los estudiantes experimentan ansiedad y depresión revela ciertos factores que están fuertemente asociados con la mala salud mental entre los jóvenes costarricenses. La mayoría de los casos de ansiedad involucran aislamiento, lo cual podría cubrir en general casos que involucran descontento relacionado con una fuerte dependencia a las redes sociales para mantener amistades o quedarse solo en casa durante períodos prolongados de tiempo. Aunque la escuela virtual se mencionó como la principal causa de ansiedad en sólo alrededor del 3% de los casos, esto no significa necesariamente que el aprendizaje de los jóvenes no se haya visto afectado o que los estudiantes estén, en su mayoría, satisfechos con la escolarización virtual. Más bien, uno debe considerar que la ansiedad inducida por los sentimientos de abandono y los desafíos de vivir en un hogar tóxico pueden tener un efecto negativo en el rendimiento académico, el comportamiento y las actitudes hacia la escuela

(UNICEF, 2020). La clasificación completa de las razones detrás de los sentimientos de ansiedad entre los jóvenes es la siguiente:

- 31% - Aislamiento
- 26% - Problemas relacionales con miembros del hogar
- 22% - Miedo a infectarse o infectar a seres queridos
- 8% - Problemas financieros
- 6% - Incumplimiento de las medidas para Covid por parte de familiares mayores
- 4% - Caso positivo de COVID-19
- 3% - Educación virtual

Además de clasificar las causas de ansiedad entre los jóvenes, el informe también identifica las razones más comunes de la depresión, algunas de las cuales son similares a las de la ansiedad. En contraste con el listado anterior, se puede ver que los problemas de relación con la familia son la mayor causa de depresión, mientras que el aislamiento es la segunda causa más común. Lamentar la muerte de alguien que ha fallecido, ya sea atribuido o no al COVID-19, también es una de las principales causas de depresión entre los jóvenes de Costa Rica. Otra diferencia entre los dos desgloses es que la educación virtual no parece ser una causa común de depresión. No obstante, las luchas contra la depresión que se ven agravadas por problemas al interior de la familia, la falta de socialización con los demás o la muerte de algún ser querido, pueden tener un impacto negativo en el desempeño de un estudiante en la escuela. La clasificación completa de las razones detrás de los sentimientos de depresión entre los jóvenes es la siguiente:

- 37% - Problemas relacionales con miembros del hogar
- 31% - Aislamiento
- 26% - Luto
- 4% - Miedo a infectarse o infectar a seres queridos
- 2% - Problemas financieros

Desagregados por municipio, hubo un total de 64 llamadas telefónicas que se originaron en el Municipio de Santa Ana de un total de 4,090. Una mayor desagregación por distritos individuales dentro del municipio muestra un máximo de 29 llamadas telefónicas provenientes de Uruca y un mínimo de únicamente 1 llamada telefónica procedente del distrito de Brasil. A partir de los datos, no está claro cuántas de esas 64 llamadas telefónicas provienen de jóvenes, pero es evidente que existen residentes del municipio que han estado luchando con problemas de salud mental. Es posible que la pequeña cantidad de llamadas telefónicas oculte una cantidad mayor de personas que han estado sufriendo una enfermedad mental pero que no tienen la capacidad de pedir ayuda. El desglose completo de las llamadas telefónicas de ayuda psicológica en el municipio de Santa Ana por distritos individuales es el siguiente:

- 29 - Uruca
- 13 - Santa Ana
- 12 - Pozos
- 5 - Salitral
- 4 - Piedades
- 1 – Brasil

Otra fuente de datos cuantitativos sobre la prevalencia de problemas de salud mental entre los jóvenes costarricenses proviene de U-Report, una plataforma en línea creada por UNICEF en la cual los jóvenes pueden responder a encuestas y expresar sus opiniones sobre políticas que permitan llamar la atención de los funcionarios públicos (Oficina de UNICEF de Innovación, s.f.). En la encuesta más reciente de la plataforma sobre cómo la pandemia ha afectado la salud mental de los U-Reporters, hubo un total de 46 adolescentes en Costa Rica de entre 15 y 19 años que respondieron, ningún encuestado tenía menos de 14 años (U-Report Costa Rica , s.f.). Algunos hallazgos dignos de mencionarse son los siguientes:

- El 46% informó que la depresión y la ansiedad son los sentimientos más comunes y sólo el 7% dice estar de buen humor.
- El 61% ha experimentado patrones de sueño alterados en comparación con los patrones antes de la pandemia.
- El 35% se sintió pesimista sobre el futuro, en comparación con el 15% que se sintió optimista.

- El 78% de los encuestados sintió la necesidad de pedir ayuda con respecto a su salud mental, pero el 36% de ellos sintió que no tenía a quién acudir.

La generalización de esta pequeña muestra es limitada, ya que representa a jóvenes que son particularmente proactivos en compartir cómo la pandemia COVID-19 los ha afectado. Sin embargo, los números anteriores plantean preguntas sobre cuántos niños en el municipio de Santa Ana y Costa Rica están teniendo experiencias similares, especialmente al no poder identificar a alguna persona que pueda ayudarlos con sus problemas de salud mental.

En general, las experiencias de los jóvenes costarricenses con respecto a sus sentimientos de aislamiento y problemas con miembros del hogar siguen las tendencias globales sobre el impacto de COVID-19 en el bienestar infantil. Una investigación exhaustiva de Save the Children que encuestó a unos 13,000 niños de 11 a 17 años en más de 40 países muestra que los jóvenes con contacto limitado de amigos debido al cierre de escuelas son significativamente más afectados (Ritz et al., 2020).

También han aumentado las tasas de violencia en los hogares en los cuales las niñas y niños deben quedarse en casa, por no acudir a la escuela, en comparación con aquellos momentos en los que asistían a clases en persona, lo cual coincide con la tendencia de que los problemas relacionales en el hogar, sean una de las causas más comunes de depresión y ansiedad entre los jóvenes costarricenses (Ritz et al., 2020). Si bien la evidencia cuantitativa proporcionada es limitada para establecer cuán generalizados están los problemas de salud mental entre los jóvenes costarricenses, al menos está claro que estos problemas existen y podrían convertirse en una crisis mayor en la que los estudiantes deberán luchar con el trauma emocional de la pandemia de COVID-19 y sufrir de algún tipo de retraso en el desarrollo neurológico, de no ser atendido (UNICEF, 2020).

Indicadores cualitativos de la salud mental de los jóvenes en Costa Rica

Para comprender mejor la salud mental de los estudiantes costarricenses durante una pandemia, encuestamos a maestros y padres que residen en el Municipio de Santa Ana, acerca de cómo la pandemia ha afectado la salud mental de sus estudiantes e hijos, lo cual podría haber afectado también su desempeño escolar. Al hacer que el personal docente y los padres de familia de la Berkeley Academy en el municipio participaran en la muestra, pudimos recibir 23 respuestas de maestros de los niveles de primaria a secundaria y tres de los padres. Algunos encuestados informaron que a varios estudiantes les había ido mejor con la educación virtual por algunas de las razones citadas: existen menos distracciones en el hogar en comparación con la educación presencial, menos experiencias de ansiedad social y un alto nivel de resiliencia emocional en los propios estudiantes. Pero para la mayoría de los estudiantes, la falta de contacto humano con los compañeros de clase, el tiempo excesivo que se pasa mirando las pantallas y la reducción de las oportunidades de ejercicio físico han provocado altos de depresión, pereza y estrés. Estos cambios en el bienestar psicológico se han asociado con puntajes más bajos en las pruebas, fechas límite incumplidas y una menor participación en clase. Un maestro describió detalladamente cómo sus estudiantes se vieron afectados por la pandemia:

> La tristeza que cargan por no poder estar con sus amigos ha impactado sus emociones y su desempeño. La monotonía y la rutina de las clases virtuales los hace sentir cansados y aburridos. Y al mismo tiempo, la presión de estudiar como si estuvieran en un período escolar normal y de mantener altas calificaciones, ha impactado su autoconfianza (comunicación personal, 3 de diciembre de 2020).

Si bien puede haber algunos estudiantes que cumplen o incluso superan las expectativas, los maestros observan que la mayoría se encuentran en un círculo de retroalimentación negativa, en donde la mala salud mental reduce el rendimiento y agrava a su vez las emociones negativas con las que los estudiantes están luchando. Aunque no se puede establecer una relación causal, la investigación sobre cómo la salud mental afecta el rendimiento académico sugiere una fuerte conexión entre los dos, que se describe durante la revisión de la literatura.

Al igual que los maestros, los padres también han informado sobre las distintas respuestas de sus hijos al aprendizaje virtual y a la pandemia en general. Si bien algunos han declarado que sus hijos parecen estar mejorando con la reducción de las distracciones, la mayoría compartió que la angustia mental causada por la pandemia ha resultado en un deterioro del rendimiento escolar y de problemas comportamentales que no estaban presentes con anterioridad. Como demostraron las estadísticas de la sección anterior, el aislamiento es uno de los factores más importantes que ocasionan síntomas de ansiedad y depresión entre los jóvenes. Si bien la escolarización virtual en sí misma puede no ser una causa significativa de alguna enfermedad mental, según los datos del CPPCR, las estadísticas no reflejan completamente cómo es que el aislamiento y la enfermedad mental están mediados por una experiencia de la escolarización virtual descrita por uno de los padres:

> El rendimiento escolar también se ve afectado negativamente. Él está distraído en clase y pasa demasiado tiempo frente a las pantallas para su edad. Estar en una computadora a esta temprana edad, durante varias horas al día, tanto en clase como para las tareas, no ayuda. Ya no pasa tiempo interactuando cara a cara con sus compañeros y las discusiones en los foros en línea son limitadas, por lo que se siente bastante aislado (comunicación personal, 3 de diciembre de 2020).

Tener en cuenta las voces de los padres respalda las observaciones de los maestros y plantea la posibilidad de que los estudiantes terminen con problemas persistentes de comportamiento, que dificulten socializar adecuadamente con sus compañeros una vez que se regrese la educación presencial. La siguiente revisión de la literatura sobre los efectos de la mala salud mental en el rendimiento académico, nos permite sugerir un vínculo causal entre las experiencias de los jóvenes costarricenses con la salud mental y su posterior rendimiento académico.

El vínculo entre la salud mental y el rendimiento académico

Los resultados académicos de los estudiantes en el municipio de Santa Ana, podrían verse afectados por los problemas de salud mental en dos vías: la decisión de permanecer en la escuela y el rendimiento en clase. El trastorno mental predice un mayor riesgo de abandonar la escuela y, por lo tanto, trunca el logro educativo. Un estudio longitudinal que siguió a una cohorte de estudiantes australianos desde los 15 años hasta la finalización de la escuela secundaria, aquellos adolescentes que informaron tener un estado mental deficiente, doblaban las probabilidades de abandonar la escuela en comparación con aquellos en una condición mental más estable (Butterworth & Leach, 2017) . Aunque la población en ese estudio es diferente a la de Costa Rica, aún vale la pena considerar cómo la tendencia identificada puede manifestarse en el municipio.

Para los estudiantes marginados, el riesgo de abandonar la escuela es aún mayor. En un estudio de estudiantes de educación especial, la tasa de expulsión de estudiantes con trastornos emocionales fue del 64% (Blackorby, et al., 2004). Otro estudio exhaustivo de reinscripción realizado por el laboratorio educativo regional federal en San Francisco muestra que sólo el 30 por ciento de los estudiantes que abandonaron la escuela regresaron a ella y menos del 20 por ciento logró graduarse (Berliner, et al., 2008). Además, la deserción del sistema escolar también puede conducir a delincuencia juvenil. Los estudiantes que no completaron la escuela secundaria tienen tasas más altas de uso de drogas ilegales y abuso de alcohol, y tienen 63 veces más probabilidades de ser encarcelados que los que no abandonaron la escuela (Fernández-Suárez et al., 2016). En general, la asociación entre la deserción y la delincuencia disminuirá las probabilidades de que los estudiantes vuelvan a participar de oportunidades de aprendizaje, lo que los hará menos propensos a alcanzar el mismo nivel de rendimiento académico que sus compañeros de edad similar.

Si continúan su educación en la escuela, las enfermedades mentales pueden afectar negativamente la capacidad cognitiva y no cognitiva de los estudiantes, que están estrechamente relacionadas con la productividad y el desempeño. La investigación muestra que las competencias de desarrollo en los niños constituyen una parte integral de sus competencias académicas (Masten, et al., 2005). Sin embargo, un período prolongado de estrés, que es muy probable que experimenten durante la pandemia de COVID-19, podría provocar deficiencias en el desarrollo e interferir con las capacidades académicas. El estrés crónico altera la estructura química y física del cerebro, dañando habilidades cognitivas como la atención, la memoria y la creatividad (Wellman, 2014). Además, los problemas de comportamiento pueden desencadenar conflictos entre el niño y el maestro, así como la exclusión social.

Lo que puede resultar en experiencias de aprendizaje negativas (Agnafors, 2020). Dado que las percepciones de los estudiantes sobre el apoyo del maestro y el respeto mutuo están directamente relacionadas con cambios positivos en la motivación y el compromiso académicos (Ryan y Patrick, 2001), los conflictos entre maestros y estudiantes también pueden afectar negativamente la disposición de los estudiantes para participar en actividades interactivas y académicas. Por lo tanto, una baja capacidad de adaptación, sumada a una relación tensa entre el alumno y el maestro, pueden estar relacionadas con alteraciones del comportamiento que a su vez contribuyen al bajo rendimiento académico

La combinación de evidencia sobre las experiencias de los estudiantes en Costa Rica con la investigación empírica sobre cómo la enfermedad mental afecta los resultados académicos, muestra que el Municipio de Santa Ana no sólo tiene que cuidar la salud física de los jóvenes durante una pandemia, sino también su salud mental en un tiempo desafiante en el que se espera que cumplan con los objetivos de aprendizaje típicos. El quince por ciento (8,991) de la población de Santa Ana son estudiantes y de ellos, el 22% tiene una discapacidad o la presencia de alguna condición de aprendizaje y el 26% necesita algún tipo de adaptación educativa (Corrales, 2012). Además, la tasa de pobreza general de Santa Ana es del 19%, pero los distritos dentro del municipio tienen tasas de hasta 37% (Salitral) y 20% (Piedades).

Es probable que el impacto de la pandemia en la salud mental sea aún más severo para los estudiantes que ya han tenido problemas en la escuela debido a limitaciones financieras o discapacidades de aprendizaje según investigaciones previas sobre salud mental del Ministerio de Salud de Costa Rica (Corrales, 2012). La pandemia ha empeorado una situación económica ya existente y deja a los estudiantes de Santa Ana extremadamente vulnerables a problemas de salud mental, con efectos significativamente negativos en su aprendizaje (Cuffe, 2021).

Estudios de casos internacionales para mejorar la salud mental de los estudiantes

Dado que la salud mental de los estudiantes también está vinculada a la salud de la comunidad en general, un plan de acción eficaz incluye un sistema de apoyo escalonado que utiliza tecnología para diagnosticar síntomas y brindar servicios, como lo demuestra la respuesta de Panamá al COVID-19 (Alcaldía de Panamá, 2020). En la frontera con Costa Rica, Panamá es como un vecino, medido por el tamaño económico, las tasas de alfabetización y la capacidad para proporcionar dispositivos digitales, así como por el apoyo brindado a las escuelas para adaptarse al aprendizaje en línea (Instituto de Estadística de la UNESCO, 2018; Reimers & Schleicher, 2020). Panamá organiza los síntomas de salud mental en tres niveles de gravedad: código verde para síntomas leves como la incertidumbre y el miedo a la infección; código amarillo para síntomas moderados como el pánico y la opresión en el pecho y; código rojo para manifestaciones graves de trastornos psicológicos. Los residentes de Panamá que experimenten angustia psicológica pueden comunicarse con el programa de salud mental de Panamá, SAMI, para recibir asesoramiento a distancia (Municipio de Panamá, 2020). El apoyo psicosocial se proporciona principalmente de forma remota a través de llamadas y telemedicina, que han demostrado ser tan eficaces como las citas en persona para diagnosticar y evaluar la salud mental de personas de todas las edades.

Una revisión de 70 estudios sobre programas de prestación de servicios de salud "telemental" demostró que los pacientes no sólo estaban satisfechos con la comodidad y la calidad de la atención, sino que los hospitales también podían ahorrar dinero al reducir los costos administrativos y de viaje (Hilty et al., 2013). SAMI complementa su línea de ayuda y asesoría con correos electrónicos masivos, carteles, videos y sesiones de capacitación sobre la regulación emocional, aunque no hay datos que demuestran hasta qué punto las personas en Panamá se involucran con el programa de asesoría remota u otros recursos (López et al., 2020). Con la pandemia limitando las interacciones en persona e imponiendo estrés crónico en muchos países, por lo que deben aprender a usar la tecnología para brindar apoyo personalizado de salud mental.

El programa "En Confianza con las Familias" de Colombia combina el potencial de las asociaciones entre la familia y la escuela, con el Aprendizaje Socioemocional (ASE) para aumentar la capacidad de las escuelas y las familias para criar alumnos saludables y comprometidos (Ministerio de Educación, 2020). Encabezada por el Ministerio de Educación del país, el componente principal de esta iniciativa es la transmisión en vivo de expertos en psicología, desarrollo infantil y relaciones familiares, para educar a las familias sobre el ASE y las mejores prácticas en la crianza de los hijos. Desde agosto del 2020, la programación es cada 15 días y los temas se eligen en función de los comentarios de los padres a través de encuestas en línea, lo que hace que los videos lleguen a audiencias de aproximadamente 8,000 espectadores. La investigación sobre el ASE muestra de manera consistente un consenso sobre el hecho de que las emociones, el comportamiento y el aprendizaje de los estudiantes están profundamente entrelazados.

Una revisión de la literatura de 200 programas ASE que abarcan a estudiantes K-12, mostró que la participación en el programa estaba asociada con un mejor rendimiento académico y una reducción de las enfermedades mentales (Durlak et al., 2011).

Otra característica central de este programa es la provisión de dos guías distintas para las familias y para personal escolar (Colombia Aprende, 2020). Las familias reciben una guía que describe su papel como educadores de padres, que contiene ejercicios de ASE para ayudar a los padres a reflexionar sobre cómo criar a sus hijos e ilustra cómo pueden participar más en las escuelas. El personal escolar recibe una guía más técnica que describe los beneficios de colaborar con las familias y sintetiza las mejores prácticas para crear una alianza significativa entre las escuelas y las familias. Además de aplicar los principios del ASE tanto a los niños como a los padres, "En Confianza con las Familias" proporciona un modelo prometedor acerca de cómo los países pueden mitigar las enfermedades mentales causadas por COVID-19, al identificar los roles, distintos y críticos, que los maestros y los padres tienen en la promoción de un sociedad más sana y educada.

En junio de 2020, el presidente chileno Sebastián Piñera anunció que el país lanzaría el programa "#SaludableMente" para abordar los desafíos de salud mental que se han planteado durante la pandemia de COVID-19 (Ministerio de Salud, 2020). Como primer paso, creó un grupo de trabajo de profesionales de la salud mental para discutir una estrategia nacional, lo que llevó a la creación de numerosas guías y videos sobre temas como la pedagogía centrada en el ASE para maestros, así como instrucciones sobre primeros auxilios psicológicos para padres, y recomendaciones para la actividad física en interiores, para niñas y niños. Un componente clave del programa, fue un sitio web que reúne todos los recursos públicos sobre salud mental que está organizado por grupos como jóvenes, ancianos, cuidadores, mujeres que sufren abuso, personas infectadas con COVID-19 y personas con discapacidad.

El sitio web oficial de #Saludablemente también proporciona múltiples números de teléfono, chats en vivo y grupos de WhatsApp para brindar tratamiento de salud mental personalizado a cada grupo demográfico (Gobierno de Chile, 2020). Una de las principales fortalezas de #SaludableMente, es que al agregar recursos sobre salud mental en un solo sitio web, los maestros, padres y jóvenes pueden encontrar fácilmente ayuda en un lugar que conviene a su propio perfil demográfico y sus necesidades. Aunque no se dispone de datos sobre cuántos visitantes ha recibido el sitio web o la cantidad de llamadas telefónicas que se han realizado a través de sus numerosos canales, #SaludableMente desafía el estigma de la salud mental a través de una campaña muy publicitada que busca involucrar a cada segmento de la población chilena.

Implicaciones de política para el Municipio de Santa Ana

En el Municipio de Santa Ana, las escuelas públicas y privadas deben difundir todas las comunicaciones e iniciativas dirigidas por la División de Salud Mental del Ministerio de Salud a los estudiantes y sus familias, a través de correo electrónico o documentos impresos enviados a casa con los estudiantes (Corrales, 2012). Las iniciativas incluyen campañas de prevención de drogas y alcohol, anti-acoso escolar y prevención de suicidios, las cuales son muchas veces asistidas por la Policía Municipal de Santa Ana. El proceso de mantener el bienestar mental en los campus escolares depende del grado en que se encuentran los estudiantes. En el caso de primaria, es responsabilidad del profesorado y el personal identificar los problemas de salud mental en los estudiantes durante las interacciones y la socialización. Para los niveles de primaria superior y secundaria, los profesores y el personal son responsables de identificar los problemas de salud mental en los estudiantes, pero también se les alienta, a través de conferencias, asambleas e intervenciones a buscar orientación de sus maestros y consejeros.

En respuesta a la pandemia, la CPPCR y el Ministerio de Salud, crearon una campaña conjunta denominada "Junt@s Nos Podemos Cuidar", lanzada el 11 de junio de 2020 para orientar a estudiantes y comunidades escolares hacia los recursos creados específicamente durante la pandemia (Junt@s Nos Podemos Cuidar, 2020). El sitio web oficial ofrece videos con psicólogos que discuten cómo las familias pueden cuidar de las niñas, niños y ancianos, así como adaptarse a nuevas formas de vida durante la pandemia y monitorear su salud mental. Además, se encuentran disponibles carteles que promueven pautas de distanciamiento social y mejores prácticas en primeros auxilios psicológicos. Aunque no hay datos disponibles sobre cuántas personas acceden a estos recursos, la mayoría de las personas que encuestamos informaron que no estaban al tanto de la campaña o que no les resultó útil:

> Las campañas no son útiles. Pero eso tampoco es culpa de la campaña. Estar en aislamiento a una edad muy temprana, no poder reunirse con amigos, jugar o discutir cosas más allá de las tareas, no lo hace nada fácil (comunicación personal, 3 de diciembre del 2020).

Además, el hecho de que las políticas anteriores hacían que los profesores tuvieran la responsabilidad de identificar problemas de salud mental entre los estudiantes, se ha convertido en una debilidad importante ahora que sus interacciones se limitan a la interacción a través de una pantalla. Aunque existen algunos sistemas y recursos que se han implementado para facilitar la comunicación entre las escuelas y los padres, la calidad de la comunicación entre administradores, maestros y padres difiere de un caso a otro. Los maestros informaron que se han estado comunicando con los padres a través del correo electrónico, WhatsApp y otras plataformas si resulta necesario, lo cual les ha brindado más información sobre los desafíos que experimentan los estudiantes y sus padres. Lo que ha diferenciado a los profesores que han estado en estrecho contacto con los padres, de aquellos que luchan por recibir una respuesta, es la existencia de una relación previa cercana.

El éxito de la escolarización virtual depende en gran medida de que los padres solucionen problemas y administren el horario de sus hijos, por lo que la pandemia ha hecho que los educadores y cuidadores se den cuenta de lo importante que son los roles que juega cada uno y el valor de colaborar para el éxito de la juventud costarricense. Como comentó un maestro, tener la escuela en sus hogares ha ayudado a que los padres se den cuenta de la función crucial que tienen las escuelas en el desarrollo de un niño:

Los padres han visto que la escuela no es sólo un lugar para aprender contenido académico, sino que es un lugar [para que sus hijos] se descubran a sí mismos y aprendan a interactuar con los demás. Las familias ahora pueden ver todo lo que sucede en una escuela y lo importante que es (comunicación personal, 3 de diciembre del 2020).

Desarrollar políticas escolares que promuevan la participación familiar en el municipio de Santa Ana, y que vayan más allá de informar a los padres sobre las iniciativas nacionales, no sólo desarrollará una capacidad colectiva para forjar relaciones duraderas entre el hogar y la escuela, centradas en el éxito del estudiante. Sino que también mitigará los problemas de salud mental que los estudiantes se enfrentan al combinar el conocimiento y las habilidades de maestros y padres.

Como el límite entre el hogar y la escuela se ha difuminado, no puede ser responsabilidad exclusiva de la escuela y de sus maestros amortiguar las mentes de los estudiantes contra la incertidumbre de la pandemia COVID-19. Más bien, un enfoque de mejores prácticas para abordar la salud mental de los estudiantes deberá utilizar un marco ecológico que abarque los diversos niveles en los que pueden ocurrir intervenciones de estudiantes, familias, escuelas, comunidades y gobierno. También conocido como un enfoque que involucre a toda la sociedad, UNICEF (2020), un marco ecológico de la salud mental reconoce que el tratamiento de la salud mental requiere la colaboración de múltiples sectores, desde los hogares individuales hasta el gobierno nacional. Al mismo tiempo que se enfrentan con otros problemas sociales que perjudican los resultados de la salud mental, como pobreza y violencia doméstica. La complejidad de la salud mental de los estudiantes requiere un enfoque multifacético basado en la colaboración entre escuelas, organizaciones locales sin fines de lucro e instituciones gubernamentales que puedan atender mejor las necesidades de los estudiantes y sus familias.

De no hacerlo, las políticas gubernamentales podrían no tener un impacto significativo en los estudiantes, que dependen de sí mismos para pasar el año escolar, lo cual agrava aún más el estrés que enfrentan. Las políticas efectivas que ayuden a los estudiantes del Municipio de Santa Ana a superar los desafíos de salud mental también utilizarán una combinación de ASE y primeros auxilios psicológicos como medidas preventivas. Para casos más graves, las necesidades de los estudiantes deberán ser categorizadas por nivel de severidad para que puedan ser atendidas con las medidas adecuadas y distribuidas a través de medios tecnológicos, siempre que sea posible.

En el contexto de las iniciativas actuales de salud mental de Costa Rica, la línea directa "13-22" y "Junt@s Nos Podemos Cuidar" se centran en brindar primeros auxilios psicológicos lo más ampliamente posible, pero se debe prestar más atención a otros elementos clave. La telemedicina podría ayudar a ampliar el alcance y la eficacia de la consejería de salud mental cuando las llamadas telefónicas no resultan adecuadas para algunas personas. Además, la integración de ASE en las plataformas de aprendizaje en línea y el plan de estudios actuales podría ayudar a los estudiantes a lidiar con los desafíos de salud mental, mientras las escuelas están cerradas y hasta que vuelvan a abrir el próximo año. Además, para evitar la saturación de los servicios de salud mental, el municipio tendrá que dirigir a las personas a los servicios correspondientes a través de un sistema de apoyo escalonado, que idealmente involucraría a las familias, escuelas y miembros de la comunidad, para que los estudiantes puedan recibir la atención personalizada que necesitan para superar el problema que significa el desafío monumental de ir a la escuela durante una pandemia.

Criterios para evaluar estas alternativas de políticas

Para comparar las alternativas que podrían ayudar al Municipio de Santa Ana a responder de manera más efectiva a los problemas de salud mental entre los estudiantes, hemos establecido cinco criterios basados en las implicaciones de políticas que hemos establecido anteriormente:

- ASE: ¿Hasta qué punto está integrado ASE?
- Adaptabilidad tecnológica: ¿En qué medida se puede llevar a cabo una política por medios virtuales y no virtuales?

- Participación de la comunidad: ¿En qué medida la política involucra a múltiples partes interesadas en cuidar el bienestar de los estudiantes?
- Intervención temprana: ¿Hasta qué punto la política facilitará la identificación rápida de los estudiantes que enfrentan graves problemas de salud mental y que necesitan servicios específicos?
- Rentabilidad: ¿Hasta qué punto el Municipio de Santa Ana puede adoptar la alternativa considerando sus limitaciones financieras?

En la siguiente sección, describimos tres alternativas de políticas públicas que creemos se adaptarán mejor al contexto de los problemas de salud mental en el Municipio de Santa Ana, seguidas de una matriz de resultados de políticas que muestra cómo se comportan cada una de ellas en relación con nuestros cinco criterios.

Política pública 1: Mapeo de relaciones entre adultos y estudiantes

El mapeo de relaciones entre adultos y estudiantes es un marco para forjar conexiones entre el personal de la escuela y los estudiantes. Al trazar una red entre estudiantes y adultos en la escuela, las escuelas pueden identificar a los estudiantes desconectados y garantizar sistemáticamente que cada uno establezca una relación positiva y de confianza con un miembro del personal, de modo que los administradores escolares puedan saber cuándo ciertos estudiantes necesitan apoyo académico o emocional. El mapeo de esta relación se especifica a través de tres actividades relacionadas:

1. Mapeo: El mapeo requiere que el personal y la facultad asistan a una reunión que involucre a todo el personal. En un documento, se proporcionarán los nombres de los estudiantes con dos casillas de verificación al lado de cada nombre: una casilla que indica que el personal tiene una relación de confianza con este estudiante y otra que sugiere la situación en la que el personal considera que se encuentra el estudiante, los riesgos académicos y personales.

2. Reuniones de reflexión: Al completar la actividad de mapeo, se convocará una reunión de reflexión de todo el personal, invitándolos a identificar a los estudiantes que no se encuentran comprometidos, para emparejarlos con el personal de la escuela y desarrollar estrategias para abordar sus necesidades específicas.

3. Sesión de aprendizaje: el personal que está emparejado con los estudiantes recibirá capacitación de un psicólogo infantil para aprender formas efectivas de acercarse a las y los niños para guiarlos.

Para iniciar este programa, una carta completa a los padres y familias que explique los objetivos del programa de mapeo podría informar a los tutores y las relaciones que se necesitarán para la sostenibilidad del programa. Tener familias que apoyen el programa, permitiría a los psicólogos escolares recopilar información sobre las tendencias de comportamiento en el hogar que son susceptibles de analizarse y abordarse a través de planes de apoyo. Una vez completado el mapeo, el personal de la escuela designado con los estudiantes necesitados, puede comenzar a acercarse a ellos. Una estrategia efectiva son los controles emocionales semanales a través de videollamadas breves o controles domiciliarios, en la cual los maestros se vuelven más conscientes de la vida de los estudiantes y su estado emocional actual, mientras se aseguran de que la conexión no se convierta en una actividad rutinaria que pueda impedir que los estudiantes compartan con entusiasmo (Prothero, 2020).

Para garantizar la creación y mantenimiento de la relación, se podrían convocar reuniones de seguimiento del personal en grupos pequeños, para informar cualquier progreso realizado en la construcción de las relaciones. Un psicólogo infantil del distrito podría ayudar al grupo y evaluar si se han mantenido conexiones significativas. Es importante asegurarse de que el personal de la escuela personalice las estrategias de conexión según el acceso de los estudiantes a Internet y los antecedentes familiares, para que ningún estudiante se quede atrás.

Algunas variaciones podrían incorporarse al procedimiento estándar. Además de una conexión entre el estudiante emparejado y el personal de la escuela, podría haber controles grupales informales, como cuando un maestro pregunta sobre el estado de ánimo actual de los estudiantes al comienzo de cada clase. Esto no sólo permitiría a los maestros aprovechar las rutinas ya existentes en el aula, sino que también crearía un sentido de comunidad y promovería el desarrollo de habilidades socioemocionales para los estudiantes. Además, la forma en la que se llevan a cabo las actividades cartográficas puede variar. Mientras que las escuelas decidan realizar la actividad en persona, pueden utilizar las infraestructuras existentes (pizarrones blancos, salas de reuniones, marcadores, etc.), mientras que las escuelas que decidan volverse virtuales podrían necesitar inversiones adicionales en desarrollo técnico y de mantenimiento.

La implementación del mapeo de relaciones entre adultos y estudiantes puede ser muy costosa dependiendo de qué tan completo esté diseñado el programa, así como la duración propuesta. Los elementos a considerar al analizar la inversión requerida por las escuelas, distritos y municipios para llevar a cabo un programa integral de mapeo de relaciones incluyen: tiempo requerido para capacitar al personal, profesores y administradores; identificar y contratar a un psicólogo calificado para supervisar la implementación del programa; y el tiempo necesario para que el personal, los profesores y los administradores mantengan su sostenibilidad, lo que incluye la coordinación del programa, las reuniones del personal y el seguimiento semanal de padres y estudiantes.

Además, si bien el mapeo de relaciones entre adultos y estudiantes ayuda a identificar a los estudiantes que necesitan apoyo con problemas de salud mental, no proporciona específicamente un plan de estudios sólido que aborde formas integrales de mejorar la condición mental de un estudiante. Sin embargo, al considerar escalar un marco de mapeo de relaciones entre adultos y estudiantes a varios tamaños de escuelas dentro de los municipios, el programa se vuelve más rentable que otros, ya que es un programa que es más fácil de escalar y no requiere ninguna inversión de capital grande o inmediata.

Política pública 2: Grupos de apoyo en línea para estudiantes y padres

Una política alternativa es formar grupos de apoyo para estudiantes y grupos de apoyo para padres, en el cual los niños puedan recibir apoyo tanto de sus compañeros como de sus familias. El resultado previsto es mejorar los efectos dañinos de los factores estresantes en la salud mental de las personas y maximizar las fortalezas de los niños y sus familias, lo que probablemente conducirá a un mejor rendimiento académico. Se utilizan tres medidas de resultados: formar un sistema de apoyo entre pares, fortalecer el conocimiento del autocuidado para ambos grupos de partes interesadas (estudiantes y padres) y mejorar las capacidades como promotores de la salud mental de sus hijos (sólo para padres).

El grupo de apoyo sirve como plataforma para intercambiar inquietudes sobre la pandemia e ideas sobre las estrategias para afrontarla. Específicamente, los estudiantes y los padres son emparejados por la escuela, y podrían formar conexiones y reunirse de manera regular. Se desarrollará una plataforma en línea para ofrecer recursos relacionados con la salud mental y estrategias prácticas para hacer frente a la crisis de COVID-19. Los padres también pueden navegar por módulos sobre temas de psicología infantil.

La teoría detrás de las actividades diseñadas es abordar la crisis de salud mental de los adolescentes desde dos perspectivas: obtener apoyo social y fomentar un entorno familiar propicio. El apoyo de los compañeros motiva el desarrollo de una identidad de logro, fomentando la autoestima y el espíritu de "puedo hacerlo" entre los niños. Es más probable que los adolescentes con una imagen positiva de sí mismos utilicen estrategias de afrontamiento centradas en el problema, que resultan más eficaces para reducir la angustia (Cong, Ling y Aun, 2019). La investigación también destaca la importancia de un clima familiar propicio con un bajo nivel de conflictos, ya que la familia proporciona la base para que los niños aprendan a confiar y desarrollen resiliencia (Prioste, 2020). Al participar en discusiones sobre COVID-19, los padres pueden validar sus propias ansiedades y las de sus hijos, para manejar su estrés y apoyarlos durante las incertidumbres de la pandemia.

Si bien, estas estrategias funcionan teóricamente para amortiguar los impactos negativos de COVID-19 en la salud mental, tanto de los padres como de los niños, algunos riesgos podrían socavar la efectividad de esta política. Una de las suposiciones principales es que los materiales en línea brindan conocimiento en la práctica, mientras las niños, niños y padres aplican lo que discutieron y aprendieron. Además, la práctica de tales actividades podría conducir a resultados deseados, únicamente si cada hogar tiene acceso a Internet y dispositivos para respaldar las interacciones virtuales. Otros supuestos incluyen la finalización de las actividades diseñadas y buenos resultados de aprendizaje. Sin embargo, es difícil evaluar sistemáticamente el resultado, ya que el único medio de verificación es el aporte subjetivo de padres y estudiantes.

Aunque el costo inicial de un grupo de apoyo en línea para estudiantes y padres a nivel escolar o municipal puede ser económico, el valor general y la efectividad del programa pueden no justificar la inversión. La efectividad de los grupos de apoyo en línea para estudiantes y padres dependerá en gran medida de cuántos estudiantes y padres pueden pagar los costos del servicio de Internet y los dispositivos electrónicos para conectarse a estos grupos. Además, los elementos a considerar en la implementación de grupos de apoyo en línea incluyen la capacitación del personal, profesores y administradores en plataformas en línea y grupos de moderación adecuada; tiempo necesario para que el personal, la facultad y los administradores mantengan la sostenibilidad del programa, lo que incluye la coordinación del programa, las reuniones del personal y el seguimiento semanal de los padres y los estudiantes

Política pública 3: Núcleos de ASE

Los estudiantes de K-12 son los que más se benefician cuando se trata de programas ASE. Existe una gran cantidad de evidencia empírica que demuestra muchos resultados positivos que brindan estos programas, incluido un mejor rendimiento, conciencia social, autogestión y salud mental en los estudiantes (Prothero, 2019). El laboratorio de Enfoques Ecológicos para el Aprendizaje Socioemocional (EASEL) de la Universidad de Harvard creó una forma flexible, sostenible y rentable de implementar programas ASE en las escuelas mediante el uso de actividades más cortas, que requieren menos tiempo y menos complejas, denominadas núcleos ASE. Algunas de estas actividades incluyen ejercicios de respiración de 5 minutos que permiten que los estudiantes de K-12 se concentren en su respiración, puedan regular sus emociones y participar con atención plena. Otros ejemplos de actividades ASE, van desde ejercicios de comunicación no verbal hasta juegos de rol de resolución de problemas.

Un aspecto único y ventajoso de los núcleos ASE es que estos ejercicios no necesitan impartirse dentro de un salón de clases; más bien, a veces pueden ser más eficaces cuando se realizan durante los períodos de descanso, recreo y almuerzo, según el tipo de ejercicio. Por último, estos núcleos ASE no necesitan implementarse en un entorno de aprendizaje escolar. Durante la pandemia, por ejemplo, muchos núcleos ASE se pueden llevar a cabo a través de clases virtuales o en línea con poca o ninguna diferencia en los resultados si se implementan en persona.

Para iniciar el programa, los administradores escolares tendrían que realizar una sesión de capacitación integral para todo el personal sobre 1) la importancia y los objetivos de los núcleos ASE; 2) capacitación en varios núcleos ASE apropiados para el nivel de grado; 3) organizar la administración y los informes del programa (es decir, programar la frecuencia de los kernels para no interrumpir el plan de estudios, informar y rastrear la efectividad en las calificaciones y el comportamiento, etc.). Los materiales requeridos de las escuelas dependen del tipo de núcleos ASE seleccionados por los administradores para su implementación, lo cual es extremadamente rentable. Como todas las escuelas del sistema educativo costarricense requieren un miembro del personal dedicado a la consejería y psicología estudiantil (un "psicopedagogo" como se les llama en Costa Rica), este miembro del personal puede dirigir o ayudar en la capacitación del núcleo que se adapta a la escuela o idiosincrasias del aula.

Sin embargo, en el contexto de la pandemia actual, la efectividad de la mayoría de los núcleos ASE puede verse disminuida cuando se implementan a través de plataformas de escuelas virtuales. Hay poca evidencia empírica que respalde la efectividad de los núcleos ASE en línea. Por ejemplo, los ejercicios de respiración pueden hacerse virtualmente en un salón de clases en línea, pero los juegos de rol de resolución de problemas y los ejercicios de comunicación no verbal serían difíciles de realizar de manera efectiva por este medio.

Además, es probable que las barreras que socavan los esfuerzos para llevar la programación de ASE general a escala, como la mala integración en la práctica educativa y la baja sostenibilidad, se vean exacerbadas en comunidades de bajos recursos, como ciertos distritos de Santa Ana (Jones, et al., 2017). Tener una aceptación limitada de los núcleos ASE por parte de los padres, tutores y maestros durante las plataformas de escuelas virtuales afectará la sostenibilidad y, por lo tanto, la eficacia general.

Al igual que el mapeo de estudiantes adultos, el costo de implementar los núcleos ASE puede ser muy costoso dependiendo de la amplitud del diseño del programa y su duración propuesta. Los elementos que considerar al analizar la inversión requerida para llevar a cabo los kernels de ASE incluyen el tiempo requerido para capacitar al personal, los profesores y los administradores en la implementación de los kernels de ASE; e identificar y contratar a un psicólogo calificado para supervisar la implementación del programa. La mayor dificultad para implementar los núcleos ASE es escalar el programa a varias escuelas de distintos tamaños dentro de los municipios. Actualmente, en el Municipio de Santa Ana, hay escasez de psicólogos calificados que trabajen para el Ministerio de Educación. Contratar a un psicólogo calificado para hacer un seguimiento del progreso de estos programas puede resultar muy costoso para los distritos escolares y los municipios.

Tabla 1. Matriz de resultados de políticas públicas

	Integración del ASE	Adaptabilid ad tecnológica	Participaci ón de la comunidad	Intervenció n temprana	Rentabilida d
Mapeo de relaciones entre adultos y estudiantes	Moderada	Alta	Alta	Alta	Alta
Grupos de apoyo en línea	Baja	Baja	Alta	Moderada	Moderada
Núcleos ASE	Alta	Moderada	Baja	Baja	Baja

Recomendación de políticas públicas

Después de considerar las compensaciones y evaluar las alternativas prácticas en los núcleos de ASE y los grupos de apoyo en línea para estudiantes y padres, la política educativa más factible y efectiva para implementar para el Municipio de Santa Ana es el programa de mapeo de relaciones entre adultos y estudiantes. Con las actividades practicadas y los aportes proporcionados, se espera que el proyecto tenga tres resultados principales: desarrollo de una red de conexión entre los estudiantes y el personal escolar, el reconocimiento de la importancia de la relación entre adultos y jóvenes y el fortalecimiento de la capacidad del personal escolar como partidarios de la salud mental de los jóvenes.

Se formará una red de conexión entre estudiantes y maestros o "mapa" debido a que el personal de la escuela usa estrategias y planes para acercarse a los estudiantes y mantener la relación. Específicamente, los resultados de las encuestas a los estudiantes y los auto informes de los maestros se recopilarán para garantizar que se forme y se mantenga un vínculo de confianza entre cada estudiante y al menos un personal de la escuela hasta el final del proyecto. Se espera que las actividades de mapeo y reunión reflexiva ayuden al personal de la escuela a identificar a los estudiantes necesitados y a darse cuenta de cómo las relaciones con un adulto podrían ayudarlos, mientras que el desarrollo profesional relacionado con la salud mental tiene como objetivo proporcionar al personal de la escuela conocimientos y estrategias prácticas para mejorar la salud mental de los estudiantes. Antes y después del proyecto se distribuirá una encuesta sobre la percepción de los profesores sobre la salud mental de sus estudiantes para reflejar cualquier cambio potencial en la perspectiva y la capacidad de conocimiento en ese campo.

Además, en el contexto de Santa Ana, el psicólogo escolar designado o "psicopedagogos" podrán utilizar esta información para diseñar planes de educación individualizados (PEI) e implementar adaptaciones adecuadas para mejorar el entorno de aprendizaje de cada estudiante. Por último, la información se colocará en el archivo escolar personal de cada estudiante, lo que garantizará la continuidad de sus adaptaciones académicas a medida que avanzan a través de los niveles de grado y las escuelas.

El supuesto principal para la promoción por parte del personal de la escuela, de las actividades declaradas que conducen a los resultados mencionados, es que el cuerpo docente forma un grupo de participantes motivados que han "comprado" las actividades. Dado que las reuniones de seguimiento serán una nueva rutina para el personal de la escuela, se debe proporcionar motivación para garantizar una asistencia y participación activas. Además, conectarse con los estudiantes y personalizar las estrategias requiere que el personal de la escuela dedique una cantidad significativa de tiempo a este proyecto. Las responsabilidades laborales extendidas agregan una gran carga de trabajo, por lo que pueden carecer de tiempo e incentivos para tratar el proyecto con seriedad. La implementación exitosa del proyecto depende de que los estudiantes y sus familias acepten y compren este programa y estén dispuestos a cooperar.

El resultado previsto a partir de los tres productos es una mejora en la salud mental y la resiliencia de los estudiantes para todas las escuelas K-12 en Santa Ana, especialmente para aquellas que están en mayor riesgo. Los beneficios potenciales de las relaciones extra familiares incluyen un mejor manejo de las emociones y un desarrollo saludable para los estudiantes. Un adulto de confianza no sólo puede servir como una fuente de consuelo para los adolescentes, ayudándoles a descargar sus sentimientos, sino que también puede ser un modelo que seguir para que aprendan a manejar sus emociones. Además, la vinculación con un adulto atento a sus necesidades proporciona a los adolescentes experiencias que ayudan a construir conexiones neuronales en el cerebro (Search Institute, 2017).

Conclusión

El desafío educativo que los autores identificaron en el municipio de Santa Ana - es el que los estudiantes se han centrado menos en alcanzar sus metas académicas debido a una mala salud mental - una situación que probablemente esté presente en otras naciones y persistirá en una era post-COVID-19 si los gobiernos nacionales siguen invirtiendo insuficientemente en los servicios de salud mental. Aunque los síntomas de COVID-19 son físicos, los efectos secundarios del virus en la salud mental no deben pasarse por alto, considerando que una vacuna no puede proporcionar inmunidad contra la ansiedad, el aislamiento y el trauma. Al enfocarse en la salud mental a través del mapeo de relaciones, las habilidades pedagógicas de los maestros y el conocimiento personal de los padres, se pueden combinar de manera efectiva para no mitigar únicamente la tensión mental de una pandemia que ha afectado en gran medida el desarrollo saludable de los niños en Costa Rica, sino que también sirve de base para que las escuelas de todo el mundo puedan integrar mejor la participación familiar en su práctica y, en el proceso, desarrollar una visión más humanista del papel que las escuelas pueden desempeñar en la promoción de relaciones enriquecedoras en las comunidades.

CODA

La Supervisión Regional de Educación del Municipio de Santa Ana recibió nuestro documento y recomendaciones de políticas con gran agradecimiento. Como el municipio se enfoca principalmente en el alivio financiero y los factores económicos durante la pandemia, están abiertos a implementar y adoptar programas de bajo costo que no requieren ninguna inversión de capital. Actualmente se está considerando la recomendación de mapeo de estudiantes adultos, pero requerirá la aprobación del Ministerio de Educación.

Autores

Bingyao Hu es un Ed.M. estudiante de Wuhan, China en el programa de Política Educativa Internacional de la Facultad de Educación de Harvard. Tiene experiencia laboral previa en educación matemática en la Universidad de Wisconsin-Madison y planea seguir una carrera como investigadora educativa para promover el acceso a la educación para grupos marginados. bingyaohu@gse.harvard.edu

Peter J. Swing es cofundador y presidente de Berkeley Academy for Multicultural Studies en Costa Rica. Perdió a su hermano John Swing en el verano de 2020 debido al COVID-19 y se dedica a honrar su legado apoyando a las comunidades desatendidas a través de la educación.

Vo Ram Yoon es un Ed.M. estudiante del programa de Gestión y Políticas Educativas de la Escuela de Graduados de Educación de Harvard con una licenciatura en Estudios de Políticas Públicas de la Universidad de Chicago. Está capacitado en métodos de investigación mixtos con el objetivo de construir un mundo más equitativo a través de la narración cuantitativa y cualitativa. voramyoon@gse.harvard.edu

Referencias

Agnafors, S., Barmark, M., & Sydsjö, G. (2020). Mental health and academic performance: a
study on selection and causation effects from childhood to early adulthood. Social Psychiatry and Psychiatric Epidemiology.
Alcaldia de Panama. (2020, June 24). S.A.M.I. brindará apoyo emocional a servidores

municipales en medio de la pandemia. https://mupa.gob.pa/s-a-m-i-brindara-apoyoemocional-a-servidores-municipales-en-medio-de-la-pandemia/

Berliner, B., Barrat, V. X., Fong, A. B., & Shirk, P. B. (2008). Reenrollment of high school dropouts in a large, urban school district.

Blackorby, J., Wagner, M., Levine, P., Newman, L., Marder, C., Cameto, R., . . . Sanford, C. (2004). Special Education Elementary Longitudinal Study (SEELS) Wave 1 Wave 2 Complete Report.

Butterworth, P., & Leach, L. S. (2017). Early Onset of Distress Disorders and High-School Dropout: Prospective Evidence from a National Cohort of Australian Adolescents. American Journal of Epidemiology, 1192-1198.

Charania, M., & Fisher, J. F. (2020). THE MISSING METRICS: Emerging practices for measuring students' relationships and networks.

Coleman, D., & Iso-Ahola, S. (1993). Leisure and health: The role of social support and self-determination. Journal of Leisure Research, 111-128.

Cong, C. W., Ling, W. S., & Aun, T. S. (2019). Problem-focused coping and depression among adolescents: Mediating effect of self-esteem. Current Psychology.

Cook, S., & Wellman, C. (2004). Chronic Stress Alters Dendritic Morphology in Rat Medial Prefrontal Cortex. Journal of Neurobiology, 236-248.

Colombia Aprende. (2020). Orientaciones técnicas: Alianza Familia - Escuela por el

desarrollo integral de niñas, niños y adolescentes. https://contenidos.colombiaaprende.edu.co/orientaciones-tecnicas-alianza-familia-escuela-por-el-desarrollo-integral-de-ninas-ninos-y

Corrales Díaz, D. (2012). Politica Nacional de Salud Mental 2012-2021   (pp. 1-139,

Publication). San Jose, San Jose: Ministerio de Salud de Costa Rica.

Cuffe, Sandra. (2021). Costa Rica's 'explosive' debt crisis: All you need to know. Al Jazeera. Retrieved February 28, 2021 from https://www.aljazeera.com/news/2021/1/16/costa-rica-explosive-debt-crisis-all-you-need-to-know

Diaz Rojas, K. (2020, March 3). MEP lanza estrategia "Aprendo en casa".

http://mep.go.cr/noticias/mep-lanza-estrategia-%E2%80%9Caprendo-casa%E2%80%9D-0

Dirección de Prensa y Relaciones Públicas. (2020, August 27). MEP anuncia el no

retorno a las clases presenciales durante el 2020. https://www.mep.go.cr/noticias/mep-anuncia-no-retorno-clases-presenciales-durante-2020

Durlak, J.A., & Weissberg, R.P. (2010). Social and emotional learning programs that work. In R. Slavin (Ed.), Better evidence-based education: Social-emotional learning, 2, 4-5. York: Institute for Effective Education, University of York.

Durlak, J. A., Weissberg, R. P., Dymnicki, A. B., Taylor, R. D., & Schellinger, K. B. (2011).

The impact of enhancing students' social and emotional learning: A metaanalysis of school-based universal interventions. Child Development, 82(1), 405-432.

Facio, M. F. F. (2020). Análisis de la consulta al Despacho De Apoyo Psicológico. Colegio de

Profesionales en Psicologia de Costa Rica.

https://psicologiacr.com/sdm_downloads/documento-analisis-de-la-consulta-al-despacho-de-apoyo-psicologico/

Fernández-Suárez, A., Herrero, J., Pérez, B., Juarros-Basterretxea, J., & Rodríguez-Díaz, F. J. (2016, December 26). Risk Factors for School Dropout in a Sample of Juvenile Offenders. Frontiers in Psychology.

Gobierno de Chile. (2020). SaludableMente. https://www.gob.cl/saludablemente/

Hilty, D. M., Ferrer, D. C., Parish, M. B., Johnston, B., Callahan, E. J., & Yellowlees, P.

M. (2013). The effectiveness of telemental health: a 2013 review. Telemedicine and Health, 19(6), 444-454.

Instituto Nacional de Estadística y Censos. (2020). Estadísticas demográficas. 2011 – 2050.

Proyecciones nacionales. Población total por sexo, según años calendario.   [Data set].

INEC   Costa   Rica. https://www.inec.cr/sites/default/files/documetos-biblioteca-virtual/repoblacev2011-2050-01.xlsx

Jones, S., Bailey, R., Brush, K., & Kahn, J. (2017, September). Kernels of Practice for SEL: Low-Cost, Low-Burden Strategies (Publication). Retrieved December 10, 2020, from EASEL LAB, Harvard Graduate School of Education, The Wallace Foundation website: https://www.wallacefoundation.org/knowledge-center/Documents/Kernels-of-Practice-for-SEL.pdf

Junt@s nos podemos cuidar. (2020). Retrieved October 19, 2020, from https://juntosnospodemoscuidar.psicologiacr.com/

López, W., Espinosa, A., & Cortés, G. (2020). Plan de Salud Mental y Bienestar Laboral Ante la Pandemia de COVID-19 Para los Servidores Publicos Municipales de la Alcaldia de Panama.   https://mupa.gob.pa/plan-de-salud-mental-y-bienestar-social/

Making Caring Common Project. (2020). Strategies and Lesson Plans of Virtual Relationship Mapping. https://mcc.gse.harvard.edu/resources-for-educators/relationship-mapping-strategy

Masten, A. S., Roisman, G. I., Long, J. D., Burt, K. B., Obradović, J., Riley, J. R., . . . Tellegen, A. (2005). Developmental cascades: linking academic achievement and externalizing and internalizing symptoms over 20 years. Developmental Psychology, 733-746.

MeSiento.   (2020).   Nuestras   Historias. https://www.mesiento.org/historias

Ministerio de Educacion. (2020, August 11). ´En confianza con las familias', nuevo espacio de

encuentro del Ministerio de Educación Nacional para fortalecer la relación   entre   la   familia   y   la   escuela. https://www.mineducacion.gov.co/1759/w3-article-400291.html?_noredirect=1#:~:text='En%20confianza%20con%20las%20familias'%20es%20un%20nuevo%20espacio%20que,desarrollo%2C%20el%20aprendizaje%20y%20el

Ministerio de Salud Costa Rica. (2020, March 16). Gobierno declara estado de Emergencia

Nacional, impide llegada de extranjeros y se suspende lecciones en todos los centros educativos del país. https://www.ministeriodesalud.go.cr/index.php/centro-de-prensa/noticias/741-noticias-2020/1572-gobierno-declara-estado-de-emergencia-nacional-impide-llegada-de-extranjeros-y-se-suspende-lecciones-en-todos-los-centros-educativos-del-pais

Ministerio de Salud. (2020, June 1). Presidente Piñera presenta programa

SaludableMente. https://www.minsal.cl/presidente-pinera-presenta-programa-saludablemente/

Municipio de Panama. (2020, July 14). S.A.M.I (Salud Mental Integral). [Video]. Facebook.

https://www.facebook.com/municipio.depanama/videos 2682366012087164/

Oviedo, G. (2020). Seguimos Construyendo Realidades. Municipalidad Santa Ana.

https://www.santaana.go.cr/images/documentos/2020/IITRIM ESTRE/Programa%20Gobierno%202020-2024%20WEB.pdf

Presidencia de la Republica de Costa Rica. (2020, October 9). JÓVENES COSTARRICENSES

LANZAN CAMPAÑA #MESIENTO CON UN LLAMADO URGENTE PARA INVERTIR EN SERVICIOS DE SALUD MENTAL.

https://www.presidencia.go.cr/comunicados/2020/10/jovenes-costarricenses-lanzan-campana-mesiento-con-un-llamado-urgente-para-invertir-en-servicios-de-salud-mental/

Prioste, A., Tavares, P., Silva, C. S., & Magalhães, E. (2020). The Relationship between Family Climate and Identity Development Processes: The Moderating Role of Developmental Stages and Outcomes. Journal of Child and Family Studies, 1526-1536.

Prothero, A. (2019). Can Bite-Sized Lessons Make Social-Emotional Learning Easier to Teach? EducationWeek. Retrieved December 07, 2020, from https://www.edweek.org/leadership/can-bite-sizedlessons-make-social-emotional-learning-easier-to-teach/2019/09

Prothero, A. (2020). How to Build Relationships with Students During COVID-19. EducationWeek. Retrieved from December 10, 2020, from https://www.edweek.org/leadership/how-to-build-relationships-with-students-during-COVID-19/2020/09

Reimers, F. M., & Schleicher, A. (2020). A framework to guide an education response to the

COVID-19 Pandemic of 2020. OECD.

Ryan, A., & Patrick, H. (2001). The Classroom Social Environment and Changes in

Adolescents' Motivation and Engagement during Middle School. American Educational Research Journal, 437-460.

Ritz, D., O'Hare, G. and Burgess, M. (2020). The Hidden Impact of   COVID-19 on Child Protection and Wellbeing. London, Save the Children International. https://resourcecentre.savethechildren.net/node/18174/df/the_hidden_impact_of_COVID-19

_on_child_protection_and_wellbeing.pdf

Search Institute. (2017). Relationships First: Creating Connections that Help Young People Thrive

https://sites.ed.gov/nsaesc/files/2017/07/12758351-0 FINALRelationships-F1.pdf

U-Report Costa Rica. (n.d.). Opiniones. https://costarica.ureport.in/opinion/1896/

UNESCO Institute of Statistics. (2018). Panama. http://uis.unesco.org/en/country/pa?

theme=education-and-literacy

UNICEF. (2020). Responding to the Mental Health and Psychosocial Impact   of COVID-19 on

Children and Families. https://www.unicef.org/media/83951/file/MHPSS-UNICEF-Learning-brief.pdf

UNICEF Office of Innovation. (n.d.) U-Report. https://www.unicef.org/innovation/U-Report

United Nations. (2020). Policy Brief: COVID-19 and the Need for Action on Mental Health.

htttps://unsdg.un.org/sites/default/files/2020-05/UN-Policy-Brief-COVID-19-and-mental-health.pdf

We Could Be Music [@wecouldbemusicc]. (2021, January 27). Junto con @raqelele, hicimos entrega del libro #mesiento a nuestra señora ministra @fiorella_s_r. Estamos muy agradecidxs por el interés, apoyo [Tweet]. Twitter. https://twitter.com/wecouldbemusicc/status/135419133 7063665669

Capítulo Cinco

Promoviendo la continuidad educativa a través del apoyo a docentes en Guatemala durante el COVID-19

Francisco Barajas, María José de León Mazariegos, Pierce Henderson y Carrah Olive-Hall

Resumen

En este capítulo, se analiza el problema descrito por el cliente: Empresarios Por La Educación (ExE). Es necesario fortalecer las competencias de los docentes guatemaltecos para la educación a distancia en respuesta al COVID-19. Para este trabajo se utilizó una combinación de investigación documental; una encuesta distribuida a 96 educadores del país; 10 entrevistas de campo y un grupo de enfoque con directores para llegar a nuestras recomendaciones. Para atender mejor las necesidades inmediatas y a largo plazo del Ministerio de Educación de Guatemala (MINEDUC), se plantea que se debe adoptar un enfoque en tres fases, que involucra soluciones de corto, mediano y largo plazo. Las acciones específicas propuestas incluyen la integración de canales estratégicos de comunicación y mensajería SMS para el contacto con el gobierno y los docentes; plataformas digitales fáciles de usar y equitativas para la distribución de recursos docentes; reformar los programas de docentes en servicio y en formación y ampliar las asociaciones estratégicas. A través de este plan, anticipamos que las competencias de los docentes aumentarán durante la crisis actual y pondrán a Guatemala en un camino para maximizar el potencial de los estudiantes a través de la enseñanza y el aprendizaje del Siglo XXI en un mundo post pandémico.

Introducción

Al comienzo de la pandemia de COVID-19, los países de todo el mundo desarrollaron estrategias para dar continuidad educativa, que dependían en gran medida del uso de la tecnología, apuntalando las asociaciones público-privadas y desarrollando modalidades digitales para apoyar el aprendizaje de los estudiantes. En Guatemala, las opciones de aprendizaje remoto fueron desarrolladas por el Ministerio de Educación a través de la iniciativa "Aprendo en Casa", que incluyó materiales impresos, lecciones transmitidas por televisión y radio, y una plataforma en línea denominada #AprendoenCasa (Aprendo en Casa, 2020). Para el cambio previsto por el país a un modelo híbrido en enero del 2021 (González, 2020), los maestros necesitan experiencia en una amplia gama de competencias para navegar en un entorno digital complejo (Jackson, 1990).

Este capítulo está dividido en tres partes que describen el plan de tres fases: comenzando por revisar la literatura y la evidencia relevante para cada opción de política pública, luego con un análisis de estas opciones y concluye con las recomendaciones de política que se presentaron al cliente ExE. Finalmente, se expone la mejor manera de aplicar cada recomendación para maximizar el potencial de los maestros en Guatemala durante el ciclo escolar híbrido 2020-21 y más allá.

Métodos de investigación y cliente

En Guatemala, como en muchos países de América Latina, la amplia brecha digital y la falta de competencias docentes en el uso de la tecnología han presentado desafíos para la continuidad de la educación durante el COVID-19 (Tejada et al., 2020). Cuando se presentó la oportunidad de trabajar ad honorem para realizar una investigación sobre este tema, María José de León Mazariegos, ciudadana guatemalteca y coautora de este capítulo, se acercó a su red de contactos en el país para buscar la introducción de Verónica Spross de Rivera, experta en educación guatemalteca y directora ejecutiva de Empresarios por la Educación. Una asociación de defensa a la educación liderada por el sector empresarial guatemalteco. La organización busca crear un país más equitativo a través de la educación. Fue fundada en 2002 con el estímulo y apoyo del Programa de Promoción de la Reforma Educativa en

América Latina y el Caribe (PREAL) del Diálogo Interamericano. Desde su fundación, Empresarios ha impulsado la transformación del sistema educativo nacional abogando por la reforma de políticas educativas y la implementación de mejores prácticas que contribuyan a la mejora del aprendizaje (Empresarios por la Educación [ExE], 2020a).

Empresarios por la Educación se alinea con cinco áreas de trabajo:

1. Abogar por la reforma de políticas públicas e influir en los líderes del sistema educativo de Guatemala.
2. Fomentar la certificación de escuelas, directores y maestros.
3. Manejar una estrategia para transformar la carrera docente y crear las alianzas necesarias para impulsar la reforma.
4. Promover innovaciones educativas, incluyendo la gestión y ejecución del programa ProFuturo en Guatemala e IN-LAB, programa de formación docente con base tecnológica para el desarrollo de habilidades del siglo XXI.
5. Gestionar la iniciativa "Edúcame", que buscaba abordar los desafíos relacionados con COVID-19 mediante la expansión de la conectividad y el acceso tecnológico para estudiantes y docentes, así como fortalecer el desarrollo profesional docente en el uso de la tecnología digital para el aprendizaje. (ExE, 2020b).

La investigación para este capítulo se llevó a cabo de forma remota con el apoyo de la Universidad de Harvard y Empresarios por la Educación. Las fuentes de investigación secundaria incluyeron el sitio web del Ministerio de Educación de Guatemala; publicaciones del Centro de Investigaciones Económicas Nacionales (CIEN) de Guatemala; datos del Instituto Nacional de Estadística (INE); y datos de organizaciones multilaterales, incluido el Banco Interamericano de Desarrollo, el Banco Mundial y las Naciones Unidas. Empresarios por la Educación apoyó la investigación primaria del equipo facilitando entrevistas virtuales con directores de escuelas públicas en zonas urbanas y rurales de Guatemala y ayudando en la distribución de la encuesta a los distintos actores de la escuela.

La investigación se basa por un lado en los hallazgos de una encuesta de maestros y directores que fue creada por los autores de este capítulo para recopilar datos sobre las competencias de los maestros en el uso de las tecnologías de la información y la comunicación (TIC) en Guatemala. La encuesta incluyó 55 preguntas y fue completada por 96 participantes, incluidos 80 maestros y 16 directores ubicados en todo el país. Casi el 70% de los participantes trabaja en instituciones públicas y al menos el 40% trabaja en entornos rurales. Los encuestados se encuentran en 19 de los 22 departamentos (provincias) de Guatemala y representan los cuatro niveles de escolaridad (es decir, preprimaria, primaria y secundaria).

La encuesta proporcionó datos y conocimientos que revisamos con frecuencia a lo largo de este capítulo. Sin embargo, dado que la encuesta se distribuyó a través de las plataformas de redes sociales de Empresarios por la Educación y la mayoría de los seguidores de estas plataformas recibieron el premio Maestro 100 Puntos, no podemos afirmar que se trata de una muestra aleatoria e igualmente representativa. El premio Maestro 100 Puntos comenzó en 2005 como una alianza entre el Ministerio de Educación de Guatemala y Empresarios para honrar a educadores ejemplares de nivel preprimaria y primario de las escuelas públicas y privadas que han creado prácticas de enseñanza innovadoras y/o de alta calidad en el salón de clases. Estos educadores han ganado el premio por ser emprendedores e innovadores, y por su dedicación a la profesión docente (ExE, 2020a). Por lo tanto, si bien proporciona pruebas sólidas y conocimientos para la toma de decisiones del equipo, este instrumento de encuesta debe verse como una evaluación rápida de necesidades.

Revisión de la literatura: Política Pública 1 (a corto plazo)

Cuando COVID-19 interrumpió la educación en Guatemala, los cierres de escuelas significaron que los maestros, estudiantes, padres y cuidadores ya no podían continuar la interacción cara a cara (Ministerio de Educación de Guatemala [MINEDUC], 2020). Las consecuencias de la permanencia en casa y las medidas de distanciamiento social para el aprendizaje en respuesta a la pandemia expusieron la importancia de la comunicación virtual para organizar y movilizar a las partes interesadas en un sistema educativo. Esta sección presenta la literatura sobre la construcción de canales y protocolos de comunicación virtual optimizados para las mejores prácticas utilizando intervenciones móviles.

Comunicaciones estratégicas: mejores prácticas

Las organizaciones del sector público no pueden existir en un entorno en el que no interactúan con los ciudadanos (Werder, 2020). Por esta razón, un sistema educativo guatemalteco próspero requiere la participación de las partes interesadas, especialmente en las áreas más vulnerables. Una idea subyacente de la comunicación estratégica es que los servicios públicos mejorarán mediante la colaboración y el compromiso con los ciudadanos locales (Brodie, 2016). En Guatemala, los resultados de nuestra encuesta mostraron que sólo el 63% de los educadores conocían los recursos de enseñanza en línea que ofrece el MINEDUC, mientras que más del 90% de los educadores optaron por hacer sus propias guías y materiales y se comunicaron dentro de pequeños silos. Casi el 50% de los docentes manifestaron que hubo falta de claridad y/o dirección por parte de las autoridades durante la pandemia, según la encuesta regional del Diálogo Interamericano y Teach For All para comprender los cambios y adaptaciones de los docentes al aprendizaje remoto durante la COVID-19 (Tejada et al., 2020). Estos resultados sugieren una oportunidad para fortalecer la comunicación. Además, hay evidencia de que las agencias públicas se están alejando de las estrategias tradicionales de comunicación de arriba hacia abajo y unidireccionales y, en cambio, fomentan el compromiso cívico a través de enfoques colaborativos y bidireccionales (Nedungadi, 2017; Reimers, Fernando y Sanz de Santamaría, 2020). Si bien los funcionarios guatemaltecos favorecen los canales de arriba hacia abajo, como las conferencias de prensa nacionales y los medios de comunicación de masas, esta estrategia puede funcionar en conjunto con un enfoque más multidimensional.

Para que los municipios y departamentos (provincias) desarrollen un sistema de comunicaciones robusto para la continuidad de la educación en Guatemala, es fundamental centrarse en el público objetivo y se deben considerar factores como la pobreza, la lejanía, la baja densidad de población y las limitaciones tecnológicas (Cole, 2014). Los interesados en la educación en Guatemala deben recibir acceso equitativo a la información a través de un sistema de comunicación que se adapte a los valores y normas culturales del contexto designado.

Para garantizar la alineación, esta sección de investigación se basa en el marco de Duffy y Chance (2007) para un programa de comunicaciones eficaz:

1. Evaluación de las necesidades de comunicación: los expertos pueden obtener un consenso del grupo demográfico objetivo con respecto a las percepciones culturales y sociales que influyen en la participación pública.
2. Planificación de la comunicación estratégica: se deben desarrollar programas de mensajería cuidadosamente planificados para que las partes interesadas reciban información de manera oportuna.
3. Identificación de la audiencia: determinar las diferentes necesidades de comunicación de las partes interesadas ayudará a los funcionarios a comprender mejores formas de llegar a su audiencia.
4. Dar forma a los mensajes: evitando la jerga, los mensajes deben ajustarse a las necesidades de la audiencia identificada y a los canales de medios necesarios para transmitir el mensaje.
5. Evaluación del programa de comunicaciones: las evaluaciones deben centrarse en el proceso y los resultados del programa de comunicaciones.

Si bien es amplio, este marco establece una guía práctica para un plan estratégico de comunicaciones que el MINEDUC puede aprovechar para adaptarse a las limitaciones políticas y legales que restringen el proceso y los roles de las partes interesadas guatemaltecas (National Academy Press, 1989). Además, el desarrollo debe dar cuenta de los participantes dentro de la red que juegan un papel activo en el plan estratégico de comunicaciones; Duffy y Chance (2007) identificando a los guardianes, enlaces y líderes de opinión (personal escolar y padres con conectividad a entornos externos como vecindarios o establecimientos profesionales) así como a las partes interesadas clave en el plan de comunicaciones.

<u>Integración de WhatsApp:</u> En la encuesta, se observó que los 96 participantes de la escuela primaria tenían un teléfono inteligente y usaban WhatsApp para comunicarse dentro de sus redes educativas, lo que coincide con las estadísticas de la Unión Internacional de Telecomunicaciones que muestran que 119 de cada 100 guatemaltecos tienen acceso a un dispositivo móvil, (UIT, 2020). WhatsApp, una aplicación de redes sociales y mensajería instantánea, permite a los estudiantes y profesores mantenerse en contacto con más oportunidades de interacción en un entorno supervisado (Singh, 2018). Considerando el amplio uso de WhatsApp como herramienta educativa en las zonas más rurales de Guatemala, es imperativo desarrollar un entorno virtual efectivo utilizando dispositivos móviles para el aprendizaje continuo, especialmente para aquellos que carecen del equipo informático y acceso a internet necesarios para un entorno virtual más ideal. (Banco Mundial, 2020).

Compartiendo muchas similitudes con el Plan Integral Para La Prevención, Respuesta y Recuperación Ante El Coronavirus (COVID-19) del MINEDUC, la estrategia principal de la Secretaría de Educación de Bogotá, Aprende en Casa, incluyó el acceso a una plataforma en línea, programas educativos de radio y televisión, distribución de materiales impresos, programa de nutrición, y un programa de apoyo técnico y pedagógico (Reimers y Sanz de Santamaria, 2020). Sin embargo, sorprendentemente, la investigación de Reimers y Sanz de Santamaría (2020) mostró que la mayoría de los maestros de las escuelas públicas en Bogotá se comunicaban a través de WhatsApp, seguido del correo electrónico y las aulas virtuales. WhatsApp fue la principal aplicación utilizada por los estudiantes sin acceso a internet ni computadoras (Reimers & Sanz de Santamaria, 2020).

Este hallazgo se alinea con las ideas surgidas en el grupo de enfoque que se llevaron a cabo con los directores guatemaltecos: los tres participantes afirmaron que la aplicación WhatsApp era la herramienta más favorecida y utilizada entre sus escuelas para la continuidad de la educación (Glenda Rivera, Comunicación personal, 9 de noviembre del 2020; Juan José Coyoy, 10 de noviembre del 2020; Ilma Arrivillaga, Comunicación personal, 13 de noviembre del 2020). El amplio uso de WhatsApp ofrece un vehículo familiar y eficaz para llegar a las partes interesadas marginadas que carecen de acceso a computadoras o Internet, ayudando en la distribución y recopilación de materiales de aprendizaje. La integración de soluciones móviles aprovecha recursos tecnológicos accesibles y reconocibles en comunidades vulnerables.

<u>Estudio de caso en la India</u>: Para desarrollar nuestra revisión de esta modalidad con un estudio de caso comparativo, identificamos un programa piloto exitoso probado en las escuelas de muchas aldeas rurales de India, utilizando WhatsApp para ayudar a desarrollar habilidades pedagógicas en los maestros. (Nedungadi, 2017). El objetivo del piloto de WhatsApp era aliviar el ausentismo docente y mejorar el desempeño de los educadores y estudiantes (Nedungadi, 2017). Se formaron tres grupos de WhatsApp con objetivos específicos para mejorar la calidad de la enseñanza proporcionando materiales de apoyo de forma remota, asegurando el cumplimiento de las actividades planificadas y fomentando el aprendizaje entre pares (Nedungadi, 2017). El primer grupo estaba formado únicamente por coordinadores centrales (por ejemplo, funcionarios de distrito o municipalidad). El segundo grupo incluyó coordinadores centrales y agregó un representante de cada escuela, que se denominaron coordinadores de grupo. El grupo final incorporó coordinadores centrales, coordinadores de grupo y maestros de aldea dentro de cada escuela. Dado que cada grupo tiene un propósito diferente, la estrategia de comunicación se desarrolló delegando responsabilidades a las partes interesadas apropiadas para informar, compartir las mejores prácticas, monitorear y brindar retroalimentación (Nedungadi, 2017). Aunque este estudio de caso solo se centró en 18 centros educativos con 5 clústeres y 19 maestros en Uttarakhand, este programa se implementó en todo el país y cubrió más de 100 aldeas en la India rural (Nedungadi, 2017).

Esto ilustra cómo una comunicación estratégica simple, pero de gran impacto, que utiliza los recursos disponibles, como los dispositivos móviles, puede permitir ampliamente la colaboración de los maestros en áreas remotas. Esta intervención móvil, se puede replicar en las escuelas guatemaltecas organizando a los interesados en grupos de WhatsApp o SMS bien diseñados. El objetivo no sólo sería permitir la colaboración escolar en áreas remotas, sino minimizar las comunicaciones insustanciales mediante la difusión de información a través de medios más efectivos. Las escuelas también pueden adaptar los chats grupales de WhatsApp para reunir a los maestros, cuidadores y estudiantes en grupos específicos.

Integración de metodologías de aprendizaje colaborativo para involucrar a profesores y estudiantes en el próximo ciclo escolar "híbrido".

Los estudios muestran que hay un impacto positivo en el aprendizaje de los estudiantes cuando se combinan oportunidades de aprendizaje colaborativo con mensajes de WhatsApp/SMS durante un modelo académico de aprendizaje híbrido (Chan, 2005; Klímová, 2019; Soler Costa, 2020). Klímová (2019) analizó la efectividad de combinar el aprendizaje presencial con una aplicación móvil. Los investigadores estudiaron cómo un grupo de estudiantes universitarios se involucraron en esta modalidad híbrida y encontraron que "extiende y enriquece el entorno de aprendizaje de los estudiantes y mejora el potencial de aprendizaje de los estudiantes". (Klímová, 2019). Se demostró que WhatsApp apoya las habilidades de aprendizaje y comunicación de los estudiantes en un entorno en línea, al tiempo que permite a los maestros continuar la instrucción sin interrupciones.

La mensajería instantánea puede brindar a los estudiantes oportunidades para interactuar juntos, construir y compartir conocimientos (Chan, 2005). Soler Costa (2020) creó un diseño de estudio que analizó dos grupos, uno que usaba aprendizaje colaborativo en dispositivos móviles y otro que no. Los resultados de su estudio mostraron que el método de aprendizaje colaborativo aumentó la motivación de los estudiantes, y "las relaciones entre maestros y estudiantes, las relaciones entre estudiantes y estudiantes, la autonomía en el aprendizaje, la resolución de problemas y el sentido del tiempo en el proceso de formación". (Soler Costa, 2020). Un estudio de 2017 analizó un "modelo de aprendizaje colaborativo combinado con dispositivos móviles" para ayudar a los estudiantes de inglés como lengua extranjera a nivel universitario (Adiguzel, 2017). Crearon actividades de lenguaje colaborativas y auténticas basadas en un enfoque de aprendizaje basado en proyectos que involucró a los estudiantes dentro y fuera del aula (Adiguzel, 2017). Este grupo utilizó WhatsApp como principal fuente de información y estudió cómo el uso del aprendizaje móvil impactaría en los estudiantes (Adiguzel, 2017). Cuando los educadores ingresen al año escolar híbrido en Guatemala, deben estar equipados con las mejores prácticas de apoyo al aprendizaje colaborativo, incorporando el uso de aplicaciones móviles para aumentar el compromiso y construir comunidad.

Sin embargo, existen limitaciones para estos estudios. Por ejemplo, la investigación se llevó a cabo en un entorno universitario, y la transferencia de estas habilidades a edades más tempranas significará que las escuelas deberán ajustar el diseño con pedagogías apropiadas para la edad. Además, los estudiantes de primaria y secundaria pueden ser más o menos receptivos a los beneficios de la mensajería instantánea para la construcción de comunidades. Por ejemplo, las interacciones cara a cara son un componente clave en el desarrollo de habilidades interpersonales y los mensajes SMS no podrán reemplazar esas interacciones. Aún así, usar WhatsApp es una de las mejores opciones disponibles en contextos rurales o remotos para ayudar a los estudiantes y maestros a mantener el contacto y construir relaciones.

Revisión de la literatura: Política Pública 2 (mediano plazo)

Si bien la modalidad de comunicación vía WhatsApp presenta un nuevo y más accesible sistema de entrega de información para docentes y estudiantes, el MINEDUC ya encargó una plataforma, con el apoyo de UNICEF, para llegar a los docentes durante la pandemia. Aprendo en Casa, mencionado anteriormente, es la principal plataforma de educación basada en el sitio web del

Ministerio y accesible a través de dispositivos digitales, con una lista recopilada de recursos para maestros, estudiantes, padres y cuidadores para asegurar la continuidad educativa en la pandemia. Sin embargo, dado lo que sabemos de nuestras encuestas a maestros, un grupo de enfoque con directores y conversaciones con nuestro cliente, estos programas no están apalancados.

Comprender cómo presentar información en Internet es un dominio relativamente nuevo, inexplorado y complejo, pero prestar atención a las mejores prácticas puede maximizar el compromiso y fomentar su uso (Garett et al., 2016). Por lo tanto, esta sección del capítulo destaca lo que se conoce en la literatura sobre las mejores prácticas de diseño de sitios web. Luego se aborda lo que se necesita para migrar este contenido a dispositivos móviles que amplían el alcance de las partes interesadas sin acceso a computadoras e Internet de alta velocidad.

Mejores prácticas de rediseño de sitios web

Los principales componentes de Aprendo en Casa incluyen: programación y mensajería a través de telecomunicaciones, que se patrocinan a través de alianzas público-privadas con el MINEDUC y las empresas de telecomunicaciones Tigo y Claro; sesiones de aprendizaje en televisión y redes sociales, que incluyen intervención socioemocional, impartición educativa y desarrollo de capacidades en cuidadores; varios programas de radio para el aprendizaje a distancia; 10 recursos digitales que van desde Coursera y Plaza Sésamo hasta ProFuturo, con sede en Guatemala; apoyo pedagógico a distancia para estudiantes apoyado por personal del MINEDUC; una biblioteca digital de Britannica, Wikiguate, ODILO y Bloom que incluye colecciones, herramientas y plataformas de lectura y literatura infantil (MINEDUCa, 2020). Con muchas opciones para elegir, esta plataforma puede presentar una tarea potencialmente difícil de manejar para un solo usuario. Además, encontramos que es difícil entender a qué lugar del sitio deben ir los docentes y creemos que la arquitectura de la información del sitio prioriza la agregación sobre la recopilación (Aprendo en Casa, 2020).

Como en cualquier proceso de subcontratación del desarrollo de soluciones digitales, comprender el "qué" y el "cómo" del desarrollo de productos es crucial para ser un consumidor inteligente. Por lo tanto, se ha revisado la literatura sobre experiencias efectivas de usuarios de sitios web para encontrar un marco para el MINEDUC. El propósito de proporcionar un marco para el diseño de sitios web es operacionalizar y desmitificar el proceso de desarrollo de sitios web, así como destacar la necesidad de utilizar la investigación sobre las mejores prácticas al crear un diseño de interfaz atractivo y eficaz. Se entregó al cliente el marco completo de Garett et al. (2016) n el producto final y a continuación se destacan las siguientes definiciones:

1. Navegación: barra de navegación visible y consistente, que permite a los usuarios navegar fácilmente por todo el sitio web; fácil acceso a las páginas web y sensación de control para la navegación del usuario

2. Representación gráfica: garantizar que todas las partes interesadas se sientan incluidas en las imágenes del sitio; imágenes de alta resolución con el color, la fuente y el tamaño del texto adecuados; y asegurar que la iconografía gráfica ayude a la navegación.

3. Organización: estructura comprensible que se alinea con el procesamiento cognitivo, con una sistematización significativa que ayuda a los usuarios a procesar la información.

4. Utilidad de contenido: suficiente información actualizada y relevante para usuarios específicos.

5. Propósito: articular claramente el uso del sitio y cada página web para que todos los usuarios comprendan cómo procesar el contenido del sitio.

6. Sencillez: etiquetar, diseñar y componer el sitio web mientras se minimizan las funciones redundantes y se crea un diseño ordenado

7. Legibilidad: sin errores gramaticales, comprensible para todas las partes interesadas en Guatemala y bien redactado.

Desarrollar un sitio web atractivo no requiere contratar agencias de diseño de clase mundial, sino simplemente requiere una estructuración cuidadosa de la información y prestar atención a lo que dice la investigación sobre el compromiso digital efectivo (Garett et al., 2016). El sitio web COVID-19 del MINEDUC puede volverse más fácil de usar para los docentes si su diseño incorpora los principios de este marco.

Junto con las mejores prácticas para el diseño de información, el MINEDUC debe equiparse con los recursos, las herramientas y las mejores prácticas de las modalidades de UX/UI en línea para que, al participar en asociaciones público-privadas y adquisiciones multilaterales, pueda abogar por soluciones a medida, específicas al contexto de Guatemala. Como muestra Mohammed (2020), el diseño y la experiencia de los materiales virtuales deben ser culturalmente sensible y respetar el contexto nacional. No todos los diseños de sitios web y aplicaciones son iguales, y las expectativas de los actores del sistema educativo guatemalteco deberían tener y tendrán un efecto drástico en la eficacia de las herramientas que construirá el MINEDUC para abordar los desafíos y oportunidades del Siglo XXI.

Desarrollo de aplicaciones móviles

El sitio web de Aprendo en Casa fue diseñado para computadoras. Los autores de este texto y los profesores encuestados encontraron que la experiencia de navegación móvil era complicada y limitante. Además, para los maestros que no tienen acceso a Internet de alta velocidad, utilizar los recursos para maestros en Internet no es nada fácil. Si bien la magnitud del problema aún es incierta, la encuesta y el grupo de enfoque con los directores, indicaron que el MINEDUC ha tenido dificultades para llegar a los maestros marginados, rurales y de bajos recursos debido a la falta de soluciones de baja tecnología para difundir información de alta calidad y productos educativos (Glenda Rivera, Comunicación personal, 9 de noviembre de 2020; Juan José Coyoy, 10 de noviembre de 2020; Ilma Arrivillaga, Comunicación personal, 13 de noviembre de 2020).

Según el Banco Mundial, las tasas de penetración digital en Guatemala para el uso de teléfonos móviles, así como teléfonos inteligentes con conexión a internet, superan a la población; por cada 100 personas hay casi 119 suscripciones a teléfonos celulares móviles y hay más de 19 millones de teléfonos inteligentes con capacidad de Internet en el país, aproximadamente el 112% de la población (Banco Mundial, 2020; Media Landscape, 2020). En las comunidades urbanas, el porcentaje de hogares que poseen teléfonos móviles es de 92.2%; en las comunidades rurales, el porcentaje de hogares que poseen teléfonos móviles es de 83.5%. Sin embargo, sólo el 3% tiene banda ancha fija y 47% de la población posee una computadora (Banco Mundial, 2020).

Entonces, si bien podríamos hablar de la eficacia del uso de dispositivos móviles para distribuir recursos (Bastawrous & Armstrong, 2013; Martinez et al., 2017; McCloskey et al., 2018; Kothari et al., 2020), las cifras indican claramente que la banda ancha fija no llega a casi ninguna población y que el uso de computadoras es de menos de la mitad. Estas cifras justifican la necesidad de desarrollar una modalidad digital alternativa que pueda llegar a una población de bajos recursos, por ejemplo, una aplicación móvil. Además, en la encuesta y entrevistas cualitativas con maestros, directores y líderes de organizaciones sin fines de lucro, se encontró que no todos los maestros y estudiantes tienen acceso a computadoras. Sin embargo, los 96 profesionales de la enseñanza usan regularmente un dispositivo móvil con acceso a datos.

En el sector de la salud, se han realizado numerosos estudios sobre el proceso de desarrollo de aplicaciones móviles para entornos de bajos recursos (LSR). (Bastawrous y Armstrong, 2013; Aranda-Jan et al., 2016; McCloskey et al., 2018). Así como Aranda-Jan et al. (2016) demostraron en su experimento diseñando dispositivos médicos de bajo costo, el aprovechamiento de un enfoque centrado en el usuario asegura la confiabilidad cultural y conductual para el desarrollo de la aplicación. Para comprender mejor sus necesidades, los autores desarrollaron un instrumento de encuesta para analizar los factores que afectarán el comportamiento, las variables de adopción y los resultados del diseño para sus usuarios. Entregamos este marco, con una serie de indicadores importantes para mapear cada dominio de diseño, a nuestro cliente, y brindamos una descripción general de Aranda-Jan et al. (2016) aquí:

1. Sociocultural: considerar la alfabetización y el acceso a la educación, las creencias religiosas y culturales de la gente y el idioma local o preferido utilizado.
2. Infraestructura: el acceso a la electricidad y combustible, utilizados para alimentar sus teléfonos, así como el acceso a los recursos físicos.
3. Geográfica y medioambiental: la lejanía de los lugares de estos grupos demográficos, la temperatura y la humedad locales.
4. Estructuras institucionales: financiamiento local disponible, habilidades y capacitación de los participantes y quienes ayudarán con sus dispositivos, disponibilidad de mantenimiento, conocimiento de los usos de las aplicaciones móviles, nivel de participación del gobierno en el área, nivel de habilidades y conocimientos técnicos, dependencia de equipos prestados y niveles de corrupción en el área.
5. Tecnológico: disponibilidad y accesibilidad de baterías, dispositivos, consumibles; asequibilidad de los dispositivos y oportunidades de formación.
6. Industrial: presencia de cadenas de suministro y distribución, panorama comercial y tecnologías competidoras adecuadas al contexto y la calidad de la fabricación local (o internacional).

Este marco se describe como un instrumento de taxonomía, que brinda al gobierno y a los diseñadores de productos información valiosa y relevante sobre la demografía para la que están construyendo productos (Aranda-Jan et al., 2016). Desde la ciudad de Guatemala, el MINEDUC puede acceder mejor a las necesidades de la zona rural de Sacatepéquez o de las tierras bajas de Petén. Sin embargo, esto no pretende ser un proceso prescriptivo y los diseñadores deben comprender cuánta información dentro de cada indicador es necesaria para determinar cómo los diferentes factores afectarán el diseño (Aranda-Jan et al., 2016).

El instrumento de encuesta, con 39 indicadores, permite a los funcionarios del ministerio o consultores desarrollar una comprensión sistemática de la demografía de los usuarios en entornos marginados o remotos (Aranda-Jan et al., 2016). Esta herramienta es especialmente útil no sólo para recopilar datos sobre la demografía de los usuarios, sino también para comprender dónde puede estar el sesgo de diseño. Como se señaló anteriormente, en la encuesta y grupo focal los maestros preferían WhatsApp porque los estudiantes no tenían acceso a computadoras e Internet fijo en casa. En consecuencia, los desarrolladores de aplicaciones móviles pueden centrarse, por ejemplo, en las capacidades o preferencias digitales de las familias a las que sirven los educadores guatemaltecos al diseñar para maestros en comunidades rurales (Glenda Rivera, Comunicación personal, 9 de noviembre de 2020; Juan José Coyoy, 10 de noviembre de 2020). 2020; Ilma Arrivillaga, Comunicación personal, 13 de noviembre de 2020).

Revisión de la literatura: Política Pública 3 (a largo plazo)

Los docentes de Guatemala y el futuro del aprendizaje

En 2018, la evaluación de PISA para el Desarrollo (PISA-D) reveló que solo uno de cada diez estudiantes guatemaltecos alcanzó el nivel mínimo de logro en matemáticas y que solo uno de cada tres alcanzó el nivel mínimo de logro en lectura (CIEN, 2019). Según el Objetivo de Desarrollo Sostenible 4 de las Naciones Unidas, para lograr una educación de calidad, es importante aumentar el número de docentes capacitados y calificados (UNESCO, 2021). Si bien el MINEDUC ha implementado reformas para proporcionar formación inicial y en servicio para los docentes, actualmente no ofrece programas de desarrollo profesional para maestros y directores de nivel secundario. La falta de preparación de los docentes, especialmente en el uso de las TIC, ha sido uno de los principales desafíos para lograr una educación a distancia de calidad durante el COVID-19 en Guatemala.

Para esta investigación, se realizaron tres entrevistas con directores de escuelas públicas de zonas urbanas y rurales del país (Glenda Rivera, Comunicación personal, 9 de noviembre del 2020; Juan José Coyoy, 10 de noviembre del 2020; Ilma Arrivillaga, Comunicación personal, 13 de noviembre del 2020). Según la información recopilada en este grupo focal, los principales desafíos enfrentados fueron la falta de habilidades en TIC de los docentes y la falta de acceso de los estudiantes a la tecnología (Glenda Rivera, Comunicación personal, 9 de noviembre del 2020; Juan José Coyoy, 10 de noviembre del 2020; Ilma Arrivillaga, Comunicación personal, 13 de noviembre del 2020). Como se mencionó en la sección de métodos de investigación, llevamos a cabo una encuesta con 80 maestros y 16 directores de 19 de los 22 departamentos (provincias) de Guatemala, de los cuales el 70% trabajaba en el sector público y al menos el 40% se desempeñaba en un espacio rural.

La encuesta también mostró que casi el 40% de los encuestados no había recibido ningún tipo de desarrollo profesional en el uso de las TIC, y sólo el 50% lo había recibido durante su formación inicial. Cuando comenzó COVID-19, el MINEDUC ofreció herramientas de capacitación en TICs de alta calidad con socios locales e internacionales en su sitio web Aprendo en Casa. Sin embargo, pocos de los directores entrevistados habían explorado el sitio y sólo el 64% de los encuestados lo conocían. Además, solo el 35% de los maestros sentían que tenían la capacidad de integrar recursos digitales en sus planes de estudio.

Si bien muchas de las recomendaciones de política pública se dirigen a las competencias en TIC de los docentes, únicamente representan un componente para proporcionar una educación a distancia de alta calidad. Como han demostrado las evaluaciones nacionales y regionales, los resultados de los estudiantes son bajos en Guatemala y están lejos de reflejar las habilidades del Siglo XXI (CIEN, 2009). Además, los docentes guatemaltecos no cuentan con conocimientos suficientes en materias básicas como matemáticas y lectura, y la ausencia de un sistema para reclutar docentes calificados ha impactado negativamente la calidad de la enseñanza en el país (CIEN, 2019). Esta sección de la literatura aborda no sólo la urgente necesidad de desarrollo profesional docente en el uso de las TIC, sino también la necesidad de equipar a los docentes con pedagogías de aprendizaje más profundo.

TPACK y un aprendizaje más profundo

Un modelo útil para comprender la relación entre el conocimiento tecnológico, el conocimiento pedagógico y el conocimiento de contenido es el marco de Conocimiento Tecnológico Pedagógico del Contenido (TPACK), desarrollado por Mishra y Koehler (2006). Este modelo permite la evaluación de prácticas en el aula en el Siglo XXI, utilizando una lente superpuesta con múltiples frentes para mirar el papel del maestro (Koehler el al., 2013).

No existe una definición única de pedagogías de aprendizaje más profundo, pero las aulas que involucran este dominio de la pedagogía están centradas en el estudiante, priorizan el pensamiento crítico y creativo, se enfocan en las habilidades del Siglo XXI, cultivan la investigación auténtica y enseñan hábitos mentales reflexivos (Mehta, 2015). El aprendizaje más profundo combina conceptos clave de muchos teóricos destacados, como Jean Piaget, John Dewey y Paulo Freire. Este marco de aprendizaje profundo se centra en las competencias del Siglo XXI, como las siete habilidades críticas establecidas por Anthony Wagner: pensamiento crítico y resolución de problemas, colaboración y liderazgo, agilidad y adaptabilidad, iniciativa y espíritu empresarial, comunicación oral y escrita eficaz, acceso y análisis de la información, curiosidad e imaginación (Wagner, 2008).

El *American Institutes for Research* (2016) recopiló datos sobre escuelas secundarias que implementaron planes de estudio de aprendizaje más profundos y encontraron que los estudiantes desarrollaron niveles más altos de habilidades de colaboración, compromiso académico, motivación para aprender y autoeficacia. Estos mismos estudiantes obtuvieron puntajes más altos en pruebas escolares basadas en PISA de la OCDE y en pruebas de Artes del Lenguaje Inglés y Matemáticas exigidas por estados en los Estados Unidos (Surr, et. Al., 2018).

Sintetizando principios de TPACK y Aprendizaje Más Profundo, McCleod y Graber crearon el Protocolo de 4 Cambios como un marco para desarrollar habilidades de aprendizaje profundo que se basan en las competencias de las TIC. El Protocolo de 4 Cambios establece cómo los maestros pueden integrar la tecnología en su salón de clases mientras enseñan con un estilo de aprendizaje más profundo. Sus cuatro componentes:

1. Pensamiento y aprendizaje profundos
2. Trabajo auténtico
3. Agencia de los estudiantes
4. Inmersión en la tecnología (por ejemplo, el uso de computadoras en clase y alfabetización tecnológica)

Cada componente se divide en subcategorías, con rúbricas para que los maestros y las escuelas evalúen dónde se encuentran y en qué pueden mejorar. El libro presenta formas manejables de reestructurar los planes de estudio con lecciones para integrar los componentes anteriores (McLeod, 2019). Este protocolo pone la teoría en práctica y proporciona una rúbrica y un plan claro para que los maestros vean dónde necesitan mejorar sus habilidades y conocimientos.

Desarrollo profesional docente y formación inicial docente en Guatemala

Desde 2012, las universidades han sido los principales proveedores de desarrollo profesional docente en Guatemala. La Universidad de San Carlos (USAC), única institución pública de educación superior del país lidera el programa de preparación docente inicial y en servicio, para docentes del sistema educativo público (ExE, 2015). El programa de Formación Inicial Docente (FID) se inició cuando el MINEDUC aprobó una reforma en 2012 para que la profesión docente requiriera formación universitaria (Universidad de San Carlos, 2018). Esto agregó tres años de preparación docente de nivel primario en una institución de educación superior acreditada (ExE, 2015). El desarrollo profesional en servicio para docentes de educación preprimaria y primaria se inició en 2009 a través del Programa Académico de Desarrollo Profesional Docente (PADEP/D) (MINEDUC, 2012). PADEP/D es, hasta el día de hoy, un programa voluntario con una duración de dos años (MINEDUC, 2016a).

Una de las principales fortalezas del PADEP/D es su presencia en las zonas más remotas de Guatemala (Agustín, 2019). Su plan de estudios incluye veinte cursos que comprenden diez cursos comunes para docentes bilingües e interculturales y diez cursos de especialización (MINEDUC, 2016b). En la primera cohorte del PADEP/D, hubo un curso de especialización titulado TIC aplicadas a la educación, y el PADEP/D ha ofrecido talleres en el uso de las TIC (MINEDUC 2010). Sin embargo, la formación en el uso de la tecnología o las pedagogías de las TIC no apareció como asignatura troncal del currículo del PADEP/D (MINEDUC, 2014). La integración de modelos pedagógicos, como el Protocolo de 4 Cambios, en el FID y PADEP/D conduciría a mayores competencias de los docentes y mejores resultados en los estudiantes.

Actualmente, el MINEDUC no ofrece un sistema de desarrollo profesional para docentes del ciclo básico. Sin embargo, el Programa Académico de Desarrollo Profesional Docente del Ciclo Básico (PADEP/CB) se creó en 2016 bajo el Programa Umbral, que fue financiado por la Millenium Challenge Corporation del gobierno de los Estados Unidos y contó con el apoyo técnico de Family Health International. PADEP/CB fue implementado por tres universidades privadas guatemaltecas (Universidad del Valle, Universidad InterNaciones y Universidad Panamericana) en cinco departamentos y ha llegado a casi 2,000 docentes (CIEN, 2019). PADEP/CB ofreció programas en matemáticas, comunicación y lenguaje, ciencias naturales, liderazgo y gestión educativa (MINEDUC, 2019). Según una entrevista con una representante de la Universidad InterNaciones (Mónica Flores, Comunicación personal, 9 de noviembre del 2020) "la tecnología fue un eje transversal".

Análisis de opciones de políticas públicas

Política pública 1 (Corto Plazo): Canales de comunicación estratégicos y mensajería SMS

Con las complejidades y disparidades de acceso en las áreas rurales, los administradores públicos necesitarán las habilidades para adaptar los planes de respuesta a las necesidades de las comunidades locales durante la crisis de COVID-19. Los funcionarios guatemaltecos deben comprometerse con sus ciudadanos y diseñar un plan de comunicación estratégico viable y considerar intervenciones móviles en áreas vulnerables a las disparidades sociales, tecnológicas y económicas. Una vez que se haya implementado un plan de comunicación sólido, los líderes escolares pueden usar sus canales para ayudar a los maestros a adaptar su plan de estudios para mensajes SMS y WhatsApp, ampliando la participación y el aprendizaje de los estudiantes.

- *Política pública 1.1. Comunicaciones estratégicas a través de intervenciones móviles:* como se señaló en la revisión de la literatura, las herramientas basadas en aplicaciones están ganando terreno en los países en desarrollo para apoyar el aprendizaje a distancia (Nedungadi, 2017; Reimers, Fernando y Sanz de Santamaria, 2020). Después de realizar una evaluación rápida de las necesidades del grupo objetivo, las estrategias móviles pueden comenzar a formarse reuniendo a los miembros en grupos de SMS o WhatsApp. Cada grupo debe tener un propósito distinto, brindando a todos los miembros una comprensión clara del contenido apropiado. La elección del mejor canal para comunicaciones móviles debe basarse en lo que los miembros de la comunidad están más familiarizados de usar, en lugar de pedirles que descarguen y aprendan nuevas aplicaciones (Banco Mundial, 2020). Dada la urgencia, ayudar a las escuelas desfavorecidas con soluciones móviles resulta una respuesta eficiente y oportuna ante la pandemia.

  Esta opción proporciona beneficios de bajo costo y no requiere el suministro de nuevo hardware. Por lo tanto, creemos que la oposición política de las partes interesadas del sistema, como los sindicatos o los funcionarios del gobierno, probablemente será mínima. A medida que Guatemala comienza a hacer la transición a un modelo híbrido para el año escolar académico 2021, los funcionarios e interesados en la escuela deben continuar aumentando las intervenciones móviles para ayudar a reducir la amenaza de deserción escolar. Sin embargo, es importante resaltar que existen limitaciones en las capacidades de las soluciones móviles. Por ejemplo, las regulaciones de privacidad de WhatsApp pueden inhibir un sistema de monitoreo adecuado para garantizar que haya total transparencia sobre cómo se utilizan estas plataformas. Además, esta política no resulta una recomendación sostenible debido a la rápida velocidad del cambio tecnológico. La integración de WhatsApp también corre el riesgo de pasar de moda y ser reemplazada por una plataforma más popular. El uso de WhatsApp como modalidad principal para difundir información a las partes interesadas del sistema, será una modalidad de comunicación eficiente y efectiva para el ciclo escolar 2021.

- *Política pública 1.2. Integración de metodologías de aprendizaje colaborativo para involucrar a los estudiantes en el próximo año escolar "híbrido":* Para mantener la participación de los estudiantes en el modelo híbrido de Guatemala, las escuelas deben reestructurar sus planes de estudio para crear oportunidades para que los estudiantes colaboren tanto en persona como mediante mensajes SMS. La creación de oportunidades para hacer crecer las prácticas de los maestros y aumentar la participación de los estudiantes, será clave durante este nuevo modelo. Si los líderes escolares cambian el plan de estudios para incorporar el aprendizaje colaborativo a través de mensajes SMS, los estudiantes pueden conectarse con sus compañeros y los maestros y los maestros pueden desarrollar competencias facilitando y creando proyectos y entornos de aprendizaje auténticos.

Esta estrategia está respaldada por investigaciones: al aprovechar los dispositivos móviles, el informe del Grupo del Banco Mundial (2020) recomienda crear grupos de WhatsApp para maestros y establecer comunicaciones regulares por SMS entre los líderes escolares, los maestros y los padres para maximizar el apoyo. Los líderes escolares de Guatemala pueden proporcionar las mejores prácticas de WhatApps y desarrollar las competencias de los maestros para facilitar conversaciones, lo que, a su vez, ayudará a aumentar su comprensión a través del aprendizaje entre pares entre maestros. La mensajería instantánea se considera una herramienta eficaz para aprender y enseñar a través de interacciones sociales y desarrollar habilidades interpersonales (Gillingham y Topper, 1999). En general, con un plan de estudios y una colaboración bien diseñados, los estudiantes que usan WhatsApp se beneficiarían de comentarios consistentes, facilidad de comunicación y participación en diferentes actividades de aprendizaje. Existen limitaciones para este tipo de interacciones en línea; Las escuelas deberán considerar el impacto a largo plazo de las conversaciones limitadas, la falta de contacto cara a cara y la necesidad de diferenciar diferentes tipos de aprendizaje.

Política pública 2 (plazo medio): desarrollo de aplicaciones móviles y recursos en línea para profesores: Anteriormente, el MINEDUC acumuló muchos recursos en línea para maestros y estudiantes y debe encontrar una manera de maximizar estos productos durante el modelo híbrido para garantizar una educación a distancia de alta calidad en el año académico 2021. Antes del COVID-19, el Ministerio buscaba invertir 8.36 millones de quetzales (aproximadamente US $ 1.06 millones) en innovación tecnológica (MINEDUC, 2020b). El Ministerio de Educación amplió su presupuesto a más de 30 millones de quetzales (aproximadamente US $ 3.8 millones) para tecnología educativa en respuesta a la educación a distancia durante la pandemia (González, 2020). Esta cifra sigue siendo baja y, dado que el mundo está experimentando una recesión global en cascada, es probable que haya restricciones presupuestarias (Banco Mundial, 2020).

Con estos factores en mente, creemos que cambiar el formato de los recursos en línea actualmente disponibles para mejorar la capacidad de los maestros será una tarea factible para el Ministerio. Las siguientes dos recomendaciones no son sólo para mejorar el acceso, sino para maximizar los fondos gastados en preparar a Guatemala para la enseñanza y el aprendizaje del Siglo XXI.

- *Política pública 2.1. Rediseñar el sitio web que alberga los recursos de Aprendo en Casa para que sea amigable para los maestros:* Desarrollar la capacidad institucional para garantizar que todos los maestros puedan apoyar a sus estudiantes en entornos remotos será un gran esfuerzo para el MINEDUC mientras se prepara para el año académico híbrido 2021. De hecho, el aprendizaje híbrido significa que los maestros probablemente tendrán distintos niveles de acceso a los recursos y medios para llegar a sus estudiantes. Deben estar equipados con materiales de aprendizaje flexibles y para apoyar a sus contextos. El sitio web de Aprendo en Casa alberga una amplia variedad de conocimientos, desarrollo profesional y herramientas curriculares para los maestros. El MINEDUC podría reorganizar mejor estos recursos para el año escolar híbrido, maximizando el uso para los docentes a un bajo costo (Aprendo en Casa, 2020).

- *Política pública 2.2. Desarrollar una aplicación móvil que recopile los recursos de Aprendo en Casa para maximizar el acceso de las poblaciones de bajos recursos:* En términos de acceso, Guatemala debe desarrollar una sólida infraestructura en línea para las partes interesadas sin acceso a una computadora o banda ancha. Tal como está, hay más de 10 millones de personas casi completamente fuera de la red, más allá de un dispositivo móvil. Sin diseñar una solución para el esparcimiento de recursos docentes de acuerdo con su capacidad tecnológica, esta población se quedará atrás (Aranda Jan et al., 2016). No incluir este segmento del sistema educativo de Guatemala conducirá a un desempeño deficiente en áreas con poca tecnología. Además, existe la oportunidad de comenzar a desarrollar un sistema asequible para conectar a los maestros que se encuentran lejos de la infraestructura tecnológica en las áreas urbanas. El desarrollo de una aplicación para teléfonos móviles impulsaría simultáneamente las competencias de los docentes en el uso de las TIC y los recursos en línea de Aprendo en Casa, al tiempo que destacaría posibles vías para futuras intervenciones educativas de bajo costo a través de dispositivos móviles.

El equipo aprecia que esta no es una estrategia general, incluso con la aplicación móvil; no todos los actores del sistema guatemalteco se beneficiarán de esta política. Para impulsar verdaderamente las competencias de los docentes en el uso de las TIC para la educación a distancia, se requeriría una renovación sistemática y de gran alcance de la actual estrategia de formación docente inicial y en servicio del MINEDUC. Sin embargo, una renovación tan completa no sería una opción ni logística ni económicamente factible para el Ministerio durante la crisis actual. El costo y tiempo de una iniciativa de este tipo, que proponemos en la siguiente sección, embonan perfectamente en un horizonte temporal de mediano a largo plazo. Por lo tanto, a corto y mediano plazo, se recomienda una estrategia realizable con un presupuesto ajustado y una respuesta rápida para brindar el máximo apoyo a los docentes.

Política pública 3 (a largo plazo): reformar los programas de formación inicial docente y en servicio y ampliar las asociaciones estratégicas: Según Villegas-Reimers (2003), el desarrollo profesional docente debe ser un proceso de por vida y la formación episódica no es suficiente. El desarrollo profesional docente "implica mejorar la eficacia de la enseñanza y apoyar el crecimiento profesional, es decir, permitir la transición a roles de mayor estatus y responsabilidad dentro de la profesión docente" (Villegas-Reimers, 2003, p. 67). Por esta razón, y dados los desafíos actuales con COVID-19, la preparación inicial de los docentes en Guatemala, tanto inicial como en servicio, debe integrar las TIC y las pedagogías de aprendizaje más profundo para abordar los desafíos actuales e invertir en el futuro a largo plazo de educación para todos los guatemaltecos.

Junto con la disponibilidad de plataformas, capacitación y recursos, se necesita una estrategia de formación docente a largo plazo que integre plenamente las TIC. Su integración en la educación presenta muchas oportunidades, pero también se sabe que es disruptiva y puede estar acompañada de riesgos que incluyen altos costos, cargas crecientes para los docentes y una mayor inequidad (Trucano, 2016). Durante la pandemia de COVID-19, los educadores guatemaltecos consideraron necesario adoptar las TIC para apoyar su enseñanza, y lo hicieron sin una formación previa en pedagogías de las TIC. El año escolar híbrido 2021 en Guatemala seguirá requiriendo su uso para la continuidad educativa (González, 2020). Por ello, la reforma de la política educativa que incluya las TIC debe ser una prioridad del MINEDUC.

El marco de políticas del Enfoque Sistémico Para Lograr Mejores Resultados en la Educación (SABER, por sus siglas en inglés)-TIC, desarrollado por el Banco Mundial puede ser una herramienta útil para los responsables de la formulación de políticas con respecto a las TIC en la educación. El tercer tema del marco de políticas de SABER-TIC se centra en los docentes, específicamente en (a) la formación y el desarrollo profesional, tanto inicial como en servicio, en temas relacionados con las TIC; b) normas de competencia docente relacionadas con las TIC; c) redes de docentes/centros de recursos para docentes; y (d) capacitación en liderazgo escolar, desarrollo profesional y estándares de competencia.

El marco de políticas de SABER-TIC tiene como objetivo identificar la etapa de desarrollo de cada uno de estos subtemas. Estas etapas, que se dividen en "latente, emergente, establecida y avanzada", brindan a los tomadores de decisiones una visión más clara de su avance hacia la integración de las TIC en su sistema educativo (Trucano, 2016, p.10).

- *Política pública 3.1. Reforma educativa sobre la preparación inicial de los docentes para preparar a los docentes en formación y en servicio en el uso de las TIC y las pedagogías de aprendizaje más profundo:* Según el marco de políticas de SABER-TIC, el MINEDUC se encuentra actualmente en una etapa "latente" de desarrollo profesional docente inicial y en servicio (Trucano, 2016). Actualmente, ni el FID ni el PADEP/D incluyen pedagogías de las TIC en sus planes de estudio. La integración de éstas será importante no sólo para el año escolar híbrido 2021, sino también para el futuro de Guatemala. Los participantes de nuestra encuesta revelaron que la mayoría de los maestros habían participado en diferentes tipos de capacitación durante la pandemia, pero no durante el programa de FID o el PADEP/D. Asimismo, el 85% de los encuestados coincidió en que existe la necesidad de apoyo pedagógico para que el personal escolar integre las TIC en el aula. Además de prepararlos para usar las TIC, los maestros necesitan apoyo para incorporar las pedagogías recomendadas de aprendizaje más profundo: la pedagogía de las TIC y el aprendizaje profundo se entrelazan. Los programas de preparación de maestros pueden aprovechar el Protocolo de 4 Cambios para ayudar a preparar a los maestros para usar la tecnología y estrategias de aprendizaje más profundo (McLeod, 2019).

El informe del XII Censo Nacional de Población y VII de Vivienda (2020) mostró que casi el 7% de los estudiantes guatemaltecos no pudieron continuar con sus estudios en el nivel secundario (Portal de Resultados del Censo, 2020). Asimismo, PADEP/CB, que ofreció desarrollo profesional en servicio para maestros del nivel ciclo básico, debería reactivarse y hacerse accesible a una nueva cohorte. A diferencia del PADEP/D, que lleva a cabo la USAC, la última cohorte del PADEP/CB fue proporcionada por tres universidades privadas. Por lo tanto, los costos de reactivar PADEP/CB serían más altos, pero se recomienda continuar con el PADEP/CB para aumentar la competencia de los docentes en el uso de las pedagogías de las TIC en el nivel de ciclo básico.

- *Política pública 3.2. Maximizar el desarrollo profesional continuo de los docentes a través de alianzas público-privadas estratégicas y escalables:* El MINEDUC se encuentra actualmente en una etapa de desarrollo "emergente" en términos de redes de docentes que brindan apoyo en línea en el uso de las TIC (Marco de Políticas de SABER-TIC, Trucano, 2016). Durante la pandemia de COVID-19, Aprendo en Casa ofreció varios recursos en línea de alta calidad de instituciones locales e internacionales. Varios de ellos ofrecieron cursos en línea sobre el uso de las TIC, pedagogías de aprendizaje más profundo y habilidades del Siglo XXI a través de asociaciones establecidas. Por ejemplo, la iniciativa social ProFuturo, programa de la Fundación Telefónica y Fundación La Caixa, que comenzó en Guatemala en 2017, y gestionado en alianza con Empresarios por la Educación en el país desde 2019, ya está disponible en trece departamentos (provincias), llegando a 300 escuelas y más de 5,400 maestros y 1,900 directores. Su contenido para niños ha sido adaptado al Currículo Nacional Base (CNB). Su propuesta de valor se basa en el desarrollo profesional docente que favorece la apropiación pedagógica de la tecnología y la innovación, una experiencia de aula donde se ofrece a los niños una educación de alta calidad para potenciar habilidades, y el desarrollo de las competencias de los estudiantes para futuras metas personales y profesionales (Gabriela Gaitán, personal comunicación, 19 de noviembre de 2020). ProFuturo podría ampliarse aún más para apoyar el desarrollo de competencias en TIC y habilidades del Siglo XXI en todo el país. ProFuturo también otorga acceso a la tecnología con el apoyo de "laboratorios móviles" que incluyen una computadora portátil para maestros y tabletas para estudiantes. Estos laboratorios requieren acceso a Internet cada dos semanas con el fin de descargar el contenido y las actualizaciones del curso (Gabriela Gaitán, comunicación personal, 19 de noviembre de 2020)

Alternativamente, FUNSEPA, otra organización sin fines de lucro y una asociación potencialmente escalable, produjo un curso de desarrollo continuo en línea de cinco meses para maestros que se puede usar sin acceso a Internet. NA'AT, una plataforma en línea desarrollada por FUNSEPA, también se ha adaptado al CNB. Esta plataforma utiliza un formato gamificado y hace que los maestros piensen de manera creativa mientras utilizan los estándares nacionales y apoyan a sus estudiantes en la creación de proyectos auténticos a través de un enfoque de aprendizaje más profundo y basado en proyectos (Jocelyn

Skolnik, Comunicación personal, 2 de diciembre de 2020). El MINEDUC podría aprovechar las alianzas existentes con instituciones guatemaltecas e internacionales que se especializan en TIC y pedagogías de aprendizaje más profundo para maximizar el desarrollo profesional continuo de los docentes. Si bien se trata de una renovación importante, estas soluciones utilizan recursos ya existentes, adaptados al CNB, y metodologías respaldadas por expertos en educación.

Limitaciones

Aprovechar la tecnología para impulsar las competencias de los docentes en el uso de las TIC para la educación a distancia y, en última instancia, renovar el sistema de desarrollo profesional docente de Guatemala sería la mejor manera de desarrollar las competencias de los docentes para responder a la enseñanza a distancia. Sin embargo, sería engañoso decir que esta es la única metodología para mejorar el desempeño docente. Con respecto a esto último, impulsar las habilidades de los docentes en el aula podría involucrar varias modalidades, como aumentar la motivación de los docentes, profesionalizar la carrera docente y construir una cultura de responsabilidad. Cualquiera de estos métodos puede tener alternativas más económicas a las opciones de política que proponemos. Respecto a lo primero, la tecnología permite una rápida difusión de la información, sin embargo, como en varias partes del mundo, la tasa de penetración digital no es del 100 por ciento en Guatemala. Hay partes interesadas en el sistema que no tienen acceso y la enorme brecha tecnológica está exacerbando estas desigualdades.

Sin embargo, decidimos elegir la tecnología y el desarrollo profesional para aumentar el desempeño de los maestros en la educación a distancia porque, al utilizar las herramientas tecnológicas existentes, se proporcionará una solución rápida para la continuidad de la educación durante COVID-19 en muchas áreas marginadas de Guatemala dadas las altas tasas de penetración móvil. La integración de soluciones móviles aprovecha recursos tecnológicos accesibles y reconocibles en comunidades vulnerables. Además, dada nuestra encuesta e investigación, el Ministerio de Educación ya estaba ofreciendo herramientas de alta calidad de forma gratuita que no estaban siendo utilizadas por los docentes. Los recursos no eran el problema, sino más bien cómo se difundían y aprovechaban. Nuestras soluciones propuestas construyen una red de alcance y ponen en marcha mecanismos de desarrollo profesional para garantizar que los maestros puedan actuar sobre la base de la información que proporciona el Ministerio. Por lo tanto, si bien reconocemos que existen alternativas a nuestra propuesta, creemos que el uso de la tecnología y la renovación del desarrollo profesional docente en el país generarán el mayor retorno de la inversión del Ministerio para el año escolar híbrido.

Recomendaciones de política pública

Fase 1: recomendaciones a corto plazo

Recomendación 1: Crear un plan estratégico de comunicación liderado por las autoridades educativas regionales utilizando soluciones móviles para metodologías de aprendizaje y continuidad educativa. Proponemos que las autoridades educativas implementen un plan estratégico de comunicación que aproveche las soluciones móviles existentes, como WhatsApp, en las escuelas para mantener la educación durante el COVID-19. A través de intervenciones móviles, un plan de estudios enmendado debe fomentar la colaboración y la conectividad al proporcionar un espacio móvil para que los estudiantes se conecten y creen proyectos y conversaciones auténticos entre compañeros.

Fase 2: Recomendaciones a medio plazo

Recomendación 2: Maximizar la accesibilidad a los recursos educativos en línea existentes para maestros, estudiantes, padres y cuidadores. El MINEDUC desarrolló una plétora de soluciones digitales de alta calidad que el sistema educativo no aprovechó. Para maximizar el impacto de estas herramientas, el gobierno debe priorizar el acceso. Se sugiere rediseñar el sitio web para que sea amigable para los maestros con acceso a una computadora, y una aplicación móvil para aquellos que no tengan una computadora, ampliará significativamente el alcance de Aprendo en Casa.

Fase 3: Recomendaciones a largo plazo

Recomendación 3: Reformar la política de formación docente para integrar el uso de las TIC y las pedagogías de aprendizaje más profundo en el desarrollo profesional docente inicial y en servicio, al tiempo que se maximiza el desarrollo profesional docente continuo a través de asociaciones público-privadas estratégicas y escalables. Los maestros y directores deben estar preparados para las demandas de la enseñanza y el aprendizaje del siglo XXI y el uso de la tecnología. La tecnología seguirá desempeñando un papel integral después de la pandemia y el desarrollo profesional docente deberá adaptarse a los tiempos modernos. Al aumentar y fortalecer las alianzas estratégicas con organizaciones sin fines de lucro como FUNSEPA y ProFuturo, el Ministerio puede capitalizar las buenas prácticas que ya se utilizan en el campo y puede ayudar a garantizar que el desarrollo profesional docente apoye el desarrollo de los docentes en habilidades en TIC, pedagogías de aprendizaje más profundo y habilidades del Siglo XXI.

Conclusión

Mientras se prepara para un año escolar híbrido en 2021, Guatemala debe apoyar a los educadores que atienden las necesidades de todos los estudiantes a través de la educación a distancia. Como próximos pasos inmediatos, las recomendaciones 1 y 2, y cada uno de sus subniveles, proporcionan estrategias económicamente viables para que el Ministerio de Educación de Guatemala desarrolle y ponga a disposición redes de información y comunicación de alta calidad para los maestros. Éstas, a su vez, impulsarán las competencias de los docentes para proporcionar modelos de aprendizaje sólidos en el entorno escolar híbrido. Dado que el Ministerio de Educación está lidiando actualmente con crisis relacionadas con la salud pública y la economía de COVID-19. Estas recomendaciones pueden ayudar a mitigar la tensión del aprendizaje remoto, mientras evitan barreras relacionadas con la capacidad y la infraestructura.

Sin embargo, esta investigación sobre políticas públicas no estaría completa sin resaltar la creciente intensidad de los llamados a la acción de la OCDE, el Banco Mundial y otras instituciones para que los países en desarrollo comienzan a prepararse para disrupciones tecnológicas masivas, sentando las bases para la transformación digital (OCDE, 2020; Beylis et al., 2020; USAID, 2020). Prepararse para este futuro, implica que los profesores estén equipados con competencias en TIC y habilidades del Siglo XXI que les permitan enfrentarse a los nuevos desafíos tecnológicos. Por lo tanto, la recomendación 3 conduce hacia una visión de futuro para el país y sirve como una hoja de ruta potencial para mejorar los estándares en el desarrollo de capacidades docentes. La integración de la pedagogía de las TIC en la formación inicial y durante el servicio, al tiempo que se involucran asociaciones público-privadas para ayudar a cerrar la brecha digital, son objetivos a largo plazo que pueden ayudar a que la educación prospere. Ahora es la oportunidad de Guatemala para responder de manera efectiva a las amenazas de la pandemia y, a través de la innovación, superar su brecha digital como parte de los esfuerzos para garantizar la prosperidad para todos en el futuro.

CODA

A principios del 2021, presentamos nuestras recomendaciones de política a la Junta Directiva de Empresarios por la Educación (ExE). Utilizando nuestras recomendaciones como respaldo de terceros para impulsar sus proyectos de promoción. ExE planea producir un informe de política pública y compartirlo con el Ministerio de Educación de Guatemala para ayudar a influir en las decisiones a corto y largo plazo durante este año. La junta de ExE declaró que anticipa que este informe será fundamental para apoyar la colaboración con otras instituciones guatemaltecas, incluida la Gran Campaña Nacional Por La Educación (ASIES). La junta también solicitó que el equipo continúe apoyando a ExE con investigación y evaluación a medida que Guatemala avanza hacia el ciclo académico 2021. Además, el presidente de la Junta Directiva de ExE expresó interés en examinar cómo motivar a los maestros para que usen nuevas tecnologías y recursos disponibles. Esto presenta la oportunidad para una mayor investigación sobre el impacto de la innovación pedagógica y cómo ésta es recibida por los educadores y partes interesadas en Guatemala. Nuestro equipo está entusiasmado al ver cómo nuestro trabajo pasa de la investigación a la práctica y está entusiasmado de continuar nuestra colaboración con ExE.

Autores

Francisco Barajas es candidato de Maestría en Educación de la Escuela de Educación de la Universidad de Harvard, especializándose en Política Educativa Internacional. Se desempeñó durante dos años como voluntario de educación en las zonas rurales de Sudáfrica y trabajó con el Ministerio de Educación en Sierra Leona para identificar distritos piloto para un programa de permanencia en la escuela para niñas. Contacto: fbarajas@gse.harvard.edu

María José de León Mazariegos es candidata de Maestría en Educación, especializándose en Política Educativa Internacional en la Escuela de Educación de la Universidad Harvard. Antes de comenzar sus estudios en Harvard, María José trabajó durante más de ocho años en la Organización de los Estados Americanos y NAFSA: Association of International Educators, y su trabajo se centró en la gestión de alianzas y proyectos en educación internacional y política de formación docente, con un enfoque en América Latina y el Caribe de habla inglesa. Contacto: mariajosedeleonmazariegos@gse.harvard.edu

Pierce Henderson es candidato de Maestría en Educación en la Escuela de Educación de la Universidad de Harvard, especializándose en Tecnología, Innovación y Educación. Su trabajo se centra en la intersección de la implementación de tecnología, política educativa y el desarrollo de la fuerza laboral. Actualmente, Pierce es becario de políticas en el Programa de Liderazgo Ministerial de Harvard y becario de investigación en la iniciativa Skillbase de la Escuela Kennedy de Harvard. Contacto: piercehenderson@gse.harvard.edu

Carrah Olive-Hall es candidata de Maestría en Educación en la Escuela de Educación de la Universidad de Harvard, especializándose en Enseñanza y Aprendizaje. Antes de Harvard, fue maestra de educación especial de primaria en los Estados Unidos. Hace cuatro años obtuvo una maestría en arte en enseñanza con énfasis en educación especial de Relay Graduate School en la ciudad de Nueva York. Ella también trabajó con jóvenes sin hogar para una organización llamada Covenant House y continúa haciendo trabajo voluntario y alcance para ellos hasta el día de hoy. Contacto: carrah_olivehall@gse.harvard.edu

Referencias

Adiguzel, Tufan; Avci, Hulya. (2017, November). Case Study on Mobile-Blended Collaborative Learning in an English as a Foreign Language (EFL) Context. International Review of Research in Open and Distance Learning 18(7):45-58 DOI: 10.19173/irrodl.v18i7.3261. Retrieved December 12, 2020, from https://www.researchgate.net/publication/321377037_A _Case_Study_on_Mobile-Blended_Collaborative_Learning_in_an_English_as_a_F oreign_Language_EFL_Context

Agustín, Paula (2019, 19 December). Más de 4 mil maestros de preprimaria y primaria se graduaron en interculturalidad. Soy USAC. Retrieved from https://soy.usac.edu.gt/?p=10151

Aprendo en Casa (2020). Retrieved September 13, 2020 from https://aprend oencasa.mined uc.gob.gt /

Aranda Jan, C., Jagtap, S., & Moultrie, J. 2016 Dec 23. Towards A Framework for Holistic Contextual Design for Low-Resource Settings. International Journal of Design

Bastawrous, A., & Armstrong, M. J. (2013). Mobile health use in low- and high-income countries: an overview of the peer-reviewed literature. Journal of the Royal Society of Medicine, 106(4), 130–142.

Beylis, G., Jaef, R. F., Morris, M., Sebastian, A. R., & Sinha, R. (2020). Going Viral COVID-19 and the Accelerated Transformation of Jobs in Latin America and the Caribbean. The World Bank Group. From: https://openknowledge.worldbank.org/bitstream/handle /10986/34413/9781464814488.pdf?sequence=6

Bozkurt, Aras. (2019). Intellectual roots of distance education: a progressive knowledge domain analysis, Distance Education, 40:4, 497-514,

DOI:10.1080/01587919.2019.1681894

Brodie, Roderick J; Conduit, Jodie; Hollebeek, Linda D. (2016). Developing a spectrum of positive to negative citizen engagement. In Customer Engagement (pp. 275-295).

Routledge.

Centro de Investigaciones Ecónomicas Nacionales & El Diálogo. (2018) GUATEMALA Actualización studio de las Políticas Públicas Docentes. Retrieved from: https://cien.org.gt/wp-content/uploads/2018/07/Avances_Politicas_Docentes_web.pdf

Centro de Investigaciones Ecónomicas Nacionales. (2019) El Sistema Educativo en Guatemala. Retrieved from: https://cien.org.gt/wp-content/uploads/2019/05/Educacio%CC%81n-y-Tecnologi%CC%81a-documento-final.pdf

Chan, L. (2005). WebCT revolutionized e-learning. UBC Reports, 51(7). Retrieved on December 11th, 2020 from http://news.ubc.ca/ubcreports/2005/05jul07/webct.htm l

Cole, Julie M, & Murphy, Brenda L. (2014). Rural hazard risk communication and public education: Strategic and tactical best practices. International Journal of Disaster Risk Reduction, 10, 292-304.

Duffy, F., & Chance, P. (2007). Strategic communication during whole-system change: Advice and guidance for school district leaders and PR specialists (Leading systemic school improvement ; no. 9). Lanham, Md.: Rowman & Littlefield Education.

Empresarios por la Educación. (2015). Resumen de política/Policy Brief: Formación Inicial Docente. Retrieved December 12, 2020

fromhttp://www.empresariosporlaeducacion.org/sites/default/files/Contenido/Recursos/Documentos/Documentos%20Guatemala/policy_formacion_inicial_docente_junio2015.pdf

Empresarios por la Educación. (2020a). Retrieved September 23, 2020, from http://www.empresariosporlaeducacion.org/

Empresarios por la Educación. (2020b). Ejes de Trabajo. Retrieved September 26, 2020, from http://www.empresariosporlaeducacion.org/content/ejes-de-trabajo

FUNSEPA. (n.d.)Training. FUNSEPA. Retrieved December 12, 2020, from https://www.funsepa.org/en/training

Garett, R., Chiu, J., Zhang, L., & Young, S. D. (2016). A Literature Review: Website Design and User Engagement. Online journal of communication and media technologies, 6(3), 1–14.

Gillingham, M. G. & Topper, A. (1999). Technology in teacher preparation: Preparing teachers for the future. Journal of Technology & Teacher Education, 7(4), 303-321.

González, Ana Lucía. (2020, September 9). Educación Digital para todos. El Periódico de Guatemala. Retrieved October 12, 2020, from https://elperiodico.com.gt/domingo/2020/09/27/educacion-digital-para-todos/

International Telecommunication Union (ITU). (2020). ITUICT Eye: Institution Framework. Retrieved September 20, 2020 from https://www.itu.int/net4/ITU-D/icteye/#/countries

Jackson, P. W. (1990). Life in classrooms. New York, NY: Teachers College Press.

Klímová B., Pražák P. (2019) Mobile Blended Learning and Evaluation of Its Effectiveness on Students' Learning Achievement. In: Cheung S., Lee LK., Simonova I., Kozel T., Kwok LF. (eds) Blended Learning: Educational Innovation for Personalized Learning.

ICBL 2019. Lecture Notes in Computer Science, vol 11546. Springer, Cham. https://doi.org/10.1007/978-3-030-21562-0_18

Koehler, M., Mishra, P., & Cain, W. (2013). What Is Technological Pedagogical Content Knowledge (TPACK)? The Journal of Education, 193(3), 13-19. Retrieved October 19, 2020, from http://www.jstor.org/stable/24636917

Kothari, A., Godleski, S. & Abu, B.A.Z. (2020). Mobile-based consortium of parenting resources for low-income and underserved mothers and caregivers: app development, testing and lessons learned. Health Technol. 10, 1603–1608.

Martinez, B., Hall-Clifford, R., Coyote, E., Stroux, L., Valderrama, C. E., Aaron, C., Francis, A., Hendren, C., Rohloff, P., & Clifford, G. D. (2017). Agile Development of a Smartphone App for Perinatal Monitoring in a Resource-Constrained Setting. Journal of health informatics in developing countries, 11(1).

McCloskey ML, Thompson DA, Chamberlin B, Clark L, Johnson SL, Bellows LL. (2018). Mobile Device Use Among Rural, Low-Income Families and the Feasibility of an App to Encourage Preschoolers' Physical Activity: Qualitative Study. JMIR Pediatr Paren t2018;1(2):e10858

McLeod, Scott and Julie Graber. 2019. Harnessing Technology for Deeper Learning . Bloomington: Solution Tree.

Ministerio de Educación de Guatemala. (2010). Curso TIC Aplicadas a la Educación. Retrieved January 23, 2021 from https://www.mineduc.gob.gt/portal/contenido/banners/profesionalizacionDocente/documents/guia_TICs.pdf

Ministerio de Educación de Guatemala. (2012). La formación continua y el Programa Académico de Desarrollo Profesional Docente: evaluación de la primera cohorte de estudiantes 2009-2011. Retrieved December 12, 2020 from http://www.mineduc.gob.gt/digeduca/documents/invest igaciones/PADEP-D.pdf

Ministerio de Educación de Guatemala. (2014). La formación continua y el Programa Académico de Desarrollo Profesional Docente: evaluación de la segunda cohorte de estudiantes 2009-2011. Retrieved January 23, 20211 from http://www.mineduc.gob.gt/digeduca/documents/2014/ investigaciones/PADEP_2.pdf

Ministerio de Educación de Guatemala. (2016a). Programas de Formación Docente del Ministerio de Educación. Retrieved December 12, 2020 from https://www.mineduc.gob.gt/compromisos/documents/ Avances_2/Programas_de_formación_docente_del_Mini sterio_de_educación.pdf

Ministerio de Educación de Guatemala. (2016b). La relación entre la formación de padres y otros Factores Asociados y el rendimiento escolar . Retrieved January 23, 2021 from http://www.mineduc.gob.gt/digeduca/documents/invest igaciones/2016/PADEP_FA_RendimientoAcademico.pd f

Ministerio de Educación de Guatemala. (2019). Mineduc promueve conferencia para mejorar calidad educativa del Ciclo Básico. Retrieved December 12, 2020, from https://www.pronacom.org/wp-content/uploads/library/comunicados_cp_mejora_de_cal idad_educativa_del_ciclo_basico.pdf

Ministerio de Educación de Guatemala (2020a). Plan Integral Para La Prevención, Respuesta y Recuperación Ante el Coronavirus (COVID-19). Retrieved September 13, 2020, from http://www.mineduc.gob.gt/PORTAL/documents/PLA N-DE-RESPUESTA-CORONAVIRUS-COVID-19-010620.pdf

Ministerio de Educación (2020b). Plan Operativo Anual Ejercicio Fiscal 2021 y Multianual 2021-2015. Retrieved November 18, 2020 from https://www.siteal.iiep.unesco.org/sites/default/files/sit _accion_files/guatemala_-_poa_2021_y_pom_2021-2025.pdf

Mishra, Punya & Koehler, Matthew. (2006). Technological Pedagogical Content Knowledge: A Framework for Teacher Knowledge. Teachers College Record. 108. 1017-1054. 10.1111/j.1467-9620.2006.00684.x.

Mohammed Adnan, Wong Chung Wei, and Masitah Ghazali. 2020. Localization and Globalization of Website Design: A pilot study focuses on comparison of government websites. In Proceedings of the 2020 Symposium on Emerging Research from Asia and on Asian Contexts and Cultures (AsianCHI '20). Association for Computing Machinery, New York, NY, USA, 2.

Mou, S. (2016). Possibilities and Challenges of ICT Integration in the Bangladesh Education System. Educational Technology, 56(2), 50-53. Retrieved October 17, 2020, from http://www.jstor.org/stable/44430461

National Research Council . Committee on Risk Perception Communication. (1989). Improving risk communication. Washington, D.C.: National Academy Press.

Nedungadi, Prema, Nedungadi, Prema, Mulki, Karunya, Mulki, Karunya, & Raman, Raghu. (2018). Improving educational outcomes & reducing absenteeism at remote villages with mobile technology and WhatsAPP: Findings from rural India. Education and Information Technologies, 23(1), 113-127.

OECD (2020), Making the Most of Technology for Learning and Training in Latin America, OECD Skills Studies, OECD Publishing, Paris, https://doi.org/10.1787/ce2b1a62-en.

OECD. (2020). OECD Digital Economy Outlook 2020. DOI: https://doi.org/10.1787/bb167041-en

Portal de Resultados del Censo. (2020). XII Censo Nacional de Población y VII de Vivienda. Retrieved September 26, 2020, from https://www.censopoblacion.gt/documentacion

Reimers, F. Ed. (2020). Audacious Education Purposes. Springer.

Reimers, Fernando & Sanz de Santamaria (2020). Colombia-Bogota: Aprende en Casa (Learning at Home). Retrieved December 12, 2020, from https://oecdedutoday.com/wp-content/uploads/2020/06/Colombia-Bogota-Aprende-en-Casa.pdf

Singh, A. (2018). Facebook, WhatsApp, and Twitter: Journey towards Education. SOSHUM : Jurnal Sosial Dan Humaniora, 8(2), 139-149.

Soler Costa, R.; Mauri Medrano, M.; Lafarga Ostáriz, P.; Moreno-Guerrero, A.J. (2020). How to Teach Pre-Service Teachers to Make a Didactic Program? The Collaborative Learning Associated with Mobile Devices. Sustainability 2020, 12, 3755. Retrieved on December 11th, 2020 from https://www.mdpi.com/2071-1050/12/9/3755#cite

Surr, Wendy; Zeiser, Kristina; Briggs, Olivia,;Kendziora, Kimberly. (2018, October). Learning with Others: A Study Exploring the Relationship Between Collaboration, Personalization, and Equity. Retrieved December 12, 2020, from https://files.eric.ed.gov/fulltext/ED592089.pdf

Tejada, A. H., Flórez, A., Stanton S. & Fiszbein, A. (2020). El Diálogo & Teach For All: CAMBIOS E INNOVACIÓN EN LA PRÁCTICA DOCENTE DURANTE LA CRISIS DEL COVID-19. Retrieved October, 17, 2020 from https://www.thedialogue.org/wp-content/uploads/2020/10/Cambios-e-innovación-en-la-práctica-docente-durante-la-crisis-del-COVID-19-1.pdf

Trucano, Michael (2016). SABER-ICT Framework Paper for Policy Analysis : Documenting National Educational Technology Policies Around the World and Their Evolution over Time. World Bank Education, Technology & Innovation: SABER-ICT Technical Paper Series,no. 1;. World Bank, Washington, DC. © World Bank. https://openknowledge.worldbank.org/handle/10986/26107 License: CC BY 3.0 IGO

UNESCO. (2021). SDG Resources for Educators - Quality Education. Retrieved February 12, 2021, from https://en.unesco.org/themes/education/sdgs/material/04

UNICEF Latin America and Caribbean. (2020, June 11). Hoping to get back to the classrooms Education in emergencies. Retrieved December 10, 2020, from https://www.unicef.org/lac/en/stories/hoping-get-back-classrooms

Universidad de San Carlos de Guatemala. (2018, September 20). Guatemala Lee. https://guatemalalee.org/usac/

USAID. (2020). Digital Strategy 2020-2024. From: https://www.usaid.gov/sites/default/files/documents/15396/USAID_Digital_Strategy.pdf

Villegas-Reimers, E. (2003). Teacher professional development: An international review of the literature. Paris: International Institute for Educational Planning. Pages 11-18 and 67-144.

Werder, K. P. (2020). Public Sector Communication and Strategic Communication Campaigns. In The Handbook of Public Sector Communication (pp. 245-258). Hoboken, NJ, USA: John Wiley & Sons.

World Bank Group. (2020, October 30). Remote Learning response to COVID-19 Knowledge Pack. Retrieved December 12, 2020, from http://pubdocs.worldbank.org/en/925611587160522864/KnoweldgePack-Covid19-RemoteLearning-LowResource-EdTech

World Bank. (2020). COVID-19 to Plunge Global Economy into Worst Recession since World War II. The World Bank.

World Bank. (2020). World Bank Open Data. The World Bank. https://data.worldbank.org/

Capítulo Seis

Un enfoque integrado para la continuidad de la educación en las zonas rurales de Kenia

Revanth Voothaluru, Charlotte R. Hinrichs y Michael Ryan Pakebusch

Resumen

Este capítulo examina varias alternativas de políticas que la organización no gubernamental Asante Africa Foundation puede implementar para apoyar la reinscripción y el éxito académico de estudiantes en las zonas rurales de Kenia afectados por el cierre de una escuela de nueve meses debido al COVID-19. Los autores ejecutaron este proyecto de consultoría con la colaboración de miembros clave del equipo de Asante Africa, incluida la directora ejecutiva Erna Gratz y el director global de aprendizaje, seguimiento y evaluación, Byrone Wayodi. Las contribuciones adicionales provinieron de familias y líderes escolares de Kenia. El capítulo identifica las barreras para la reinscripción y el éxito académico de los estudiantes vulnerables, en particular las niñas, que viven en la pobreza extrema. Teniendo en cuenta la naturaleza evolutiva de la respuesta política al COVID-19, el capítulo contiene una revisión de varios estudios sobre la implementación del aprendizaje digital, la formación docente y los planes de estudio acelerados. Se presentan intervenciones específicas que abordan la situación actual y las medidas que Asante Africa puede sostener más allá de la pandemia para mejorar los resultados de los estudiantes. La recomendación de política final refleja las fortalezas institucionales centrales de la ONG. Los exitosos programas de reinscripción implementados durante la epidemia de ébola en África occidental y los enfoques pedagógicos adaptados para las comunidades vulnerables en África y Asia inspiraron nuestro enfoque de reforma.

Introducción

En las zonas rurales de Kenia, la probabilidad de una participación generalizada de los adolescentes, en particular de las niñas, en la programación de continuidad educativa de COVID-19 y la reinscripción en la escuela es baja debido a problemas no académicos que acosan a las poblaciones vulnerables. Estos problemas incluyen altos niveles de pobreza, actitudes y prioridades de los padres y prácticas regresivas que limitan el potencial de las niñas. El desafío que enfrenta la Fundación Asante África (en lo sucesivo, Asante África) considerando la pandemia ha sido la interrupción total de la programación y la mayor demanda de apoyo material por parte de las familias de los estudiantes, como ayuda alimentaria y materiales de aprendizaje. La consultoría se presentó para ayudar a la organización a determinar la mejor manera de continuar con su trabajo vital en medio de la pandemia de COVID-19 que ha provocado la interrupción de la prestación de servicios educativos en Kenia. La ONG deseaba nuestra ayuda para desarrollar un enfoque que sea sostenible después de una pandemia.

Existe una necesidad creciente en los contextos rurales de Kenia de reconfigurar la educación para que sea lo suficientemente flexible como para permitir que los estudiantes contribuyan al bienestar de sus familias mientras aprenden y se desarrollan como individuos. A pesar de la necesidad de que los niños asuman roles y responsabilidades extemporáneos dentro de las familias, las investigaciones sugieren que los niños necesitan participar en experiencias que desarrollen al niño en su totalidad (ASCD, 2012; CDC, 2021). Asante Africa trabaja para apoyar este crecimiento y, por lo tanto, solicitó ayuda de los autores de este texto para desarrollar una política de educación de emergencia que permita la continuación de la mayor parte de su apoyo característico a los jóvenes: aumentar la equidad para las niñas y mejorar la calidad de la oferta educativa formal. La organización también quería ampliar este apoyo para incluir el aprendizaje socioemocional debido a la duración de la cuarentena asociada con la pandemia. Por lo tanto, acordamos trabajar en el siguiente problema: ¿cómo puede Asante Africa continuar ofreciendo a los jóvenes apoyo educativo, y ahora social y emocional, a través de un programa modificado? Nuestro papel fue colaborar con la ONG para desarrollar un plan para una respuesta educativa de emergencia eficaz que aborde este problema. La fundadora, Erna Grasz, acordó que se diseñara una política de educación de emergencia para las niñas y niños. Esto se debe a que Asante Africa siempre contextualiza su trabajo operativo para promover la equidad para las niñas.

Este capítulo comienza con una discusión sobre los desafíos que enfrenta Asante Africa debido al cierre de escuelas en las zonas rurales de Kenia y los obstáculos que enfrentan los niños en estas áreas remotas. A esto le sigue una revisión de la literatura que explora estudios cualitativos y cuantitativos sobre el impacto de diferentes intervenciones para estudiantes desfavorecidos, centrándose en prácticas prometedoras en una respuesta educativa de emergencia COVID-19. Luego, discutimos las implicaciones clave, exploramos opciones de políticas y analizamos alternativas de políticas. El capítulo concluye con una recomendación de política que incluye compensaciones y sugerencias para los próximos pasos para implementar una respuesta. Contextualizamos este enfoque abordando las formas en que la ONG puede introducir la intervención en diversos contextos.

Enfoque de consultoría y métodos de investigación

En lo que respecta a la educación, las ONG desempeñan un papel importante en el éxito de la oferta educativa y profesional formal para los estudiantes de secundaria, especialmente en las zonas rurales de los países en desarrollo. Desde la aparición de COVID-19, este trabajo ha adquirido una importancia cada vez mayor. Por estas razones, los autores de este capítulo decidieron trabajar con la organización Asante Africa. Esta oportunidad se presentó porque uno de los autores ha estado en contacto con el CEO y cofundador personalmente como voluntario en proyectos especiales. Empleamos un enfoque de estudio de caso para realizar este trabajo. Realizamos entrevistas, analizamos documentos proporcionados por Asante Africa y examinamos fuentes secundarias sobre la crisis de salud del Ébola en África Occidental para evaluar el problema. Luego desarrollamos un plan que parecía más apropiado para nuestro cliente. El proyecto se basa en gran medida en documentos y entrevistas con el personal de Asante Africa. Sin embargo, la recomendación de política final refleja un diseño avanzado independientemente de la ONG.

Una vez que Asante Africa y los autores se pusieron de acuerdo sobre el problema de la organización, decidimos realizar reuniones periódicas para actualizar a la ONG sobre nuestro progreso y recibir orientación de los actores principales que trabajan en las zonas rurales de Kenia. Colaboramos a través de Zoom o teleconferencia tres veces entre septiembre de 2020 y diciembre de 2020. Sin embargo, colaboramos con más frecuencia a través de documentos compartidos y correo electrónico durante el mismo período de tiempo. Comenzamos el proyecto leyendo informes regionales oficiales, propuestas de subvenciones recientes y estudios recomendados que Asante Africa proporcionó a los autores.

Estos documentos presentaban la misión, la visión y los servicios de la organización proporcionados a los miles de niños que la ONG apoya en áreas subdesarrolladas y marginadas de las zonas rurales de Kenia. Durante este proceso, descubrimos que la agencia es una cualidad excepcional ejemplificada por los adolescentes que viven en estos contextos. Los jóvenes crearon oportunidades para aprender por sí mismos pidiendo ayuda a sus hermanos mayores con las asignaciones y aprovechando regularmente las oportunidades patrocinadas por el gobierno para el desarrollo rudimentario de los medios de vida. Además, parecía haber un fuerte sentido de comunidad experimentado por adolescentes y adultos.

Revisión de la literatura

Pobreza extrema en las zonas rurales de Kenia

La declaración de COVID-19 como una pandemia llevó a la mayoría de los países a detener temporalmente el aprendizaje en persona e implementar medidas de bloqueo en marzo para frenar la propagación del virus. En julio, el Ministerio de Educación de Kenia tomó la decisión radical de cerrar todas las escuelas públicas del país hasta enero de 2021 y reiniciar el año escolar académico. Antes de COVID-19, los desafíos del sistema central de los jóvenes kenianos que vivían en áreas rurales incluían la falta de trabajo, capacitación laboral, capacitación docente de calidad, la marginación de las niñas y la deserción escolar de los estudiantes. Asante Africa abordó estas preocupaciones a través de los tres programas básicos que implementa para educar a los jóvenes de África Oriental y empoderar a los educadores en 330 escuelas (Asante, Impact Report, 2019).

Para comprender la gravedad de este problema, es necesario comprender la diferencia entre pobreza y pobreza extrema. En 2015, el Banco Mundial definió la "pobreza extrema" como ingresos inferiores a 1,9 USD (Fierrera et.al, 2016). Según los indicadores de desarrollo del Banco Mundial, el 36,8% de la población de Kenia vive en extrema pobreza con las concentraciones de alta pobreza en los condados de Wajir, Narok, Kwale, Kilifi y Busia (Ndege, 2018). El 45% de los 9,5 millones de niños de Kenia son extremadamente pobres (UNICEF, 2017). Además, las disparidades entre la pobreza rural y urbana en los niños es significativamente alta (UNICEF, 2017). La pobreza extrema afecta a las personas de manera grave al privarlas de las necesidades humanas básicas. Las comunidades que experimentan esta forma de pobreza luchan por el acceso a la educación, los servicios de salud, el agua potable y el saneamiento. Teniendo en cuenta que Asante Africa concentra la mayor parte de sus esfuerzos en las comunidades rurales, muchos estudiantes a los que apoya viven en la pobreza extrema. En contextos como este, las intervenciones diseñadas para apoyar la entrega de la educación dependen de priorizar las mayores necesidades.

Además de esto, Wambua, Omoke y Mutua (2014) encontraron que 3,2 millones de personas viven en áreas agrícolas afectadas por la sequía en las zonas rurales de Kenia, donde la inseguridad alimentaria es un problema grave (p. 52). Las sequías, y más recientemente las langostas, también han tenido un efecto desestabilizador sobre los medios de vida y la seguridad financiera de quienes dependen de la agricultura como fuente de ingresos. Wambua, Omoke y Mutua (2014) encontraron que el 66% de los hogares encuestados padecían inseguridad alimentaria absoluta, lo que significa que experimentan escasez de alimentos durante muchos meses al año.

En las zonas rurales de Kenia, las vulnerabilidades asociadas con la vida en tierras secas y el cambio climático también han tenido consecuencias económicas que han afectado el acceso a la educación. Los estudiantes que de otra manera asistirán a la escuela no pueden porque deben trabajar para mantener a sus familias. Sin embargo, la investigación muestra que completar solo los primeros cuatro años de escolaridad en los grados 1-4 puede conducir a un aumento del 7.4% en la producción agrícola (Muro & Burch, 2007, p. 4). El impacto educativo negativo de la inseguridad alimentaria en los estudiantes perpetúa un ciclo de pobreza extrema. Las familias y las comunidades deben reconocer que los estudiantes que permanecen en la escuela por más tiempo tienen más probabilidades de utilizar mejor la tierra y aprender formas de adaptarse a las dificultades económicas asociadas con vivir en un área marginada.

Educación de las niñas

Erna Grasz, fundadora de Asante Africa, cita la mutilación genital femenina, las normas culturales sobre las niñas y el matrimonio precoz como problemas importantes que reducen las probabilidades de que las niñas participen activamente en las oportunidades de aprendizaje en las zonas rurales (Grasz, 2020). Abdikadir Ismail, director de escuela en la región, expresó la preocupación cultural más notable con respecto a la educación de las niñas en las zonas rurales de Kenia en una entrevista reciente. Explicó que las familias priorizan la educación de los niños sobre las niñas porque continúan con el linaje familiar. Las niñas son consideradas anclas para la familia de su futuro esposo. Además, el matrimonio de niñas representa una bendición financiera para las familias, ya que existe un sistema duradero de pagar el precio de la novia, generalmente en forma de dinero en efectivo o ganado. Estos desafíos son particularmente frecuentes en comunidades de pastores como Samburu y Maasai.

La posibilidad de asistir a la escuela depende completamente de la familia de la niña (Ismail, 2020). Es posible que se requiera que una estudiante abandone la escuela en cualquier momento del año escolar sin ninguna explicación. La interrupción de las escuelas en Kenia ha perjudicado a las niñas que viven en comunidades rurales porque tienen muchos menos modelos a seguir, incluidas estudiantes mujeres mayores y mujeres en áreas remotas (Ismail, 2020). Si bien los líderes políticos critican y desalientan estas prácticas, y existen leyes para frenar varias de estas prácticas, existe una aparente falta de poder institucional para hacer cumplir las políticas. Es probable que las dificultades económicas de la pandemia en Kenia y los problemas preexistentes de langostas y sequías en las comunidades rurales y de pastores hagan que algunas familias recurran a sus niñas como fuente de ingresos. Una vez que las niñas son casadas por sus familias, puede resultarles difícil continuar la escuela.

Nuevos desarrollos

El Ministerio de Educación de Kenia anunció que el 12 de octubre de 2020 comenzaría la reapertura parcial de las escuelas con el Grado 4 (la clase del plan de estudios basado en competencias), la Clase 8 (el último año de la escuela primaria) y el Formulario 4 (la clase del plan de estudios basado en competencias). último año de secundaria). A partir de ese momento, la Clase 8 y la Forma 4 estarán en una línea de tiempo comparativamente acelerada. Se espera que estas dos cohortes tomen sus exámenes finales oficiales, el KCPE y KCSE respectivamente, en aproximadamente tres meses. Es importante tener en cuenta que, si bien los resultados de KCPE no influiría en la capacidad de un estudiante para matricularse en la escuela secundaria, influirían en la calidad de la escuela a la que un estudiante puede asistir y las oportunidades de becas para asistir a estas escuelas. Sin embargo, los resultados de KCSE tendrán un impacto directo en la capacidad de un joven para matricularse en educación terciaria en Kenia o en el extranjero.

La organización no gubernamental Usawa Agenda sugiere que muchos estudiantes no estaban aprendiendo durante el período de cierre de escuelas. Los hallazgos más sorprendentes de su informe son que solo el 22% de los estudiantes encuestados acceden a la instrucción digitalmente y los estudiantes de presecundaria tienen menos probabilidades de acceder al trabajo escolar de forma remota (Agenda Usawa, 2020, p. 2). Un promedio del 5% de los estudiantes afirmó tener acceso a materiales de aprendizaje en los condados de Kenia donde Asante Africa tiene personal regional presente (Agenda Usawa, 2020). El bajo nivel de participación en el aprendizaje en línea es indicativo de problemas relacionados con la alfabetización digital, los problemas de infraestructura existentes y el acceso a los dispositivos.

Estudios de casos sobre la reinscripción

Además de los desafíos que enfrentan los estudiantes en las zonas rurales de Kenia discutidos anteriormente, la literatura sobre la inscripción después del ébola en Liberia, Guinea y Sierra Leona sugiere que la participación de las niñas en la escuela corre un alto riesgo durante la reapertura de las escuelas. durante el COVID-19 (UNESCO, 2020a). Estos países proporcionan comparaciones útiles para esta investigación debido a los factores sociales correspondientes que influyen en el acceso de las niñas a la educación, particularmente dentro de las comunidades rurales. Por ejemplo, el número de niñas que no asistían a la escuela era tres veces mayor que el número de niñas antes del ébola en Liberia (UNESCO, 2020b). Sin embargo, Sierra Leona logró re-inscribir al 95% de los estudiantes después de que el ébola cerró las escuelas durante aproximadamente nueve meses.

De las actividades que forman parte de la campaña de reinscripción de Sierra Leona, dos que se consideraron esenciales para su éxito fueron las campañas de concienciación masiva a través de la participación de la comunidad y la capacitación de maestros para apoyar el bienestar de los estudiantes. Además, los incentivos económicos, los protocolos de seguridad y salud y la continuación de los programas de alimentación escolar fueron factores importantes para el éxito de la campaña. Además de las contribuciones necesarias del Gobierno de Kenia, como la continuación del financiamiento para las escuelas públicas y el suministro de suministros esenciales de salud y seguridad, una organización como Asante Africa puede apoyar eficazmente una campaña de reinscripción a través de la participación de la comunidad y la capacitación de maestros, que son ya son mecanismos centrales de su programación.

Tecnología, enseñanza y aprendizaje de la educación

Una revisión de la literatura sobre la implementación de dispositivos a gran escala, como *One Laptop Per Child*, indica que hay muchas omisiones, como la capacitación de maestros, la capacidad técnica, la alineación con el plan de estudios y los roles de las partes interesadas (Coomar y Rzyhov, 2013). Sin embargo, cuando hay una intervención de e-learning dirigida, los estudios han demostrado que esto puede producir resultados prometedores. Nos centraremos en esta intervención en contextos en los que los estudiantes a los que se dirige la intervención provienen principalmente de entornos desfavorecidos.

En Sierra Leona, la Fundación 60 Millones de Niñas facilitó un programa de tabletas de varios años llamado Mobile Learning Lab (MLL), que demostró ser adaptable ya que se rotó efectivamente entre comunidades durante la epidemia de ébola. También informaron un bajo costo operativo por estudiante durante la fase de inicio inicial (7,2 USD por estudiante para un programa completo de 8 meses). Después del proyecto inicial, las comunidades conservaron la tecnología y continuaron el programa sin necesidad de fondos adicionales, solo soporte técnico; otras operaciones fueron realizadas por voluntarios locales (60 Million Girls Foundation, 2018).

Estas características son prometedoras para una respuesta de COVID-19, ya que abordan las limitaciones financieras y logísticas que enfrentan las escuelas, los gobiernos y las organizaciones. 60 Million Girls también realizó un ensayo controlado aleatorio, y aunque el experimento no era obligatorio y no ofrecía incentivos condicionales, tenían una tasa de asistencia registrada del 90% (60 Million Girls Foundation, 2018). Los puntajes de las pruebas de matemáticas del grupo de tratamiento completo mejoraron en el doble de la cantidad del grupo de control. Un hallazgo interesante fue que para el grupo de tratamiento parcial y completo (que difería en 88 horas de tiempo frente a la pantalla), el aumento de la alfabetización fue aún significativamente mayor en comparación con el grupo de control. En general, las ganancias absolutas fueron modestas, considerando la línea de base. Esto da razones para creer que la mera introducción de una intervención que involucre tecnología durante COVID-19 puede al menos tener un impacto positivo en la participación y el aprendizaje de las poblaciones de estudiantes vulnerables en las zonas rurales de Kenia.

Aprendizaje asistido por computadora

Si bien hemos analizado las amplias implicaciones de la introducción de hardware tecnológico y aplicaciones móviles, también debemos examinar más de cerca las intervenciones sistémicas diseñadas intencionalmente. Las Academias Internacionales Mindspark y Bridge fueron identificadas consistentemente como programas con la correlación más fuerte entre los programas de aprendizaje asistido por computadora y los logros educativos, aunque de formas muy diferentes. Mindspark se puede etiquetar con mayor precisión como un software de aprendizaje electrónico adaptable que ayuda a estudiantes individuales. Al mismo tiempo, el modelo Bridge cuenta con la ayuda de software empresarial, que cumple una amplia gama de funciones organizativas, como la gestión de datos académicos y financieros. Esta dicotomía presenta una oportunidad para abrazar cada una de sus innovaciones más prácticas en el contexto actual de COVID-19, dadas las limitaciones económicas, institucionales y logísticas.

El sistema de aprendizaje asistido por computadora Mindspark proporciona una evaluación inicial del nivel de grado real de cada estudiante, lo que respalda el enfoque de Enseñar en el nivel correcto (TaRL). La enseñanza en el nivel correcto es un enfoque educativo basado en la evidencia iniciada por la ONG india Pratham. Se enfoca en el desarrollo de habilidades fundamentales de lectura y matemáticas en los estudiantes de primaria en función de sus necesidades de aprendizaje en lugar de su edad o grado. Si bien el costo de tener especialistas en educación dedicados es prohibitivamente alto, la recopilación sistemática de datos en tiempo real para informar un diseño pedagógico y curricular puede ser un modelo para monitorear los programas de aprendizaje virtual durante la pandemia y la capacitación de maestros brindada por Asante Africa.

Un estudio longitudinal encontró que los estudiantes que asistieron a las escuelas Bridge en Kenia durante cinco años o más obtuvieron .41 desviaciones estándar más altas que el estudiante promedio en el examen nacional de la escuela primaria (KCPE), lo que equivale a aproximadamente 2.5 años de ganancias educativas en comparación con el estudiante promedio (Bridge International Academies, 2019). De manera similar, los estudiantes en el grupo de tratamiento Mindspark obtuvieron 0.37 desviaciones estándar más altas en matemáticas y 0.23 desviaciones estándar más altas en hindi en solo 4.5 meses (Muralidharan, Singh y Ganjimian, 2018). Ambos casos ilustran la efectividad de capturar datos de desempeño de los estudiantes en tiempo real para usarlos en ajustes curriculares y pedagógicos para satisfacer las necesidades de aprendizaje de los estudiantes. Esto ofrece una guía sobre cómo Asante Africa puede estructurar cualquier programa de continuidad educativa que dé prioridad a los resultados de aprendizaje de los estudiantes. Con respecto a la literatura revisada, Asante Africa debería prestar especial atención al desarrollo de software y aplicaciones de código abierto para mejorar la continuidad de la educación. A través de la colaboración con actores en el espacio de tecnología educativa de Kenia, dispositivos como RACHEL se pueden precargar utilizando sistemas de tabletas locales y económicos como Kio Kit (diseñado en Kenia), adaptados al plan de estudios de Kenia, diseñados para evaluación y administrados a través de un aprendizaje. entorno de vaina.

Por el contrario, las conexiones fuera de línea pueden permitir el aprendizaje a distancia en dispositivos compartidos, prestados o personales, abordando la preocupación general de los padres por la salud y seguridad de la familia mientras se mantiene una comunidad de aprendizaje y acceso a materiales de aprendizaje. Por último, esta intervención puede respaldar un plan de estudios acelerado, un enfoque educativo que es crucial para los estudiantes vulnerables durante y después de la pandemia debido a la pérdida de aprendizaje esperada.

Capacitación de maestros y desarrollo profesional

La literatura indica la importancia de un currículo y prácticas de instrucción correctos como la clave para acelerar el aprendizaje en situaciones posteriores a crisis (Grupo de Trabajo de Educación Acelerada, 2017a). Esto incluye el desarrollo de prácticas de instrucción necesarias para facilitar el aprendizaje de una manera centrada en el estudiante (Manda, 2011). El apoyo que reciben los maestros debe ser pertinente para la implementación de un programa de aprendizaje acelerado y proporcionar capacitación previa al servicio y durante el servicio (Grupo de Trabajo de Educación Acelerada, 2017a; Grupo de Trabajo de Educación Acelerada, 2017b). El uso de métodos de coaching individual o prácticas de aprendizaje colaborativo se puede aprovechar para mantener el apoyo continuo (Accelerated Education Working Group, 2017a; Boisvert, 2017b). En ausencia de capacitación presencial durante la pandemia, esto se puede realizar a través de conferencias web u observaciones de grabaciones de lecciones (Carrillo & Flores, 2020). El desarrollo profesional docente debe ser relevante, continuo y cíclico. La literatura revisada destaca algunas de las mejores prácticas en la implementación de AEP. Esto incluye monitoreo y evaluación, contratación de locales como apoyo para los maestros en el aula, horarios flexibles y monitoreo de la implementación del AEP (Grupo de Trabajo de Educación Acelerada, 2017b; Menendez et al., 2016).

Implicaciones clave

La reinscripción efectiva de los estudiantes durante y después de COVID-19 dependerá de una participación de múltiples niveles de estudiantes, padres, maestros y la comunidad. Dado que los miembros del personal de Asante Africa provienen y viven en las comunidades a las que sirven, son una organización particularmente adecuada para liderar una campaña de reinscripción con el apoyo de otras partes interesadas, como las oficinas de distrito del Ministerio de Educación. De las intervenciones exploradas en la revisión de la literatura, una campaña de reinscripción implica la menor cantidad de capacidad técnica y, al mismo tiempo, tiene un impacto significativo en los estudiantes. En reconocimiento de las barreras de acceso descritas en la introducción, se debe enfatizar una estrategia de reinscripción en cualquier recomendación de política.

Existen implicaciones a largo plazo con respecto a cómo el aprendizaje asistido por tecnología puede influir en la enseñanza durante y después de una pandemia en las zonas rurales de Kenia. Los hallazgos más críticos de la revisión de literatura pertinente al trabajo de Asante Africa son los siguientes:

- El aprendizaje autodirigido y asistido por tecnología produjo ganancias de aprendizaje positivas y reforzó el conocimiento previo en entornos con recursos limitados; y
- El voluntariado sostuvo los programas de aprendizaje asistido por tecnología más exitosos.

Los mecanismos e intervenciones que permiten el aprendizaje autodirigido son ventajosos de implementar, ya que no está claro cómo las escuelas mitigarán la pérdida de aprendizaje estimada de los estudiantes durante los últimos nueve meses. Desde una perspectiva operativa, la eficacia de cualquier intervención que involucre tecnología y aprendizaje autoguiado requerirá una fuerza voluntaria dedicada, lo cual es consistente con las intervenciones presentadas en la revisión de la literatura. Asante Africa necesitará reclutar o identificar voluntarios de su reserva de individuos (por ejemplo, ex alumnos del programa Asante, beneficiarios de maestros Asante, estudiantes becados Asante) que podrían apoyar a los estudiantes según el contexto.

En los últimos meses, la ONG ha implementado un programa de aprendizaje basado en tabletas para 106 estudiantes y adquirirá dispositivos RACHEL para 60 estudiantes. El enfoque del módulo de aprendizaje se implementa en los condados de Samburu, Narok, Turkana y Marsabit. La ampliación de este modelo educativo piloto podría presentar vías para abordar eficazmente las interrupciones del aprendizaje durante un período prolongado. Varias opciones, como Mindspark, Bridge @ Home y RACHEL fomentan el aprendizaje autodirigido asistido por computadora. Dependiendo del costo de implementación por alumno, estas opciones podrían ser alternativas que valga la pena explorar. Sin embargo, la adquisición de dispositivos y tecnología no contribuye en sí misma a mejorar el aprendizaje. Es esencial combinar la implementación del aprendizaje habilitado por la tecnología con estrategias de instrucción efectivas, por ejemplo, módulos de aprendizaje. Como se señaló anteriormente, este ya es el caso. La participación de los estudiantes en el aprendizaje basado en tecnología se traduce en mejores resultados de aprendizaje. Teniendo en cuenta que Asante Africa está probando este enfoque con un grupo pequeño, podría ser propicio escalarlo para todos los estudiantes.

La formación y el desarrollo profesional de los docentes deben ser relevantes, continuos y cíclicos. Para una respuesta política que se concentre en las necesidades de programación de educación acelerada de manera efectiva, la DP relevante incluye un componente previo al servicio y en servicio. El aspecto continuo de la respuesta política debe involucrar el entrenamiento individual y modelos colaborativos de formación docente. Para realizar un enfoque cíclico, Asante Africa debería diseñar o invertir en conferencias web y oportunidades para que los profesores participen en debates sobre lecciones grabadas que demuestren las mejores prácticas en contexto.

Criterios de selección para alternativas de políticas

Las alternativas de políticas recomendadas para la organización deben ser consideradas con los criterios relevantes para la diversa gama de contextos atendidos:

1. Escalable: Asante Africa impacta más de 594,000 vidas a través de sus tres proyectos diferentes en África Oriental. Cualquier alternativa de política recomendada debe considerar la escalabilidad, considerando la magnitud del trabajo. Es importante ver la escalabilidad a través de la lente de replicarla en diversos contextos y en una amplia población.

2. Alineado: el modelo de servicio de Asante Africa aprovecha la participación de voluntarios locales en las comunidades para facilitar el cambio. Por lo tanto, es esencial determinar si las alternativas son viables sin costos adicionales de personal. Si la opción requiere un cambio en la filosofía de la organización o en la metodología operativa central, podría generar complicaciones que presenten nuevos desafíos y mayores gastos.

3. Equitativo: Las disparidades en los niveles de ingresos y la discriminación basada en el género son predominantes en las comunidades marginadas a las que sirve Asante Africa. Las intervenciones propuestas por las organizaciones para el desarrollo en estos contextos tienden a acentuar inadvertidamente las disparidades existentes. Por lo tanto, es esencial ver las alternativas de políticas a través de la lente de la equidad, atendiendo a los contextos de todos los estudiantes de una manera que maximice los beneficios.

4. Rentable: La rentabilidad se refiere a la maximización de la producción para un determinado costo de entrada. La Fundación Asante Africa es una organización no gubernamental que funciona a través de la recaudación de fondos y la filantropía. Es importante ver cada intervención de política a través de la lente de la rentabilidad,

considerando que cualquier costo adicional involucrará nuevos esfuerzos de financiamiento y, posteriormente, retrasará la implementación de la intervención. La identificación de una intervención de "bajo costo - alto impacto" es apropiada para una implementación que puede tener un impacto grande y oportuno.

Alternativas de políticas

La investigación condujo a tres recomendaciones de políticas distintas para que Asante Africa las aborde con un enfoque en mejorar la entrega de educación. Estas tres recomendaciones de políticas representan un modelo integrado de dos o más intervenciones que brindan soluciones prácticas a los desafíos que enfrentan estudiantes y maestros.

Primera opción de política

<u>Distribuir dispositivos RACHEL adicionales e implementar un plan de estudios acelerado:</u> La adquisición de dispositivos RACHEL (Zona remota comunitaria de acceso para la educación y el aprendizaje) precargados con software educativo puede abordar los desafíos presentados por la discontinuidad del aprendizaje. Dado que Asante Africa ya los usa en un programa piloto, sería factible integrarlos en un modelo de módulo de aprendizaje. Sin embargo, el acceso a la tecnología por sí solo no cierra las brechas de aprendizaje. Cuando los dispositivos se cargan con conceptos basados en el plan de estudios de aprendizaje acelerado y con la orientación de los maestros, la intervención puede garantizar que los estudiantes aprendan los conceptos fundamentales relevantes para su edad y nivel de grado en un corto período de tiempo. Además, los maestros necesitarán desarrollo profesional para la implementación.

Más allá del despliegue de los dispositivos RACHEL, Asante Africa debe ayudar a las escuelas a realizar una evaluación de referencia para comprender las necesidades académicas de los estudiantes a nivel macro. La ONG también debería implementar un plan de estudios acelerado para todos los estudiantes. La intervención es muy relevante porque se alinea con el plan de estudios del gobierno y contribuye a los resultados del aprendizaje de los estudiantes. La alternativa de política también es altamente escalable porque involucra una serie de acciones replicables como aumentar el uso de dispositivos RACHEL e integrarlos en el modelo de módulo de aprendizaje.

Cuando se trata de alineación y sostenibilidad, la intervención puede recibir un alto rango porque se basa en los pilotos existentes y requiere un desarrollo mínimo de habilidades para los voluntarios y maestros. La ONG podría integrar fácilmente la política en este modelo, expandiendo así la cohesión dentro de las estructuras operativas existentes. Aprovechar los dispositivos en los módulos de aprendizaje es sostenible para el acceso al aprendizaje, considerando la alta volatilidad e incertidumbre que ha resultado de la pandemia. Después de una pandemia, las escuelas y las comunidades de aprendizaje también pueden seguir utilizando los dispositivos. Sin embargo, cada dispositivo RACHEL cuesta 500 USD.

Adquirir dispositivos a gran escala puede resultar caro. El costo por alumno es de 12,5 USD. Los estudiantes pueden utilizar eficazmente los dispositivos RACHEL si tienen sus propios teléfonos inteligentes o tabletas. Habría un aumento de 46 USD adicionales por estudiante para adquirir un teléfono inteligente en ausencia de esto. Llegamos a los cálculos para teléfonos inteligentes y dispositivos electrónicos explorando un sitio web de comercio electrónico preferido de Kenia para dispositivos móviles llamado Jumia.com. El modelo refleja un ejemplo de "alto costo - alto impacto" en lo que respecta a los criterios de rentabilidad. Esta intervención no es equitativa porque es justo asumir que muchos estudiantes pueden no tener acceso a dispositivos electrónicos, lo que amplía aún más la brecha educativa.

Segunda opción de política

<u>Asociación para el aprendizaje socioemocional y la seguridad alimentaria:</u> considerando los nuevos desarrollos asociados con la

pandemia y la necesidad de una respuesta de emergencia altamente eficaz, Asante Africa podría colaborar con las escuelas y las comunidades a las que sirve para construir una asociación duradera como una política viable respuesta. El objetivo de esta asociación es proporcionar a todos los estudiantes un aprendizaje socioemocional (SEL) en este momento crítico y abordar el problema de la inseguridad alimentaria. No habría ningún costo o bajo costo asociado con el apoyo socioemocional dependiendo de las estrategias empleadas por los voluntarios.

Para alentar la inscripción de estudiantes y ayudar a las familias a aliviar la inseguridad alimentaria, los tres podrían desarrollar un programa que les permita a los estudiantes aprender a cultivar sus propios alimentos. El establecimiento de un programa de la granja a la escuela permitiría a Asante Africa implementar una respuesta educativa de emergencia que sea tanto participativa como centrada en los estudiantes y la comunidad. La ONG podría brindar capacitación a los voluntarios de la comunidad en ciencias agrícolas, nutrición, técnicas agrícolas y temas relacionados con el hogar. Estas prácticas están alineadas con nuestra creencia de que cualquier respuesta educativa de emergencia debe ser culturalmente sustentable.

En el modelo de respuesta educativa de emergencia de la escuela al hogar, las escuelas brindan un espacio donde los estudiantes pueden experimentar con la agricultura y crear un jardín comestible. Los estudiantes, la escuela y la comunidad estarían interesados en el proyecto, aumentando así la posibilidad de mantener el programa después de la pandemia. Una suposición que hace esta política es que un programa de la escuela al hogar sería bienvenido por las escuelas y las comunidades. También asumimos que los estudiantes estarían interesados en los temas asociados con la ciencia agrícola. Un alto nivel de interés en este campo de estudio podría conducir a un aumento sustancial de la reinscripción de estudiantes.

Esta opción permite a los estudiantes participar en oportunidades auténticas para aprender y mitiga un problema del mundo real que enfrentan las comunidades marginadas. Los equipos agrícolas de bajo costo, como un minitractor y herramientas de riego, lo harían posible. Se necesita una inversión estimada de $5,000 por escuela para la implementación de un programa de la granja a la escuela. Llegamos al costo estimado realizando una búsqueda en Internet del precio de los equipos agrícolas básicos en Kenia. Aproximadamente 3,000 estudiantes participan en las 30 escuelas que Asante Africa apoya en las zonas rurales marginadas del país. Por lo tanto, el costo anualizado por estudiante es de $50. Sin embargo, este costo disminuiría en función de la matrícula total de estudiantes por escuela, ya que las opciones de política presentadas en este documento están diseñadas para afectar a todos los estudiantes en todas las escuelas donde trabaja Asante Africa.

La Matriz de Alternativas de Política desarrollada para este proyecto indica que esta es una opción de alto costo/alto impacto. Se clasifica alto en términos de costo debido a las necesidades iniciales y alto en términos de impacto porque los estudiantes, las escuelas y las comunidades se beneficiarán de la respuesta de emergencia. Vale la pena señalar que muchas áreas donde trabaja Asante Africa se ven afectadas por sequías severas y prolongadas en las zonas rurales de Kenia. Como resultado, existe preocupación con respecto a la equidad porque la opción no es factible para muchas escuelas.

La respuesta está alineada con el modelo de servicio de Asante Africa para aprovechar la participación de los voluntarios locales en las comunidades para facilitar el cambio. Esto es posible principalmente porque los locales componen el personal de las comunidades. Muchos ex alumnos del programa asesoran a estudiantes más jóvenes y se involucran a nivel comunitario en roles de voluntariado y liderazgo. La política es escalable y coloca las necesidades de los estudiantes y la formación profesional / comunitaria en el centro del trabajo de Asante Africa. Las escuelas en algunas áreas rurales de Kenia reabrieron en noviembre; por lo tanto, AA podría asociarse inmediatamente con instituciones y comunidades de aprendizaje. Considerando COVID-19, esta opción es viable en parte porque todas las actividades pueden ocurrir al aire libre.

Tercera opción de política

<u>Establecer talleres comunitarios y desarrollo profesional de maestros:</u> La tercera opción integrada comienza con una intervención de varios niveles en forma de talleres comunitarios que identificarían y definirían en colaboración las barreras para la reinscripción. Las pruebas de referencia también se realizarían antes del inicio del trimestre para evaluar a los estudiantes en cuanto a las competencias académicas (en lo que respecta a la lectoescritura y la aritmética). Los hallazgos de ambos esfuerzos informarían el desarrollo profesional docente relevante. También guiarían el diseño de modelos alternativos de continuidad educativa y estructuras de apoyo / responsabilidad. El diseño de la formación y los modelos se desarrollaría de manera conjunta con el apoyo técnico de Asante Africa.

Un sistema de monitoreo digital sostendría esta intervención para monitorear el bienestar de los estudiantes y el progreso académico y adaptar rápidamente las prácticas basadas en evaluaciones. Es importante señalar que esta intervención se basa en el supuesto de que se puede lograr un taller de varios niveles con una amplia participación, dados los temores del público y las regulaciones gubernamentales con respecto a las reuniones. También asumimos que la idea de modelos alternativos de educación contará con el apoyo ideológico y programático del personal escolar.

Esta opción es escalable y está bien alineada, ya que se basa en las fortalezas institucionales de Asante Africa para ayudar a los estudiantes y maestros a desarrollar competencias y habilidades transferibles. Se puede escalar verticalmente como una política escolar y horizontalmente para llegar a los padres, estudiantes y maestros en las zonas rurales de Kenia. La equidad es fundamental para el taller de varios niveles para garantizar que todos los estudiantes, independientemente de las barreras, sean parte del proceso de diseño durante el resto del año escolar. Esta política también es muy relevante porque presenta un enfoque de aprendizaje centrado en el estudiante e involucra a varias partes interesadas en discusiones sobre las barreras que enfrentan los estudiantes que desean reinscribirse en la escuela y la mejor manera de abordar su pérdida de aprendizaje.

Este enfoque es de bajo costo (2,28 USD por alumno aproximadamente). Al igual que con la opción de política uno, llegamos a este cálculo consultando un popular sitio web de comercio electrónico de Kenia para dispositivos móviles. Asante Africa necesitaría determinar la probabilidad de que el monitoreo digital sea ejecutable, dado que cada escuela necesitaría un dispositivo para registrar datos y acceder a una red para que se puedan compartir. Si bien el aprendizaje autodirigido no es un componente esencial de esta opción de política por diseño, una faceta fundamental es implementar una respuesta sostenible con autonomía local incorporada en un proceso estandarizado de implementación.

Comparativo de alternativas de políticas

Las tres alternativas de políticas exploradas en la sección anterior abordan los desafíos de continuidad y acceso a la educación mediante palancas centrales. La opción 1 sugiere que Asante Africa depende en gran medida de la tecnología en su modelo de módulo de aprendizaje existente. Aunque esta solución cumple con los criterios de selección, los costos involucrados son altos. Además, los costos para asegurar estos dispositivos en caso de daño o robo se sumarían a los gastos. La opción 1 es relevante solo cuando los estudiantes tienen acceso a dispositivos como teléfonos inteligentes, tabletas o computadoras. Teniendo en cuenta nuestro contexto, esto es inverosímil. Por estas razones, la Opción 1 no es una solución equitativa. Esto es importante porque el trabajo principal en Asante Africa es garantizar oportunidades equitativas para las comunidades desatendidas. Sin embargo, vale la pena explorar la política con las agencias de financiamiento que brindan apoyo técnico.

La segunda alternativa sugiere que Asante Africa se asocie con las escuelas y comunidades locales para apoyar el bienestar de los estudiantes. Teniendo en cuenta las barreras al acceso educativo que COVID-19 ha agravado, el aprendizaje socioemocional ha ganado en importancia. Aprovechar una asociación con las comunidades y las escuelas podría conducir a un aumento en el bienestar de los estudiantes tanto en el hogar como en la escuela. Las otras dos alternativas no abordan esta preocupación directamente. La segunda opción también presenta la programación de la granja a la escuela como una respuesta educativa de emergencia estratégica y escalable.

La literatura revisada por los autores destaca la efectividad de tal intervención para aumentar los niveles de educación y el desarrollo de habilidades. Sin embargo, la política sugiere que Asante Africa cree un nuevo proyecto. Además, la ONG, la comunidad y las escuelas locales deberían acordar la ubicación del jardín y el área de cultivo. La respuesta no es factible debido a períodos prolongados de sequía severa en muchas áreas. También hay que tener en cuenta preocupaciones logísticas y el reclutamiento de voluntarios. Aunque la Opción 2 refleja varias prácticas prometedoras y cumple con la mayoría de los criterios, los problemas de equidad y los posibles requisitos de personal la convierten en una respuesta de emergencia insostenible para Asante Africa.

La tercer y última opción propone talleres comunitarios, desarrollo profesional docente y monitoreo del progreso como una respuesta educativa de emergencia. En comparación con las otras dos alternativas, la Opción 3 implicaría menos gastos. El modelo de desarrollo de la capacidad docente de Asante Africa ha estado activo desde 2012. El enfoque en el desarrollo de las habilidades de los docentes y el uso de dispositivos digitales en la educación es parte del Programa de Aprendizaje Acelerado en el Aula. Este programa llegó a más de tres mil escuelas en tres países y es bien recibido por las escuelas locales. Adaptar este programa para abordar los desafíos de la pandemia puede ser un enfoque eficaz y de bajo costo.

Los dispositivos necesarios para que las escuelas monitoreen los datos de los estudiantes pueden requerir un costo de adquisición si no hay un dispositivo preexistente para uso escolar. Sin embargo, el costo del dispositivo es considerablemente menor que el precio de las herramientas de jardinería iniciales y el equipo o dispositivos agrícolas para todos los estudiantes. La política también se alinea con la filosofía operativa de Asante Africa porque implica agregar la capa de recopilación de datos y toma de decisiones informada por datos para el desarrollo profesional. La opción también se basa en el éxito pasado de la organización con la participación de los padres. Más específicamente, aborda el deseo de los padres de participar en la educación de sus hijos y con los niños de toda la comunidad. Durante la pandemia, Asante Africa ha notado que los padres se apropian del trabajo con los jóvenes fuera del aula, específicamente en temas críticos como las drogas y el embarazo. El éxito pasado de Asante Africa al involucrar a los padres en su programación central y la observación de una mayor agencia durante la pandemia es prometedor para el éxito de los talleres comunitarios.

Sin embargo, esta política alternativa puede no tener el mismo impacto que un programa de educación acelerada o una asociación para cuidar el bienestar socioemocional de los estudiantes. Vale la pena señalar esto ya que Asante Africa tiene como objetivo apoyar al niño en su totalidad a través de su respuesta de continuidad de aprendizaje. Por lo tanto, proponemos una alternativa de política integrada. Un enfoque integrado implicaría pruebas de referencia y seguimiento del progreso, junto con talleres escolares y comunitarios. Esta intervención involucraría capacitar a maestros, estudiantes y padres para diseñar e implementar un plan de estudios holístico acelerado alineado con los estándares nacionales de Kenia. Los talleres abordarían la necesidad de apoyar el bienestar de los estudiantes y abordar las brechas de aprendizaje creadas por el acceso limitado a la educación durante la cuarentena.

Compensaciones

Cada política alternativa está diseñada para dar como resultado la continuidad del aprendizaje durante y después de la pandemia. Seleccionamos la Opción 3 como nuestro mecanismo de respuesta principal e incorporamos los aspectos curriculares de las otras dos opciones de política debido a su gran relevancia para los resultados de los estudiantes. En esta sección, se presentan las compensaciones asociadas con la decisión de recomendar un enfoque integrado.

Hay dos compensaciones principales asociadas con la tercera opción porque los resultados directos están centrados en los adultos. Por ejemplo, la inversión de tiempo y recursos en la recopilación de datos, el desarrollo profesional y la participación de los padres se vincula indirectamente con los resultados de los estudiantes. Sin embargo, la respuesta del huerto comestible y de la granja a la escuela presentada en la segunda opción refleja un enfoque centrado en el estudiante y que aborda estratégicamente la inseguridad alimentaria de los hogares en la comunidad y ofrece una forma indirecta de transferencia de efectivo en forma de asistencia alimentaria.

Incluso con los cambios en las prácticas de enseñanza y las estructuras de apoyo escolar, la compensación aquí es que las familias pueden priorizar las oportunidades de generación de ingresos que involucran a sus hijos sobre la reinscripción en la escuela porque la inseguridad alimentaria y financiera es un problema generalizado. Sin embargo, los talleres comunitarios tienen el potencial de abordar esta compensación porque las familias y Asante Africa pueden explorar en colaboración soluciones a las barreras que disuaden la reinscripción escolar. En última instancia, esto le da autonomía a las escuelas para abordar las necesidades únicas y variadas de las familias locales de manera adecuada.

La segunda compensación involucra la primera opción y tiene implicaciones para la tercera opción. La decisión de no invertir en dispositivos RACHEL y aumentar la alfabetización digital podría afectar la viabilidad de emplear los mecanismos de evaluación y monitoreo electrónico propuestos en la Opción 3. Abordamos esta preocupación en la sección final de este artículo. Teniendo en cuenta que las tabletas están disponibles a aproximadamente 4500 chelines kenianos (40 USD, calculado el 6 de diciembre de 2020), adquirir una tableta para 30 escuelas podría costar hasta 135,000 chelines kenianos (1232 USD, calculado el 6 de diciembre de 2020). Además de estos costos, también son necesarias tarifas adicionales para el mantenimiento y el seguro de los dispositivos. Sin embargo, el gasto total es potencialmente menor que los costos asociados con la adquisición de herramientas de jardinería y equipos agrícolas esenciales por sitio escolar.

El aumento de la capacidad de los maestros para impartir instrucción puede mejorar los resultados de los estudiantes tanto a corto como a largo plazo. De manera similar, mejorar la capacitación de los padres para crear espacios seguros para los niños puede tener importantes beneficios a largo plazo. Asante Africa está bien equipada para facilitar la formación de profesores y padres dado el éxito de su programación básica. Esto influye en las prácticas de enseñanza y el compromiso positivo con los padres en el contenido y la dirección del programa. Las otras dos alternativas de política analizadas no funcionan para equilibrar las ganancias a largo y a corto plazo. Por ejemplo, la adquisición de equipos agrícolas o dispositivos RACHEL puede no ser un gasto justificable durante un período de recuperación económica. Nuestra recomendación de política final se basa en una inversión en prácticas institucionales y en el aumento de la capacidad de los voluntarios para tener un impacto duradero en la educación en las zonas rurales de Kenia más allá de COVID-19.

Siguientes pasos para la implementación

Asante Africa necesitará aprovechar la red de educadores existente, modificar los materiales de capacitación, evaluar las condiciones físicas de implementación y realizar una evaluación de las necesidades para la recopilación, el monitoreo y la evaluación de datos como sus próximos pasos inmediatos.

La red de educadores de las escuelas rurales de Kenia debe estar informada sobre el cronograma de respuesta educativa de emergencia. Además, las partes interesadas deben conocer la variedad de actividades, los roles de los maestros y cómo están conectados con los objetivos de enseñanza, aprendizaje e inscripción del equipo de investigación. Los implementadores deben consultar y modificar principalmente el marco lógico preliminar desarrollado por el equipo de investigación. Asante Africa debería incluir supuestos adicionales para mejorar las actividades incorporadas para alcanzar los objetivos y metas definidos. Esto es particularmente importante porque la ONG trabaja en una variedad de contextos geográficos y culturales. Los educadores también deben colaborar con el personal de Asante Africa para modificar los materiales de capacitación y facilitación existentes de los programas de Aprendizaje Acelerado en el Aula y Wezesha Vijana para utilizarlos en talleres de varios niveles con líderes escolares, maestros, familias y miembros de la comunidad, y el posterior maestro profesional. desarrollo.

Para la capacitación y los talleres en persona, alentamos a Asante Africa a determinar el mejor formato y ubicación con cada socio local para garantizar que se lleven a cabo de acuerdo con los estándares de salud y seguridad del Ministerio de Salud. Esto puede aumentar la confianza de los participantes y maximizar la asistencia dada la cantidad de viajes de vacaciones que ocurrirán justo antes de la reapertura de las escuelas. Por ejemplo, si el objetivo es llegar a 150 padres a través de un taller comunitario en una localidad, se podrían realizar al menos ocho sesiones en ciertos días de la semana, en ciertos momentos y en lugares adecuados para prevenir la transmisión de COVID-19. Para maximizar el alcance de estos talleres, Asante Africa debe aprovechar la comunidad de padres con los que han trabajado anteriormente para fomentar la asistencia y el compromiso sostenido con la programación de COVID-19. Además, la información de contacto precisa de los estudiantes y las familias debe ser una prioridad para que las escuelas establezcan vínculos más fuertes entre el hogar y la escuela.

La evaluación de necesidades identificará las capacidades técnicas que tiene cada escuela para poner en práctica una prueba de referencia efectiva y monitorear completamente el progreso académico. Asante Africa debe determinar si hay al menos un dispositivo para ingresar y evaluar datos en cada escuela asociada. La ONG debe evaluar cómo se puede aprovechar la inversión digital actual realizada (por ejemplo, la compra previa de dispositivos) para cubrir una gran área geográfica mediante el uso secuenciado. Esto dependerá de los objetivos de la organización. Además, con un enfoque digital, Asante Africa debe identificar proveedores apropiados que puedan proporcionar software que pueda utilizarse para pruebas de referencia. El equipo de investigación puede ayudar a Asante Africa a identificar proveedores.

Conclusión

La pandemia ha ampliado las brechas existentes en la equidad educativa y ha creado numerosos desafíos experimentados por los estudiantes en las comunidades rurales desatendidas de Kenia. Si bien las personas en estas áreas marginadas enfrentan múltiples problemas y obstáculos, tenemos la intención de promover políticas que identifiquen a estas personas, desde niños hasta adultos, como agentes de cambio en sus comunidades. Esperamos que nuestra recomendación de política sea lo suficientemente flexible y duradera como para realizar cambios graduales en las actitudes y prácticas en este contexto. Dichos cambios ofrecerán soluciones que funcionan a pesar de las barreras que enfrentan los jóvenes para acceder y continuar su educación. Por último, esperamos que esta política conduzca a mejores asociaciones y programas de colaboración entre la Fundación Asante Africa y las comunidades a las que sirven.

Trabajo actual de Asante Africa

En una entrevista de seguimiento con Erna Grasz el 31 de enero de 2021, el fundador de Asante Africa expresó su compromiso de implementar la recomendación de política desarrollada por los autores. A continuación, se incluye un resumen de la discusión de 45 minutos. La organización está de acuerdo con el enfoque de política integral del niño sugerido por los autores. Cualquier problema socioeconómico que afecte a un niño se agrava para las niñas. En Kenia, las niñas que viven en áreas rurales experimentan el impacto más severo; son marginados habitualmente junto con los niños que viven con discapacidades.

Las entrevistas realizadas por los autores en Samburu y Marsabit, Kenia, en febrero de 2021, sugieren que los residentes están genuinamente agradecidos por el trabajo de Asante Africa. Cuando se les preguntó si creen que es una buena idea que las organizaciones extranjeras ofrezcan programas que se centren en la educación de las niñas, todos los encuestados dijeron que sí. También señalaron que las niñas tienen derecho a la educación. Sin embargo, la mutilación genital femenina (MGF), el matrimonio forzado, la presión de grupo y las vulnerabilidades las acosan. Estas vulnerabilidades están asociadas con la creencia de que las niñas son menos valiosas que los niños en estas comunidades. Se realizaron ocho entrevistas con familias que no reciben servicios de la ONG.

Asante Africa implementará las recomendaciones de política teniendo en cuenta específicamente a la niña. Los miembros del personal han comenzado a utilizar las recomendaciones de la política para actuar ahora que los niños (0-18) están de regreso en la escuela. La organización ha comenzado a evaluar la política de apoyo a los niños que no asisten a la escuela. Además, Asante Africa está buscando activamente formas adicionales de distribuir los hallazgos para ayudar a otras ONG; el primer paso fue dar a conocer las recomendaciones de política. Nuestro proyecto es ahora un recurso en el sitio web de Asante Africa.

En la comunidad, Asante Africa dividirá grupos de niños usando una proporción de 60:40; 60% niñas y 40% niños. Los grupos de aprendizaje iniciales, ya sea en la escuela o en la comunidad, serán dirigidos por niñas para apoyar su capacidad de ganar confianza y disminuir la posibilidad de que los líderes masculinos del grupo las excluyan o las pasen por alto. La evidencia del programa anterior demuestra que cuando las niñas comienzan como líderes iniciales del club / grupo, naturalmente incluyen a los niños en todas las actividades. Lo contrario es cierto si se inicia con niños en roles principales de liderazgo. En última instancia, las niñas se sentirán más cómodas con los niños a medida que se involucren en experiencias de aprendizaje juntas.

Autores

Revanth Voothaluru es estudiante de maestría en el programa de Política Educativa Internacional de la Escuela de Educación para Graduados de Harvard. Tiene su sede en la India y sus intereses de investigación se centran en mejorar la capacidad docente en países de bajos ingresos y situaciones de conflicto.
rvoothaluru@gse.harvard.edu

Charlotte Rebecca Hinrichs es estudiante de maestría en el programa de Política Educativa Internacional de la Escuela de Educación para Graduados de Harvard. Sus intereses de investigación son la educación internacional y comparada, los métodos de investigación, la equidad y el liderazgo escolar.
chinrichs@gse.harvard.edu

Michael Ryan Pakebusch es un estudiante de maestría en el programa de Política Educativa Internacional de la Escuela de Graduados de Educación de Harvard. Tiene su sede en África Oriental y trabaja en consultoría y éxito postsecundarios.
ryan_pakebusch@gse.harvard.edu

Referencias

Accelerated Education Working Group. (2017a). Accelerated Education: 10 principles for effective practice. https://inee.org/system/files/resources/AEWG_ A celerated_ Education_10_Principles_ENG_screen.pdf

Accelerated Education Working Group. (2017b). Guide to the Accelerated Education Principles https://www.eccnetwork.net/sites/defaultf les/media/file/AEWG%20Accelerated% Education%20Guide%20to%20the%20Pr ciples screen.pdf

ASCD. (2012). Making the case for educating the whole child (pp. 1 16).http://www.wholechildeducation.org/asse

s/content/mx-resources/WholeChild
MakingTheCase.pdf

Boisvert, K. (2017a). Case Study Report: RET International
Kenya. University of Massachusetts Amherst.
https://scholarworks.umass.edu/cgi/view
ontent.cgi?article=1001&context=cie_eccn

Boisvert, K. (2017b). Case Study Report: Save the Children
Sierra Leone. University of Massachusetts
Amherst.
https://scholarworks.umass.edu/cgi/viewcont
nt.cgi?article=1002&context=cie_eccn

Burch, F., & Muro, P. (2007). Education for rural people: A
neglected key to food insecurity. Research Gate.
file:///Users/user/Downloads/Education_for_
ural_People_ A_Neglected_Key_To_Food.pdf

Bridge International Academies (2019). Learning Gains in
Kenya.
https://www.bridgeinternationalacademies.com/i
pact/kenya/

Carrillo, C., & Flores, MA (2020). COVID-19 and teacher
education: A literature review of online teaching and
learning practices. European Journal of Teacher
Education, 43(4), 466–487.
https://doi.org/10.1080/02619768.2020.1821184

Centers for Disease Control and Prevention. (2021). Whole School,
Whole Community, Whole Child (WSCC). CDC Healthy
Schools.
https://www.cdc.gov/healthyschools/wscc/index.htm

Coomar, S., & Rzyhov, I. (2013). A Short Case Study of the
Impacts of the OLPC Project around the World. Zurich:
Department of Informatics, University of Zurich.
https://files.ifi.uzh.ch/hilty/t/examples/IuN/Case_Stud
y_One_Laptop_per_Child_(OLP
C)_Project_Coomar_Ryzhov.pdf

Educate a Child. (2016). Accelerated Education Programming.
https://educateachild.org/sites/default/files/docs/2016/
/Accelerated%20Education%20Programming-
Occasional%20Paper%201%20(f)%2024%20Feb%20201
6.pdf

Flemming, J. (2017). Case Study Report: Norwegian Refugee Council, Dadaab, Kenya. University of Massachusetts Amherst. https://scholarworks.umass.edu/cgi/viewcontent.cgi?article=1000&context=cie_eccn

Francisco HG Ferreira, DECRG, Policy Research Talk: November 30, 2015, Measuring Global Poverty - Past, Present and Future http://pubdocs.worldbank.org/en/381541448921632160/Ferreira-et-al-Global-Poverty.pdf

Koval-Saifi, N., & Plass, J. (2018). Feed the Monster: Impact and Technical Evaluation. Washington, DC: World Vision and Foundation for Information Technology Education and Development.

Manda, S. (2011). Evaluation of the Accelerated Learning Programme in Liberia. UNICEF. https://www.unicef.org/evaldatabase/files/4_Reports._ALP_Evaluation_Report._Final. pdf

Mathewson, T. (2020). Self-directed learning' skills are key to making remote instruction work. The Hechinger Report https://hechingerreport.org/self-directed-learning-skills-are-key-to-making-remote-instr uction-work/

Mendenhall, M., Dryden-Peterson, S., Bartlett, L., Ndirangu, C., Imonje, R., Gakunga, D., Gichuhi, L., Nyagah, G., Okoth, U., & Tangelder, M. (2014). Quality education for refugees in Kenya: Pedagogy in urban Nairobi and Kakumba refugee camp settings (Vol. 1). Education in Emergencies INEE. http://s3.amazonaws.com/inee-assets/resources/JEiE.V1N1.Mendenhall.Education_fo Refugees_Kenya.Oct2015.pdf

Mendez, A., Ramesh, A., Bexter, P., & North, L. (2016). Accelerated education programs in crisis and conflict: Building evidence and learning. The Pearson Institute. https://thepearsoninstitute.org/research/accelerated-education-programs-crisis-and-confl ict-building-evidence-and-learning

Muralidharan, K., Singh, A., & Ganimian, A. (2018). Disrupting Education? Experimental Evidence on Technology-Aided

Instruction in India. Pittsburg: American Economic Review.

Ndege, A. (2018, June 28). Business Daily. Kenya 8th on extreme poverty list. Retrieved from https://www.businessdailyafrica.com/bd/economy/keny a-8th-on-extreme-poverty-list-2208558

Population Pyramid: Kenya 2020. (Dakota del Norte). https://www.populationpyramid.net/kenya/2020/

Reimers, F. (2020). Audacious education purposes: How governments transform the goals of education systems. https://doi.org/10.1007/978-3-030-41882-3

Reimers, F. (2017). Empowering all students at scale.

Santos, R., & Novelli, M. (2017). The effect of the ebola crisis on the education system's contribution to post-conflict sustainable peacebuilding in Liberia. UNICEF. https://educationanddevelopment.files.wordpress.com/2 016/06/liberia-report_march201 7_lowres.pdf

Save the Children. (2010). The Future is Now: Education for children in countries affected by conflict. https://reliefweb.int/sites/reliefweb.int/files/resources/0 3F6E199D2EC8C38852577200 069E8B8-Full_Report.pdf

School of Professional Studies in Education, Faculty of Education, North-West University, South Africa, & du Toit-Brits, C. (2019). A focus on self-directed learning: The role that educators' expectations play in the enhancement of students' self-directedness. South African Journal of Education, 39(2), 1–11. https://doi.org/10.15700/saje.v39n2a1645

Smith, A., Lovatt, M., & Wise, D. (2003). Accelerated Learning: A user's guide. Bloomsbury.

UNFPA. (2017). Recovering from the Ebola Virus Disease: Rapid assessment of pregnant adolescent girls in Sierra Leone. United Nations.https://sierraleone.unfpa.org/sites/default/files/ pub-pdf/Rapid%20Assessment%20of%2 0Pregnant%20Adolescent%20Girls.pdf

UNESCO (2020a). COVID-19 Reponse - Re-enrollment. https://en.unesco.org/sites/default/files/unesco-COVID-19-response-toolkit-re-enrolment.pdf

UNESCO (2020b) UIS Statistics: Out-of-school rate for children of primary school age, female. Year: 2014 and 2017. Country: Liberia. http://data.uis.unesco.org/

UNICEF (2017). Child Poverty in Kenya - A multi-dimensional approach, https://www.unicef.org/esaro/2017-UNICEF-Kenya-Child-Poverty.pdf

UNICEF. (2020a). Building back equal: Girls back to school guide. https://www.unicef.org/media/75471/file/Building-back-equal-Girls-back-to-school-gui de-2020.pdf

UNICEF. (2020b). Education in a post-COVID world: Nine ideas for public action. https://en.unesco.org/news/education-post-Covid-world-nine-ideas-public-action

UNICEF. (2020c). Framework for reopening schools. https://www.unicef.org/documents/framework-reopening-schools

Wambua, B., Omoke, K., & Mutua, T. (2014). Effects of socio-economic factors on food security situation in Kenyan drylands ecosystem (Vol. 2). Asian Journal of Agriculture and Food Science. file:///Users/user/Downloads/EffectsofSocio-EconomicFactorson FoodSecuritySituation.pdf

60 Million Girls Foundation. (2018). Mobile Learning Lab: Project Evaluation Report - Sierra Leone.

Capítulo Siete

Abordar las tendencias negativas en la asistencia y la preinscripción en las escuelas para prevenir la deserción durante el COVID-19: el caso de Quintana Roo, México

Kristen Hinckley, María Jaramillo, Daniel Martínez, Wilbert Sánchez y Patricia Vázquez

Resumen

Este capítulo proporciona evidencia sobre el impacto de COVID-19 en la deserción escolar a nivel mundial y analiza la urgencia de priorizar y abordar este problema. El capítulo, se enfocará específicamente en el impacto de COVID-19 en las tendencias decrecientes en la asistencia y preinscripción en la escuela relacionadas con la prevención de la deserción escolar en el estado de Quintana Roo, México. A través de una consultoría establecida con la Secretaría de Educación Pública de Quintana Roo (SEQ), los autores tuvieron la oportunidad de analizar los desafíos locales para abordar la continuidad educativa durante la pandemia y su impacto y ofrecer recomendaciones. Este capítulo proporcionará detalles sobre el contexto local y cómo los formuladores de políticas educativas han respondido a la pandemia. A continuación, se abordará la literatura sobre las causas fundamentales de la deserción en todo el mundo y en Quintana Roo. Luego, proporcionará evidencia empírica para describir con más detalle las complejidades del problema en función de los datos recopilados localmente. Finalmente, se discutirán alternativas de políticas y recomendaciones para el cliente basadas en las mejores prácticas para abordar la continuidad educativa, fundamentando estas recomendaciones en los factores contextuales del sistema educativo de Quintana Roo. Este capítulo comenta cómo ha cambiado el concepto de deserción escolar durante la pandemia

COVID-19, contribuyendo a una posible nueva comprensión de este fenómeno y la forma en que se define y mide.

Introducción

En 2018, antes del estallido de la pandemia COVID-19, una sexta parte (258 millones) de los niños, adolescentes y jóvenes del mundo no asistían a la escuela (UNESCO, 2018). La pandemia ha provocado una interrupción global de la educación que ha afectado a más de 1.700 millones de estudiantes, incluido hasta el 99% de los estudiantes en países de ingresos bajos y medianos bajos (OCDE, 2020a; Naciones Unidas, 2020, p. 2). La UNESCO estima que 24 millones más de niños corren el riesgo de no regresar a la escuela (UNESCO, 2020a), lo que significa que el efecto de la pandemia en términos de deserción escolar llevará el nivel de deserción escolar al mismo número de estudiantes fuera de la escuela en 2000 (UNESCO, 2020, p. 2), borrando 20 años de avances en materia de política educativa en el acceso a la escuela. La magnitud proyectada de estudiantes que abandonan o no regresan a la escuela está representada por el hecho de que "la población sin escolarizar aumentaría en un 2% debido a los choques económicos provocados por COVID-19" (UNESCO, 2020, p. 7, y Azevedo et al., 2020, p. 13).

Se espera que el impacto del año completo de pérdida de aprendizaje se traduzca en una disminución del 7,7% en el PIB descontado (calculado sobre la base de una proyección del PIB a 80 años con un año base de 2020, creciendo a una tasa de crecimiento anual compuesta del 1,5%, descontado o llevado a valor presente a una tasa de crecimiento del 3%) (Hanushek & Woessman, 2020). Es probable que la pérdida de aprendizaje ocurra porque "los niños no aprenderán tanto como podían 'antes' y porque la falta de compromiso con el aprendizaje durante este período ... hará que algunos de los niños abandonen la escuela" (Luo et al., 2020). El compromiso es uno de los aspectos más difíciles de recuperar y es posible que los estudiantes que pierden la conexión con la escuela nunca regresen, "afectando el impacto a largo plazo en los resultados de los estudiantes, lo que también potencialmente agrava las desigualdades en la educación" (OCDE, 2020a).

La tasa de deserción escolar hará que las generaciones futuras de estudiantes disminuyan sus conocimientos y habilidades, lo que a su vez afectará negativamente su productividad, empleabilidad y "capacidad para contribuir al desarrollo de sus economías" (Reimers, 2020a, p. 35). Datos recientes de Europa muestran que "el cierre de escuelas ha provocado una pérdida real de aprendizaje", ahora denominado "deslizamiento de Covid", y los estudiantes de países de ingresos medios y bajos "probablemente sufrirán consecuencias aún peores" (Donnelly y Patrinos, 2020). El Banco Mundial estima que esta interrupción de la educación puede resultar en "una pérdida de $10 billones de dólares en ganancias por horas extra para esta generación de estudiantes" (Banco Mundial, 2020). Por lo tanto, la ONU insta a los esfuerzos globales conjuntos para prevenir la deserción, enfocándose en identificar y traer de regreso a los estudiantes de la escuela en riesgo (Naciones Unidas, 2020) y crear conciencia entre los legisladores para mantener a los estudiantes comprometidos con el aprendizaje para limitar la histéresis[4] (Reimers, 2020).

Propósito, metas y métodos de la consultoría

A lo largo de esta consultoría, los autores han tenido la oportunidad de apoyar al cliente, la Secretaría de Educación Pública de Quintana Roo (también conocida como SEQ), para abordar los desafíos de la continuidad educativa durante el COVID-19. pandemia. Esta consultoría se estableció con el cliente en base a la relación personal y profesional previa que uno de los autores tiene con la Sra. Ana Vásquez (SEQ). Ella y su equipo otorgaron a los autores acceso a los datos locales de Quintana Roo y los autores

---

[4] Este término se refiere al creciente desafío de los trabajadores desempleados de regresar al trabajo, cuanto más tiempo permanecen sin trabajo. La OCDE ha sugerido que, de manera similar, en educación, los estudiantes que abandonan la escuela (ya sea porque eligieron o no pueden conectarse a los recursos empleados en la respuesta a la crisis) pueden tener más dificultades para regresar a clases. (Reimers, 2020).

pudieron trabajar con su equipo para comprender mejor los datos y reflexionar con ellos sobre los desafíos que las autoridades locales han estado enfrentando. Se estableció una relación de confianza entre los autores y el cliente, que permitió un análisis y recomendaciones sin limitaciones que fueron recibidas con franqueza por parte del equipo de Quintana Roo.

Este proceso de colaboración incluyó reuniones frecuentes con SEQ hasta septiembre de 2020 - enero de 2021 para discutir y compartir hallazgos y comprender mejor el contexto. Con base en estas conversaciones y los datos, los autores definieron los problemas más cruciales en dos partes: 1) un aumento en la tasa de abandono que puede estar relacionado con el compromiso de los estudiantes, y 2) una preocupación por la calidad de los recursos educativos que se desarrollaron para continuar la escolarización durante la pandemia. El problema de Quintana Roo se puede resumir como uno relacionado con la *tasa de deserción* y *el compromiso* de los estudiantes y la *calidad de la educación,* los cuales están interconectados.

Aunque Quintana Roo generalmente cuenta con una tasa de deserción muy baja y una población estudiantil en crecimiento, las cifras de preinscripción y asistencia a la primera semana de clases en el año escolar 2020 fueron más bajas que en años anteriores, lo que podría relacionarse con una tasa más alta de deserción de los estudiantes. Además, las probabilidades de que los estudiantes reciban una educación de alta calidad en entornos remotos son bajas. Existe un "gran vacío" (Subsecretaría de Planeación Educativa en Quintana Roo, comunicación personal, 23 de septiembre de 2020) para comprender de manera más profunda las causas fundamentales de la deserción escolar K-12 durante la pandemia y sería beneficioso para la SEQ conocer por qué está sucediendo exactamente este fenómeno educativo y obtener información sobre cómo abordar el problema y tomar decisiones en consecuencia.

La OCDE recomienda urgentemente "recopilar datos completos para obtener una imagen precisa de los estudiantes que abandonan la escuela o que no participan durante el cierre de las escuelas y desarrollar un apoyo específico para que esos estudiantes vuelvan a la escuela" (OCDE, 2020a, p. 4). Por lo tanto, este análisis de políticas se realizó considerando las voces de diferentes actores (conversaciones con SEQ, funcionarios de educación superior y docentes) (Vázquez, A., comunicación personal, 21 de septiembre de 2020). Los autores también han analizado comparativamente las iniciativas de otros países para prevenir y abordar la deserción escolar en otras emergencias educativas, así como en el contexto de la pandemia COVID-19. A lo largo de este proceso, los autores han hablado con expertos que abordan la deserción a nivel internacional y en México.

Contexto de México y Quintana Roo: Demografía y Educación

En México, aproximadamente 30 millones de estudiantes, 1.5 millones de maestros y 244,000 escuelas (INEE, 2019) han estado bajo presión durante la pandemia. Adicionalmente, 21,2 millones de personas aún viven con retraso educativo, lo que significa que son mayores de la edad esperada para completar la educación primaria, pero no han terminado la educación primaria o secundaria, ya sea porque se han retenido en grados anteriores o han abandonado la escuela-- o que tienen entre 3 y 17 años de edad y no están matriculados en la escuela (CONEVAL, 2019, págs.102-103). El sistema educativo de México está descentralizado, lo que significa que los 32 estados dirigen y administran sus propios sistemas, pero se alinean con el plan de estudios y los estándares nacionales. Los estados pueden innovar con estrategias y atender las necesidades locales con sus propios recursos.

En el estado de Quintana Roo (QR), la economía se basa principalmente en el turismo y, por lo tanto, se ha visto particularmente afectada por la pandemia. De los 1,7 millones de habitantes, el 78% vive en zonas urbanas, el 22% en zonas rurales y el 32,5% es población indígena (INEGI, 2015; INEE -UNICEF, 2018, p. 58) que ha sido históricamente marginada y se concentra en áreas rurales (INEGI, 2016).

El estado ocupa el décimo lugar entre los 32 estados

mexicanos en el Índice de Progreso Social para 2020,[5] pero aún tiene el 3.2% de la población analfabeta, colocando al estado en el puesto 18 de 32 estados en este indicador. Con respecto a la matrícula bruta escolar, QR reporta 65,8% para preescolar, 103,2% para primaria y 86,2% para secundaria. En cuanto al acceso a la información y la comunicación, el 72.4% de los hogares tiene conexión a internet, el 48% tiene computadora y el 81.4% de la población usa teléfonos celulares, ubicándose en el puesto 15 entre los 32 estados (México ¿Cómo Vamos? 2020). Quintana Roo es uno de los estados con mayor porcentaje de estudiantes matriculados en escuelas que se encuentran en zonas de alta marginación (MEJOREDU, 2020, p. 86).

El sistema escolar de QR consta de aproximadamente 1,964 escuelas desde Preescolar hasta Secundaria en 13 modalidades diferentes (tipos de sistemas, rural, indígena, privado, etc.). La población total de estudiantes registrados al 30 de septiembre de 2020 era de 341,168 estudiantes (la proporción de estudiantes por escuela es de 174). El sistema educativo de QR está compuesto por instituciones públicas y privadas, y el 77% del total de las instalaciones escolares son escuelas públicas que representan aproximadamente el 90% de la población estudiantil total.

Respuesta Educativa al COVID-19: México y Quintana Roo

<u>Respuesta Nacional:</u> En respuesta a la pandemia del COVID-19, la Secretaría de Educación Federal en México cerró las escuelas el 23 de marzo de 2020, y estos cierres de escuelas han continuado hasta la publicación de este capítulo a finales de febrero de 2021. El nuevo año escolar comenzó el 24 de agosto de 2020, ofreciendo aprendizaje remoto a través de la televisión a escala nacional, complementado con el acceso a plataformas digitales como Google y programación educativa de radio local (Banco Mundial, 2020; SEP, Boletín 101, 2020). Los pilares centrales de la estrategia nacional incluyeron: 1) programación de televisión, 2) acceso a una

---

[5] El Índice de Progreso Social reconoce los esfuerzos de todos los gobiernos para mejorar las necesidades básicas, el bienestar y las oportunidades de sus ciudadanos. (México, ¿Cómo Vamos?, 2020).

plataforma web, 3) acceso a contenido educativo en línea y fuera de línea, y 4) programas de formación docente.[6]

Debido a que solo el 56.4% de los hogares tiene acceso a Internet, mientras que el 92.5% tiene un televisor (INEGI, 2019) y México tiene varias décadas de experiencia con un programa de televisión de escuela secundaria bien establecido, el plan de contingencia de México optó por la televisión educativa como la principal plataforma de entrega para difundir más contenido 24/7 y llegar a las comunidades más marginadas del país (Ripani & Zucchetti, 2020). Desde marzo, los contenidos televisivos educativos se entregan a través de *Aprende en Casa I, II y III* (Aprender en casa). Para aquellos que no pudieron acceder al contenido televisivo, se planificó la distribución local de programas de radio y libros de texto (Banco Mundial, 2020).

Los resultados de una encuesta realizada por MEJOREDU[7] en junio de 2020 proporcionan información sobre los obstáculos para acceder a la educación a distancia en el sentido de que el 57,3% de los estudiantes no tenían una computadora, televisión, radio o teléfono celular durante la emergencia y el 52,8% de las estrategias de instrucción requerían materiales que los estudiantes no tenían en sus hogares (MEJOREDU, 2020a). En cuanto a cómo se sienten los estudiantes sobre la educación a distancia, el 51,4% de las actividades en línea y en los programas de televisión y radio fueron aburridas para los estudiantes

---

[6] Los programas de capacitación para docentes se enfocaron en el uso básico de herramientas TIC (Tecnologías de la Información y la Comunicación) a través de un centro de capacitación en línea disponible en alianza con Google for Education. Hasta ahora alrededor de 1,2 millones de docentes ya tienen acceso a la plataforma, lo que representa casi el 60% de los docentes que ahora están utilizando las nuevas tecnologías para recibir programas de formación (SEP, 2020a). En cuanto al uso de las TIC antes de la pandemia, México tenía un 69% de docentes de secundaria inferior que "con frecuencia" o "siempre" dejaban que los estudiantes usaran las TIC para proyectos o trabajos de clase, superior al promedio de la OCDE de 53% (2018) (Schleicher, 2020, p. 17; OCDE, 2019, cuadro web I.2.1).

[7] MEJOREDU es la nueva institución que reemplazó al INEE (Instituto Nacional para la Evaluación de la Educación) en 2019, a cargo de desarrollar y evaluar las políticas educativas en México.

(MEJOREDU, 2020a). Finalmente, los problemas que enfrentaron los estudiantes incluyeron los siguientes: apoyo limitado o falta de explicaciones por parte de sus profesores, falta de claridad en las actividades, poca retroalimentación sobre el trabajo realizado, falta de conocimiento sobre sus aciertos o errores en las actividades, comprensión insuficiente de lo que estaban haciendo, menor aprendizaje y comprensión, y percepción de no tener los conocimientos necesarios para pasar al siguiente grado (MEJOREDU, 2020a).

<u>Respuesta de Quintana Roo:</u> El 23 de marzo de 2020 SEQ decidió que los estudiantes de educación básica no regresarían a la escuela y las clases se realizarían de forma remota hasta el final del año académico en julio de 2020. Para garantizar la continuidad del aprendizaje de forma remota, SEQ creó y distribuyó cuadernos de trabajo educativos para estudiantes sobre diversos temas escritos tanto en español como en maya.[8] Estos cuadernos de trabajo debían usarse en línea y fuera de línea y para complementar la estrategia a nivel nacional / estatal de *Aprende en Casa* para continuar educando a los estudiantes sin conexión a Internet o los estudiantes que no podían acceder al contenido educativo transmitido y transmitido. SEQ creó un canal de YouTube con video lecciones y un canal de televisión pública, dentro del sistema de Comunicación Social de Quintana Roo, que se dedicaba exclusivamente a la distribución de contenido educativo (Gonzáles, 2020). Lamentablemente, todavía hay 23.881 estudiantes de 407.318 (MEJOREDU, 2020) que representan el 5,8% de la educación básica que no ha tenido acceso a este apoyo por falta de señal de televisión y acceso a internet, así como estudiantes ubicados en las zonas más remotas. que no pueden recibir materiales educativos impresos (Amastv, 2020).

---

[8] Para obtener una lista completa de todas las guías disponibles, consulte SEQ Secretaría de Educación de Quintana Roo. (2020). Guías de Experiencias Quintana Roo / Ciclo Escolar 2020-2021. Editado por Secretaría de Educación de Quintana Roo SEQ. Gobierno del Estado Quintana Roo, 2016-2022. https://www.qroo.gob.mx/seq/guias-de-experiencias-quintana-roo-ciclo-escolar-2020-2021.

Abandono y contexto de COVID-19 en México y Quintana Roo

En México, la tasa de abandono pre-COVID-19 en 2017-2018 en educación primaria fue relativamente baja con 0.5% pero más alta en secundaria con 4.6% (MEJOREDU, 2020, p. 135). QR es reconocido en México por tener una "participación universal y tasas de deserción cercanas a cero" en los grados de primaria (1-6) según los datos de 2017-2018 (Monroy & Trines, 2019). A pesar de los esfuerzos de la autoridad local para brindar educación a distancia considerando la pandemia, al 6 de agosto de 2020, 18 días antes del nuevo año escolar, solo el 85% de los estudiantes de primaria en QR habían sido inscritos por sus padres para el próximo año escolar (Gutiérrez, 2020). El análisis de datos muestra que el sistema educativo de QR parece haber sido profundamente afectado por la pandemia (Ver Sección 3). Como se menciona en el Capítulo 8 sobre Sinaloa, México, el cierre de escuelas causado por la pandemia podría resultar en una "pérdida de entre 0.3 y 0.9 años de escolaridad ajustada por calidad" (Azevedo et al., 2020), lo que significa que podríamos ver una reducción en el promedio de años de escolaridad en el estado de QR de 10.2 años a 9.3 años (INEGI, 2020), cayendo cerca de los 9.1 años promedio de educación que tenía el estado en 2010 (INEGI, 2010).

Revisión de la literatura sobre la deserción escolar

Esta sección está organizada cronológicamente, desde el contexto pre-COVID-19 hasta el contexto actual de COVID-19, revisando las causas de la deserción y las alternativas que se han utilizado para abordar la deserción a lo largo del tiempo a nivel internacional y en México. Es fundamental identificar los "perfiles" de los estudiantes que abandonan y las razones que los llevan a hacerlo para comprender el desafío de la deserción escolar de los estudiantes. Lee y Burkham (2001, citado en González, 2015) señalaron que las causas de la deserción se basaron en factores sociales y académicos. Los riesgos sociales están relacionados con la raza, el género, el idioma y la situación socioeconómica, y las estructuras familiares. El aspecto académico a menudo se asoció con calificaciones, bajas expectativas, repetición o problemas de disciplina. Burkham también señala que cuanto más riesgo social acumula un estudiante, mayor es la probabilidad de que abandone la escuela; sin embargo, es necesario considerar la edad del estudiante ya que los estudiantes mayores tienen una mayor tendencia a la deserción.

Con respecto a las razones por las que los estudiantes abandonan la escuela, Balfanz (2007) hace referencia a las siguientes cuatro categorías: "eventos de la vida" (embarazo, arrestos, necesidad de trabajar para mantener a la familia), "desvanecimientos" (como frustración, aburrimiento o no ver la razón para ir a la escuela), "expulsiones" (estudiantes percibidos como difíciles, peligrosos o perjudiciales para la escuela y se les anima a que se retiren, se transfieran o se eliminen de las listas por reprobar cursos o faltar a la escuela), y "no tener éxito" (estudiantes que no logran lograr o que asisten a la escuela sin los apoyos que necesitan). Otros académicos clasifican la deserción como la culminación de años de disconformidad con la educación que pueden surgir de que los estudiantes sientan una desconexión entre la vida académica y la vida "real" (Furger, 2008). Para otros, puede ser una respuesta más transitoria a las presiones socioeconómicas sobre los estudiantes para que apoyen económicamente a sus familias (Furger, 2008).

La tipología de Bowers y Sprott (2012) incluye tres tipos de deserción escolar: "silenciosos" (estudiantes con calificaciones y puntajes de exámenes bastante bajos, iban a clase a menudo sin hacer sus tareas y rara vez se les suspendía), "hastiados" (estudiantes a los que no les gusta la escuela, con los puntajes y calificaciones promedio más bajos en las pruebas, con la mayoría de las ausencias y los que más fueron suspendidos o en libertad condicional), e "involucrados" (estudiantes con puntajes y calificaciones más altos en las pruebas, muy involucrados en actividades extracurriculares) (Bowers & Sprott, 2012, p. 142).

Estudios recientes han descrito otros perfiles, motivos y tipologías de deserción. USAID (2015) reconoció una combinación de factores y características al abordar el fenómeno de la deserción y los agrupó en cuatro categorías: individual, familiar, escolar y comunitario. La combinación de todos estos y la intensidad de su aparición en la vida de los estudiantes está relacionada con la tendencia de un estudiante a abandonar el sistema escolar formal. Además, Adelman y Székely (2016) se basan en esta investigación centrada en Centroamérica, agregando la importancia de considerar el progreso de los estudiantes a lo largo del "ciclo de vida humano" como un factor importante además de los factores individuales, domésticos, comunitarios y macro. La investigación de Hunt (2008) en países africanos destaca la importancia de considerar la salud como un factor que puede estar relacionado con la deserción de los estudiantes, específicamente en lo que respecta a la necesidad de revisar las condiciones de salud de los estudiantes y de sus familias.[9]

Esta literatura revela la naturaleza variada y, a menudo, impredecible de la deserción, sus "cómo" y "por qué", y quién puede abandonar la escuela. Estos factores identificados en la literatura, particularmente aquellos relacionados con eventos vitales repentinos y sin precedentes y causas sociales o comunitarias, son explicaciones plausibles de las causas fundamentales de la deserción escolar en Quintana Roo durante la pandemia actual.

Con respecto a hacer predicciones para los estudiantes que pueden abandonar la escuela, se han desarrollado modelos de predicción que toman un rango de variables desde la "riqueza del hogar" hasta la "igualdad escolar" y las "condiciones del mercado laboral" (Adelman et al., 2017). Estos modelos también tienen en cuenta períodos críticos específicos con una mayor propensión a la deserción, como la transición del octavo al noveno grado en los EE. UU. (Bowers & Sprott, 2012) o la transición de primaria a secundaria en otros lugares (Adelman et al., 2017). En los mercados emergentes, los datos socioeconómicos individuales y las encuestas comunitarias granulares para identificar tipologías que se incorporan a los modelos de predicción han sido más escasos o inexistentes. Sin embargo, el Instituto de Estadística de la

---

[9] Esta debería ser un área para futuras investigaciones y consideraciones en el contexto de COVID-19. Por ejemplo, ¿cómo impacta (o no) la muerte de un miembro de la familia por COVID-19 en el riesgo de que los estudiantes abandonen la escuela?

UNESCO (UIS) ha desarrollado una base de datos para dar cuenta de los niños y jóvenes que no asisten a la escuela (UNESCO, 2020), y algunos municipios y centros urbanos han comenzado a compilar bases de datos, utilizando datos nacionales ampliamente disponibles, junto con algunos estudiantes individuales. - información de rendimiento para construir estas capacidades de predicción (Adelman et al., 2017).

Este tipo de datos localizados es crucial para comprender los principales impulsores de la deserción y para desarrollar una estrategia de intervención adecuada para abordar estas causas fundamentales, ya que los estudiantes responden mejor a las estrategias adaptadas a ellos (Bowers & Sprott, 2012). Por ejemplo, los investigadores utilizaron dichos datos para Guatemala y Honduras para construir un modelo multinivel con varias covariables individuales como género, edad, identificación indígena, tareas domésticas, repetición del año escolar, asistencia al preescolar, entre otras, así como familia / comunidad- amplia información, como el nivel educativo de los padres, la calidad de la vivienda y la disponibilidad de electricidad. Su modelo predijo con 70-80% de precisión general, la tasa de abandono individual para conjuntos de datos dentro y fuera de la muestra (Adelman et al., 2017, págs. 3-5).

Abordar el abandono escolar antes del COVID-19 y durante tiempos de crisis: ¿qué se ha hecho?

Los sistemas educativos de todo el mundo han implementado diferentes estrategias para abordar la deserción escolar, como sistemas de alerta temprana, programas de tutoría, campañas de comunicación y programas de transferencia de efectivo. (Las secciones posteriores discutirán los sistemas de alerta temprana y los programas de tutoría).

Una evaluación de ensayo controlado aleatorio de un programa de transferencias monetarias condicionadas (CCT) dirigido a estudiantes de secundaria en las zonas rurales de China demostró que el programa redujo la deserción escolar en un 60% y fue "más efectivo entre los estudiantes con bajo rendimiento académico y probablemente más efectivo entre las niñas y estudiantes más jóvenes" (Mo et al., 2013). En América Latina, Brasil implementó un programa de TMC, *"Bolsa Familia"*, y encontró que el programa redujo las tasas de deserción escolar en un 0.5% para los grados 1-4 y 0.4% puntos para los grados 5-8 (Glewwe & Kassouf, 2020). Sin embargo, se encontró que la evidencia del "de la Ciudad de México *Prepa Sí*", un programa CCT no dirigido, no aumenta las tasas de graduación de la escuela secundaria (Dustan, 2020).

Bogotá, Colombia muestra un ejemplo de una campaña de comunicación donde diferentes sectores trabajaron juntos para implementar un programa integrado para abordar la mendicidad infantil, incluyendo la participación del público en una campaña pedagógica y de comunicación donde ofrecían a los ciudadanos "monedas de cambio" que podrían entregar a los niños que piden dinero en las calles. Estos volantes en forma de moneda contenían información para que los niños y sus familias recibieran el apoyo necesario y la Secretaría de Educación pretendía que este programa evitara la deserción escolar (Nogero, 2019).

En respuesta a la crisis del Ébola, se establecieron estrategias para abordar el lado de la oferta y la demanda de las oportunidades educativas, como la formación de profesionales de la salud y la seguridad para controlar el brote y así reanudar la educación, así como campañas de concienciación, aprendizaje socioemocional híbrido, programas con apoyo fisiológico y mejoramiento de las instalaciones educativas. Debido a que esta crisis de salud puede ser comparable a COVID-19 en términos del impacto de no asistir a la escuela (UNESCO, 2020b), los autores revisaron lo que se aprendió durante esa crisis de salud.

El brote de ébola proporciona un contexto útil al considerar cómo las emergencias de salud impactan en la deserción escolar. Países como Sierra Leona, Guinea y Liberia enfrentaron importantes desafíos educativos, ya que aproximadamente 5 millones de niños faltaron a la escuela durante el brote de ébola (Fisher et al., 2018), perdiendo casi 39 días de clases (Malala Fund, 2020, 4). Como señaló Hallgarten (2020), esta crisis de salud "como era de esperar, afectó de manera desproporcionada a los niños más pobres y vulnerables", como el impacto actual de COVID-19 (Noticias de la ONU, 2020). Sin embargo, los bloqueos que han durado meses en muchos países en el contexto actual de COVID-19 lo hacen único, como señala Hallgarten (2020), "a diferencia del Ébola, la transmisión de COVID-19 es asintomática y el brote es global" (p. .2).

Al analizar el impacto humanitario de los brotes de ébola, Hallgarten (2020) adoptó un modelo anterior para resaltar los problemas que pueden resultar en la deserción escolar, tales como: 1) la reducción en la disponibilidad de servicios educativos, 2) la reducción en el acceso a la educación servicios, 3) la reducción en la utilización de las escuelas, y 4) la falta de una educación adecuada de calidad. Hallgarten señala que hay muchas causas de estos problemas, entre otros, los siguientes: a) cierres de escuelas, b) falta de materiales educativos en el hogar, c) miedo al regreso de la escuela y estrés emocional causado por el brote, d) nuevas dificultades económicas que conducen a dificultades para pagar las tasas, o que los niños accedan a un empleo, e) falta de información confiable sobre el progreso de la enfermedad y re-aperturas de escuelas, f) falta de formación docente durante la crisis, etc. (Hallgarten, 2020, p. 3).

La deserción en México Pre-COVID-19 y programas para abordarla

Según las estadísticas de deserción, los primeros grados son años clave para enfocarse en los esfuerzos de prevención de la deserción (Gómez Morín, 2013). Un estudio realizado por Lorenzo Gómez Morín y Francisco Miranda López (2013) diagnosticó los principales factores de deserción en México antes del COVID-19 para estudiantes de secundaria superior. Según este estudio, la deserción escolar está relacionada con los siguientes factores que contribuyen a la participación escolar de un estudiante: individuo, familia, escuela o comunidad. Un estudio más reciente, realizado por el gobierno mexicano para el ciclo escolar 2018-2019, identifica la deserción escolar (*abandono escolar*) como uno de los principales desafíos del sistema educativo del país con 1.1 millones de estudiantes reportados como deserción en el ciclo 2017-2018.

particularmente en el nivel secundario superior (MEJOREDU, 2020, p. 135).

El informe también encuentra tasas más altas de deserción escolar en la mayoría de las comunidades marginadas con las mayores desventajas relacionadas con la infraestructura, el equipo y la disponibilidad de maestros (MEJOREDU, 2020, p. 137). Comprender cómo estos factores contribuyen a la deserción de un estudiante permite a los líderes educativos detectar señales de advertencia tempranas y crear intervenciones para mantener a los estudiantes en el camino correcto para graduarse. Los tres predictores más importantes e interrelacionados de la deserción escolar se relacionan con el "individuo": asistencia escolar, comportamiento y rendimiento escolar (Gómez Morín & Miranda, 2013). El enfoque de Gómez Morín y Miranda en las circunstancias individuales está bien conectado con las causas fundamentales de la deserción escolar durante situaciones de crisis.

En 2011, el gobierno mexicano diseñó un programa de dos componentes "Síguele, caminemos juntos", para mejorar el rendimiento académico y las habilidades formativas de los estudiantes de secundaria superior para reducir las tasas de deserción y reprobación. El primer componente utilizó un Sistema de Alerta Temprana como diagnóstico para detectar estudiantes en riesgo de deserción e implementar intervenciones para asegurar la retención escolar y provocó una disminución inmediata en los tres indicadores que fueron identificados como los mayores predictores de deserción escolar (Gómez Morín, 2013). La segunda parte es un Sistema de Intervención para la Prevención que incluyó un Sistema Nacional de Tutoría Académica, un Programa de Orientación Vocacional y un Programa Psicosocial / Afectivo denominado *"Construye T"*. Estas dimensiones combinadas permiten contribuir al desarrollo integral de los jóvenes, además de aportar a incrementar la eficiencia terminal y reducir las tasas de deserción y reprobación (Sistema Nacional de Tutorías Académicas, 2011).

Factores destacados de la deserción escolar durante el COVID-19

El análisis de la deserción escolar durante el COVID-19

permite una comparación de cómo las causas fundamentales de la deserción escolar han cambiado no solo con el tiempo, sino también en diferentes contextos globales y situaciones de crisis, y cómo las consecuencias de la deserción pueden ser diferentes en tiempos de COVID-19. Hay factores comunes relacionados con el riesgo de deserción escolar entre las pandemias de Ébola y COVID-19, como factores socioeconómicos, "incluida la necesidad de generar ingresos, mayores responsabilidades familiares y de cuidado de niños, matrimonio precoz y forzado y / o embarazos no deseados en determinados contextos o temor a un resurgimiento del virus…" y "quienes no tuvieron acceso a educación a distancia durante el confinamiento" (UNESCO, 2020, p. 1).

Sin embargo, la actual crisis de COVID-19 está provocando nuevos factores relacionados con la deserción escolar que no estuvieron a la vanguardia durante otras crisis anteriores a COVID-19. Por ejemplo, la UNESCO enfatiza los siguientes tres factores inducidos por COVID-19 relacionados con la deserción: a) la falta de compromiso educativo y socioemocional, b) el aumento de la presión económica y c) los problemas de salud y seguridad (UNESCO, 2020b). Con respecto a la desconexión educativa y socioemocional, el riesgo de desconexión aumentará si los estudiantes ya se encuentran en áreas de baja matrícula, si abandonaron o se retrasaron debido a la falta de conectividad, o si pierden el apoyo socioemocional que brinda la escolarización durante largos períodos de tiempo. Con respecto al aumento de las presiones económicas, el impacto de COVID-19 en los sustentos de vida puede aumentar el riesgo de que los estudiantes y sus familias deban re-enfocarse en prioridades más inmediatas (por ejemplo, vivienda / alimentos). Con respecto a los problemas de salud y seguridad, el riesgo de renuencia temporal a re-inscribirse aumentará y podría conducir a la deserción escolar si la salud (física y mental) de los estudiantes y sus familias se ve afectada por COVID-19 o si existen preocupaciones sobre los protocolos de seguridad.

La encuesta de MEJOREDU de junio de 2020 proporciona un análisis de causa raíz más profundo para el contexto mexicano.

Cuando se les preguntó sobre las razones por las que estos estudiantes fueron excluidos, el 84,6% de los docentes mencionó la falta de acceso a internet, el 76,3% mencionó la falta de dispositivos electrónicos para acceder a las actividades y el 73,3% mencionó la escasez de recursos económicos (MEJOREDU, 2020a, p. 10). Desde la perspectiva de los estudiantes, notan otras razones importantes para la exclusión, incluida la dificultad para seguir las actividades ("es difícil", "no entiendo", "no tengo tiempo") y el estrés o frustración que esto genera. conlleva, la necesidad de atender las tareas del hogar, la obligación de cuidar a otras personas, y la desmotivación expresada como pereza, cansancio, aburrimiento, pérdida de interés o desánimo (MEJOREDU, 2020a, p. 10).

Aunque el equipo de SEQ no ha explorado las razones exactas del posible aumento de la deserción, un funcionario de educación de alto nivel explicó que la mayoría de las causas podrían atribuirse a la crisis de COVID-19, principalmente por razones económicas, de salud y académicas (Subsecretario de Planificación Educativa en Quintana Roo, comunicación personal, 23 de septiembre de 2020). Una maestra local de Quintana Roo comentó que el 50% de los padres de sus alumnos no inscribieron a sus hijos en el año escolar actual principalmente porque tenían miedo de los riesgos para la salud de regresar a la escuela y las dificultades que habían experimentado para recibir el material. así como la falta de apoyo a la educación a distancia (Docente de Educación Infantil en Quintana Roo, comunicación personal, 20 de septiembre de 2020).

Respuestas comparativas del COVID-19 para la deserción escolar en América Latina y el Caribe

El estudio del Banco Interamericano de Desarrollo (BID), "La educación en tiempos de coronavirus", hace referencia a las respuestas de continuidad educativa implementadas en 25 países de la región de América Latina y el Caribe, tales como plataformas de aprendizaje, contenidos, redes sociales y materiales didácticos, tv / radio e inauguraciones escolares (BID, 2020, p. 6). Recomendaciones claras para prevenir la deserción escolar sugieren que los gobiernos entreguen transferencias monetarias para paliar crisis financieras y evitar transferencias al mercado laboral, enfocándose en poblaciones con riesgo especialmente alto (BID, 2020, p. 24). Por ejemplo, Guatemala ha implementado el programa "Bono Familia", proporcionando $130 a cada hogar, beneficiando a más de 2.5 millones de familias (UNICEF, 2020). Las transferencias de efectivo se han utilizado en Sao Paulo, Brasil a través de "Merenda en Casa" para sustituir el apoyo educativo, social y nutricional que las escuelas públicas solían ofrecer en forma de comidas diarias a los estudiantes (Dellagnelo y Reimers, 2020 y Sao Gobierno de Paulo, 2020).

Además, el BID sugiere fortalecer las trayectorias educativas para concentrarse en los estudiantes en transición al siguiente nivel escolar (es decir, primaria a secundaria) que han abandonado la escuela o están en riesgo de hacerlo (BID, 2020, p. .24). Se estima que solo el 70% de los sistemas educativos de la región pueden identificar a cada estudiante de manera individual (BID, 2020, p. 11). Esto es particularmente relevante para la deserción escolar porque un sistema de alerta temprana en Quintana Roo podría ubicar a los estudiantes para identificar su riesgo de deserción.

Por ejemplo, el Ministerio de Educación de Perú lanzó un sistema de alerta temprana llamado "Alerta Escuela", diseñado en coordinación con las oficinas de educación regionales y locales, los directores de escuela y los maestros, para identificar a los estudiantes en riesgo de abandonar la escuela para apoyarlos con estrategias concretas para asegurar su continuidad y prevenir el abandono escolar (Ministerio de Educación del Perú, 2020; Gobierno del Perú, 2020). Desarrollaron un paquete de acciones para apoyar a los estudiantes en riesgo (Ministerio de Educación del Perú, 2020) y las oficinas regionales de educación tienen autonomía para crear sus compromisos y estrategias locales. Se está institucionalizando la herramienta Alerta Escolar para asegurar su uso a largo plazo (Jefe de Estadística del Ministerio de Educación de Perú, comunicación personal, 13 de octubre de 2020). El Ministerio de Educación peruano advirtió sobre el pronunciado riesgo de deserción escolar en áreas indígenas, rurales y pobres (Arango, 2020), que son todas las características demográficas clave en el estado de Quintana Roo.

Análisis de datos del problema de la deserción escolar en Quintana Roo durante el COVID-19[10]

SEQ ha diseñado e implementado una estrategia llamada "Pase de lista" (Roll Call) que busca recopilar datos de inscripción quincenales para monitorear la tasa de asistencia para llegar a los estudiantes que no se han presentado a la escuela. Se busca constatar que los alumnos que se inscribieron automáticamente en el nuevo año escolar efectivamente fueran a participar activamente en el actual proceso de escolarización (Subsecretaría de Planeación Educativa en Quintana Roo, comunicación personal, 23 de septiembre de 2020). La base de datos de matrículas no está centralizada, y la información debe ser recopilada por cada escuela, donde cada docente debe hacer un seguimiento con sus alumnos y padres para confirmar su matrícula, luego de lo cual los datos se integran en una plataforma.

Utilizando datos locales de QR, los autores utilizaron las cifras de preinscripción y las cifras de asistencia a la escuela durante la primera semana como medidas aproximadas para estimar la posible deserción futura que solo se puede medir al final del año escolar. Según el análisis que utiliza los datos de la SEQ después de la primera semana de clases en septiembre de 2020 al comienzo del año académico, los diversos impactos negativos estimados en el sistema son los siguientes: disminución de 2.18% (aproximadamente 7,600 estudiantes) a 4.7% (aproximadamente 16.800 estudiantes) en preinscripción y una disminución de 15.989 estudiantes (aproximadamente 4.5%) en la asistencia de la 1ª semana dependiendo del punto de partida de la preinscripción. En resumen, esto podría significar que el sistema podría experimentar una pérdida de hasta 32,789 estudiantes. Aunque la deserción escolar oficial se mide al final del año escolar, estas tendencias negativas son preocupantes. Se necesita una acción urgente.

---

[10] Utilizando datos locales proporcionados por Quintana Roo, los autores han realizado un análisis de datos detallado que se ha proporcionado a SEQ.

Información del análisis integral de datos sobre la deserción escolar en Quintana Roo durante la pandemia

<u>Primer análisis: la preinscripción inicial disminuyó, pero no en todas las categorías</u>: la matrícula en preescolar y primaria disminuyó un 9,7% y un 1,6%, respectivamente; sin embargo, sorprendentemente, la matrícula en la escuela secundaria aumentó un 1,4%. El número total de estudiantes en los tres niveles se redujo 2.18% de 348,763 a 341,168, una pérdida de aproximadamente 7,600 estudiantes. Teniendo en cuenta las cifras ajustadas del crecimiento de la población que utilizan la tasa de crecimiento de la población estudiantil del año anterior como aproximación, la estimación anterior podría ser subestimada por aproximadamente 9,200 estudiantes. La pérdida real podría acercarse a los 16.800 estudiantes afectados (aproximadamente el 4,7% de la población estudiantil total). Los autores esperaban una tendencia de la tasa de preinscripción más baja de los estudiantes de secundaria asumiendo presiones económicas que afectan a los estudiantes mayores que son más capaces de trabajar y ayudar a mantener económicamente a sus familias. Sin embargo, la evidencia va en la dirección opuesta, lo que sugiere que otros factores están contribuyendo a las menores cifras de preinscripción. Una hipótesis es que quizás los padres están más preocupados por los riesgos para la salud de los niños pequeños o los niños más pequeños son menos capaces de aprender de forma independiente y sus familias no pueden apoyarlos para que continúen su educación o no están satisfechos con la oferta educativa a distancia.

<u>Segundo análisis: migración de las escuelas privadas a las públicas</u>: Ha habido un marcado aumento en la migración de las escuelas privadas a las públicas durante este año académico 2020-21 en curso. El aumento de la migración ha sido casi un 200% respecto al año académico anterior en Preescolar y Primaria y casi un 120% en Secundaria para un total de 6.589 alumnos, o casi la misma cantidad de alumnos que no preinscribieron en el actual año académico. Esta migración podría tener varios efectos adversos en las escuelas de destino (escuelas públicas que reciben a los estudiantes de escuelas privadas), requiriendo asignación de

recursos.

<u>Tercer análisis: La asistencia en la primera semana de clases también disminuyó:</u> En todo el sistema escolar, la asistencia después de la inscripción, o durante la primera semana del año académico, se redujo a 17.302 estudiantes o el 5% del número total de estudiantes que se habían preinscrito en el año escolar '20-21 de 341.168 estudiantes en escuelas públicas y privadas. El mayor impacto en términos porcentuales fue Primaria con un 5,9% (11.603 alumnos) o alrededor del 67% del total (ex-CENDI e ISSSTE que aún no han informado cifras). La escuela privada representó un tercio del impacto negativo posterior a la inscripción total del sistema, a pesar de representar solo el 11,4% del total de estudiantes en el sistema (asistencia a clases antes de la primera semana en el año escolar 20-21, incluido CENDI / ISSSTE). Este impacto sesgado alerta una vez más sobre las continuas tendencias negativas posteriores a la inscripción y, como consecuencia, un impacto adverso en el sistema de escuelas privadas. Dada la estructura de costos fijos del salario de los maestros y el mantenimiento de los edificios, en algún momento, las escuelas pueden no ser entidades económicas viables y tendrían que cerrar las puertas. Esto reduciría la capacidad de enseñanza en el sistema, lo que provocaría una avalancha de nuevos estudiantes en el sistema de escuelas públicas.

Las tasas negativas posteriores a la matriculación parecen ser más altas en las zonas urbanas que en las rurales. Esto no significa que los estudiantes rurales no se hayan visto afectados; históricamente han estado desatendidos y por lo general provienen de familias con un nivel socioeconómico más bajo. Además, potencialmente dado el impacto económico de la pandemia, las escuelas privadas han experimentado un éxodo de estudiantes y una cantidad desproporcionada de ajustes negativos posteriores a la inscripción en relación con su representatividad en el sistema escolar general en términos de varios estudiantes. La migración de lo privado a lo público también podría abrumar a las escuelas de destino y afectar la motivación de los estudiantes recién ingresados a las escuelas privadas al enfrentar diferentes recursos en el sistema de escuelas públicas. Además, dado el mayor porcentaje de estudiantes que abandonan el sistema de escuelas privadas, este sistema probablemente necesitará un seguimiento de su salud financiera.

Hallazgos de las conversaciones con maestras en Quintana Roo

Las conversaciones con los docentes en QR resaltan la importancia de considerar las características de la situación actual, con una recomendación de seleccionar las partes más relevantes del plan de estudios y / o diseñar actividades que sean más útiles en la vida de los estudiantes para estos tiempos para evitar la deserción de los estudiantes, y promover un mayor compromiso de aprendizaje (Docentes de Quintana Roo, comunicación personal, 12 de octubre de 2020). Sin embargo, también se refirieron a varias estrategias que se enfocaron en la retención tradicional del abandono, como mapeo de información personal y social, participación de los padres, comunidades de apoyo (maestros de Quintana Roo, comunicación personal, 12 de octubre de 2020).

Alternativas de política y recomendaciones para abordar la deserción escolar en Quintana Roo

Si bien es esencial considerar la literatura sobre la deserción escolar antes y después de las crisis y las iniciativas que se han implementado para enfrentarlas, es importante no simplemente adoptar las mejores prácticas implementadas en otras situaciones, sino comprender profundamente las razones detrás de estas intervenciones para considerar cómo se pueden adaptar e implementar de manera efectiva en el contexto de QR.

La respuesta de Quintana Roo a los desafíos educativos provocados por COVID-19 en términos de deserción escolar deberá activar varias acciones del lado de la oferta (por ejemplo, Aprendizaje e inscripción flexibles, problemas de salud y seguridad), así como acciones del lado de la demanda (por ejemplo, sensibilización, apoyo económico), así como aspectos institucionales (por ejemplo, incentivos y acciones comunitarias) (UNESCO, 2020b). La complejidad de este desafío multisectorial puede verse agravada por los recursos limitados disponibles debido a la crisis económica global. Las posibles soluciones pueden estar impulsadas no sólo por las mejores prácticas, sino también por la disponibilidad de fondos. Los sistemas deberán ser innovadores y asociarse potencialmente con actores fuera del ecosistema educativo típico.

La necesidad de un plan para mitigar la deserción escolar en la educación básica (preescolar, primaria y secundaria) fue parte de la conversación con SEQ; sin embargo, a septiembre de 2020 aún no existía una iniciativa para abordar la prevención de la deserción escolar o la participación de los estudiantes (Subsecretaría de Planificación Educativa en Quintana Roo, comunicación personal, 23 de septiembre de 2020; Vázquez, A., comunicación personal, 21 de septiembre de 2020). (Ver "CODA" para la actualización).

Matriz de alternativas de políticas

La matriz de alternativas de políticas (a continuación) incluye las mejores prácticas y las estrategias más viables a considerar, con base en la literatura revisada y el análisis de datos. Los siguientes criterios se utilizan para evaluar y elaborar recomendaciones de políticas: efectividad (la capacidad de traer de regreso a los estudiantes y prevenir la deserción), costo (la cantidad que debe gastarse para pagar la intervención), costo-efectividad (la relación entre efectividad y costo, la mejor relación costo-efectividad definida por mayor efectividad y menor costo), factibilidad (definida por la capacidad de la SEQ para implementarla) y equidad (definida por la oportunidad de llegar a todos los estudiantes). La matriz utiliza la siguiente clasificación: Bajo (1), Medio (2) y Alto (3) para poder comparar cada uno de los criterios para los diversos escenarios de políticas.

La decisión sobre qué alternativas de política analizar toma en consideración las siguientes perspectivas y experiencias mencionadas anteriormente (sin ningún orden en particular): a) el rol y los recursos de los tomadores de decisiones (la oficina regional de educación de Quintana Roo, el cliente), b) la respuesta educativa ofrecida por Quintana Roo, como la entrega de cuadernos de trabajo para el aprendizaje a distancia, c) las perspectivas de los docentes de Quintana Roo sobre el aprendizaje a distancia durante la pandemia, d) información sobre las perspectivas de los estudiantes sobre la educación a distancia de la encuesta MEJOREDU, e) las mejores prácticas y programas implementados por los gobiernos locales y los sistemas educativos para abordar la deserción, f) literatura sobre la deserción de estudiantes antes y durante el COVID-19 a nivel internacional y en México y QR, g) análisis del impacto de una crisis de salud similar en la educación, profunda preocupación por la equidad y el enfoque sobre estudiantes con mayor riesgo de deserción, y h) el contexto de Quintana Roo y la situación actual con COVID-19. Tomando todos estos factores en consideración, esta sección analizará las siguientes políticas alternativas para abordar la deserción de estudiantes en Quintana Roo.

Tabla 1: Escenarios de políticas clasificados por criterios

Escenarios de políticas y su relación con hallazgos del análisis de datos	Criterio 1: Eficacia	Criterio 2: Costo (invertido) [11]	Criterio 3: Costo-efectividad	Criterio 4: Factibilidad	Criterio 5: Capital	Total
Programa de tutoría (SEL y académico) (Para abordar la tendencia de caída en la inscripción durante COVID-19 y brindar apoyo adicional a los estudiantes)	3 Alto	3 Bajo	3 Alto	2 Medio	3 Alto	14
Sistemas de alerta temprana (Abordar la desigualdad en la matrícula y crear infraestructura para identificar e	3 Alto	2 Medio	3 Alto	2 Medio	3 Alto	13

[11] El segundo criterio (costo) utiliza una clasificación inversa, entendiendo que cuanto mayor es el costo de una alternativa, menos deseable es.

intervenir a los estudiantes con mayor riesgo de deserción)						
Entrega de contenido de aprendizaje remoto (Para abordar la calidad del contenido educativo entregado en entornos remotos)	2 Medio	2 Medio	2 Medio	2 Medio	3 Alto	11
Programa de desarrollo profesional para maestros a distancia (Para abordar la calidad de la enseñanza a través de materiales entregados en entornos remotos)	2 Medio	2 Medio	2 Medio	2 Medio	3 Alto	11
Transferencias de efectivo condicionadas (Para abordar la tendencia de la migración de las escuelas privadas a las públicas y brindar asistencia financiera para que los estudiantes puedan continuar su educación)	2 Medio	2 Medio	2 Medio	2 Medio	2 Medio	10

Campaña de comunicación (Para abordar la tendencia de baja matrícula y baja asistencia en todos los ámbitos y crear conciencia sobre la importancia de la continuidad educativa de los estudiantes)	1 Bajo	2 Medio	1 Bajo	2 Medio	2 Medio	8

Después de evaluar los escenarios de políticas y sus criterios, los autores encontraron que las mejores alternativas de políticas para la continuidad educativa y para reducir la deserción escolar durante COVID-19 fueron las siguientes: Programa de tutoría (SEL y académico) y Sistema de alerta temprana, seguido de Contenido de aprendizaje remoto Programa de desarrollo profesional docente a distancia y entrega.

<u>Programa de tutoría (SEL y académico):</u> Un programa de tutoría es una alternativa que también fue considerada por el equipo de consultores que trabajó en Sinaloa, México (Ver Capítulo 8). Este programa está catalogado como altamente efectivo porque diversos estudios han demostrado que recibir una adecuada orientación favorece el bienestar y desempeño académico de los estudiantes, señalando la importancia de la relación tutor-alumno y los beneficios que tiene en este último (Sistema Nacional de Tutorías Académicas, 2011). El costo se cataloga como bajo porque la operación no implica la construcción de estructuras organizativas adicionales o paralelas a las que existen actualmente en las instituciones, sugiriendo la promoción de un uso eficiente del personal e instalaciones, equipos y espacios físicos, en el proceso. de utilizar los esfuerzos y programas existentes (Sistema Nacional de Tutorías Académicas, 2011). Teniendo esto en cuenta, el costo-efectividad es alto. La factibilidad se clasifica como media porque, aunque es posible que SEQ modifique las responsabilidades de los

maestros, podría haber algunos retrasos burocráticos para que eso suceda. En materia de equidad, este programa tiene una alta calificación porque busca que cada estudiante alcance su máximo potencial, aspirando a mayores niveles de bienestar, formación integral y ofreciendo un apoyo especial a quienes más lo necesitan (Sistema Nacional de Tutorías Académicas, 2011).

Sistemas de Alerta Temprana: Según Gómez Morín y Miranda, este sistema y sus usos relevantes marcan una diferencia inmediata en la reducción del número de alumnos que abandonan la escuela (Gómez Morín, 2013), resultando en una alta efectividad. El costo se define como un medio porque QR necesita crear el sistema y crear los datos para él y eso tiene altos costos. Por lo tanto, el costo-efectividad sería alto, ya que el costo de traer de regreso o reinscribir a los estudiantes en la escuela podría ser mayor que el esfuerzo de detectar previamente posibles deserciones. En cuanto a la viabilidad, para maximizar los recursos limitados, SEQ podría asociarse con el Departamento de Ciencias de la Computación de una universidad para crear la primera versión de un Sistema de Alerta Temprana. En cuanto a la equidad, se clasifica alto porque esta información está diseñada para diferenciar a los estudiantes que comienzan a exhibir señales que pueden convertirse en obstáculos para su continuidad en la escuela y pueden usarse para diseñar intervenciones efectivas para todos los estudiantes, considerando las necesidades y caso (Gómez Morín, 2013).

Entrega de contenido de aprendizaje a distancia: La mejora del contenido entregado en la modalidad de aprendizaje a distancia responde a los desafíos que enfrentan los estudiantes para acceder a la educación y materiales a distancia, así como a su sensación de que las actividades eran aburridas (MEJOREDU, 2020a). Esta estrategia de mejorar la calidad del contenido sería altamente beneficiosa para aumentar la relevancia del contenido que los estudiantes están aprendiendo durante este tiempo, así como para asegurar que los estudiantes tengan acceso a estos materiales, brindándoles a su vez experiencias educativas más significativas y accesibles, para evitar la deserción. La eficacia puede variar entre diferentes tipos de materiales (televisión, libros de trabajo impresos, Internet) y abordaría los problemas actuales de falta de calidad y acceso a materiales de aprendizaje a distancia. Si bien el costo sería medio debido al tiempo necesario para desarrollar los materiales, esta estrategia sería factible debido a los canales de entrega actuales. Finalmente, esta alternativa proporcionaría una equidad extremadamente alta, cerrando brechas entre las experiencias que están recibiendo estudiantes de diferentes niveles socioeconómicos en educación durante la pandemia, al enfocarse en familias en condiciones remotas y vulnerables con falta de tecnología.

Programa de Desarrollo Profesional Docente Remoto: La alternativa de brindar desarrollo profesional a los docentes para mejorar la calidad de su pedagogía de enseñanza a distancia sería efectiva en la creación de comunidades de práctica entre docentes que puedan compartir lo aprendido, especialmente en los últimos meses de aprendizaje a distancia. . Esta estrategia respondería a los problemas que los estudiantes han enfrentado al no recibir suficiente apoyo, claridad y retroalimentación durante la modalidad de aprendizaje a distancia, ya que los maestros estarían mejor equipados para apoyar a sus estudiantes (MEJOREDU, 2020a). Sin embargo, la efectividad y la viabilidad de esta estrategia podrían verse afectadas por la cantidad de tiempo que puede tomar el desarrollo de este programa. El costo sería medio, ya que los profesores podrían diseñar el programa de formación basándose en su propia experiencia. Finalmente, esta alternativa es altamente equitativa porque brindaría una enseñanza eficaz a los estudiantes, que complementaría los materiales impresos / de TV / Internet, especialmente para aquellos estudiantes que tienen menos acceso a los materiales.

Transferencias monetarias condicionadas: Basado en estrategias que protegen los derechos de los estudiantes a recibir nutrición y apoyo social en el programa de $ 3.5 millones de Sao Paulo y Juaneb, la intervención de Chile que benefició a 1.8 millones de estudiantes durante la pandemia (UNICEF, 2020 y UNESCO 2020d), esta intervención sería medio en todos los criterios porque depende mucho de la implementación y existe una gran incertidumbre sobre su impacto. Aún no existe una evaluación del impacto de los recursos asignados y su relación con el desempeño educativo o la deserción. Aún no existe información sobre la efectividad de este tipo de programas durante COVID-19.

<u>Campaña de comunicación:</u> Se estima que la efectividad de una campaña de comunicación por sí sola es baja porque normalmente se implementa en combinación con otras iniciativas, como lo demuestra el plan integrado de Bogotá, donde la campaña de comunicación fue solo uno de los muchos programas para abordar el problema. Para que la campaña de comunicación tenga un impacto positivo, el costo debería ser medio, por lo que costo-efectividad sería bajo para este esfuerzo aislado. La factibilidad de implementación es media debido a la cantidad de esfuerzo que requeriría y a la competencia con otras prioridades actuales. Finalmente, la equidad de esta opción es media, porque si bien se pretende llegar a la mayor cantidad de personas posible, las personas más vulnerables pueden quedar fuera de la comunicación y sería muy difícil llegar a tantas personas como sea necesario.

Recomendaciones de política

El problema de la deserción escolar antes del COVID-19 es sorprendentemente diferente a la deserción en el contexto actual de COVID-19, ya que la larga duración de los cierres de escuelas no tiene precedentes. Si las alternativas de política que se han implementado para abordar la deserción escolar antes del COVID-19 se implementaran en el contexto actual, su efectividad podría variar enormemente debido a las diferencias entre la deserción escolar en ese momento y ahora. Por lo tanto, las recomendaciones de políticas se basan en un análisis de las alternativas de políticas utilizadas anteriormente para abordar la deserción, combinado con una contextualización profunda de cómo el problema de la deserción escolar ha cambiado durante COVID-19 y cómo está ocurriendo en QR. Estas recomendaciones están destinadas a ser creativas y variadas para reflejar la complejidad de los desafíos de la deserción en el contexto actual, así como las fortalezas y limitaciones del sistema educativo QR. Se pretende que estén integrados y conectados, y que no sean esfuerzos aislados.

Estas recomendaciones de política se basan en el marco de

cambio educativo de Reimers (2020b) para sugerir un enfoque holístico en QR para abordar el aumento actual de las tasas de deserción, utilizando cinco marcos "que ofrecen un enfoque integral para integrar gran parte de lo que se sabe sobre cómo aprenden los estudiantes y cómo cambian las escuelas" (Reimers, 2020b, p. 47). Cada una de las recomendaciones se categorizará en los siguientes plazos: inmediata (I) o de largo plazo (LT) para asesorar al cliente sobre qué iniciativas priorizar y por dónde empezar.

<u>Desde un marco institucional: creando estructuras de apoyo</u>

(LT) Crear un sistema de seguimiento de los estudiantes que incluya datos actuales ya recopilados (calificaciones de los estudiantes y estado de inscripción y datos a nivel de la escuela), así como comenzar a recopilar nuevos tipos de datos sobre las características de los estudiantes. Centralizar la información recopilada en la iniciativa de seguimiento "Pase de Lista". Utilizar estos datos para construir un Sistema de alerta temprana que pueda predecir a los estudiantes con mayor riesgo de deserción y abordar sus necesidades específicas. Uno de los nuevos factores que se podrían considerar en este sistema de alerta temprana puede estar relacionado con la situación de salud del estudiante, los amigos de los estudiantes y las familias de los estudiantes.

> (I) Establecer una asociación con el Departamento de Ciencias de la Computación de una universidad para crear la primera versión de un Sistema de Alerta Temprana.

> (LT) Sensibilizar al Ministerio de Educación y a otros Ministerios y organizaciones de QR sobre la forma colectiva de abordar la deserción. Priorizar el indicador de deserción en la agenda. Esta priorización debe estar respaldada por normas, estructura y presupuesto.

> (I) Desarrollar un equipo específico responsable de abordar la permanencia de los estudiantes en el sistema escolar y desarrollar la capacidad de los funcionarios de educación.

> (I) Desarrollar modalidades flexibles de reintegración al

sistema escolar para dar la oportunidad a los estudiantes que han abandonado el sistema y quieren regresar.

Desde un marco político: crear conciencia sobre la deserción y centrarse en la equidad

(I) Desarrollar un discurso político en el que la deserción tenga un lugar en la agenda educativa local. La importancia de alinear las políticas y acciones educativas es vital para posicionar la deserción escolar como una necesidad urgente a atender y al mismo tiempo respetar el derecho a la educación de todos los niños.

(I) Enfocarse en las escuelas con la deserción más alta según la clasificación proporcionada por el análisis de datos.

(I) Supervisar los abandonos de las escuelas privadas específicamente para asignar los recursos necesarios a las escuelas de destino. Los autores han proporcionado al cliente una lista de las escuelas con las tasas de deserción más altas basadas en un análisis de datos detallado.

(LT) Sensibilizar a todos los responsables de la toma de decisiones de alto nivel sobre la necesidad de reconocer que el abandono escolar es un problema y que se pueden tomar muchas acciones para evitarlo. La educación es un derecho humano y cuando los estudiantes abandonan la escuela y se desvinculan de este proceso de aprendizaje, se viola ese derecho humano fundamental. Por tanto, no podemos permitir que los alumnos se desvíen de su proceso de aprendizaje (Gómez Morín, L., comunicación personal, 7 de diciembre de 2020).

<u>Desde un marco cultural: mentalidad sobre la deserción y el aprendizaje</u>

(I) Definir una nueva forma de medir más que solo la inscripción y la asistencia como se hizo antes porque los estudiantes ya no van a la escuela físicamente. Utilzar nuevos indicadores para medir este nuevo tipo de deserción mediante indicadores indirectos, como la recopilación de datos sobre los estudiantes que han sido excluidos de las actividades de educación a distancia.

(I) Crear una campaña de comunicación y sensibilización para convencer a las familias (alumnos y cuidadores) de que no abandonen su proceso de aprendizaje (Gómez Morín, L., comunicación personal, 7 dic.2020). Concentrarse en la importancia de adoptar el proceso de aprendizaje y el aprendizaje permanente, en lugar de simplemente aprender a continuar con el siguiente grado.

(I) Crear responsabilidad colectiva para habilitar comunidades de aprendizaje y desarrollar una red de apoyo entre pares de estudiantes. Si un estudiante nota que su amigo ha abandonado el sistema educativo y luego trae a su amigo de regreso, crear incentivos positivos para ambos estudiantes.

<u>Desde un marco psicológico: reducir, modificar y priorizar el plan de estudios</u>

(I) Diseñar un currículo o estrategia local que priorice contenidos específicos y permita flexibilidad (MEJOREDU, 2020a) en base a tres principios: trascendencia, relevancia y utilidad (Cahapay, 2020).

(I) Promover relaciones fortalecidas entre estudiantes, maestros y cuidadores con una mejor comunicación. El enfoque de la medición y prevención de la deserción escolar debe estar en la participación de los estudiantes en su proceso de aprendizaje, lo que requiere relaciones sólidas entre estos tres actores (Gómez Morín, L., comunicación personal, 7 de diciembre de 2020). Sin la estructura física de la escuela en la actualidad, es importante repensar las estrategias de comunicación entre maestros, estudiantes y padres. COVID-19 ha interrumpido la relación entre los cuidadores, los estudiantes y los maestros, lo que requiere nuevas formas de medir e intervenir con respecto a la deserción escolar, lo que requiere además el fortalecimiento de las relaciones entre estos tres actores.

(I)   Evaluar la estrategia de entrega de contenido de aprendizaje remoto desde QR para abordar la calidad del contenido educativo para el aprendizaje a distancia y mejorar los materiales.

<u>Desde un marco profesional: aprendizaje socioemocional, programa de tutoría académica y construcción de relaciones</u>

(I) Crear un programa de tutoría que se enfoque en el SEL y en los aspectos académicos. Mediante un proceso gradual, los maestros cambiarán ligeramente su rol al enfocarse en apoyar el aprendizaje y los procesos socioemocionales de sus estudiantes, además de enfocarse en la entrega de contenido para el aprendizaje. Este programa de tutoría está en línea con una investigación reciente que muestra que los programas de tutoría de 12 semanas pueden resultar en que los estudiantes logren el mismo progreso que lo harían en 3-5 meses de escolaridad normal (Donnelly y Patrinos, 2020). Esto cubrirá una necesidad importante porque, con base en los resultados de la encuesta de junio de 2020 para la educación básica en México, el 53.2% de los docentes comentó que era complejo brindar apoyo SEL a sus estudiantes (MEJOREDU, 2020a).

(I) Desarrollar una estrategia para incentivar a los maestros a ser parte del programa de tutoría en asociación con universidades locales u organizaciones de la sociedad civil.

(LT) Implementar un programa de desarrollo profesional a

distancia para capacitar a los docentes en dos aspectos específicos: 1) cómo construir relaciones afectivas con sus estudiantes y 2) sobre la calidad de la enseñanza a través de contenidos impartidos en entornos remotos, que complementarían el contenido de aprendizaje a distancia mejora de la entrega mencionada anteriormente.

Conclusión

En Pre-COVID-19, la deserción escolar se refería a la desvinculación de la asistencia física al "edificio" escolar. La escuela marcaba la diferencia en cuanto a si los estudiantes se quedaban en la escuela o no (Gómez Morín, L., comunicación personal, 7 de diciembre de 2020). Al comparar la situación antes de COVID-19 con la situación actual, las relaciones entre los actores en el proceso de aprendizaje han cambiado por completo. Como señala Shroff, "los hogares se han convertido en escuelas, los padres se han convertido en maestros" (Reimers, 2020a, p. 269). Entonces, la escuela era la principal estructura y lugar de aprendizaje, donde existían relaciones bilaterales entre alumnos y docentes, así como entre docentes y cuidadores. Las intervenciones de política implementadas en este contexto actual deben considerar cómo ha cambiado la deserción escolar y cuáles son sus características, causas y consecuencias actuales. Es de vital importancia considerar la prolongada duración de la pandemia en los cierres de escuelas, teniendo un impacto en los factores que provocan la deserción escolar.

En reunión con la Secretaría de Educación Pública en Quintana Roo donde los autores discutieron esta investigación y presentaron estos hallazgos, el cliente destacó la importancia de repensar los indicadores actuales de deserción, abogando por una nueva narrativa que se enfoque en la "inasistencia". Centrarse en este indicador permite al cliente responder al impacto de COVID-19 en los procesos de gestión en la estructura educativa actual. Si bien los indicadores de deserción generalmente se refieren a los estudiantes que no están en el sistema educativo cuando finaliza el ciclo escolar, los indicadores que miden la asistencia y / o ausencia de los estudiantes proporcionan criterios sólidos para identificar posibles futuros abandonos de los estudiantes. Por lo tanto, la comprensión matizada de SEQ de los diferentes indicadores para medir la deserción de diferentes maneras no solo se alinea con la recomendación que los autores proporcionaron para redefinir la deserción y cómo se mide, sino que ahora se está implementando en tiempo real para abordar la situación actual de deserción escolar en QR con un enfoque en la ausencia de los estudiantes.

Por lo tanto, con base en este análisis de políticas, los autores recomiendan desarrollar políticas para que sea atractivo para los estudiantes continuar con sus procesos de aprendizaje. La deserción escolar debe redefinirse y medirse de manera diferente para garantizar que los estudiantes no se desafilien de sus procesos de aprendizaje, ya que la educación es un derecho humano fundamental para todos. En QR, la escolarización ha sido una forma de vida y una expectativa, por lo que centrarse en comprender y reducir las tasas de deserción podría marcar la diferencia en el mantenimiento de la sólida cultura escolar de QR. Además, las políticas deben abordar un enfoque holístico para poder enfrentar las complejidades de la deserción escolar.

Tras comprender el tema de la deserción escolar antes y durante el COVID-19, los autores destacan la importancia de visibilizar este fenómeno, ya que debería ser uno de los principales focos de la educación en la actualidad. Dado que las características, causas y consecuencias de la deserción escolar están cambiando globalmente debido a COVID-19, este capítulo tiene como objetivo contribuir a una conversación internacional sobre este fenómeno que podría brindar comprensión y orientación a las regiones y países de todo el mundo que enfrentan este desafío. Los autores esperan que este capítulo pueda contribuir a una conversación global sobre la deserción escolar, lo que solía ser y cómo COVID-19 la ha cambiado.

CODA

Este capítulo "Abordar las tendencias negativas en la asistencia y la preinscripción en las escuelas para prevenir la deserción escolar durante el COVID-19: el caso de Quintana Roo,

México" fue el resultado de conversaciones y entrevistas con maestros, tomadores de decisiones y expertos. Todos coincidieron en que esta crisis de salud ha desafiado no solo la forma en que implementan los programas, sino que también ha visibilizado las brechas y desigualdades que la investigación viene señalando desde hace años sobre los sistemas educativos (Docentes de Quintana Roo, comunicación personal, 12 de octubre de 2020).

En conversación con la señora Vásquez, señaló la importancia de replantear el lenguaje cuando hablamos de deserción (Vázquez, A., comunicación personal, 19 de enero de 2021). Desde la perspectiva formal y práctica, la deserción es el proceso en el que los estudiantes ya han abandonado la escuela una vez finalizada el ciclo escolar. Por otro lado, la ausencia es un proceso que se da durante la trayectoria escolar del estudiante que engloba el ausentismo debido a una variedad de factores. Por lo tanto, la Sra. Vásquez comenta que la deserción no se puede medir hasta que finaliza el año escolar, pero el ausentismo se puede medir durante todo el año escolar. La señora Vásquez sostiene que la autoridad local aún tiene margen para mejorar en diferenciar metodológica y administrativamente la semántica de ambas condiciones (Vázquez, A., comunicación personal, 19 de enero de 2021).

Con base en esto, la clienta, la Sra. Vásquez, llevó al estado a implementar una nueva estrategia que fue presentada a los autores cuando fue lanzada en enero de 2021, denominada: "SOS, nadie fuera, nadie se quede atrás". La estrategia SOS busca traer de regreso a los estudiantes ausentes de todos los niveles educativos fortaleciendo la comunicación y atención a las necesidades pedagógicas, psicológicas y de gestión, e implementar acciones que reduzcan los riesgos de deserción y bajo rendimiento escolar por el impacto de la pandemia. Los principales aspectos que se espera sean abordados por SOS son los siguientes: alto nivel de inasistencia debido a los procesos educativos a distancia, bajo rendimiento académico, efectos socioemocionales en docentes, alumnos y padres, riesgo potencial de deserción y quienes son deserción escolar, deficiencias de comunicación entre alumnos, docentes, padres y autoridades educativas (Vázquez, A., comunicación personal, 19 de enero de 2021).

La estrategia SOS se alinea con las cinco perspectivas (desde el marco que los autores utilizaron para las recomendaciones de política), con la psicológica, profesional e institucional denominada explícitamente como "atención a las necesidades pedagógicas, psicológicas y de gestión", mientras que la política y cultural las perspectivas están implícitamente entrelazadas en la estrategia. Por lo tanto, cuando los autores presentaron los hallazgos al cliente, confirmaron que sus recomendaciones de política estaban alineadas con el programa SOS que desarrolló la Sra. Vásquez. De esta manera, el cliente se alegró de que la investigación de los autores proporcionara apoyo empírico para la estrategia recién lanzada de QR para abordar este desafío en su sistema educativo.

La agenda educativa durante COVID-19 es volátil y la pandemia aún se encuentra en una fase compleja para México y QR. Los datos analizados fueron revisados durante un período determinado, una actualización de la estrategia SOS necesitará un seguimiento para revisar su impacto. Esta consultoría entre los autores y SEQ fue un compromiso voluntario y no remunerado.

Autores

Kristen Hinckley, graduada de Dartmouth College donde estudió español y desarrollo internacional, trabajó como maestra de jardín de infantes en Perú y luego como investigadora de políticas educativas para el Ministerio de Educación peruano implementando un estudio nacional sobre educación infantil. Actualmente es estudiante de maestría en Política Educativa Internacional en la Escuela de Educación para Graduados de Harvard.
kghinckley@gmail.com

María Jaramillo, egresada de Ingeniería Industrial de la Universidad de Los Andes, Colombia, y directora del programa "Aulas sin Fronteras", una alianza público-privada entre el Ministerio de

Educación de Colombia y las escuelas privadas de élite de Bogotá, que tiene como objetivo mejorar la educación pública en las regiones más vulnerables de Colombia. Actualmente es estudiante de maestría en Política Educativa Internacional en la Escuela de Educación para Graduados de Harvard.
mcjaramillo106@gmail.com

Daniel Martínez, egresado de Harvard College en Estudios Sociales y Filosofía General, trabajó en la Amazonía brasileña con diversas organizaciones sociales en las áreas de salud pública y educación. Actualmente es estudiante de maestría en Política Educativa Internacional en la Escuela de Graduados de Educación de Harvard.
danielmgsa@gmail.com

Wilbert Sánchez, licenciado en Matemáticas y Economía de UCLA y programa TIP de la Universidad de Jerusalén, trabajó en Merrill Lynch y desde 2008 vive en Brasil como CEO de TCP Partners. En 2019 se licenció en Educación por la Harvard Graduate School of Education y actualmente es estudiante de maestría en Diseño en la Harvard Graduate School of Design.
wilbert_smdo@gsd.harvard.edu

Patricia Vázquez, licenciada en Pedagogía de la Universidad Panamericana, México, y Políticas Públicas para el Desarrollo Social, ambas en México, y con especialización en Gobernanza Global en Alemania y Maestría en Políticas Públicas de FLACSO. Se desempeñó como Secretaria de Educación de Puebla México, 2015-2018. Actualmente es consultora de educación independiente y actualmente es estudiante de maestría en Política Educativa Internacional en la Escuela de Graduados de Educación de Harvard.
patricia.vazquezmh@gmail.com

Referencias

ACAPAS. (2020). Humanitarian Analysis: See the Crisis Change the Outcome. ACAPAS. https://www.acaps.org/what-we-do/in-short

Adelman, M., Haimovich, F., Ham, A., & Vazquez, E. (2017, July). Predicting School Dropout with Administrative Data New Evidence from Guatemala and Honduras. Education Global Practice Group. https://openknowledge.worldbank.org/bitstream/handle/10986/27645/WPS8142.pdf?sequence=1&isAllowed=y

Adelman, M., Haimovich, F., Ham, A. & Vazquez, E. (2018). Predicting school dropout with administrative data: new evidence from Guatemala and Honduras, Education Economics, 26:4, 356-372, DOI: 10.1080/09645292.2018.143312

Adelman M., Székely M. (2016). School Dropout in Central America; An overview of trends, causes, consequences, and promising interventions. Policy research working paper 7561. World Bank.

Albright, A. and Mwangi-Powell, F. (2020, May 01). Opinion: OPINION: Don't let girls' education be another casualty of the coronavirus. GPE. https://www.globalpartnership.org/news/opinion-dont-let-girls-education-be-another-casualty-coronavirus

Alliance for Excellent Education. (2011). The High Cost of High School Dropouts: What the Nation Pays for Inadequate High Schools. Issue Brief. Alliance for Excellent Education. https://all4ed.org/wp-content/uploads/2013/06/HighCost.pdf

Amastv. (2020, September 7). Quintana Roo tiene carencias para la educación y nuevas tecnologías. [Video]. Youtube. https://www.youtube.com/watch?v=gIJO9WIJocE

Arango, MB (2020, Septiembre 2). El peligro de la deserción escolar durante la pandemia: ¿Cómo evitar una tragedia educativa en el Perú? PRP Noticias. https://rpp.pe/politica/estado/el-peligro-de-la-desercion-escolar-durante-la-pandemia-com oevitar-una-tragedia-educativa-en-el-peru-noticia-1293377?ref=rpp

Azevedo, JP, Hasan, A., Goldemberg, D., Aroob Iqbal, S., & Geven, K. (2020, June). Simulating the Potential Impacts of COVID-19 School Closures on Schooling and Learning Outcomes: A set of Global Estimates. World Bank Group. http://pubdocs.worldbank.org/en/798061592482682799 /Covid-and-education-June17-r6.p df

Balfanz, R. (2007, May). What Your Community Can Do to End Its Dropout Crisis. Center for Social Organization of Schools at Johns Hopkins University. http://new.every1graduates.org/wp-content/uploads/2012/03/WhatYourCommunityCanDo. pdf

Belfield, CR, & Levin, HM (2007, August). The Economic Losses from High School Dropouts in California. California Dropout Research Project Report. https://www.issuelab.org/resources/9081/9081.pdf

Big Picture Learning. (2020). Big Picture Learning: How It Works. Big Picture Learning. https://www.bigpicture.org/apps/pages/studentcentered

Bridgeland, JM, DiIulio, Jr., JJ, & Morison, KB (2006, March). The Silent Epidemic: Perspectives of High School Dropouts. Civic Enterprises in association with Peter D. Hart Research Associates for the Bill & Melinda Gates Foundation. https://docs.gatesfoundation.org/documents/thesilentepi demic3-06final.pdf

Bowers, Alex J. & Sprott, Ryan. (2012). Why Tenth Graders Fail to Finish High School: A Dropout Typology Latent Class Analysis. Journal of Education for Students Placed at Risk (JESPAR), 17:3, 129-148, DOI: 10.1080/10824669.2012.692071.

Cahapay, Michael B. (2020, June). Rethinking Education in the New Normal Post-COVID-19 Era: A Curriculum Studies Perspective. Research in the Pandemic World.9.28College of Education, Mindanao State University, General Santos City, Philippines. https://www.researchgate.net/publication/341827574_R ethinking_Education_in_the_Ne   w_Normal_Post-COVID-19_Era_A_Curriculum_Studies_Perspective

CONEVAL. (2019). Metodología para la medición multidimensional de la pobreza. Consejo Nacional de Evaluación de la Política de Desarrollo Social. Mexico. https://www.coneval.org.mx/Medicion/MP/Paginas/Metodologia.aspx

Donnelly, Robin, and Harry Patrinos. (2020, December 8). Is the COVID-19 slide in education real? World Bank Blogs. https://blogs.worldbank.org/education/COVID-19-slide-education-real?cid=edu_tt_educatio n_en_ext

Dellagnelo, Lucia and Fernando Reimers. (2020). Brazil: Secretaria Estadual de Educação de São Paulo (São Paulo State Department of Education). Education continuity stories from the coronavirus crisis. OECD Education and Skills Today. https://oecdedutoday.com/wp-content/uploads/2020/05/Brazil-S%C3%A3o-Paulo-State- Department-of-Education.pdf

Dustan, Andrew. (2020, March). Can large, untargeted conditional cash transfers increase urban high school graduation rates? Evidence from Mexico City's Prepa Sí. Journal of Development Economics, Volume 143. http://www.sciencedirect.com/science/article/pii/S0304 387818312896

Fisher, Hanna-Tina, Leilani Elliot, and Sara Lim Bertrand, SL (2018). Guidance Note: Protection of Children during Infectious Disease Outbreaks. The Alliance for Child Protection in Humanitarian Action. Save the Children. https://resourcecentre.savethechildren.net/node/13328/pdf/protection_of_children_during_infectious_disease_o utbreak_guidance_note.pdf

Furger, R. (2008, December 3). Dropout Prevention: How to End the Dropout Crisis: Ten Strategies for Student Retention. Edutopia. https://www.edutopia.org/student-dropout-retention-strategies

Glewwe, Paul & Kassouf, Ana Lucia. (2020). The Impact of Bolsa Escola Familia Conditional Cash Transfer Program on Enrollment, Dropout and Grade. University of Sao Paulo. https://www.researchgate.net/publication/228765378_T E_IMPACT_OF_THE_BOLSA

ESCOLAFAMILIA_CONDITIONAL_CASH_TRANSFER_P
ROGRAM_ON_ENROL
LMENT_DROP_OUT_RATES_AND_GRADE

Gobierno del Peru. (2020, October 9). Nota de Prensa: Minedu implementa "Alerta escuela", un sistema de alerta temprana para identificar estudiantes con riesgo de abandonar el sistema educativo. Gobierno del Peru: Ministerio de Educación. https://www.gob.pe/institucion/minedu/noticias/30653 1-minedu-implementa-alerta-escue la-un-sistema-de-alerta-temprana-para-identificar-estudiantes-con-riesgo-de-abandonar-el-sistema-educativo

Gobierno del Estado de Quintana Roo. (2016). Educación Pública de Calidad, Plan Estatal de 10 Desarrollo de Quintana Roo 2016-2022. http://www.qroo.gob.mx/plan-estatal-de-desarrollo-quintana-roo-20162022/introduccion

González, Carlos Joaquin. (2020, September 8). Mensaje del gobernador Carlos Joaquín a la ciudadanía, en ocasión del 4° Informe de Gobierno, desde el C5 en Cancún. Gobierno Quintana Roo, Mexico. https://qroo.gob.mx/cuartoinforme/index.php/2020/09 /08/texto-mensaje-del-gobernador-carlos-joaquin-a-laciudadania-en-ocasion-del-4o-informe-de-gobierno-desde-el-c5-en-cancun-8-deseptiembre-de-2020/

González González, Ma. Teresa (2006). Absentismo y abandono escolar, una situación singular de la exclusión educativa. Revista Electrónica Iberoamericana sobre calidad, eficacia y cambio en educación. Vol. 4.

Gómez Morín, Lorenzo & Miranda, Francisco. (2013). Estrategia integral para la prevención de la deserción en la educación media superior en México. XII Congreso Nacional de Investigación Educativa. http://www.comie.org.mx/congreso/memoriaelectronica /v12/doc/0593.pdf

Gutiérrez, Ángelica. (2020, August 6). Inscritos, solo el 85% de estudiantes en Quintana Roo. PorEsto!. Mexico. https://www.poresto.net/quintana-roo/2020/8/6/inscritossolo-el85-de-estudiantes-en-quintana-roo-4768.html

Hallgarten, J. (2020, March 31). Evidence on Efforts to Mitigate the Negative Educational Impact of Past Disease Outbreaks. Institute of Development Studies. Reading, UK: Education Development Trust, (Report 793).

Hanushek, Eric A & Woessmann, Ludger (September 2020). The Economic Impact of Learning Losses. Education Working Papers, No. 225. OECD Publishing. Paris.

Hunt, F. (2008). Dropping out from school: A cross country review of literature. Consortium for Research on Educational access Transitions and Equity. Create Paths to Access Research Monograph. No. 16

IDB. (2020, May). Los sistemas educativos de América Latina y el Caribe ante COVID-19.

Banco Interamericano de Desarrollo. https://publications.iadb.org/publications/spanis h/docuent/La-educacion-en-tiempos-del-coronavirus-Los sistemas-educativos-de-America-Latina-y-el-Caribe-ante COVID-19.pdf

INEGI. (2011). Principales Resultados del Censo de Población y Vivienda 2010 Quintana Roo. Instituto Nacional de Estadística y Geografía. http://coespo.qroo.gob.mx/Descargas/doc/23_principal es_resultados_Censo%20de%20Poblaci%C3%B3n%20Y %20Vivienda%202010%20QROO.pdf

----------.(2015). Número de habitantes, Quintana Roo. Instituto Nacional de Estadística y Geografía. http://cuentame.inegi.org.mx/monografias/informacion/ qroo/poblacion/

----------.(2015a). Escolaridad, Quintana Roo. Instituto Nacional de Estadística y Geografía. http://www.cuentame.inegi.org.mx/monografias/inform acion/qroo/poblacion/educacion.aspx?tema=me&e=23 #:~:text=Quintana%20Roo&text=En%20Quintana%20 Roo%2C%20el%20grado,m%C3%A1s%20de%20la%20s ecundaria%20concluida.

----------. (2019). INEGI de 2015-2018: Encuesta Nacional sobre Disponibilidad y Uso de TIC en Hogares. https://www.inegi.org.mx/temas/ticshogares/

----------. (2020). Presentación de resultados, Quintana Roo [PowerPoint Slides]. Censo de Población y Vivienda 2020. https://www.inegi.org.mx/programas/ccpv/2020/#Doc umentacion

INEE-UNICEF. (2018). Panorama Educativo de la Población Indígena y Afrodescendiente 2017. Instituto Nacional para la Evaluación de la Educación (INEE) and UNICEF. https://www.inee.edu.mx/publicaciones/panorama-educativode-la-poblacion-indigena-ya frodescendiente-2017/

INEE.(2019). Principales cifras. Educación básica y media superior. Inicio del ciclo escolar 2017-2018.https://historico.mejoredu.gob.mx/publicaciones/p rincipales-cifras-educacion-basica-y-media-superior-inicio-del-ciclo-escolar-2017-2018/

Li Ng, Juan José. (2020, May 21). Mexico: Scenarios of the effects on poverty due to the COVID-19 crisis. BBVA Research. Mexico. https://www.bbvaresearch.com/en/publicaciones/scenar ios-of-the-effects-on-poverty-in-mexico-due-to-the-COVID-19-crisis/

Luo, Jiahui & Rajendra, Janani & Roberts, Mariann & Rapallo, Nicole & Khan, Fariha & Mardon, A. & Mardon, Catherine. (2020). Education During COVID-19. https://www.researchgate.net/publication/346446683_E ducation_During_COVID-19

Malala Fund. (2020, April 6). Malala Fund releases report on girls' education and COVID-19. Malala.org. https://malala.org/newsroom/archive/malala-fund-releases-report-girls-education-Covid-1 9

MEJOREDU, Comisión Nacional para la Mejora Continua de la Educación (2020). Indicadores nacionales de la mejora continua de la educación en México 2020. Cifras del ciclo escolar 2018-2019. México.https://www.gob.mx/mejoredu/articulos/indica dores-nacionales-para-la-mejora-continua- de-la-educacion-en-mexico-2020-cifras-del-ciclo-escolar-2018-2019

--------. (2020a). Experiencias de las comunidades educativas durante la contingencia sanitaria por COVID-19. Educación básica. Informe Ejecutivo. https://editorial.mejoredu.gob.mx/ResumenEjecutivo-experiencias.pdf

México, ¿Cómo vamos? (2020). Metas para transformar al país. Metas para transformar el país.

https://www.mexicocomovamos.mx/?s=seccion&id=216

Ministerio de Educación del Peru. (2020, October 7). Presentación de "Alerta Escuela" [Facebook Live].

Ministerio de Educación del Peru. https://www.facebook.com/272022672861522/videos/8 5042454929259

Monroy, C., and Trines, S. (2019, May 23). Education in Mexico. WERN WES. https://wenr.wes.org/2019/05/education-in-mexico-2

Mo, Di, Linxiu Zhang, Hongmei Yi, Renfu Lou, Scott Rozelle, and Carl Britton. (2013, February). School Dropouts and Conditional Cash Transfers: Evidence from a Randomised Controlled Trial in Rural China's Junior High Schools Journal of Development Studies. Vol. 49, No. 2, 190–207.

https://fsi-live.s3.us-west-1.amazonaws.com/s3fs public/contentserver.pdf

Nogero, Andres. (2019, October 4). #MonedasDeCambio: el nuevo llamado a combatir la

mendicidad infantil en Bogotá. Alcaldía de Bogotá.

https://bogota.gov.co/mi-ciudad/gobierno/bogota-lucha contra-la-mendicidad-infantil

OECD. (2019). TALIS 2018 Results (Volume I): Teachers and School Leaders as Lifelong Learners. TALIS, OECD Publishing. https://www.oecd-ilibrary.org/education/talis-2018-results-volume-i_1d0bc92a-en.

--------. (2020a). Education and COVID-19. Focusing on the long-term impact of school closures. OECD Publishing.

http://www.oecd.org/coronavirus/policy responses/education-and-COVID-19-focusing-onth e-long term-impact-of-school-closures-2cea926e/.

Project U-Turn. (2020). An Alliance that unifies partners to increase the graduation rate and prepare young people for future opportunities. Project U-Turn. http://www.projectuturn.net

Reimers, F. (2020, September 13). Week 3: Education and the COVID-19 Pandemic [Lecture]. A-801 – Education Policy Analysis and Research Utilization in Comparative Perspective, Harvard Graduate School of Education.

----------. (2020a, September 25). Leading Education Through COVID-19: Upholding the Right to Education. Springer.

----------. (2020b). Educating Students to Improve the World. Springer Open. https://doi.org/10.1007/978-981-15-3887   2

Reimers, F. and Schleicher, A. (2020). Schooling disrupted, schooling rethought. How the COVID-19 Pandemic is changing education. Paris. OECD.

Romero, Claudia. (2020, June 10). La escuela: del fracaso a la catástrofe. Entre la crisis de un modelo y el vacío de su ausencia [Seminar]. La Usina Social. https://www.youtube.com/watch?v=mQRMMa0NmMg

Ripani, F., and Zucchetti, A. (2020). Mexico: Aprende en Casa (Learning at home), Education continuity stories series.

OECD. World Bank Group. HundrED. Global Education Innovation Initiative.https://oecdedutoday.com/wp-content/uploads/2020/07/Mexico-Aprende-en-casa.pdf

Sao Paulo Government (2020). Merenda em Casa. São Paulo Governo do Estado. Brazil. https://merendaemcasa.educacao.sp.gov.br/

SEP, Secretaría de Educación Pública.(2020, April 22). Boletín No. 101. Quintana Roo. Mexico. https://www.gob.mx/sep/articulos/boletin-no-101-inicia sep-en-colaboracion-con-google capacitacion-virtual-de mas-de-500-mil-maestros-y-padres-de-familia?idiom=es

---------.(2020a, April 19). Aprende en Casa SEP [Video]. Youtube. https://www.youtube.com/c/aprendeencasa/videos

-------- .(2020b, June, 25). Boletín 165. https://www.gob.mx/sep/articulos/boletin-no-165-a-traves-del-conafe-inicia-modelo-de-aprendizajecolaborativo-para-garantizar-el-logro-educativo-en-comunidades-marginadas?idiom=es

Schleicher, A. (2020). The Impact of COVID-19 on Education; Insights from Education at a Glance 2020, OECD.https://www.oecd.org/education/the-impact-of-COVID-19-on-education-insights-education at-a-glance-2020.pdf.

Sistema Nacional de Tutorias Academicas, Media Superior. (2011, August). Síguele, caminemos juntos. Documento Base. SEP. Mexico.

http://escolares.ujed.mx/Documentos/Tutorias/05a SINATA_Siguele.pdf

Quint, JC, Smith, JK, Unterman, R., & Moedano, AE (2010, February). New York City's Changing High School Landscape: High Schools and Their Characteristics, 2002-2008.   MDRC.

https://www.mdrc.org/sites/default/files/full_463.pdf

UN News. (2020, June 30). Impacts of COVID-19 disproportionately affect poor and vulnerable: UN chief. UN News Global Perspectives Human Stories. https://news.un.org/en/story/2020/06/1067502

UNESCO. (2018). 4.1.5 - Out-of-school rate (primary, lower secondary, upper secondary): Technical Cooperation Group on

the Indicators for SDG 4. UNESCO.

http://tcg.uis.unesco.org/4-1-5-out-of-school-rate primary-lower-secondary-upper-second ary/

----------. (2019, September). New Methodology Shows that 258 Million Children, Adolescents and Youth Are Out of School.   Fact   Sheet   (56),   16. http://uis.unesco.org/sites/default/files/documents/new -methodology-shows-258-million- children-adolescents-and-youth-are-out-school.pdf

----------. (2020, July 30). UNESCO COVID-19 Education Response: How many students are at risk of not returning to   school?   Advocacy   Paper. https://unesdoc.unesco.org/ark:/48223/pf0000373992

---------. (2020a, June 08) UN Secretary-General warns of education catastrophe, pointing to UNESCO estimate of 24 million learners at risk of dropping out. PRESS RELEASE. https://en.unesco.org/news/secretary-general-warns education-catastrophe-pointing-unesc o-estimate-24 million-learners-0

---------. (2020b, July). COVID-19 Response re-enrollment: identifying students at risk of dropout and encouraging a return to school, with a focus on equity and in particular, girls. Version 2. April 20, 2020 by Joe Hallgarten, Education Development Trust.

---------. (2020c). Out of School Children and Youth. Institute of Statistics. http://uis.unesco.org/en/topic/out-school-children-and youth

---------.(2020d). La educación en América Latina y el Caribe ante la COVID-19. Respuestas Educativas Nacionales. Chile. https://es.unesco.org/fieldoffice/santiago/COVID-19-education-alc/respuestas UNICEF. (2020, September 30). Cash transfers offer respite to families during COVID-19. https://www.unicef.org/lac/en/stories/cash-transfers offer-respite-families-during-Covid-9

United Nations (2020, August). Policy Brief: Education during COVID-19 and beyond. https://www.un.org/sites/un2.un.org/files/sg_policy_brief_COVID-19_and_education_augu st_2020.pdf

Wagner, E., & Warren, H. (2020). Save Our Education. Save the Children International. https://resourcecentre.savethechildren.net/node/17871/pdf/save_our_education_0.pdf

World Bank (2020, June 18). Simulating the Potential Impacts of the COVID-19 School Closures on Schooling and Learning Outcomes: A set of Global Estimates. IBRD-IDA. https://www.worldbank.org/en/topic/education/publica tion/simulating-potential-impacts-of-COVID-19-school-closures-learning-outcomes-a-set-of-global-estimates

---------. (2020b). Education Systems' Response to COVID-19: Brief.

https://www.worldbank.org/en/data/interactive/2020/0
3/24/world-bank-education-and-co vid-19
Zuleika Cáceres Comunicaciones. (2020, May 20). Interview: Ana
Isabel Vázquez-Ciclo escolar en Quintana Roo concluirá a
distancia   [Video].   Youtube.
https://www.youtube.com/watch?v=DTkwyNVPXl4

Apéndice

Nota en análisis de datos

Los autores llevaron a cabo un análisis de datos detallado
basado en los datos del sistema educativo QR local
proporcionados a los autores por el cliente.

Nota sobre las entrevistas

Los autores realizaron entrevistas personales y privadas con varios
miembros del sistema educativo de México y Quintana Roo en
varios niveles, así como con otros actores internacionales:

- Maestra de Educación Infantil en Quintana Roo el 20 de
septiembre de 2020
- Subsecretario de Planeación Educativa en Quintana Roo a
23 de septiembre de 2020
- Ana Vásquez, Secretaria de Educación en Quintana Roo el
21 de septiembre de 2020 y el 19 de enero de 2021
- Subsecretario de Planeación Educativa en Quintana Roo a
23 de septiembre de 2020
- Maestros de Quintana Roo a 12 de octubre de 2020
- Perú MinEdu Jefe de Estadísticas a 13 de octubre de 2020
- Lorenzo Gómez Morín, a 7 de diciembre de 2020

Capítulo Ocho

Medidas para aumentar el apoyo a estudiantes durante la pandemia de COVID-19 en Sinaloa, México.

Gustavo Rojas Ayala, Jonathan Mendonca, Maurice McCaulley y Prachi Narang

Resumen

Este capítulo narra el proceso de consultoría que el equipo de autores brindó a la Secretaría de Educación Pública y Cultura (SEPYC) en el estado de Sinaloa, México. La trayectoria profesional de uno de los autores de este capítulo como miembro de Mexicanos Primero Sinaloa, una organización sin fines de lucro de investigación y análisis de políticas educativas en Sinaloa y la posibilidad de acceder de manera directa a las autoridades educativas del estado explican la elección de este contexto para este proyecto. Las relaciones profesionales previas con el cliente permitieron a los autores acceder a reuniones privadas de planificación y a información reportada directamente por fuentes primarias dentro de la secretaría respecto al impacto de la pandemia en el sistema educativo. Todo el análisis de datos y las recomendaciones emitidas a nuestro cliente fueron comunicados en privado para mantener la independencia de la relación institucional entre la SEPYC y Mexicanos Primero Sinaloa. Este capítulo incluye información descriptiva sobre el contexto local, evidencia sobre el impacto de la pandemia en los estudiantes de Sinaloa y una revisión de la literatura pertinente a los desafíos que enfrenta la SEPYC. El capítulo también describe las alternativas de política recomendadas para abordar la problemática enfrentada por el cliente y una sección final sobre la recepción de este trabajo, junto con un breve apunte sobre los planes de implementación de algunas de las alternativas recomendadas.

El problema desde la perspectiva del cliente

La pandemia COVID-19 sorprendió a los líderes educativos de México durante una reforma de gran escala. Con más de 36,6 millones de estudiantes, más de 265 mil escuelas públicas y 2,1 millones de maestros, el gobierno federal reaccionó rápidamente a los posibles riesgos para la salud y decidió cerrar todas las escuelas el 23 de marzo de 2020. Varias semanas después, la Secretaría de Educación Pública federal (SEP) anunció el lanzamiento de una estrategia de aprendizaje a distancia, utilizando la televisión y herramientas en línea como medio de instrucción. Sin embargo, varios desafíos estructurales como bajos niveles de acceso a internet y tecnología (Secretaría de Transporte y Comunicaciones, 2020) y la pobreza que afecta a 42 % de la población (Fundación Quántitas, 2020) actuaron como obstáculos relevantes para el éxito de dicha estrategia.

El sistema educativo de México es altamente descentralizado y "comprende 32 sistemas educativos a nivel estatal que siguen un plan de estudios nacional común y lineamientos generales de la Secretaría de Educación Pública Federal (SEP Federal). Sin embargo, cada una de las Secretarías de Educación Pública a nivel estatal es administrada íntegramente por los gobiernos locales" (Banco Mundial, 2021). Como uno de esos administradores educativos a nivel estatal, la Secretaría de Educación Pública y Cultura del estado de Sinaloa (SEPYC), enfrentó el desafío específico de continuar brindando acceso a la educación a través de medios remotos a más de medio millón de estudiantes y más de 5,600 escuelas públicas de educación básica.

Antes de la llegada de la pandemia, la acción de la SEPYC estaba centrada en abordar el problema de los altos niveles de desigualdad educativa. En Sinaloa, solo el 3.7% de los niños de tres años están matriculados en el primer grado de preescolar, un porcentaje bajo comparado con el promedio nacional levemente por debajo del 50% (SEP 2020). Y en términos de resultados de aprendizaje, los puntajes de PISA para los estudiantes sinaloenses están aproximadamente 80 puntos por debajo de los puntajes promedio de la OCDE (CONEVAL 2018, 2020; Mexicanos

Primero, 2018). En respuesta a estos desafíos, la actual administración estatal emprendió la implementación de varios proyectos dirigidos a incrementar las oportunidades educativas. Sin embargo, como las escuelas cerraron debido a la pandemia en marzo de 2020, la mayoría de estos programas se suspendieron, lo que es un efecto negativo importante del cierre de escuelas.

Al inicio de esta consultoría, nuestro cliente quería comprender mejor dónde y cómo priorizar los recursos para preservar el aprendizaje de los estudiantes durante la pandemia de COVID-19. Siguiendo la recomendación de Bardach (2012) de tener una definición clara del problema para enfocar un análisis de políticas, determinamos que el enunciado del problema rector para esta consultoría sería que "los niños están recibiendo insuficiente apoyo para cumplir con los objetivos de aprendizaje previstos del plan de estudios durante la pandemia".

Impacto del COVID-19 en la educación: respuesta y efectos

La estrategia de respuesta federal y local

Después de un aumento en el número de casos confirmados de COVID-19, el gobierno federal de México impuso un cierre total de escuelas a nivel nacional a partir de marzo de 2020, que posteriormente se extendió al actual año académico 2020-2021 (Diario Oficial de la Federación, 2020). A medida que cerraron las escuelas, México pasó a un modelo de educación remota que utilizaba la televisión pública para continuar la instrucción: Aprende en Casa (Ripani & Zucchetti, 2020). Mientras que sólo el 47,7% de la población tiene acceso a internet en las zonas rurales, el 92,5% de los hogares tiene al menos un televisor (Secretaría Transporte y Comunicaciones, 2020). En este contexto, el uso de la televisión pública para difundir contenidos educativos fue una decisión informada. Este enfoque se basó en la larga experiencia de México con la Telesecundaria (1968), "una iniciativa nacional de alfabetización basada en programas de televisión para escuelas secundarias en áreas rurales y aisladas" (Ripani & Zucchetti, 2020). Aprende en Casa también confió en las

Asociaciones Público-Privadas (APP) para asegurar la difusión de contenido nacional, que van desde las transmisiones de televisión tradicionales hasta la transmisión en línea. Las APP también permitieron al gobierno brindar a los docentes oportunidades de desarrollo profesional para mejorar el uso de los recursos de las TIC. Por ejemplo, en alianza con Google Education, más de medio millón de figuras educativas (docentes, directores, jefes de sector, supervisores, etc.) recibieron capacitación sobre la plataforma G-Suite (Aristegui Noticias, 2020). También se llegó a las comunidades indígenas en 15 idiomas indígenas a través de asociaciones con redes de radio locales (Ripani & Zucchetti, 2020).

La SEPYC, al igual que muchas de las otras secretarías a nivel estatal, decidió seguir la estrategia de la SEP "Aprende en Casa" como el marco oficial general de respuesta durante el cierre de escuelas. Sin embargo, el secretario de Educación Pública y Cultura de Sinaloa, Juan Alfonso Mejía, también anunció que las escuelas y docentes de Sinaloa tendrían flexibilidad para determinar el uso de contenidos televisivos e implementar estrategias basadas en otros medios, como libros de texto y folletos impresos; asignando actividades de aprendizaje a través de redes sociales, y en algunos casos, instrucción online a través de radio y plataformas digitales (Sánchez, 2020)

Además, las restricciones presupuestarias anunciadas por el gobierno federal (DOF, 2020) imposibilitaron la opción de inversiones recién financiadas en Sinaloa, lo que restringió la disponibilidad de recursos financieros para apoyar las estrategias de educación remota. Por otra parte, los presupuestos oficiales de educación nacionales y estatales aprobados para el año 2021 no incluyeron fondos específicos para abordar el efecto de la pandemia en el aprendizaje de los estudiantes (Leyva, 2020). Esto hizo evidente en nuestro análisis que una consideración clave para las alternativas propuestas debía ser la costo-efectividad de las iniciativas.

Efectos sobre los estudiantes

Debido a la decisión de la SEP de cancelar todas las pruebas estandarizadas nacionales por un segundo año consecutivo (Medina, 2021), basar las decisiones de política públicas en datos confiables sobre el impacto de la pandemia sobre el aprendizaje de los estudiantes en México y Sinaloa sigue siendo un importante desafío sistémico. Por lo tanto, esta subsección basa sus estimaciones en el análisis de encuestas y estudios que diferentes instituciones han realizado para explorar y estimar las percepciones del impacto de la pandemia en el aprendizaje de los estudiantes, lo cual ofrece bastantes limitaciones.

Para dar cuenta de los mayores desafíos que enfrentan actualmente los estudiantes en México, una encuesta coordinada por la Universidad Iberoamericana en la Ciudad de México preguntó a los estudiantes cuál consideraban el peor efecto del cierre de escuelas. El 71,8%[12] de los estudiantes respondió que no poder asistir a sus escuelas, mientras que el 47,9% de los docentes mencionó los desafíos del uso de la tecnología (Rendón, 2020).

Otra encuesta, realizada por la Comisión Nacional para la Mejora Continua de la Educación (MEJOREDU), reveló que si bien el 97% de los padres declararon que sus hijos habían continuado estudiando de forma remota, 4 de cada 10 alumnos no estaban llevando una o más de sus asignaturas (Comisión Nacional Para la Mejora Continua de la Educación, 2020).

En cuanto a las percepciones de lo aprendido durante la estrategia alternativa, el 59,6% de los estudiantes de primaria y el 44,1% de los estudiantes de secundaria de la muestra declararon que durante el período de aprendizaje a distancia sólo reforzaron los aprendizajes previamente adquiridos. Esto es problemático, dado que la estrategia "Aprende en Casa" no persigue explícitamente el refuerzo de los aprendizajes previos, sino que se ha introducido como una alternativa para seguir avanzando en las metas de aprendizaje establecidas en el currículo.

---

[12] Sólo estudiantes de cuarto, quinto y sexto grado fueron incluidos en la encuesta.

Con respecto al bienestar físico y emocional de los estudiantes, casi la mitad de los estudiantes encuestados (49,9%) declararon sentirse estresados por las tareas académicas que debían realizar de forma remota y el 39,8% de los estudiantes declararon sentirse tristes y bajos motivados por la situación (Ibid, 2020). Estos hallazgos son consistentes con los de una encuesta realizada por UNICEF que muestra un aumento de 6.7% en la inseguridad alimentaria infantil durante el período mayo-julio 2020, junto con una disminución del 30% en los ingresos familiares en el 41.8% de las familias que cuidan a niños (UNICEF México, 2020).

En Sinaloa, los resultados de la encuesta "¿Aprendió Sinaloa en casa?" realizada por SEPYC mostró una satisfacción significativa de los padres con la estrategia de continuidad educativa remota ofrecida. Con la participación de más de 19,500 maestros y 57,000 familias, los resultados de la encuesta muestran que 9 de cada 10 familias calificaron el apoyo a los maestros como excelente o bueno. Además, los docentes manifestaron tener una comunicación constante con el 85 por ciento de sus alumnos, aunque sólo el 38% dijo sentirse muy bien con la estrategia (SEPYC, 2020).

Sin embargo, si bien estos datos muestran una sensación general de satisfacción, la aprobación de la oferta generada es un criterio insuficiente para predecir la calidad del aprendizaje generado. En consecuencia, ante la falta de datos reales sobre el aprendizaje estudiantil, tenemos un conocimiento limitado sobre el impacto real de la pandemia en el aprendizaje de los estudiantes en Sinaloa.

Para dar cuenta de la posible pérdida de aprendizajes en Sinaloa, recurrimos a literatura que estima niveles de pérdida de aprendizaje a partir de la duración de los cierres escolares, la cual se basa en el estudio de la pérdida de aprendizaje durante el verano y aquella causada por otros escenarios de salud y emergencias naturales. También consideramos algunas de las primeras evaluaciones cuantitativas de la pérdida de aprendizaje de los estudiantes durante los cierres escolares basadas en resultados de pruebas estandarizadas.

Según Azevedo et al. (OCDE, 2020), cierres de escuelas de siete meses de duración podrían resultar en una pérdida promedio de 0.9 años de escolaridad, ajustando por calidad. Para cuando terminamos este capítulo (28 de febrero de 2021), las escuelas en Sinaloa llevaban once meses cerradas. Dado que la extensión del período de cierre de escuelas en Sinaloa ha sido considerablemente mayor que el período de siete meses considerado como el referente para estimar la pérdida de aprendizaje por la OCDE, hay una alta probabilidad de que el estado padezca una reducción en el promedio de años de escolaridad desde el nivel actual de 10.2 años a 9.3 años, llegando muy cerca del promedio de 9.1 años de escolaridad promedio en el estado durante 2010 (INEGI, 2021).

Un reciente estudio sobre el impacto del período de educación a distancia en el aprendizaje de los estudiantes, utilizando resultados de pruebas estandarizadas en Bélgica, muestra que después de una interrupción de aproximadamente un tercio de los 175 días del año escolar, los resultados de las pruebas estandarizadas en matemáticas y lenguaje cayeron significativamente, más aún para los estudiantes desfavorecidos:

> "Los estudiantes de la cohorte 2020 experimentaron pérdidas de aprendizaje significativas en todas las materias evaluadas, con una disminución de los puntajes de matemáticas de 0.19 desviaciones estándar y de 0.29 desviaciones estándar en la prueba de lenguaje, comparado con la cohorte anterior. Además, observamos que la desigualdad dentro de las escuelas aumenta un 17% en matemáticas y un 20% en lenguaje. La desigualdad entre escuelas aumenta un 7% en matemáticas y un 18% en lenguaje. Las pérdidas de aprendizaje están correlacionadas con las características escolares observadas, ya que las escuelas con una población estudiantil más desfavorecida experimentan mayores pérdidas de aprendizaje" (Maldonado, De Witte, 2020).

Es probable que los estudiantes en Bélgica tuvieran condiciones más favorables para el aprendizaje de forma remota que sus pares en Sinaloa, y aún así experimentaron una pérdida significativa de aprendizaje. En consecuencia, la solicitud de nuestro cliente de ayudar en la determinación de alternativas para aumentar las oportunidades de apoyo centradas en el aprendizaje del alumno está muy bien justificada, a pesar de las opiniones favorables que los maestros y padres de familia en Sinaloa dan a la estrategia de aprendizaje a distancia ofrecida por el estado.

En la siguiente sección de este capítulo, resumimos brevemente las fuentes de conocimiento y evidencia que usamos para abordar la necesidad de SEPYC de apoyar el aprendizaje de los estudiantes durante la pandemia.

Marco teórico y conceptual de la consultoría

Esta sección describe los temas clave que estudiamos y analizamos para desarrollar una comprensión más profunda de los desafíos relacionados con el sostenimiento exitoso de la educación remota en un escenario de crisis como el de una pandemia. También incluimos en esta revisión de literatura algunas referencias en torno a consideraciones estructurales y políticas que son importantes para comprender los desafíos de gobernabilidad del sistema educativo mexicano, que también debían ser considerados en el diseño de las alternativas de política presentadas a la SEPYC. Con esta sección esperamos dejar explícito cuáles fueron los fundamentos teóricos, empíricos y conceptuales de nuestra comprensión de la situación y en los que se basaron nuestras recomendaciones de política. La cuarta sección presenta el análisis de las implicaciones de estas referencias.

Aprendizaje remoto

El punto de partida de nuestra investigación fue en torno a algunas de las ideas más recientes y fundamentales sobre lo que se necesita para que los estudiantes aprendan, específicamente en escenarios de aprendizaje digital y remoto. Clark y Mayer (2016) destacan la importancia de diseñar para un aprendizaje digital y no para las "formas de aprendizaje como adquisición de información" que ven a los alumnos como recipientes vacíos destinados a ser llenados por los instructores. Nos basamos en las teorías del aprendizaje, la motivación (Deci y Ryan, 2000) y el compromiso de los estudiantes (Lahaderne, 1968; Samuels y Turnure, 1974; Hecht, 1978; Cobb, 1972; y Finn y Rock, 1997) que parecían las más relevantes con base en los resultados de las encuestas que incluidos en la sección anterior.

También incorporamos fuentes de conocimientos recientes sobre la diversidad de estrategias implementadas para mantener las oportunidades educativas de forma remota en todo el mundo, sobre todo el trabajo de Reimers & Schleicher (2020) quienes contribuyeron con uno de los primeros estudios comparativos internacionales sobre el tema. También nos basamos en la orientación de la UNESCO para los gobiernos sobre cómo mantener la continuidad de la educación durante la pandemia. Esta información proporcionó un marco de referencia para identificar puntos ciegos y oportunidades de mejora en la respuesta de Sinaloa y para inspirar y orientar nuestras propias propuestas de políticas alternativas.

A lo largo de nuestra consultoría, muchos países comenzaron a reanudar la instrucción presencial y, como resultado, también analizamos las compensaciones entre las experiencias de aprendizaje remoto y presencial. Específicamente, decidimos trabajar con base en cuatro condiciones consideradas por la UNESCO (2020) como predictores de la efectividad del aprendizaje: preparación tecnológica, preparación para el contenido, preparación para el apoyo al aprendizaje pedagógico y en el hogar, y preparación para el monitoreo y la evaluación. Estas cuatro condiciones determinan fuertemente el elemento que más adelante denominaremos "potencial de mitigación de la pérdida de aprendizaje".

En este punto, la evidencia de las consecuencias del cierre de escuelas sobre el aprendizaje de los estudiantes en Bélgica también juega un papel importante. El trabajo de Maldonado & De Witte (2020) influyó mucho en nuestro análisis al considerar si emitir a nuestro cliente recomendaciones de política que requieran interacción en persona. Y finalmente, también estudiamos cuatro etapas clave para gestionar los riesgos de reapertura de escuelas identificadas por la OCDE: 1) realizar una evaluación de riesgos para el personal; 2) desarrollar protocolos claros sobre distanciamiento social; 3) revisar las políticas de asistencia para acomodar las ausencias relacionadas con la salud; y 4) garantizar la formación adecuada de profesores y personal.

Currículum y estándares de aprendizaje en México

Nuestro razonamiento sobre cómo mejorar el apoyo a los estudiantes en Sinaloa durante esta pandemia se basó en los objetivos de aprendizaje del sistema educativo de México. El libro "Propósitos Educativos Audaces" (Reimers, 2020) contiene un capítulo de Elisa Bonilla que sintetiza la reforma que creó el plan de estudios y los estándares de aprendizaje actuales de México. Si bien esta reforma es más conocida por los cambios que trajo al sistema de carrera profesional de los maestros y otros aspectos de la gobernanza del sistema, también se enfocó fuertemente en mejorar los estándares de calidad de la enseñanza y el aprendizaje en las áreas tradicionales del currículo como las matemáticas, lectura, escritura y estudios sociales y científicos. La reforma también incluyó, como prioridad, otorgar a las escuelas mayores niveles de autonomía curricular y buscar el desarrollo de habilidades personales y sociales, a través de las artes, el aprendizaje socioemocional y el deporte.

El análisis de Bonilla menciona un estudio de evaluación realizado sobre la implementación piloto del componente de autonomía curricular de la reforma. Los hallazgos mostraron que este componente impulsó el aprendizaje de los estudiantes; mejoró la interacción de los estudiantes (con una notable disminución del acoso); fortaleció el sentido de pertenencia a la escuela; mejoró las actitudes y valores positivos entre los estudiantes; consolidó equipos docentes interdisciplinarios; y aumentó la colaboración entre estudiantes y profesores (Gómez-Morín, 2018).

Todas estas referencias nos permitieron evaluar las tendencias, trayectoria y oportunidades que ofrecía el currículo y los estándares de aprendizaje mexicanos antes de la disrupción provocada por la pandemia. E informaron nuestra comprensión de los equilibrios y las consideraciones específicas que nuestras alternativas de políticas deben considerar al asegurar la coherencia y la continuidad curricular.

Gobernanza del sistema educativo mexicano

La complejidad y los desafíos de gobernanza del sistema educativo de México fueron un aspecto clave a considerar al evaluar la viabilidad técnica y la viabilidad política de nuestras alternativas. Aquí nos basamos en el trabajo de Zorrilla y Barba (2008) y en las perspectivas de Granados (2020), Santibañez (2008) y Corrales (1999).

Zorrilla y Barba (2008) reconocen una tensión entre la centralización y descentralización que coexisten en el sistema educativo nacional en México. Proponen la tesis de que gran parte de la falta de eficacia del país para mejorar los resultados de aprendizaje de los estudiantes proviene de la mala gestión y la deficiente capacidad profesional de las secretarías estatales locales. Granados introduce el concepto de "síndrome del archipiélago" (comunicación personal, 2020) para caracterizar cómo surge la falta de alineación en torno al aprendizaje de los estudiantes cuando las burocracias y las organizaciones tienden a priorizar sus propias agendas sobre la mejora educativa y los objetivos de aprendizaje.

Santibañez (2008) y Corrales (1999), analizan la influencia de la política en la educación en México. Santibañez explica cómo los acuerdos entre el gobierno y los sindicatos nacionales de docentes (SNTE) consolidaron la influencia política del SNTE en detrimento de mayores niveles de eficiencia del sistema. Simultáneamente, Corrales proporciona un marco económico para explicar cómo los actores políticos que asumen la mayor parte de los costos de las reformas orientadas a la calidad generalmente pueden tener mucho éxito en bloquear dichas reformas si sus beneficios se distribuyen entre diversos grupos sociales. Dado que Sinaloa enfrentará elecciones a nivel de gobierno, congresos locales y municipios en junio de 2021, los factores políticos deben considerarse tanto como un factor habilitador y también como un obstáculo para la implementación de la alternativa recomendada.

Análisis multidimensional para establecer alternativas de política pública

Sobre la base de las referencias anteriores, esta sección analiza las implicaciones más importantes en el proceso de creación de propuestas de política pública para aumentar el apoyo a los estudiantes en Sinaloa. Siguiendo el marco multidimensional de Reimers (2020a) para teorizar el proceso de cambio educativo, analizamos y desafiamos nuestra comprensión del problema que enfrenta nuestro cliente y también nuestras ideas sobre posibles estrategias de intervención a través de cinco perspectivas: cultural, política, psicológica, profesional, institucional y política.

Perspectiva cultural

En México y Sinaloa, la decisión de mantener las escuelas cerradas ha sido fuertemente apoyada por familias y maestros. Esto probablemente se deba al comprensible temor a contraer el virus y a la falta de información sobre las consecuencias negativas a mediano y largo plazo del cierre de escuelas en el aprendizaje y el bienestar de los estudiantes.

Sin embargo, las familias también han mostrado un alto compromiso de apoyar a los estudiantes durante el período de aprendizaje a distancia. Los alumnos de primaria recibieron gran apoyo de sus padres (94,5%) y hermanos mayores (28,5%). La comunidad en general también es un factor importante, como lo afirman los estudiantes de secundaria, que encontró en los amigos (35,9%) y compañeros de clase (33,4%) una importante fuente de apoyo (MEJOREDU, 2020).

Estos datos resaltan la idea de que, a pesar de los desafíos económicos discutidos anteriormente, las familias y comunidades mexicanas valoran la educación y están comprometidas con ella, incluso durante una pandemia. En consecuencia, deben incluirse como un activo relevante en cualquier estrategia de apoyo al aprendizaje. Además, según Stefania Giannini (2020), "las sociedades no se pueden transformar si el qué y el cómo aprendemos sigue siendo el mismo ... Es el momento de que los líderes educativos utilicen este período de disrupción para asegurarse de que lo que las personas aprenden sea verdaderamente relevante para sus vidas ya la supervivencia del planeta". Esta idea aborda la necesidad de que los sistemas educativos enfaticen fuertemente la importancia de crear un cambio cultural sobre lo que los niños deben aprender en la escuela y sobre quién debe participar en el proceso.

En este sentido, cualquier intento de incrementar el apoyo a los educandos, debe enfocarse no solo en los objetivos tradicionales de la educación para los padres, como las buenas notas o para el sistema en sí, como mejores resultados de exámenes estandarizados. Se debe ir más allá del papel tradicional de los profesores y directivos escolares, como los principales responsables del aprendizaje de los estudiantes. El escenario actual requiere una mentalidad abierta que aproveche las oportunidades de aprendizaje que pueden ocurrir dentro de las experiencias cotidianas de los niños en sus hogares, con sus familias y en los aspectos cotidianos de la vida familiar, como limpiar, cocinar y comunicarse con los demás.

Empero, también es importante considerar que cualquier proceso de cambio cultural en torno a las metas y propósitos de la educación para una sociedad es un proceso lento y gradual. Dado que el escenario actual se define por la urgencia de evitar una "catástrofe generacional" (Naciones Unidas, 2021) la SEPYC debe ser consciente de la importancia de priorizar gradualmente qué metas y objetivos de aprendizaje académico y socioemocional son los más urgentes de "proteger". y tomar recomendaciones para aprovechar esta crisis como una oportunidad para rediseñar su sistema educativo con cautela.

Perspectiva Psicológica

Clark y Mayer (2016) destacan varias lagunas en los escenarios de aprendizaje remoto, siendo la más común la tendencia de los diseñadores de aprendizaje a adaptar el enfoque de instrucción cara a cara al entorno en línea en su forma original, esperando que los alumnos se adapten a la tecnología implementada. Como aprendices en una configuración remota, los niños de Sinaloa pueden continuar conectados al aprendizaje en esta desafortunada situación causada por la pandemia, pero a costa de su motivación y participación.

Adicionalmente, para los niños que acceden a contenidos educativos a través de Aprende en Casa, la carga cognitiva es considerable, ya que el aprendizaje remoto requiere atención visual y auditiva, asimilando varios elementos y ordenando la información para que tenga sentido, además de tener que desarrollar mayores niveles de autonomía al ampliar su capacidad de función ejecutiva.

En esta situación, tener información extraña (como demasiados colores y / o palabras en la televisión o la pantalla de la computadora), o no tener suficiente información requerida (como muy pocas etiquetas descriptivas con el material / actividades que se muestran en la pantalla) puede dificultar el aprendizaje del alumno, al verse reducida su capacidad de seguir el ritmo de la lección; la mayoría de las cuales se imparten en televisión, sin poder pausar ni reproducir.

De hecho, según UNESCO (2020), "la educación a distancia tiende a requerir un alto nivel de autoaprendizaje por parte del educando y habilidades de estudio, que deben ser apoyadas a través de nuevas estrategias de enseñanza, aprendizaje y orientación". Estos aún no se han desarrollado como parte de la estrategia general de Aprende en Casa.

En tal escenario, es de esperar que el rendimiento y el bienestar de los estudiantes disminuyan. Esta idea se ve confirmada por los hallazgos de MEJOREDU (2020) citados en las secciones anteriores. Los niveles de estrés, ansiedad y frustración podrían atribuirse a una falta de autodeterminación (Deci y Ryan, 2000), en la que los alumnos no pueden establecer sus propias metas y tomar sus propias decisiones, junto con la falta de vínculos socioemocionales, nutrición y apoyo mental que otorgan los espacios escolares y que, según los datos de UNICEF para México, no todos los hogares pudieron ofrecer.

La autodeterminación planteada por Deci y Ryan (2000) es posible cuando le suceden tres cosas al alumno: sentirse eficaz (competencia), sentirse en control (autonomía) y sentirse interconectado (afinidad); los tres podrían no ser parte de la realidad actual de los estudiantes en Sinaloa. Finalmente, la evidencia científica apoya la conexión entre el compromiso de los estudiantes y el rendimiento de los estudiantes (Lahaderne, 1968; Samuels y Turnure, 1974; Hecht, 1978; Cobb, 1972; y Finn y Rock, 1997), así como entre las conversaciones de los compañeros y el rendimiento, con las dos variables están correlacionadas positivamente. Cualquier alternativa para aumentar y mejorar las estrategias de apoyo al alumno en Sinaloa debe tener en cuenta estas realidades cruciales para mitigar los riesgos de pérdida de aprendizaje, desvinculación de los estudiantes y empobrecimiento del bienestar socioemocional.

Perspectiva profesional

La UNESCO (2020) identificó cuatro tipos de preparación necesarios para reabrir los espacios de aprendizaje. Uno de los más cruciales de los cuatro, "la preparación para el apoyo al aprendizaje pedagógico y en el hogar", está directamente relacionado con la preparación de los profesores para diseñar y facilitar el aprendizaje a distancia. Si bien la experiencia previa en escenarios de aprendizaje remoto basados en televisión del modelo de Telesecundaria (1968) fue útil, no es suficiente para respaldar este enfoque como la única estrategia en un país donde solo el 57% de los docentes informaron que utilizan el aprendizaje digital para complementar las prácticas tradicionales (TALIS 2018). Además, con solo el 67% de los maestros fomentando el pensamiento crítico en el aula y solo el 38% presentando a sus estudiantes tareas desafiantes sin una solución obvia (TALIS 2018), existe una necesidad creciente de mejorar el desarrollo de habilidades cruciales como el pensamiento crítico, para ayudar a los estudiantes a navegar la incertidumbre del mundo que los rodea.

Para preparar a los niños para el futuro, Sinaloa debe considerar su red profesional de maestros y personal escolar y equiparlos con el apoyo que requieren en este momento, especialmente porque "la mayoría de los maestros no están adecuadamente preparados para la transición de la provisión de educación escolar, y las familias están no está listo para facilitar y monitorear el aprendizaje diario en el hogar, especialmente con varios niños ". (UNESCO, 2020). En este sentido, cualquier estrategia de intervención que demande cambios en la pedagogía de los docentes, debe considerar los recursos humanos, técnicos y económicos necesarios para formar y apoyar a los docentes en el desarrollo de nuevas habilidades, actitudes y comportamientos profesionales.

Perspectiva institucional

La experiencia y el contenido televisivo disponible a partir de la experiencia de Telesecundaria facilitaron la "preparación del contenido" catalogada por la UNESCO como un punto clave para la continuidad de la educación a distancia. Esto puede haber contribuido reduciendo el tiempo y la presión para crear contenido de aprendizaje remoto basado en televisión. Además, se emplearon otros recursos y capacidades existentes, como Google Education (vía PPP) y un contrato firmado con estaciones de televisión nacionales para promover esta idea, logrando el acceso a contenido educativo para más del 98% de todos los estudiantes mexicanos (Damian, 2020).

Sin embargo, la preparación del contenido debe incluir no sólo las materias académicas básicas, sino también las partes del plan de estudios que las escuelas pueden determinar y para los elementos asociados al desarrollo social que son esperados por el plan de estudios y los estándares nacionales.

La reforma educativa nacional del 2013, descrita por Bonilla (2020), determinó el plan de estudios y los estándares actualmente disponibles para todo el país, incluido Sinaloa. Si bien no se han evaluado todos los aspectos de este currículo, la autonomía curricular destaca por tener el potencial de mejorar el aprendizaje de los estudiantes y más específicamente en una mejor interacción de los estudiantes (Gómez-Morin, 2018), lo cual es crucial en el escenario actual de aprendizaje a distancia.

Además, el "síndrome del archipiélago" de Granados (2020) subraya la realidad de las "bajas capacidades gerenciales y profesionales de las secretarías estatales locales", un punto también planteado por Zorrilla y Barba (2008), agravado por múltiples agendas políticas y burocráticas que socavan eficacia del sistema para apoyar el aprendizaje de los estudiantes. Por lo tanto, todas las alternativas que puedan requerir grandes niveles de colaboración interdepartamental o multinivel deben considerarse con gran cautela.

Perspectiva política

Al finalizar este capítulo, en febrero de 2021, la decisión de reabrir escuelas sigue siendo una de las principales preocupaciones políticas que enfrentan los gobiernos federal y estatal en México. No abordar las consecuencias de cierres escolares prolongados, especialmente para aquellos estudiantes con mayores necesidades, conducirá a una pérdida de aprendizaje, lo que resultará en una disminución de las oportunidades profesionales para los estudiantes de México y menores tasas de crecimiento económico para el país (Hanushek, Woessmann, 2020). Sin embargo, un anuncio del gobierno federal ha creado la posibilidad de que las escuelas puedan reabrirse parcial y gradualmente como Centros Comunitarios de Aprendizaje (CCA) (SEP 2020).

Si bien la reapertura de escuelas podría eventualmente ser una opción políticamente viable en Sinaloa, al menos en términos de coordinación a nivel federal-local, no se debe ignorar la influencia política de los sindicatos de docentes, capaz de hacer que la reapertura sea políticamente inviable. Por lo tanto, todas las alternativas de política en nuestra consultoría deben equilibrar las compensaciones entre los requisitos de un mayor apoyo estudiantil y la resistencia y el poder de grupos influyentes como los sindicatos de maestros en Sinaloa y México.

Construcción, análisis y evaluación de alternativas de política pública

Con base en los datos, la evidencia y la literatura revisada y analizada en las secciones anteriores, se creó un conjunto de alternativas de políticas para abordar el problema que fue el foco de nuestro análisis. Estas alternativas se evaluaron teniendo en cuenta cuatro consideraciones: costo-efectividad, viabilidad política, potencial de mitigación de la pérdida de aprendizaje y viabilidad de implementación. A través de las siguientes subsecciones, exploramos cada alternativa, seguida de una comparación (ver Tabla 1).

Alternativa 1: Programas de tutoría personalizados

Al comienzo de nuestra consultoría, SEPYC comunicó a nuestro equipo su intención de explorar la tutoría digital gratuita como alternativa. Por lo tanto, pudimos investigar las mejores prácticas globales que podrían informar los esfuerzos de Sinaloa para brindar tutoría de calidad para los estudiantes. El énfasis en la calidad fue importante después de recordar la noción de Clark y Mayer (2016) de que el diseño de e-learning era más que una simple "forma de aprendizaje de adquisición de información" que no involucra a los estudiantes con el aprendizaje. En este sentido, la investigación ha demostrado que los programas de tutoría bien diseñados que utilizan voluntarios y otros no profesionales como tutores pueden ser efectivos para mejorar las habilidades de los niños (Departamento de Educación de EE. UU., 2001). Dado esto, nuestro programa de tutoría tenía como objetivo utilizar estudiantes normalistas y estudiantes de último año de bachillerato que requieren liberación de servicio social para graduarse.

Los programas de tutoría pueden permitir un apoyo más directo a un número limitado de estudiantes, considerando la seguridad en el contexto de COVID-19. Además, como alternativa rentable, SEPYC se centraría en complementar las lecciones de Aprende en Casa con apoyo de tutoría. El cliente podrá abordar el problema del apoyo al alumno a través de mayores puntos de contacto con los estudiantes, mejorando la calidad del plan de estudios existente proporcionado por Aprende en Casa.

Esta alternativa permitiría a SEPYC facilitar un desarrollo profesional más profundo para los estudiantes normalistas. Y permitiría que muchos estudiantes de bachillerato cumplan con los requisitos de graduación, evitando un cuello de botella en sus escuelas técnicas de nivel medio superior.

Un aspecto importante de los servicios de tutoría que contribuye a la calidad de un programa se debe a las "sesiones de tutoría frecuentes y regulares, con cada sesión entre 10 y 60 minutos diarios" (Departamento de Educación de EE. UU., 2001). Con la coherencia de la interacción, la tutoría puede tener un impacto positivo en los resultados de aprendizaje (Access Center, 2004). Según el Departamento de Educación de EE. UU. (2001), "Los estudiantes que reciben tutoría y tutores, en el caso de tutores de pares o de diferentes edades, a menudo demuestran una mayor autoestima y actitudes positivas hacia la escuela". Esto aborda el tema de la falta de compromiso entre los estudiantes. En este punto, es importante notar cómo esta alternativa también podría permitir el desarrollo de conexiones con otros emprendimientos educativos relevantes y de alto reconocimiento en el país, como el modelo de autoaprendizaje estudiantil denominado Redes de Tutoría, desarrollado por el Dr. Gabriel Camara con el apoyo de Richard Elmore (MAPEAL, 2021).

A medida que avanzaba el proceso de consultoría con SEPYC, el cliente comenzó a implementar los programas de tutoría. La alternativa de tutoría fue dirigida principalmente a estudiantes de rendimiento medio que se beneficiarán del apoyo adicional. Carlos Parra, funcionario de la SEPYC a cargo de la intervención, mencionó que pudieron lanzar el programa rápidamente con 80 voluntarios (entrevista telefónica, 10 de diciembre de 2020), un número bastante bajo, en relación con el total de más de 560,000 estudiantes en educación básica en el estado.

Alternativa 2: Centros Comunitarios de Aprendizaje (CCA)

Después del anuncio hecho por el gobierno federal el 8 de diciembre, quedó claro que utilizar las escuelas como CCA puede brindarle a Sinaloa un espacio para brindar apoyo a sus poblaciones más vulnerables sin necesidad de reabrir las escuelas por completo y reduciendo el riesgo político de la decisión. En esta alternativa, el enfoque está en brindar acompañamiento en persona para los estudiantes en mayor riesgo que ya sufren de una falta de desarrollo de habilidades académicas y socioemocionales.

A Sinaloa y los demás estados de México podrían organizar sus CCA cuando la comunidad escolar tenga un consenso de aprobación y siempre que sea posible cumplir con 12 consideraciones que resumen aspectos clave para fortalecer y promover el proceso educativo (SEP 2020). Las más relevantes de esas consideraciones son:

I. Asistencia voluntaria: La asistencia debe ser voluntaria y focalizada en reclutar primero a los estudiantes con mayor riesgo de abandono escolar.

II. Asistencia escalonada para estudiantes e instructores: puede ayudar a mitigar el hacinamiento y, al mismo tiempo, permitir que los docentes atiendan a grupos pequeños de estudiantes.

III. Límite diario del 40% de la población escolar: según lo sugerido por la SEP (2020), al considerar la capacidad de los CCA, esta medida ayudará a garantizar un número apropiado de estudiantes y permitirá una personalización de la atención.

IV. Establecimiento de un número máximo de estudiantes y maestros dentro de cada aula y respeto a pautas de distanciamiento social.

V. Priorizar el uso de espacios abiertos: Al no limitar las CCA al uso de espacios formalmente dedicados a clases en las escuelas.

Al utilizar las escuelas como CCA, SEPYC podrá aumentar el acceso de los estudiantes a la tecnología, facilitar la participación de maestros y estudiantes fuera del entorno escolar tradicional y dar un entorno seguro a la interacción de estudiantes, docentes y tutores, según sea necesario.

Adicionalmente, si bien existen beneficios académicos al retomar la presencialidad educativa a través de los centros comunitarios, también existen las consideraciones socioemocionales que se vuelven aún más importantes para las poblaciones en riesgo. "Desarrollar y mantener fuertes conexiones con los recursos de la comunidad puede mejorar enormemente la capacidad de las escuelas para apoyar a estos jóvenes" (DeAngelis, 2012).

Estos centros se convierten en lugares más seguros para reuniones al tiempo que incluyen recursos que ya están en la comunidad y que SEPYC puede aprovechar para mantener el costo bajo. Además, al crear CCA estables en los vecindarios, la SEPYC no solo se adaptará al contexto de COVID-19, sino que también creará futuros protocolos de asistencia y prevención de futuras crisis.

El anuncio del gobierno federal no sólo redujo el riesgo político, sino que también aumentó la viabilidad de implementación, ya que existe una clara expectativa de que estos centros funcionen en coordinación y colaboración con otras agencias de servicios sociales públicos relevantes, como Salud Pública y otras. Sin embargo, esta alternativa implica el trabajo presencial de los maestros, que los sindicatos de maestros de Sinaloa han dicho que no sería viable a menos que todos los maestros estuvieran completamente inmunizados contra el Coronavirus mediante la vacunación (Ochoa, 2021).

Algunas posibles alternativas para superar o evitar la posible negativa de los maestros para participar en las CCA podrían incluir involucrar a los padres y miembros de la comunidad como apoyos, implementando enfoques pedagógicos alternativos, tal como el modelo de autoaprendizaje Redes de Tutoría (MAPEAL, 2016).

Alternativa 3: apoyo para padres, madres y cuidadores

Durante nuestro análisis inicial, se hizo evidente que las familias juegan un papel vital en el apoyo a los estudiantes, especialmente en entornos de aprendizaje remoto. Como se mencionó anteriormente, el 94% de los estudiantes de primaria recibió apoyo de sus padres y el 28,5% recibe apoyo de hermanos mayores (MEJOREDU, 2020). Al considerar Aprende en Casa, es importante reconocer el papel de los apoyos en el hogar, especialmente donde hay poco o ningún acceso a la tecnología. Según UNICEF (2020), "todas las decisiones políticas sobre educación continua de forma remota también deben tener en cuenta la capacidad de los padres para ayudar a sus hijos a aprender a fin de evitar que se agrave aún más la crisis mundial del aprendizaje y se amplíen las brechas de aprendizaje en los grupos sociodemográficos (Brossard, et.al) ".

El apoyo formal para los padres se puede proporcionar a través de una variedad de fuentes diferentes, como centros de apoyo telefónicos, recursos físicos, programas de educación para padres y foros en línea (Center for Community Child Health, 2007). Sin embargo, amigos, familiares y vecinos también pueden brindar apoyo informal (Moran, Ghate y van der Merwe, 2004). La pandemia ha creado una situación en la que se pueden revisar los fundamentos de la estructura de la educación formal, por ejemplo, aumentando la participación de los padres y cuidadores. Países como Bután, Guatemala, Omán, Camerún, Eswatini y Ecuador han comenzado a interactuar con los cuidadores para ayudarlos a apoyar el aprendizaje y, además, brindar apoyo psicosocial a los niños (Dreesen et. Al., 2020).

Teniendo en cuenta esta alternativa, el programa incluiría los gastos generales de supervisión y recursos impresos para los padres sin acceso digital, mientras que la creación de contenido puede ser apoyada por ONG que trabajan en Sinaloa con apoyo para padres, como Proeduca o Save the Children Sinaloa. Un desafío clave para la viabilidad de la implementación es la dificultad de monitorear y supervisar. Desde una perspectiva institucional, para formalizar la participación de los padres, la intervención requiere ser monitoreada con la participación de los actores del sistema (docentes / líderes escolares) y representaría una carga extra para las escuelas. Recomendamos que el programa parental esté vinculado a los programas de transferencias monetarias condicionadas existentes para los niños en los primeros años, dado que los primeros años son un período crítico de desarrollo, que cuenta con poca oposición política.

México está familiarizado con estos vínculos entre la educación temprana y las transferencias monetarias condicionadas a través del programa Prospera y Educación Inicial (PEI), que ofrecía un programa de crianza a los beneficiarios de transferencias monetarias. La arquitectura institucional de PEI utiliza el enfoque de convergencia en el que diferentes agencias combinan esfuerzos para llevar los dos programas (transferencia de efectivo y programas de crianza) a las mismas poblaciones (Arriagada, Perry et. Al. 2018). Como se establece en la Constitución mexicana, la educación es un derecho de todos los niños y, por lo tanto, se puede vincular con razón a otros programas similares que brindan incentivos a los padres.

Una revisión de la literatura existente identifica las siguientes características clave en la implementación de programas de crianza exitosos (Arriagada, Ana-Maria et al.2018):

I. Invertir en materiales y protocolos de programas sólidos. Dado que Aprende en Casa ya proporciona recursos de aprendizaje, la intervención tendría que basarse en los recursos existentes al incluir la comunicación con los padres para que les ayude a brindar apoyo al aprendizaje. Por ejemplo, a través de talleres respecto a cómo hacer mejor uso de los recursos disponibles.

II. Fortalecer el apoyo social entre los padres que participan. Desde una perspectiva cultural, se puede esperar resistencia de los padres debido al aumento de la presión financiera durante la pandemia, especialmente en las comunidades de bajos ingresos. Sin embargo, menos de uno de cada cinco (18%) mexicanos califica la calidad de las escuelas públicas gratuitas en su país como buena o muy buena (Fundación Varkey, 2018).

III. Aprovechar las plataformas que la población objetivo ya está utilizando. Por ejemplo, el Gobierno de Delhi (2018) en India, un país de ingresos medios como México, brinda apoyo a los padres a través de mensajes de texto masivos y llamadas telefónicas grabadas para mantener a los padres involucrados en el aprendizaje de sus hijos.

Finalmente, esta alternativa podría ser de gran fundamental para cualquier intento serio de iniciar un proceso de cambio cultural profundo y transformar la forma en que los padres, cuidadores y familias se involucran en apoyar el aprendizaje escolar de sus hijos.

Alternativa 4: intervenciones combinadas

La cuarta alternativa de política permite intervenciones específicas y dirigidas para diferentes grupos de niños agrupados de manera homogénea según dos parámetros: el acceso de los estudiantes a los dispositivos digitales y el nivel de aprendizaje de los estudiantes. En este sentido, Aprende en Casa sirve como un bloque de construcción eficaz, pero requiere intervenciones a menor escala y más específicas que se pueden colocar en capas para garantizar la entrega equitativa del contenido *en la última milla*. Recomendamos el uso de datos e insumos existentes de maestros y escuelas para crear cuatro perfiles de estudiantes basados en el acceso digital y tecnológico y los niveles de aprendizaje para determinar la intervención de apoyo al aprendizaje que se requiere para ese grupo.

Esto incluiría implementar las tres alternativas sugeridas anteriormente como estructuras de apoyo al aprendizaje adicionales para complementar Aprende en Casa en el caso de estudiantes con bajos niveles de acceso a tecnología, niveles insuficientes de aprendizaje o ambos. El apoyo de tutoría brindado de forma remota es efectivo para los estudiantes con bajos niveles de aprendizaje y alto acceso digital, mientras que el apoyo de los padres sería más relevante para los estudiantes con altos niveles de aprendizaje y bajo acceso digital. Finalmente, aquellos con bajos niveles de aprendizaje y bajo acceso requieren una forma más tradicional de aprendizaje a través de Centros Comunitarios de Aprendizaje.

Este enfoque tendrá como objetivo costos significativos, como la impresión de recursos físicos y la puesta en servicio de Centro Comunitarios de Aprendizaje solo para los estudiantes que más necesitan estas intervenciones. Este proceso ayudará a expandir la difusión de la educación más allá de las escuelas para involucrar a los padres, tutores voluntarios y centros comunitarios administrados que inclusive pudieran ser administrados por ONG, y escuelas como canales de distribución de apoyos. El gráfico 1 explica la distribución de las intervenciones en diferentes grupos de estudiantes.

Gráfico 1. Distribución de alternativas para los niveles de aprendizaje de los estudiantes y la disponibilidad de tecnología

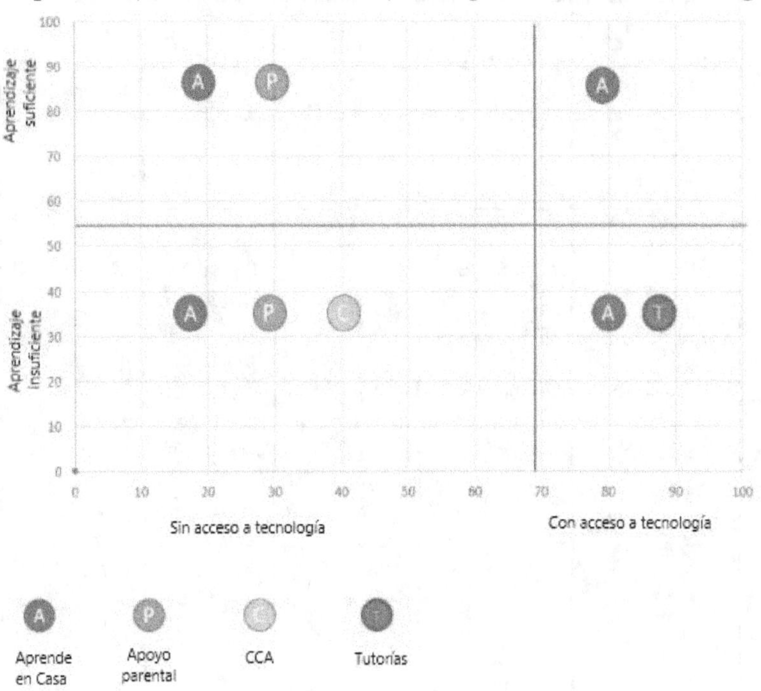

Fuente: Estimación propia con datos disponibles sobre el rendimiento de aprendizaje de los estudiantes de primaria de Sinaloa en las pruebas PLANEA y la disponibilidad de tecnología en el estado por el Instituto Nacional de Evaluación de la Educación (INEE, 2016)

Nuestra recomendación

Con base en el análisis comparativo de todas las alternativas utilizando los criterios de costo efectividad, viabilidad política, potencial de mitigación de la pérdida de aprendizaje y factibilidad de implementación (Ver tabla 1), y considerando que la alternativa de tutoría personalizada ya se estaba implementando, nuestra recomendación para SEPYC fue emprender la creación de Centros Comunitarios de Aprendizaje. Como se ve en la tabla 1, los CCA se clasificaron como la mejor alternativa en nuestra matriz de análisis de alternativas.

Tabla 1. Matriz de análisis de alternativas

S. No.	Escala: 1-5 (bajo-alto)	Programa tutorías	CCA	Apoyo a padres y madres	Combinación de alternativas
1	Costo efectividad	4	4	3	2
	Comentarios	*Participación de voluntarios reduce costos. Las interacciones de tutoría se pueden realizar de forma remota.*	*El uso de escuelas como centros comunitarios elimina el costo de capital. Los centros de apoyo a profesores ya están contratados.*	*La creación de contenido y los materiales de impresión para padres con poco acceso digital son costos importantes.*	*Dirige la mayoría de los gastos operativos solo a grupos específicos de estudiantes, pero requeriría costos de gestión y de capital para todas las intervenciones.*
2	Factibilidad política	5	4	5	4
	Comentarios	*No se anticipa resistencia política de los sindicatos ni otros costos políticos.*	*El anuncio de Moctezuma redujo el riesgo político. Aún así, un costo político si los casos de*	*No se anticipa resistencia política de los sindicatos ni otros*	*No se anticipa resistencia política de los sindicatos ni otros costos políticos.*

			Covid se confirman y los sindicatos de docentes podrían resistir.	*costos políticos.*	
3	Potencial mitigación pérdida de aprendizaje	3	5	3	5
	Comentarios	*Las intervenciones de tutores voluntarios tienen un menor impacto en el aprendizaje que las intervenciones de tutores profesionales.*	*La interacción en persona ofrece beneficios socioemociona les y de aprendizaje*	*Los materiales de para los padres por sí solos no tendrán el impacto esperado.*	*La alternativa combinada se enfocaría en la pérdida de aprendizaje desde diferentes enfoques.*
4	Factibilidad de implementaci ón	4	4	3	2
	Comentarios	*Los programas de tutoría pueden ser administrados por oficiales de SEYC actualmente restringidos de sus responsabilida des de supervisión escolar.*	*Dadas las similitudes con las actividades escolares regulares en persona, las alternativas no ofrecen mucha incertidumbre en la implementaci ón.*	*La logística de producción y distribución de materiales puede distraer la atención de las oportunida des de creación de*	*La implementaci ón de esta alternativa supondría un gran estrés para las capacidades técnicas del sistema.*

				capacidades .
	Total	4.0	4.25	3.5	3.25

Para facilitar la implementación de esta alternativa, Sinaloa podrá beneficiarse de la experiencia de países similares dentro de América Latina (Colombia, Argentina, Brasil) que habían reanudado la instrucción en persona cuando finalizamos el capítulo a fines de febrero de 2021. Un beneficio similar puede ser derivado de otros países que han tenido escuelas abiertas durante muchos meses, como Uruguay. Muchas de estas experiencias han sido sistematizadas en un informe reciente de MEJOREDU, denominado 'Experiencias internacionales de apoyo a la continuidad educativa durante la pandemia COVID-19. Balance y lecciones para México" (MEJOREDU, 2021).

Muchos de los protocolos y lineamientos para la reapertura de escuelas en América Latina y el Caribe ya han sido sistematizados por UNICEF (2021) y se pueden acceder en línea. Utilizando estrategias de seguimiento específicas, la SEPYC puede hacer un seguimiento de estos procesos y aprender de las experiencias de los países que reanudaron las instrucciones en persona antes.

Un aspecto muy importante a la hora de considerar la alternativa de los CCA es asegurar mecanismos eficientes de coordinación con sus autoridades de salud estatales y / o locales. Sinaloa deberá considerar cómo el manejo nacional y local de la contención de la pandemia dictará su implementación real.

Finalmente, hemos desarrollado un análisis del marco lógico para respaldar nuestra recomendación. Como se puede ver en la tabla 2, nuestra propuesta es que SEPYC abra 540 CCA, el equivalente al 10% de todas las escuelas públicas en el espectro de la educación básica, beneficiando a alrededor de 54,000 estudiantes, lo que representa un poco menos del 10% de la matrícula total de estudiantes en el nivel. Este análisis abordó algunos de los supuestos clave que deben cumplirse para asegurar el desempeño adecuado de esta intervención y, a partir de ahí, lograr los impactos previstos de mayores niveles de aprendizaje y bienestar socioemocional en los estudiantes impactados.

Tabla 2. Análisis de marco lógico para Centros Comunitarios de Aprendizaje

Narrativa	Indicadores de desempeño	Monitoreo y evaluación	Supuestos y riesgos
Meta Todos los estudiantes (Pre-K a 12) en Sinaloa se mantienen en sus trayectorias educativas, accediendo a una educación de mejor calidad que les ayude a alcanzar las metas curriculares y a recuperarse de las consecuencias a largo plazo de la pérdida de aprendizaje y los efectos socioemocionales de la pandemia. .	Tasa neta de matrícula para el año escolar 2021-2022 (y siguientes) Aprendizaje estudiantil Bienestar socioemocional estudiantil	Informe estadístico de matrículas Resultados pruebas PLANEA Resultados nueva evaluación bienestar socioemocional .	N/A
Objetivo Mitigar los efectos inmediatos de la pérdida de aprendizaje y el detrimento del bienestar emocional entre los estudiantes de	Porcentaje de estudiantes que asisten a CCA que mejoraron su aprendizaje y bienestar socioemocional.	Evaluaciones de aprendizaje y bienestar socioemocional diseñadas e implementadas	- SEPYC facilita los recursos financieros y las capacidades técnicas para transferir el éxito de los CCA en

pre-escolar a noveno grado más marginados.		por SEPYC en todos los CLC	mitigar la pérdida de aprendizaje y mejorar el bienestar socioemocional a las escuelas públicas.
Resultados El 10% (54.000 estudiantes aprox.) de los estudiantes matriculados en las escuelas públicas participan de manera persistente en CCA durante el segundo semestre del año escolar 2020-2021.	- Matrícula escolar - Asistencia	Informes emitidos por cada CCA a su supervisor designado	Se observan pautas sanitarias, no se cierran CCA debido a la confirmación de casos de COVID-19. - Coordinación efectiva entre autoridades sanitarias y educativas. - Los estudiantes crecen o al menos mantienen su asistencia. - Maestros mantienen su asistencia. - El CCA funciona con eficacia y recibe apoyo y seguimiento útiles.
Actividades			-Los padres saben y están

Abrir 540 CCA (10% escuelas públicas básicas) con capacidad para 100 estudiantes (pre-k-9)	Cantidad de CCA abiertos exitosamente	Número oficial de autorizaciones para CCA por SEPYC/sALUD.	dispuestos a enviar a sus hijos a CCA. -Los profesores están dispuestos a trabajar en los CCA y / o se desarrollan alternativas para contrarrestar la resistencia del profesorado a participar. - Hay suficientes recursos disponibles para asegurar las pautas sanitarias (materiales de limpieza y desinfección, termómetros, mascarillas)

Conclusiones

Después de meses de investigación sobre los efectos de la pandemia en los estudiantes de México, específicamente en Sinaloa, se ha hecho evidente que nuestro cliente enfrenta la gran responsabilidad de responder de manera efectiva a una crisis que podría moldear el futuro de toda una generación. Aunque se han implementado acciones rápidas para mantener las oportunidades educativas, los estudiantes que viven en condiciones de marginación necesitan un mayor apoyo para mitigar los efectos inmediatos y a largo plazo de la pandemia en su aprendizaje y bienestar socioemocional.

A través de nuestra consultoría y recomendaciones, esperamos contribuir a la responsabilidad de nuestro cliente de una manera que reconozca las complejidades del sistema educativo mexicano y las consideraciones de lo que se sabe actualmente sobre cómo aprenden los estudiantes y cómo mantener el apoyo a los estudiantes durante la pandemia, brindando una orientación clara. en torno a supuestos e implicaciones clave para una implementación exitosa.

CODA

El análisis y recomendaciones que se presentan en este capítulo fueron presentados al Secretario de Educación Pública y Cultura de Sinaloa, Juan Alfonso Mejía en una reunión privada realizada el 2 de febrero de 2021 (entrevista personal, 2 de febrero de 2021).

Los comentarios de Mejía se centraron en la alternativa los Centros Comunitarios de Aprendizaje, que al momento de nuestra reunión ya había sido anunciada públicamente por la SEPYC y el gobernador del estado como la alternativa preferida para incrementar el apoyo a los estudiantes en el estado, una vez que el comité de monitoreo epidemiológico de la pandemia en el estado anunció que se habían alcanzado niveles mínimos de contagio de COVID-19.

Por otra parte, los sindicatos de docentes del estado ya anunciaron públicamente las dos condiciones que deben cumplirse para que los docentes acepten regresar a la instrucción presencial: bajas tasas de transmisión de coronavirus en los 18 municipios sinaloenses y vacunar a todos los docentes del estado contra el COVID-19 (Hernández, 2021).

Estos prerrequisitos ejercen una presión considerable sobre la SEPYC, dado que, con las tasas actuales de vacunación, México sólo alcanzaría un 70% de inmunización para el año 2085 (Vaccination tracker - Our World in Data). Por lo tanto, según Mejía, es de vital importancia que los planes para recuperar la interacción en persona a través de CCA también incluyan incentivos costo-efectivos que podrían ofrecerse a los maestros para contrarrestar la decisión del sindicato de no apoyar ningún plan de reapertura de escuelas.

Una nueva comunicación telefónica personal con el oficial de SEPYC a cargo de pilotar la intervención de tutoría, Carlos Parra (entrevista telefónica, 8 de febrero de 2021) brinda información sobre algunos de los primeros éxitos y desafíos a los que se enfrenta la intervención. Primero, el programa solo está trabajando con estudiantes de segundo, tercer y cuarto grado de varias instituciones públicas de formación docente (Escuelas Normales).

CONALEP, un subsistema de bachillerato técnico vocacional originalmente considerado en la propuesta que presentamos al cliente, decidió no ofrecer a sus alumnos la posibilidad de actuar como tutores de alumnos de primaria. Como resultado, el programa adoptado se enfoca en lograr que los estudiantes normalistas de los programas de Educación Primaria apoyen a los estudiantes de las escuelas primarias públicas. Ni los estudiantes de secundaria ni de media superior reciben apoyo de tutoría.

Actualmente, entre 600 y 700 estudiantes normalistas están apoyando entre 200 y 230 escuelas primarias. Aún no se dispone de información sobre cuántos alumnos de primaria reciben apoyo de normalistas, en promedio. Todos los normalistas que actúan como tutores recibieron una formación inicial online y actualmente están siendo supervisados por trabajadores de sus propias instituciones de formación del profesorado. Hasta el día de hoy, no está claro si estos trabajadores se están comunicando directamente con las escuelas, los maestros y los estudiantes que reciben el apoyo para recopilar datos que puedan ayudar a evaluar el impacto del apoyo brindado por los tutores.

Se instruyó a los normalistas para que apoyaran a los alumnos seleccionados por el profesor de la escuela primaria, centrándose en matemáticas, lectura y escritura. Sobre esta estrategia se informó a funcionarios de la SEPYC como supervisores y otras figuras para estar preparados para apoyar a los directores de escuelas primarias, en caso de que se requiriera algún apoyo, aunque las especificaciones de dicho apoyo no estaban definidas. La mayoría de los normalistas comenzaron su programa de tutoría el 11 de enero de 2021 y se espera que finalicen el programa a finales de junio de 2021. En algunos casos (alrededor de 25), los normalistas han tenido que ser transferidos a una escuela diferente debido a malas condiciones de conectividad y baja respuesta por parte de profesores y estudiantes.

Autores

Gustavo Rojas Ayala: Actualmente se desempeña como director general de Mexicanos Primero Sinaloa, una organización de investigación y análisis de políticas educativas que aboga por el derecho de los niños a una educación de calidad. Correo electrónico: gustavo.rojasayala@gmail.com

Jonathan Mendonca:
Es cofundador y director de estrategia de Barefoot Edu Foundation, una ONG que se centra en la mejora escolar a través del liderazgo educativo en tres estados de la India. Correo electrónico: jonathanfrank93@gmail.com

Maurice McCaulley:
Actualmente se desempeña como Gerente Senior de Apoyo Universitario y Profesional con el Programa Knowledge Is Power (KIPP) en Washington DC, una red de escuelas preparatorias universitarias de inscripción abierta en los Estados Unidos. Correo electrónico: mdm250@georgetown.edu

Prachi Narang:
Integrante del Programa de Liderazgo Ministerial de Harvard que trabaja en cambios de políticas a nivel nacional en África Subsahariana, con experiencia previa en comunidades desatendidas en India como docente, formadora de docentes y agregadora comunitaria. Correo electrónico: prachinarang96@gmail.com

Referencias

Access Center (2013), The. Using Peer Tutoring to Facilitate Access, www.readingrockets.org/article/using-peer-tutoring-facilitate-access.

Aguilar, Alejandro. "Cancelan Prueba Planea." Diario El Mundo, 16 June 2020, www.diarioelmundo.com.mx/index.php/2020/06/16/cancelan-prueba-planea/.

American Academy of Pediatrics (2020). COVID-19 Planning Considerations: Guidance for School Re-Entry, services.aap.org/en/pages/2019-novel-coronavirus-COVID-19-infections/clinical-guidance/COVID-19-planning-considerations-return-to-in-person-education-in-schools/

Aristegui Noticias. (2020). SEP y Google capacitan virtualmente a más de 500 mil docentes. Retrieved March 01, 2021, from https://aristeguinoticias.com/2204/mexico/sep-y-google-capacitan-virtualmente-a-mas-de-500-mil-docentes/

Arriagada, Ana-Maria; Perry, Jonathan; Rawlings, Laura; Trias, Julieta; Zumaeta, Melissa. 2018. Promoting Early Childhood Development through Combining Cash Transfers and Parenting Programs. Policy Research Working Paper; No. 8670. World Bank, Washington, DC. © World Bank. https://openknowledge.worldbank.org/handle/10986/30992 License: CC BY 3.0 IGO

Bainer, B. L. A Comparison of Four Models of Group Efforts and Their Implications for Establishing Educational Partnerships (1997). Journal of Research in Rural Education, Vol 13

Bonilla-Rius, E. (2020). Education Truly Matters: Key Lessons from Mexico's Educational Reform for Educating the Whole Child. In F. Reimers, Audacious Education Purposes (pp. 105-152). Cambridge, MA: Springer.

Bontenbal, M. C. (2013). DIFFERENCES IN LEARNING PRACTICES AND VALUES IN NORTH–SOUTH CITY PARTNERSHIPS: TOWARDS A BROADER

UNDERSTANDING OF MUTUALITY. Public Administration and Development, 33(2), 85-100.

Bronfenbrenner, U. (2009). Ecology of Human Development: Experiments by Nature and Design. Cambridge: Harvard University Press.

Brossard, M. (2020). "Parental Engagement in Children's Learning: Insights for remote learning response during COVID-19", available at: https://www.unicef-irc.org/publications/1091 parental-engagement-in-childrens-learning.html

Centre for Community Child Health. (2007). Parenting young children (Policy Brief No. 9).

Corrales, Javier, Impedimentos Políticos a las Reformas Educativas y Algunas Soluciones (1999), available at: http://mapeal.cippec.org/wp content/uploads/2014/06/MARTINIC-y-PARDO Econom%C3%ADa-pol%C3%ADtica-de-las-reformas educativas-en-AmLat.pdf

Damien, Fernando. Aprende En Casa II Tendrá Cobertura Del 98 Por Ciento En El País: SEP, Grupo Milenio, 18 Aug. 2020, www.milenio.com/politica/aprende-casa-ii-cubertura-98-sep.

DeAngelis, Tori. "Helping At-Risk Students Succeed." Monitor on Psychology, American Psychological Association, Feb. 2012, www.apa.org/monitor/2012/02/at-risk-students

DOF. "DECRETO: 04/23/2020." DOF, 2020, www.dof.gob.mx/nota_detalle.php?codigo=5592205.

Delors, J. (1996). Learning: The Treasure Within. Retrieved 2020, from http://www.insidelearning.net/wp-content/uploads/2010/09/treasures-within-summary.pdf

Dreesen, Thomas, et al. "Promising Practices for Equitable Remote Learning. Emerging Lessons from COVID-19 Education Responses in 127 Countries." UNICEF, 2020, www.unicef-irc.org/publications/1090-promising-practices-for-equitable-remote-learning-emerging-lessons-from-Covid.html

Eyal, Ori, & Yarm, Marissa. (2018). Schools in Cross-Sector Alliances: What Do Schools Seek in Partnerships? Educational Administration Quarterly, 54(4)

Fundación Quántitas. (2020). Las Llaves de la Educación. https://www.llavesdelaeducacion.org/wp-content/uploads/2020/10/Informe-10-estadistico-Mexico-VF.pdf

Giannini, Stefania. "Build Back Better: Education Must Change after COVID-19 to Meet the Climate Crisis." UNESCO, 2 Sept. 2020, en.unesco.org/news/build-back-better-education-must-change-after-COVID-19-meet-climate-crisis

Gomez-Morin, Lorenzo. "Seguimiento a La Implementación De La Fase 0 Del Componente De Autonomía Curricular. México." Flasco Mexico, 2018, www.planyprogramasdestudio.sep.gob.mx/descargables/biblioteca/basica-autonomia/Seguimiento-a-la-implementacion-de-la-fase-0.pdf

Government of NCT of Delhi, 2015 and Beyond Delhi Education Revolution (2018), available at: http://www.edudel.nic.in/welcome_folder/delhi_education_revolution.pdf

Granados, Otto, Pandemia y Liderazgo (2020), available at: https://suplementocampus.com/firmas-ottogranados-1 081020

Hanushek, E., & Woessmann, L. (2020). The Economic Impacts of Learning Losses. Retrieved 2020, from https://www.oecd.org/education/The-economic-impacts-of-coronavirus-COVID-19-learning-losses.pdf

Henig, Jeffrey R., Riehl, Carolyn J., Houston, David M., Rebell, Michael A., Wolff. Jessica R., Collective Impact and the New Generation of Cross-Sector Collaborations for Education (2016), available at: https://www.wallacefoundation.org/knowledge-center/Documents/Collective-Impact-and-the-New-Generation-of-Cross-Sector-Collaboration-for-Education.pdf

Henig, Jeffrey R., Riehl, Carolyn J., Houston, David M., Rebell, Michael A., Wolff. Jessica R., Putting Collective Impact in Context, A Review of the Literature on Local Cross-Sector Collaboration to Improve Education (2015), available at: https://www.wallacefoundation.org/knowledge-center/Documents/Putting-Collective-Impact-Into-Context.pdf

Hernández, M. (2021, February 4). Sin vacuna no hay clases presenciales: SNTE 53. Cafe Negro Portal. https://cafenegroportal.com/2021/02/04/sin-vacuna-no-hay-clases-presenciales-snte-53/

Instituto Nacional para la Evaluación de la Educación. "Panorama educativo de México Indicadores del Sistema Educativo Nacional" (2016)

Jalisco State. Ruta Para El Regreso a La Presencialidad, 2020, www.jalisco.gob.mx/sites/default/files/17092020_rp_ruta_a_la_presencialidad_1.pdf

Jensen, Ben, Catching Up: Learning from the Best School Systems in East Asia (2012), available at: https://grattan.edu.au/wp-content/uploads/2014/04/129_report_learning_from_the_best_main.pdf

Jensen, Ben; Downing, Phoebe; Clark, Anna, Preparing to Lead: Lessons in Principal Development from High-Performing Education Systems (2017), available at: https://eric.ed.gov/?id=ED588214

Kania, John, Kramer, Mark, Collective Impact. Stanford Social Innovation Review 9, no. 1 (2011): 36–41.

Lee, Jain. Foley, Ellen, Mishook, Jacob, Developing College Readiness Within and Across School Districts: The Federal Role (2013), available at: https://files.eric.ed.gov/fulltext/EJ1046350.pdf

Leyva, A. (2020, December 23). ¿Qué le faltó al presupuesto educativo estatal 2021? Mexicanos Primero Sinaloa. http://mexicanosprimerosinaloa.org/opinion/que-le-falto-al-presupuesto-educativo-estatal-2021/

MAPEAL. (2016, November 10). Redes de Tutoría, México. http://mapeal.cippec.org/?page_id=2534

Medina, E., Sudcaliforniano, E. (2021, January 23). SEP federal cancela prueba PLANEA en primaria y preparatoria. Noticias Locales, Policiacas, Sobre México y El Mundo | El Sudcaliforniano | Baja California Sur. https://www.elsudcaliforniano.com.mx/local/municipios

/sep-federal-cancela-prueba-planea-en-primaria-y-preparatoria-6275540.html

(MEJOREDU), Comisión Nacional para la Mejora Continua de la Educación. "Indicadores Nacionales De La Mejora Continua De La Educación En México 2020." Educación Futura, 5 Dec. 2020, www.educacionfutura.org/mejoredu-publico-indicadores-nacionales-de-la-mejora-continua-de-la-educacion-en-mexico-2020

(MEJOREDU), Comisión Nacional para la Mejora Continua de la Educación. "Experiencias de las comunidades educativas durante la contingencia sanitaria por COVID-19." Educación Futura, 5 Dec. 2020, https://editorial.mejoredu.gob.mx/Cuaderno-Educacion-a-distancia.pdf

Melnick H, Darling-Hammond L, Leung M, et al. Reopening schools in the context of COVID-19: Health and safety guidelines from other countries (policy brief). Palo Alto, CA: Learning Policy Institute; 2020. Available at: https://learningpolicyinstitute.org/product/reopening-schools-COVID-19-brief

Moran, P. et al. (2004). "What works in parenting support? A review on international evidence". Available at: https://www.researchgate.net/publication/242603685_What_Works_in_Parenting_Support_A_Review_of_the_International_Evidence

Morton, J. (2019). Moving Up without Losing Your Way: The Ethical Costs of Upward Mobility. Princeton, NJ: Princeton University Press.

Mozolic, Jennifer, and Julia Shuster. Community Engagement in K-12 Tutoring Programs: A Research-Based Guide for Best Practices, Missouri State University, 2015, files.eric.ed.gov/fulltext/EJ1123811.pdf

National Academies of Sciences, Engineering, and Medicine 2020. Reopening K-12 Schools During the COVID-19 Pandemic: Prioritizing Health, Equity, and Communities. Washington, DC: The National Academies Press; 2020. Available at: https://doi.org/10.17226/25858

Ochoa, A. (2021, January 30). Los maestros no regresarán a las aulas hasta que estén vacunados: SNTE. Luz Noticas.

https://www.luznoticias.mx/2021-01-30/sinaloa/los-maestros-no-regresaran-a-las-aulas-hasta-que-esten-vacunados-snte/108493

OECD. (2018). The future of education and skills: Education 2030. Retrieved 2020, from https://www.oecd.org/education/2030/E2030%20Position%20Paper%20(05.04.2018).pdf

OECD. (n.d.). Definition and Selection of Competencies (DeSeCo). Retrieved October 19, 2020, from http://www.oecd.org/education/skills-beyond-school/definitionandselectionofcompetenciesdeseco.html

OECD (2018) Strong foundations for quality and equity in Mexican schools. Paris: OECD Publishing. Paris https://www.oecd.org/mexico/strong-foundations-for-quality-and-equity-in-mexican-schools-9789264312548-en.htm

Pública (SEP), Secretaría de Educación. SEP Bulletin No. 317 Safe Return to Schools Beginning in January. 2020, www.gob.mx/sep/es/articulos/boletin-sep-no-317-regreso-seguro-a-las-escuelas-a-partir-de-enero-de-manera-voluntaria-en-estados-con-semaforo-amarillo-sep?idiom=es.

Pushkarna, V. (2020, August 09). In Delhi, remote learning during COVID-19 leaves less well-off grappling with digital divide and teachers ruing lack of training - India News, Firstpost. Retrieved October 18, 2020, from https://www.firstpost.com/india/in-delhi-remote-learning-during-COVID-19-leaves-less-well-off-grappling-with-digital-divide-and-teachers-ruing-lack-of-training-8688121.html

Regional Educational Laboratory (REL) West at WorldEd, A Compilation of Research on Cross-Sector Education and Career Partnerships (2017), available at: https://ies.ed.gov/ncee/edlabs/regions/west/relwestFiles/pdf/APECS_5-2-1_Literature_Compilation_clean.pdf

Reimers, F. (2020a). Educating Students to Improve the World. Cambridge, MA: Springer.

Reimers, F. (2020b). Empowering Teachers to Build a Better World How Six Nations Support Teachers for 21st Century Education. Cambridge, MA: Springer.

Reimers F., Schleicher, A., A Framework to Guide an Education Response to the COVID-19 Pandemic of 2020 (2020), available at: https://globaled.gse.harvard.edu/files/geii/files/framewo rk_guide_v2.pdf

Sánchez, Félix. "Ante 'Situaciones' De Clases a Distancia, SEPyC Aplica Estrategias Diferenciadas: Mejía López." Línea Directa, 2020, lineadirectaportal.com/sinaloa/ante-situaciones-de-clases-a-distancia-sepyc-aplica-estrategias-diferenciadas-mejia-lopez_20200923-1119200

Santibañez, Lucrecia, Reforma Educativa: El Papel del SNTE (2008), available at: http://www.comie.org.mx/v1/revista/visualizador.php?a rticulo=ART37014&criterio=http://www.comie.org.mx/ documentos/rmie/v13/n037/pdf/ART37014.pdf

Schleicher, A (2018), World Class: How to build a 21st-century school system, Strong Performers and Successful Reformers in Education, OECD Publishing, Paris. http://dx.doi.org/10.1787/4789264300002-en

Schleicher, A. (2020). THE IMPACT OF COVID-19 ON EDUCATION INSIGHTS FROM EDUCATION AT A GLANCE 2020. Retrieved 2020, from https://www.oecd.org/education/the-impact-of-COVID-19-on-education-insights-education-at-a-glance-2020.pdf

Secretaría de Educación Pública (SEP). (2020). PRINCIPALES CIFRAS DEL SISTEMA EDUCATIVO NACIONAL. https://www.planeacion.sep.gob.mx/Doc/estadistica_e_i ndicadores/principales_cifras/principales_cifras_2019_20 20_bolsillo.pdf

Smith, Andrew, Wohlstetter, Priscilla, Reform Through School Networks: A New Kind of Authority and Accountability (2001), Available at: https://www.researchgate.net/publication/44830368_Ref orm_Through_School_Networks_A_New_Kind_of_Aut hority_and_Accountability

Torres, Rosa, Participación Ciudadana y Educación Una Mirada Amplia y 20 Experiencias en América Latina (2001), available at: http://www.oas.org/udse/documentos/socicivil.html

UNICEF. (2021). Protocolos y orientaciones para la reapertura de escuelas en países de América Latina y el Caribe. https://www.unicef.org/lac/protocolos-y-orientaciones-para-la-reapertura-de-escuelas-en-pa%C3%ADses-de-am%C3%A9rica-latina-y-el-caribe

UNICEF Mexico. (2020, May 15). Encuesta #ENCOVID19Infancia. https://www.unicef.org/mexico/informes/encuesta-enCovid19infancia

United Nations. (2021, January 27). La educación es un bien público mundial y debe protegerse para evitar. Noticias ONU. https://news.un.org/es/story/2021/01/1487022

US Dept of Ed. (2001) Evidence That Tutoring Works. Department of Education, Washington, DC. Planning and Evaluation Service.; Corporation for National Service, Washington, DC. www.govinfo.gov/content/pkg/ERIC-ED464343/pdf/ERIC-ED464343.pdf.

Varkey Foundation. "Global Parent's Survey." Mexico's Finding 2018, 2018, www.varkeyfoundation.org/media/3741/17-091869-01-varkey-foundation-gps_mexico-pack_230218_iuo.pdf.

Victoria State Government, Improving Together A Cross-Sector Collaboration Toolkit for Principals, (2016), available at: https://www.education.vic.gov.au/Documents/school/principals/management/Improving_together.pdf

World Bank. (2021). School Management, Grants, and Test Scores: Experimental Evidence from Mexico. World Bank Group. https://openknowledge.worldbank.org/bitstream/handle/10986/35108/School-Management-Grants-and-Test-Scores-Experimental-Evidence-from-Mexico.pdf?sequence=1&isAllowed=y

Zorrilla, Margarita, Barba, Bonifacio, Reforma Educativa en México, Decentralización y Nuevos Actores (2008), available at: https://www.redalyc.org/pdf/998/99819167001.pdf

Capítulo Nueve

Currículo sudafricano: incluir competencias para un mundo cambiante

Shirley Eadie, Renata Villers, Jazzlyne Gunawan, and Arooj Naveed Haq

Resumen

¿Están las escuelas preparando a nuestros niños adecuadamente para las demandas de un mundo que cambia rápidamente? En un contexto más amplio de avances exponenciales y sin precedentes en la tecnología digital, la producción de conocimiento y la globalización, la pandemia de COVID-19 ha requerido un recorte del plan de estudios de Sudáfrica 'Declaración de Política sobre el Currículum y la Evaluación' (CAPS, por su sigla en inglés), lo que abre la oportunidad de repensar y reconstruir el plan de estudios después de la pandemia de una manera que mejore su pertinencia educativa. En este capítulo, analizamos qué políticas podrían apoyar la inclusión deliberada de las competencias para el siglo XXI que permitan preparar mejor a los alumnos para su vida durante y después de la escuela. Este capítulo revisa literatura pertinente y evalúa propuestas para una revisión secuenciada del currículum actual, para lograr desarrollar competencias para un mundo cambiante, dentro del proceso de enseñanza de la lectoescritura en el nivel de la Fase Fundacional (grados R-3). Nuestro análisis encuentra que al incluir deliberadamente estas competencias en los Programas de Aprendizaje en el idioma materno de un estudiante y brindar el apoyo adecuado a los maestros, las escuelas pueden entregar mayores oportunidades para que los estudiantes desarrollen competencias para un mundo cambiante y también pueden mejorar los resultados de lectoescritura. Finalmente, se requiere más investigación para comprender la relación entre el desarrollo de competencias y los resultados del proceso de lectoescritura.

Introducción

El sector educativo de Sudáfrica no está equipando adecuadamente a los estudiantes con las competencias cognitivas, sociales y emocionales para satisfacer las demandas de un mundo cambiante (DBE, 2016; NDP, 2012). Demasiados estudiantes, particularmente los estudiantes de bajos ingresos, no pueden comprender el significado de lo que leen a la edad de 10 años[13] (PIRLS, 2016). Están luchando para completar con éxito la educación secundaria y terciaria[14] y salen de la escuela mal preparados para encontrar o crear empleo[15]. Las probabilidades de que la pérdida generalizada de aprendizaje y la deserción de los estudiantes como resultado de la pandemia COVID-19 agraven los malos resultados de aprendizaje existentes y las perspectivas de abandono escolar son altas. Esto dará como resultado un aumento del desempleo y la pobreza en los jóvenes, lo que aumentará la desigualdad y tendrá un impacto negativo en la calidad de vida de todos.

Si bien son muchas las razones sociales y económicas que contribuyen a este fracaso a la hora de preparar a los estudiantes para el éxito durante y después de la escuela, existe un reconocimiento cada vez mayor de la necesidad de equipar mejor a los estudiantes con las competencias que necesitan para encontrar o crear un trabajo y prosperar en el siglo XXI y más allá (DBE Lekgotla, 2018).

---

[13] 78% de los niños son incapaces de comprender lo que leen en cuarto grado (Howie, 2017)

[14] De cada 100 estudiantes que empiezan la escuela, aproximadamente 50-60 llegan al último año de bachillerato, 40-50 se graduarán y 14 calificarán para entrar a la universidad. Sólo 6 obtendrán un grado universitario en seis años (Van Broekhulzan, 2016)

[15] En Sudáfrica, al primer cuatrimestre del 2020, la tasa de desempleo para la población entre 15 y 25 años fue de 59% y 43% para las edades de 15 y 34 años (Estadísticas Sudáfrica 2019).

El Departamento de Educación Básica (DBE, por su sigla en inglés) ha adoptado un enfoque múltiple para abordar este complejo conjunto de problemas. Dos de estos enfoques incluyen (1) Un plan de recuperación de la educación a corto plazo (3 años) en respuesta a COVID-19, para abordar la pérdida de aprendizaje. (2) Un plan de modernización del plan de estudios a medio y largo plazo (2024 en adelante), destinado a abordar el problema de la pertinencia del plan de estudios y preparar a los alumnos para un mundo que cambia rápidamente. El DBE está trabajando con el Fondo Colaborativo de Educación Nacional (NECT, por su sigla en inglés) para establecer el Equipo de Trabajo del Currículo basado en Competencias (CICTT, por sus siglas en inglés) con el mandato de conceptualizar y proporcionar un conjunto de recomendaciones de políticas e implementación para un currículo modernizado. Es importante señalar que el último de los dos enfoques no habría sido factible sin el recorte del plan de estudios CAPS, que fue posible gracias a la pandemia COVID-19 y es el tema central de este capítulo. Si bien la pandemia ha causado una notable pérdida de aprendizaje y ha exacerbado muchos de los problemas existentes en la educación básica de Sudáfrica, también ha brindado la oportunidad de reinventar el plan de estudios. La propuesta de modernización del plan de estudios a mediano plazo tiene como objetivo encajar con los esfuerzos del plan de recuperación a corto plazo y garantizar un plan coherente de rehabilitación y mejora. El NECT, al ser un socio clave del DBE, es nuestro cliente en esta consultoría. En este capítulo, usamos el término "competencias del siglo XXI" o "competencias para un mundo en rápido cambio" (nomenclatura utilizada por el cliente) de manera intercambiable con las, a menudo, denominadas "habilidades del siglo XXI".

Reconociendo el gran tamaño de la tarea de modernizar un plan de estudios completo, se recomienda que los países que estén considerando un proceso de este tipo adopten un enfoque gradual para la implementación[16], seleccionando grados y materias específicas para comenzar y progresando a otros grados y materias

---

[16] Comunicación privada entre Shirley Eadie y Charles Fadel, del Centro de Rediseño Curricular, diciembre 2, 2020.

a lo largo del tiempo. Los países también pueden optar por revisar y actualizar la combinación de temas que se ofrecen para fomentar la interdisciplinariedad, a medida que su sistema educativo muestre signos de estar preparado para un cambio más profundo y exigente. Para la primera etapa, acordar con qué grados y materias del currículum comenzar la renovación requerirá un proceso consultivo completo de múltiples partes interesadas, que no fue posible dentro del plazo de investigación y redacción de este capítulo. Por lo tanto, hemos enfocado nuestro análisis de política pública en la inclusión de competencias para un mundo cambiante en los grados R a 3 (también conocido como Fase Fundacional) dentro del proceso de lectoescritura. En la siguiente sección se proporcionará una justificación de esta decisión

Este capítulo comienza proporcionando una descripción general del contexto sudafricano, explorando por qué el problema que enfrenta el cliente es importante y revisando la literatura relevante, tanto sobre el tema como sobre los enfoques que vale la pena considerar en respuesta al problema. Discutimos las implicaciones clave de la literatura revisada y continuamos explorando un conjunto de políticas alternativas que el cliente podría considerar. El capítulo concluye con una evaluación de estas alternativas y una recomendación de política para nuestro cliente. Este análisis debería ser un primer paso para desglosar cómo desde la política pública se podría abordar un enfoque secuenciado para la inclusión de competencias en el plan de estudios. Finalmente, se requiere un análisis más profundo para comprender de manera más profunda las implicaciones de las fases subsiguientes en una modernización curricular integral.

Posicionalidad

Las autoras de este artículo agradecen al NECT por sus aportes y su participación a lo largo de la consultoría. En su calidad de Jefa de Innovación Educativa en el NECT Edhub, una de las autoras, Shirley Eadie, proporcionó el vínculo entre la NECT y las autoras restantes, quienes residen fuera de Sudáfrica. El caso discutido en este documento es una extensión del trabajo en curso de dos entidades existentes en las que la Sra. Eadie está involucrada, las cuales realizan trabajos en nombre del Departamento de Educación Básica (DBE) nacional e informan al mismo:

1. El Edhub es la unidad de innovación de NECT responsable de realizar investigación y desarrollo de enfoques que orienten la educación básica sudafricana para el futuro de la enseñanza y el aprendizaje en un mundo que cambia rápidamente.
2. El CICTT es un equipo de trabajo mandatado por la DBE establecido para explorar vías para modernizar el currículo de Sudáfrica a mediano plazo, abordando las crecientes demandas impuestas al sistema educativo en el contexto de un mundo incierto y cambiante. Este equipo está formado por miembros del DBE, el NECT Edhub y UMALUSI (Consejo para el aseguramiento de la calidad en la educación y formación general y superior).

Los hallazgos que surgen de este capítulo se han compartido con Edhub y el CICTT a medida que exploran estrategias, políticas y prácticas que podrían permitir al DBE comprender mejor y responder adecuadamente a las consideraciones de modernización del currículo, en el contexto de los esfuerzos de recuperación educativa de la pandemia COVID-19.

Reconociendo la complejidad inherente a las evoluciones curriculares y el cambio sistémico, las recomendaciones proporcionadas en este capítulo no son de ninguna manera exhaustivas y requerirían aportes de las partes interesadas junto con más investigación si se implementaran. Sin embargo, las recomendaciones tienen como objetivo contribuir a consideraciones creativas, exploratorias, rigurosas y bien investigadas para el futuro de la educación básica en Sudáfrica.

Educación sudafricana: equidad esquiva

Sudáfrica es uno de los países más desiguales del mundo. El 10% más rico de los sudafricanos reclama el 90% de la riqueza nacional; lo cual la convierte en la brecha 90-10 más grande del mundo (Spaull, 2019; Alvaredo et al.2018; Orthofer, 2016)). Los "estratos sociales" se pueden organizar en cinco grupos de gasto mensual promedio por persona excepcionalmente diferentes (Schotte et al. 2018). Los pobres crónicos representan el 49% de la sociedad con un gasto mensual promedio por persona de $30. La élite, por otro lado, constituye el 4% de la sociedad, con un gasto mensual promedio por persona de $ 1,457. Y los sudafricanos blancos todavía representan dos tercios (65%) de la élite (Schotte et al.2018).

La desigualdad en el sistema escolar sigue líneas similares y ha sido descrita como bimodal (Van der Berg y Burger, 2003; Fleisch, 2008), lo que ilustra la marcada diferencia con la que funcionan las dos partes del sistema. Aproximadamente el 25% de la población estudiantil asiste a escuelas con buenos recursos que se desempeñan a la par con las escuelas de los países desarrollados. Mientras tanto, la mayoría del 75% de los estudiantes asiste a escuelas de bajos recursos (Spaull, 2013) donde los niños no están aprendiendo matemáticas y lectura básicas (Parker et al., 2020). El desempeño escolar refleja el estatus socioeconómico de las familias, delineado según líneas raciales, con las escuelas de menor desempeño generalmente ubicándose en áreas rurales y municipales.

Los malos resultados de aprendizaje en lectura y aritmética en los grados inferiores han significado que los estudiantes tengan dificultades para aprender en los grados superiores (Spaull et al., 2015). A nivel internacional, la lectura en el cuarto grado marca una transición de "aprender a leer" a "leer para aprender" (Spaull, 2015). Sin embargo, la evaluación de lectura de estudiantes más reciente (PIRLS, 2016) revela que el 78% de los niños sudafricanos no pueden comprender lo que leen en cuarto grado, en comparación con el 4% a nivel internacional (Howie et al, 2017).

Las escuelas públicas de Sudáfrica se clasifican en quintiles del uno al cinco, donde uno representa a las escuelas más pobres, según las características de la comunidad a la que sirven, así como la infraestructura escolar. Spaull y Kotze (2015) ilustran la alta correlación entre los quintiles escolares y el aprendizaje, al mostrar que el grado "efectivo" en el que se encuentran los niños en cada etapa del proceso de escolarización depende en gran medida del quintil escolar al que asisten. En las escuelas gratuitas (el 80% más pobre de las escuelas, quintiles del 1 al 4), los alumnos están aproximadamente 2,5 años por detrás del plan de estudios en el tercer grado. Para el noveno grado, están entre 4 y 5 años por detrás del plan de estudios. Esta es una clara ilustración del efecto agravante de no lograr que el aprendizaje en la escuela primaria sea el correcto, con su correspondiente contribución a la inequidad.

Las bajas tasas de rendimiento y el bajo rendimiento en la escuela secundaria también se han atribuido a bases débiles en la escuela primaria (Spaull et al., 2015; Van der berg et al., 2016). De 100 niños que comienzan la escuela, aproximadamente 60 llegarán a matric[17], 37 se graduarán de bachillerato y 12 accederán a la universidad. Sólo 4 completarán una licenciatura en 6 años (Spaull, 2019).

Van der Berg et al (2016) han identificado cuatro limitaciones vinculantes para la mejora de los resultados educativos para los pobres: una institucionalidad débil, una influencia sindical indebida, conocimiento curricular y habilidades pedagógicas débiles de los docentes y oportunidades insuficientes para aprender. Estos factores interactúan para producir resultados educativos deficientes para los pobres, siendo el bajo logro en el proceso de alfabetización el más importante de estos resultados fallidos, actuando como factor determinante en la trayectoria de aprendizaje posterior. Los autores llegan a la conclusión de que el enfoque central de la administración educativa de Sudáfrica debería ser que "Todo niño debe aprender a comprender lo que lee al final del tercer grado" (Van der Berg et al, 2016).

Además, existe un creciente cuerpo de evidencia para confirmar que los maestros sudafricanos no tienen el conocimiento del contenido ni la habilidad pedagógica necesaria para enseñar el plan de estudios (Spaull, 2019). En una muestra

---

[17] Matric es la expresión en Sudáfrica para el último grado del bachillerato.

representativa a nivel nacional de escuelas primarias, se encontró que el 79% de los profesores de matemáticas de sexto grado no pudieron obtener una puntuación del 60% o más en las preguntas de sexto o séptimo grado (Venkat & Spaull, 2015).

La modernización del plan de estudios no puede abordarse aisladamente de la compleja evolución histórica del plan de estudios sudafricano, con sus aprendizajes y reservas. Después de 42 años de educación colonial bajo el dominio británico (1910-1952) y 45 años de educación bajo el apartheid, Sudáfrica entró en una era educativa posterior al apartheid (22 años hasta la fecha) (Weston & Mphahlele, 2020). Desde la democracia en 1994, se han implementado tres reformas curriculares muy diferentes a nivel nacional, lo que hace que el país desconfíe de cualquier nuevo llamado a una reforma generalizada. El más reciente (desde 2012) vio un cambio hacia un plan de estudios basado en el desempeño, en forma de la Declaración de Política de Evaluación y Plan de Estudios (CAPS, por su sigla en inglés). CAPS proporcionó altas especificaciones sobre el contenido, la secuencia y el ritmo de las asignaturas. Sin embargo, ofreció poca capacitación docente y desarrollo profesional para preparar a los maestros para implementar con éxito este cambio. La evaluación sumativa y los libros de texto se reintrodujeron como fundamentales para el proceso de aprendizaje (Muller & Hoadley, 2019).

Si bien la reforma curricular ha buscado abordar el patrón persistente de bajos resultados de rendimiento académico (Glewwe y Muralidharan 2015; Pritchett y Beatty 2012), Hoadley ilustra la terquedad con la que la práctica docente permanece constante. "Tiza y exposición" en clases protagonizadas por los profesores, alumnos pasivos, aprendizaje memorístico y una cobertura limitada de un plan de estudios sobrecargado siguen siendo elementos omnipresentes en la mayoría de las aulas sudafricanas (Hoadley, 2018). Sin embargo, se reconoce que el plan de estudios CAPS sí incluye muchas de las denominadas competencias para el siglo XXI. Existe un consenso generalizado de que Sudáfrica se queda corta en la implementación en aula, donde el desarrollo de estas competencias se deja al azar. La pregunta que exploramos más a fondo en este artículo es cómo podemos permitir el desarrollo de competencias de una manera deliberada, integral, sistemática y demostrable (Fadel, 2015), dentro del plan de estudios actual.

Vale la pena señalar que, a pesar del panorama sobrio hasta ahora, se han producido algunos avances limitados pero importantes después del apartheid en áreas clave de la educación. Los más notables son los avances en la matrícula bruta en la escuela primaria y secundaria (Banco Mundial, 2020); un repunte en el desempeño en evaluaciones internacionales; un aumento de cuatro veces en los graduados universitarios negros entre 1994 y 2014 (Van Broekhuizen, 2016), y un aumento en el número de matriculados con las calificaciones en Matemáticas requeridas para ingresar a la ingeniería en la universidad (Van der Berg & Gustafsson, 2019). No obstante, se reconoce ampliamente que estas mejoras parten de una base muy baja y son insuficientes para catalizar los cambios necesarios para una transformación económica y social.

A pesar de estas mejoras, los estudiantes que tienen la suerte de avanzar en la escuela y / o la universidad no tienen garantía alguna de encontrar empleo. Entre una miríada de factores que contribuyen a los niveles nacionales de desempleo, las investigaciones muestran que existe un desajuste de habilidades entre los empleadores y los que abandonan la escuela en Sudáfrica. Se demostró que la escasez de competencias básicas individuales es particularmente aguda en los casos de la comprensión lectora, la escucha activa, el habla, la escritura, el pensamiento crítico y las habilidades de aprendizaje activo (DHET, 2020). Las competencias emergentes, cuya demanda se espera que aumente en Sudáfrica, incluyen el pensamiento analítico, la creatividad, la resolución de problemas complejos, la resiliencia y la inteligencia emocional, entre otras (WEF, 2018). Si la economía sudafricana va a hacer frente a cambios sustanciales en la demanda de ciertas habilidades debido a la Cuarta Revolución Industrial, "los tipos de habilidades obtenidas por los que ingresan al mercado laboral deberán cambiar" (DHET, 2020).

En este contexto y con base en la evidencia proporcionada anteriormente, la justificación para recomendar que el cliente comience el proceso de modernización del currículo dentro de la enseñanza de la lectoescritura en la Fase Fundacional se puede resumir de la siguiente manera: 1) La alfabetización en los primeros grados es fundamental para el avance de todos los temas de aprendizaje (Spaull, 2015). 2) La lectura de comprensión ha sido declarada una prioridad máxima nacional por el presidente Ramaphosa (SONA, 2019). 3) La mejora del aprendizaje temprano predice la finalización de la escuela y la escuela secundaria (Van der berg et al., 2016). 4) La mejora del aprendizaje temprano se correlaciona con el acceso a trabajos de mayor valor agregado (DHET, 2020). 5) La integración de las habilidades en los dominios del conocimiento mejora ambos (Fadel, 2015).

Se reconoce que, para algunos, puede existir un contraargumento para *no* comenzar aquí, dada la naturaleza de alto riesgo de la alfabetización en los primeros grados. Sin embargo, esto deberá abordarse con más detalle con una muestra representativa de partes interesadas en la educación, a nivel nacional.

Revisión de Literatura

Efectos del COVID-19 en la educación sudafricana

En Sudáfrica, el COVID-19 se enfrentó mediante el cierre de escuelas a gran escala, sin una forma práctica de transición al aprendizaje remoto, dada la falta de acceso de los estudiantes a Internet (Estadísticas de Sudáfrica, 2019; UNICEF, 2020). En septiembre de 2020 las escuelas reabrieron después de varios meses de estar cerradas, para cerrar nuevamente en enero de 2021, durante la segunda ola de la pandemia. La pérdida generalizada de aprendizaje y una mayor deserción de los estudiantes son los resultados esperados del COVID-19 en educación, lo que agravará los malos resultados existentes (UNICEF, 2020). El desafío al que se enfrenta el Departamento de Educación Básica (DBE) es averiguar cómo recortar el plan de estudios (en todos los grados), poniendo al día a los alumnos con el aprendizaje perdido y priorizando el 'aprendizaje' sobre el contenido de 'enseñanza' (DBE, 2020). Reconociendo que la priorización del currículum presenta una oportunidad a corto y largo plazo para mejorar el aprendizaje general de los primeros grados, este documento se enfoca en cómo mejorar el aprendizaje posterior al COVID-19 al incluir habilidades y competencias del siglo XXI en el currículo de la etapa de alfabetización de la Fase Fundamental.

La necesidad de habilidades para el siglo XXI en un mundo cambiante

A nivel mundial, nunca ha habido la volatilidad, la incertidumbre, la complejidad y la ambigüedad como las hay ahora, en todas las esferas de la vida (OCDE, 2018). A medida que el mundo hace la transición hacia la Cuarta Revolución Industrializada (4IR), existe un enfoque cada vez mayor en asegurar el desarrollo integral del niño para permitirle adaptarse al trabajo y la vida en este mundo cambiante. El Foro Económico Mundial (WEF, por su sigla en inglés) recomienda ocho características para el aprendizaje de alta calidad en la 4IR: ciudadanía global, innovación y creatividad, tecnología y habilidades interpersonales, aprendizaje personalizado y a su propio ritmo, accesible e inclusivo, basado en problemas y colaborativo, y aprendizaje permanente e impulsado por el estudiante (2016). Estas características encajan en el espectro más amplio de habilidades englobadas por lo que se denomina "Habilidades del siglo XXI" y son fundamentales para satisfacer las demandas del lugar de trabajo del futuro (WEF, 2016).

Implicaciones para Sudáfrica - Adaptación a mundo cambiante

Dentro de Sudáfrica, donde las pequeñas y medianas empresas emplean al 47% de la fuerza laboral del país (OCDE, 2020), existe una aguda escasez de habilidades necesarias para emprendedores y otras empresas en habilidades básicas del siglo XXI como comprensión de lectura, escucha activa, conversación. y escritura (Asmal et al., 2020). En 2016, el WEF predijo que el 39% de las habilidades laborales básicas en todas las industrias en Sudáfrica habrán cambiado para 2020 (en comparación con lo que se necesitaba para desempeñar tales funciones en 2015), lo que impone una gran demanda de habilidades como: flexibilidad, conocimiento de TIC e inteligencia emocional. Sudáfrica se encuentra entre los países con peor desempeño a nivel mundial en cuanto a preparación para el trabajo, y se ha informado de una gran escasez en habilidades cognitivas y en campos de conocimiento más calificado (OCDE, 2017). Esto refleja ampliamente la oferta excesiva de trabajadores poco calificados y la oferta insuficiente de trabajadores altamente calificados, lo que va de la mano con el desajuste de calificaciones, cuando los trabajadores contratados a menudo no tienen la calificación adecuada para el trabajo (OCDE, 2017). Se espera que este desajuste entre la oferta y la demanda de habilidades en el lugar de trabajo aumente en los próximos años, exacerbando aún más las desigualdades de ingresos existentes y convirtiéndolo en un desafío que el sistema educativo deberá abordar.

Las habilidades del siglo XXI también forman parte del aprendizaje socioemocional (SEL). Las investigaciones muestran que las habilidades sociales y emocionales se encuentran dentro de las 10 principales habilidades que los empleadores buscan en los graduados (WEF, 2020). Es importante señalar que, para el contexto sudafricano, el SEL beneficia de menor manera a los niños en las comunidades de bajos ingresos. Los niños de familias de bajos ingresos en Sudáfrica suelen experimentar niveles más altos de adversidad y trauma como resultado del acceso inseguro a la vivienda, los alimentos, la atención médica y la seguridad (Franke, 2014). Estas influencias externas pueden colocar a las personas bajo un estrés indebido, lo que interfiere con el crecimiento y el aprendizaje. Enseñar a los estudiantes las habilidades para identificar y autorregular las emociones, junto con abordar las necesidades físicas, mentales y emocionales, puede proteger contra estos efectos negativos (Center for the Developing Child, 2016). El Instituto Aspen (2018) proporciona evidencia que sugiere que centrarse en el desarrollo cognitivo, social y emocional mejora todas las medidas de aprendizaje tradicionales que a menudo se priorizan, incluidas las calificaciones, los puntajes de las pruebas, las tasas de graduación, el éxito dentro y más allá de la educación terciaria. No sólo eso, el desarrollo de tales habilidades también contribuye a mejorar la salud mental y física, a generar relaciones familiares y laborales positivas, a la reducción de la actividad delictiva, a una ciudadanía más comprometida y a un mejor bienestar y satisfacción en general (Durlak, 2011; Wong, 2016) .

Habiendo identificado el problema del desajuste de habilidades en el país y comprendiendo la dirección y el panorama del futuro del empleo, las escuelas y los sistemas educativos deben ser más intencionales en la forma en que preparan a los estudiantes para el lugar de trabajo. Se debe hacer más para asegurar que los niños estén equipados con las habilidades para adaptarse al mundo cambiante, y se debe valorar mucho equipar a los niños con las habilidades y competencias para el siglo XXI y más allá. La enseñanza y el aprendizaje deben llevar a que los niños adquieran tales habilidades, comenzando desde la fase más temprana (base) de la educación del niño, para proporcionarles la 'combinación correcta de habilidades', tanto técnicas tradicionales como conjuntos básicos de 'habilidades blandas' para permitir para que aprendan continuamente y así estén mejor preparados para adaptarse a un mundo cambiante.

Marcos educativos

Programas nacionales y subnacionales de educación de todo el mundo han incorporado marcos para la enseñanza y el aprendizaje en el siglo XXI. Exploramos brevemente tres marcos destacados y luego nos sumergimos en la literatura de varios países con contextos como el de Sudáfrica donde las políticas funcionaron eficazmente. Además, revisamos algunos estudios de casos de países que, a pesar de las diferencias contextuales, ofrecen lecciones importantes para la inclusión exitosa de competencias en un plan de estudios resumido. En todos los marcos y ejemplos entre países, encontramos el objetivo educativo común de preparar a los estudiantes para el siglo XXI, teniendo en cuenta la necesidad de rediseñar los sistemas educativos actuales. Además, los tres marcos se centran en los estudiantes y refuerzan la necesidad de equipar a los estudiantes con las competencias necesarias para el futuro, incluido el aprendizaje socioemocional (Horvathova, 2018).

Primero, el Learning Compass 2030 de la OCDE utiliza la metáfora de una brújula para alentar a los alumnos a aclarar su propia visión, "navegando a través de contextos desconocidos de manera significativa y responsable" (OCDE, 2019). El marco describe los componentes de conocimiento, habilidades y actitudes y valores que interactúan con tres competencias transversales, interrelacionadas y transformadoras ancladas en los fundamentos teóricos de DeSeCo (OCDE, 2003), e identifica tres dominios como "Habilidades para 2030"; habilidades cognitivas y metacognitivas, habilidades sociales y emocionales y habilidades físicas y prácticas. Además, el marco desglosa cuatro tipos diferentes de conocimiento que aún deben formar la base del currículo: conocimiento disciplinario necesario para "formar" los puntos, conocimiento interdisciplinario para "conectar" estos puntos a través de áreas temáticas, conocimiento epistémico para vincular todo esto a el mundo real y el conocimiento de los procedimientos para poder "conectar los puntos" en contextos familiares y desconocidos. Juntas, estas formas de conocimiento se combinan con los tres dominios de habilidades clave necesarios para las competencias transformadoras para 2030 (OCDE, 2017).

A continuación, el Marco de Competencias Futuras de la UNESCO elaborado por la Oficina Internacional de Educación (OIE) recomienda que se adopte un enfoque basado en competencias para el diseño, desarrollo e implementación del currículo (Marope, 2017). El marco consta de elementos constitutivos (conocimientos, habilidades, actitudes, valores, tecnología, datos e información), junto con micro y macro competencias, que culminan en una orientación en torno al bien público. El Departamento de Educación Básica de Sudáfrica adoptó formalmente este marco en la educación nacional "Lekgotla" en 2018 (DBE, 2019), sin embargo, se ha avanzado poco en la aplicación de este marco a nivel local (Gravett, 2020). El marco intenta preparar a los estudiantes para satisfacer las demandas de un mundo que cambia rápidamente mientras considera a la Industria 4.0 como una fuerza impulsora de la complejidad y la volatilidad, que requiere un nuevo conjunto de habilidades. Estas habilidades se identifican como; 1) aprendizaje a lo largo de toda la vida, con énfasis en la adaptación a nuevos contextos, agilidad y resiliencia, 2) autogestión, definido como la capacidad de emprender acciones auto-beneficiosas y auto cumplidas, la capacidad de utilizar de forma interactiva una variedad de recursos y herramientas, la capacidad de interactuar de manera efectiva con los demás y el mundo, 3) transdisciplinariedad y 4) alfabetización múltiple, es decir, ir más allá de la alfabetización básica para "aprender a construir conocimiento a partir de múltiples fuentes y modos de representación", incluyendo, "lingüística, formas audiovisuales, espaciales ... y gestuales de dar significado "(Seel, 2012).

Finalmente, el Marco de Educación en Cuatro Dimensiones (4DE) del Centro de Rediseño Curricular (CCR, por su sigla en inglés) es una síntesis profunda de la investigación y las mejores prácticas de más de 35 marcos para la educación del siglo XXI (Fadel, 2015), desarrollado en colaboración con la Iniciativa Educación 2030 de la OCDE. El marco se compone de "cuatro dimensiones", que incluyen el conocimiento (lo que sabemos y entendemos), las habilidades (cómo usamos lo que sabemos), el carácter (cómo nos comportamos y nos involucramos en el mundo) y el meta aprendizaje (cómo reflexionar y adaptarse). Cada una de estas cuatro dimensiones se compone de varias áreas de competencia, que comprenden sub-competencias constituyentes, que se han delineado aún más en niveles de progresión (Bialik, 2018). Los temas transversales y la interdisciplinariedad se enfatizan en la dimensión de conocimiento de este modelo. Estos temas se enfatizan junto con un enfoque esencial en la construcción de habilidades, carácter y metacognición, para crear estudiantes que estén preparados de manera integral para conocer, ser, actuar y aprender en el mundo.
Una de las fortalezas del marco CCR es que combina disciplinas tradicionales (Matemáticas, Lenguaje, etc.) con disciplinas modernas (Emprendimiento de Ciencias de la Computación, etc.) para enfocarse en conceptos centrales "dentro y entre disciplinas" (Horvathova, 2018). Esto hace que sea conceptual y operacionalmente menos complicado integrar

nuevas competencias en los planes de estudio actuales basados en contenido, como alfabetización, ciencias y matemáticas (Fadel, 2020). Al mismo tiempo, necesariamente exige que se tomen decisiones difíciles sobre recortar del currículo cualquier cosa que no sea esencial para preparar a los estudiantes para el aprendizaje de competencias para un mundo cambiante. Nos referimos al Marco CCR 4D en las secciones siguientes, tanto en el estudio de caso de Brasil, una reforma emergente bien estructurada que se basa en el marco, como en la contemplación de las propias aspiraciones y necesidades de Sudáfrica de un aprendizaje basado en competencias.

Programas educativos ambiciosos para el siglo XXI

En esta sección exploramos las experiencias de cuatro países en vías de desarrollo en la implementación de reformas educativas nacionales basadas en competencias para el siglo XXI, como lo son Singapur, Kenia, Zimbabwe y Brasil. Consideramos a Singapur como un estudio de caso de referencia internacional teniendo en cuenta las limitaciones inherentes a la realización de contrastes interregionales, Kenia y Zimbabwe como contextos comparables en África subsahariana, donde los responsables de la formulación de políticas intentaron la inclusión de competencias para el siglo XXI, y finalmente Brasil, el ejemplo más cercano de un programa nacional en un país en desarrollo, que intenta incluir estas competencias en la enseñanza de la lectoescritura.

Singapur

La implementación temprana que Singapur realizó de un plan de estudios nacional basado en competencias para el siglo XXI, desde 2014, se ha convertido en un punto de referencia para los países de todo el mundo, debido a su diseño riguroso y a su desempeño de la última década en las evaluaciones internacionales PISA y TIMMS (Sing- Kong Lee, 2017). Por esta razón, incluimos a Singapur, aún considerando las importantes diferencias en el desarrollo económico y educativo entre dicho país y Sudáfrica. De acuerdo con el pensamiento contemporáneo, Singapur se centra en la juventud en su totalidad, buscando el desarrollo del carácter y de "valores fundamentales" que sirven como brújula para el aprendizaje permanente (ibid.). Su marco también sostiene que las competencias sociales y emocionales son los cimientos sobre los cuales los jóvenes adquieren habilidades y competencias para ell siglo XXI, lo que a su vez conduce a resultados educativos que son reflejo de los objetivos sociales del país: formar personas seguras, que sean aprendices activos, contribuyentes y ciudadanos interesados en la sociedad (ibid.).

En el centro del éxito educativo de Singapur se encuentra la alineación intencional y a menudo iterativa de los objetivos y estándares nacionales con el plan de estudios y la evaluación (Liem, 2017). Un componente importante de esta alineación es la colaboración en múltiples niveles (nacional y local), por actores clave (formuladores de políticas, liderazgo escolar, maestros, padres y profesionales de la preparación de maestros) para diseñar, comunicar y monitorear programas educativos (Sing-Kong Lee, 2017). Además, los investigadores señalan la importancia de un apoyo cuidadosamente diseñado para la implementación del programa, en forma de estándares nacionales, desarrollo profesional continuo, planes de lecciones y evaluación del aprendizaje.

Kenia

La experimentación con las reformas educativas basadas en competencias para el siglo XXI en Kenia y Zimbabwe proporciona una advertencia sobre cómo estas reformas pueden fracasar. En 2018, afectado por los bajos resultados de aprendizaje y el alto desempleo, el gobierno de Moi en Kenia lanzó una ambiciosa reforma educativa diseñada para una década y basada en competencias. Esto, con el objetivo de transformar el sistema educativo del país para respaldar su participación en la economía global basada en el conocimiento (Fominskina, 2020). Desafortunadamente, el piloto inicial estuvo atascado en una planificación deficiente que condujo a una implementación ineficaz y al aplazamiento indefinido del despliegue nacional. Fominiskina (2020) describe desafíos a nivel escolar que incluyen: (1) la falta de una preparación docente efectiva, debido a un modelo en cascada que preparó a dos maestros por escuela en la teoría de la reforma, en lugar de la pedagogía necesaria (Nyamai, 2020); (2) inadecuados recursos: falta de libros de texto y otros materiales; y (3) suspender las evaluaciones existentes antes de la introducción de nuevas (Fominskina, 2020).

Zimbabue

En Zimbabue, los esfuerzos para introducir una reforma educativa basada en competencias en 2015 llevaron a una situación caótica (Djeneba, 2020). Al igual que Kenia, Zimbabwe estaba motivado por el deseo de abordar los malos resultados del aprendizaje y el alto nivel de desempleo. Sin embargo, de manera muy similar, la reforma de Zimbabue se estancó debido a una planificación y ejecución deficientes, particularmente a nivel escolar, debido a la falta de alineación y provisión de una preparación, materiales y evaluación docentes adecuados (ibid.). Los procesos de Kenia y Zimbabue permiten aprender que, en contextos como el de Sudáfrica, en el caso de programas que apuntan a resolver los mismos problemas (bajos resultados de aprendizaje y alto desempleo), la estrategia de implementación para implementar un currículo basado en competencias es fundamental, y debe incluir la provisión de los apoyos necesarios para su implementación eficaz. La falta de preparación de los docentes, carencia de evaluaciones y de recursos de aprendizaje pueden conducir a una desalineación crítica entre las expectativas y la realidad, lo que podría resultar en el fracaso de un programa importante y ambicioso, así como en el desperdicio de recursos y la participación de los actores clave al intentar una reforma de este tipo (Djeneba, 2020).

Brasil

En Brasil, la Base Nacional Común Curricular (BNCC) es un ambicioso proyecto de reforma basado en competencias para el siglo XXI que se encuentra actualmente en curso. Basado en el Marco Educativo CCR 4D (Fadel, 2015), revisado anteriormente en este documento, el BNCC tiene como objetivo poblar el plan de estudios de lectoescritura temprana con 10 competencias generales del marco CCR, incluido el aprendizaje permanente, el pensamiento crítico, la ciudadanía, la ética y la autogestión. Para Brasil, esta reforma coloca un enfoque sin precedentes en la lectoescritura, así como en la adopción de competencias para el siglo XXI (Costin y Pontual, 2020). Estableciendo de manera efectiva la expectativa de que los niños estén leyendo y escribiendo para el segundo grado (un nivel de grado antes que en el pasado), el programa busca abordar los malos resultados educativos del país comenzando temprano, enfocándose en la primera infancia, primaria y secundaria (ibid.). La teoría del cambio del programa depende de alinear, "las principales políticas educativas del sistema educativo altamente descentralizado de Brasil con estos estándares más altos: currículos locales (niveles estatales y municipales), materiales de aula, evaluaciones de los estudiantes, así como formación inicial y continua de maestros; mejorando así los resultados de los estudiantes" (Costin & Pontual, 2020). Gran parte de la reforma curricular de BNCC se ha centrado en alinear estas palancas en las ciudades y estados para crear un cambio en todo el sistema que pueda reflejar el aprendizaje en las Evaluaciones Nacionales de Estudiantes del país (INEP, 2018) y adelantarse a muchos de los desafíos de nivel de capacidad que se enfrentan en las reformas de Zimbabwe y Kenia. Iniciado en 2018, todavía es demasiado pronto para evaluar la eficacia del BNCC, ya que Brasil intenta satisfacer las necesidades institucionales en las áreas de evaluación, capacitación de profesores y provisión de materiales.

Implicaciones para Sudáfrica: competencias, marcos y próximos pasos

El análisis de varios marcos nos ha permitido ver que es posible trabajar en el desarrollo de una gama de competencias para su inclusión en un plan de estudios recortado, como el plan de estudios que se está revisando actualmente en Sudáfrica en respuesta al COVID-19. Basándonos en las necesidades de nuestro cliente, planeamos enfocarnos en un plan de estudios para desarrollar las habilidades de lectoescritura, el pensamiento crítico, la creatividad y la comunicación, la atención plena, la metacognición y la mentalidad de crecimiento de los estudiantes. Habilidades lectoescritoras sólidas en los primeros años son esenciales para "fomentar una serie de otras habilidades y permitir que se lleve a cabo el aprendizaje académico", al igual que el pensamiento crítico y la creatividad (Horvathova, 2018). La comunicación es una habilidad indispensable para el futuro, en un mundo cada vez más globalizado, y se necesita la atención plena para mejorarla mientras se enseñan habilidades esenciales para el "control de impulsos, la autorregulación y la empatía", particularmente en Sudáfrica, donde estas habilidades han sido ignoradas anteriormente. en aulas tradicionales (ibid.). Finalmente, la metacognición y la mentalidad de crecimiento han sido identificadas por el NECT como habilidades importantes para que los estudiantes sudafricanos continúen aprendiendo durante toda la vida mediante la incorporación de prácticas de reflexión que alienten a los estudiantes a asumir desafíos (Horvathova, 2018). Esta combinación de competencias es coherente en sí misma y se ha obtenido después de analizar un extenso trabajo de antecedentes realizado por NECT Edhub sobre las necesidades de los estudiantes sudafricanos que se preparan para un mundo cambiante (ibid.).

En segundo lugar, basándonos en las similitudes en el contexto y las necesidades identificadas por el cliente, nos basaremos principalmente en el Marco CCR 4DE, revisado anteriormente en este documento. El Marco 4DE es un sistema integral que se centra en la necesidad de desarrollar las habilidades de los estudiantes en formas interdisciplinarias y transdisciplinarias que les prepararán para el éxito en el futuro. "La comprensión profunda y la capacidad de acción para el mundo real se producirán sólo integrando las habilidades en el conocimiento. dominios, de modo que cada uno potencie al otro" (Fadel, 2015). El CCR ha logrado avances significativos en el nivel de detalle incluido y el apoyo práctico brindado a las jurisdicciones que trabajan con su Marco 4D-Educación. El Marco CCR es ampliamente respetado y ha sido descrito por Andreas Schleicher de la OCDE como una innovación que define claramente, "los espacios en los que los educadores, planificadores de planes de estudios, legisladores y estudiantes pueden establecer lo que se debe aprender, en su contexto y para su futuro. " (Centro para el rediseño curricular, 2015), que será una guía valiosa para enmarcar nuestro análisis de políticas y recomendaciones.

Por último, debemos elegir dónde comenzar la implementación, ya que no es factible implementar cambios en todos los ámbitos sin probar el programa a una escala más pequeña, ajustarlo para mejorarlo y luego buscar implementarlo en otras áreas de la educación. En la siguiente sección, justificamos la decisión de comenzar enfocándonos en los primeros grados. Nuestra revisión de la literatura señala la importancia de un pensamiento sistémico; no es práctico implementar cambios en el plan de estudios sin las disposiciones necesarias en los materiales didácticos, las evaluaciones y sin las capacidades docentes. Esta fue una debilidad en algunos programas en África subsahariana, pero una fortaleza en el programa actualmente en curso en Brasil. Por tanto, cualquier política deberá estar respaldada por disposiciones más amplias a nivel de sistemas en materia de formación, materiales didácticos y sistemas de evaluación. El enfoque en la implementación es una fortaleza particular del CCR, con guías detalladas para la alineación de las evaluaciones, para fortalecer la capacidad docente, etc., lo cual demuestra que el CCR es el marco más apropiado para nuestro análisis de política.

Una revisión de las intervenciones de lectura de los primeros grados

Esta sección revisa la literatura sobre la efectividad de las intervenciones de lectura en los primeros grados a nivel internacional (Graham, 2018) y en Sudáfrica (Taylor, 2019), para informar el diseño de alternativas de políticas efectivas para la inclusión de las competencias para el siglo XXI en la instrucción de la lectoescritura en la Fase Fundacional en Sudáfrica.

En un metaanálisis para el Banco Mundial, Graham (2018) analizó evaluaciones de lectura de grados tempranos en 18 países, desarrollados y en vías de desarrollo, para determinar su efectividad general e identificar características de diseño comunes. Los elementos comunes incluyeron el uso de subpruebas de evaluación de alfabetización de EGRA (reconocimiento de letras y sonidos, reconocimiento de letras, fluidez oral y comprensión de lectura) para monitorear los resultados del tratamiento versus los grupos de control. Además, las intervenciones efectivas generalmente proporcionaron: pautas de instrucción para los maestros (por ejemplo, planes de lecciones con guión o semiestructurados); materiales de instrucción complementarios (por ejemplo, libros, cuadernos de trabajo para estudiantes y otros); herramientas y formación para la evaluación de los estudiantes; así como el coaching de profesores, en muchos casos.

El estudio (Graham, 2018) arroja varios hallazgos clave con implicaciones para las alternativas políticas en Sudáfrica. La más importante es la confirmación de que las intervenciones de lectura en los primeros grados son efectivas tanto en entornos de países desarrollados como en vías de desarrollo, a menudo a escala nacional. En segundo lugar, si bien muchas veces los avances en el aprendizaje fueron estadísticamente significativos, esto no significaba necesariamente que los niños alcanzaran la fluidez en la lectura (un precursor clave para desarrollar la comprensión lectora). El estudio cita dos razones plausibles para esto. La primera es la naturaleza multicausal de aprender a leer y la segunda es que muchos niños comienzan la escuela sin estar preparados para aprender. Esto significa que cambiar la enseñanza de la lectura, por sí solo, puede ser insuficiente para compensar otros factores que también contribuyen a los entornos de aprendizaje deficientes, como el liderazgo escolar deficiente, la falta de recursos didácticos, el deterioro de la infraestructura, los maestros mal preparados y desmotivados. Ninguna condición debería ser una excusa para la inacción, pero la combinación de ambas en el contexto educativo sudafricano (Spaull, 2017) sugiere que sería beneficioso un enfoque multifacético para mejorar la alfabetización en las aulas. Por lo tanto, si bien la inclusión de las competencias para el siglo XXI a menudo se considera un fin en sí mismo, también es probable que puedan mejorar el aprendizaje de los estudiantes en todas las materias, incluida la lectoescritura.

El Estudio de Lectura de Primer Grado en Sudáfrica, EGRS por su sigla en inglés, (Taylor, 2019) es posiblemente el estudio más importante sobre la instrucción de alfabetización en la Fase Fundacional en el país (Spaull, 2019). También sirve como modelo para el desarrollo de alternativas de políticas en la sección siguiente. Basado en un ensayo controlado aleatorio, el estudio (Taylor, 2019) evaluó el impacto de tres intervenciones de alfabetización orientadas a que más niños lean en tercer grado: capacitación centralizada, capacitación directa de maestros y talleres familiares. El estudio siguió a niños de primero a segundo grado, divididos en 3 grupos de tratamiento de 50 escuelas cada uno, en comparación con un grupo de control de 80 escuelas, para un total de 230 escuelas participantes. Las aulas de los grupos de control solo tenían acceso a materiales, y los maestros recibían capacitación docente del modelo tradicional en cascada. Los materiales consistieron en un Programa de Aprendizaje Estructurado (SLP), que incluyó planes de lecciones estructuradas diarias con materiales de enseñanza de calidad adicionales (libros grandes, cuadernos de trabajo para estudiantes con textos y otros materiales de apoyo). Más allá de lo que recibió el grupo de control, cada intervención implicó el apoyo directo de los maestros o las familias, de la siguiente manera:

1. SLP Base + Capacitación: Se brindó capacitación para maestros en forma de dos sesiones anuales de capacitación centralizada para maestros de Lectura en grados iniciales.
2. SLP Base + Coaching: Se proporcionó un asesor de alfabetización, con visitas mensuales al aula, para apoyar a los maestros y ofrecer sesiones de capacitación en grupos pequeños durante todo el año.
3. SLP Base + Parental: Proporcionó 30 talleres para padres con un profesional educativo, para mejorar la comprensión de los padres y aumentar su capacidad de apoyar el desarrollo de la lectura de sus hijos.

Taylor (2019) utiliza dos métricas diferentes para medir la efectividad de cada una de las intervenciones de EGRS. La primera es una medida compuesta de los avances en el aprendizaje de la alfabetización a través de una batería de evaluaciones de aprendizaje de los estudiantes[18]. Según esta métrica, la

---

[18] Las evaluaciones se administraron oralmente e incluyeron sub-pruebas EGRA y sub-pruebas del contratista de alfabetización. Se examinaron las subpruebas de EGRA: reconocimiento de letras y sonidos, reconocimiento de palabras,

intervención de Coaching fue la única que mostró resultados estadísticamente significativos en todas las subpruebas, incluida la comprensión de lectura. La intervención de entrenamiento mostró ganancias en múltiples subpruebas, pero no en la comprensión de lectura, mientras que la intervención de los padres sólo registró ganancias estadísticamente significativas en la conciencia fonológica. Usando esta misma métrica compuesta de alfabetización para traducir las ganancias del alumno (después de dos años) en el porcentaje de aprendizaje de un año (en relación con el grupo de control), el modelo de Coaching mostró una ganancia del 40% de un año. Los resultados de las intervenciones de formación y parental fueron el 19% y el 13% de un año de aprendizaje, respectivamente. Una vez más, la intervención de Coaching, aunque significativamente más cara, mostró las mayores ganancias.

La segunda métrica que examina el estudio es "el impacto del tratamiento en la probabilidad de aprobar la prueba de comprensión" en relación con el grupo de control, al que se hace referencia aquí como el Tamaño del Efecto de Comprensión Lectora. Esta es la métrica que utiliza el estudio para comparar la rentabilidad de las tres intervenciones. La Tabla I, a continuación, muestra que, al utilizar esta métrica, el modelo de Coaching no sólo tiene el tamaño de efecto más grande, sino que también es la más costo-efectiva de las tres intervenciones, seguida por el modelo de entrenamiento. Esto, a pesar de que el modelo de Coaching a USD 43 por estudiante, es casi un 30% más caro por estudiante que la intervención de Capacitación a USD 31 por estudiante.[19]

---

reconocimiento de no palabras; lectura de párrafos). Las subpruebas del contratista de alfabetización midieron: comprensión de lectura, conciencia fonológica y escritura.

[19] Cada una de las intervenciones mostró un tamaño del efecto que es significativamente mayor que el grupo de control.

TABLA I: Compración de la efectividad de comprensión de lectura y costo efectividad de las políticas de intervención EGRS				
Intervención	Tamaño del efecto comprensió n lectora	Costo / Rand	Costo efectividad / (1,000 Rand)	Referencia - Costo en USD
Capacitación	1.59	397	4.01	$ 31
Coaching	9.88	557	17.74	$ 43
Parental	1.13	295	3.83	$ 23
Fuente: Elaboración propia con base en Taylor 2019, p.93.				

Desarrollo y análisis de alternativas de política

En esta sección pasamos a una discusión de los méritos relativos y las compensaciones implícitas en tres alternativas de políticas para infundir las competencias para el siglo XXI en el currículo de lectoescritura de la Fase Fundacional de Sudáfrica. Es importante señalar que la inclusión de competencias en la instrucción de la alfabetización no es la única forma en que se pueden enseñar las competencias para un mundo que cambia rápidamente. Claramente, la decisión sobre cómo se enseñarán, en qué grados, ya sea a través de la inclusión de materias formales o como programas independientes en la educación formal o informal, es una decisión de política que debe tomarse en relación con el contexto de cada país. Observamos que existen otros programas eficaces de desarrollo de competencias para el siglo XXI, como programas independientes en entornos educativos formales e informales. Por lo tanto, si bien la inclusión de las competencias para el siglo XXI en la educación formal se considera una estrategia eficaz, no es la única forma de cultivarlas en los niños y los jóvenes. Las decisiones con respecto a las alternativas de política para desarrollar las competencias para el siglo XXI deben basarse en las realidades y oportunidades socioeconómicas y contextos específicos de cada país.

En Sudáfrica, se espera que la pandemia de COVID-19 exacerbe las ya importantes desigualdades y deficiencias de aprendizaje entre los estudiantes de todo el país. Junto con la probabilidad de una situación fiscal deteriorada (Hanushek, 2020), la aversión hacia una reforma curricular nacional adicional y el consenso político ysocial con respecto a la necesidad de mejorar los resultados de la lectura en los primeros grados (Spaull, 2019), hacen del Marco Educativo CCR 4D (Fadel, 2015) una alternativa conveniente para incluir competencias para el siglo XXI en la enseñanza de la lectoescritura en niveles iniciales, desarrollar competencias para un mundo cambiante. Con base en los resultados de esta experiencia inicial, se podrían determinar más oportunidades para la inclusión de estas competencias en todas las materias yen grado superiores.

Como punto de partida para el desarrollo de alternativas de política para incluir las competencias para el siglo XXI en el currículo de lectoescritura de la Fase Fundacional de Sudáfrica, nos basamos en la evidencia generada por el Estudio de Lectura en Grados Iniciales (Taylor, 2019). En esta sección, describimos las tres alternativas más prometedoras de las siete consideradas. Cada alternativa de política surge del uso de una base de materiales común, denominada Programa de Aprendizaje por Competencias, o CLP, por su sigla en inglés. El CLP incluye protocolos y actividades apropiados por edad para desarrollar las seis competencias identificadas anteriormente en el Programa de Aprendizaje Estructurado (SLP) resumido a raíz del COVID-19. El conjunto básico de materiales incluye: Libro grande (lectura compartida) + Libros de trabajo DBE y lectores graduados (lectura guiada en grupo) + Hojas de trabajo de lectura (lectura decodificable). A partir de la base de materiales del CLP, cada alternativa de política está diseñada para ayudar a los maestros a mejorar el aprendizaje de los estudiantes en el aula; estos son:

1. CLP + Capacitación
2. CLP + Coaching
3. CLP + Capacitación + Parental

Como se vio en la sección inicial respecto a las reformas nacionales para desarrollar habilidades para el siglo XXI, al abordar la modernización curricular en el contexto de un sistema educativo complejo, es importante reconocer la necesidad consiguiente de ajustes complementarios a otras palancas dentro del sistema para permitir la coherencia y lograr el cambio. Tales palancas incluyen estándares, materiales, desarrollo profesional, evaluación, liderazgo escolar y participación de los padres o de la comunidad.

Criterios para evaluar alternativas de política

A continuación, presentamos los criterios (e indicadores) utilizados para analizar cada una de las alternativas de política indicadas anteriormente, con el fin de realizar un conjunto de recomendaciones.

1. Integración de competencias (indicador: Índice de integración de competencias, elaborado por los autores con base en la opinión de expertos). Este criterio refleja qué tan bien cada una de las alternativas de intervención facilita el desarrollo de las seis competencias, seleccionadas en función de las necesidades del cliente y las habilidades destacadas en el Marco Educativo CCR 4D (Fadel, 2015. Las seis competencias elegidas para comenzar la inclusión de los planes de estudio de lecto escritura en la Etapa Fundacional son: creatividad, comunicación, pensamiento crítico, metacognición, mentalidad de crecimiento y atención plena.[20]

2. Viabilidad (indicador: Puntuación de Viabilidad, elaborado por los autores con base en la opinión de expertos). Dado el contexto sudafricano, este criterio analiza cuán práctico es implementar cada intervención a escala en la mayoría de las escuelas del país.

3. Eficacia en la comprensión lectora (indicador: Tamaño del efecto de la comprensión lectora, publicado en el Estudio de Lectura en Grados Iniciales, Taylor 2019). La puntuación representa "el impacto del tratamiento [de la

---

[20] Este índice mide el potencial esperado sobre la enseñanza de cada competencia de manera sistemática a través de la intervención, es decir son resultados futuros proyectados.

intervención] en la probabilidad de que [un estudiante] apruebe la prueba de comprensión de lectura", en relación con el grupo de control (Taylor 2019).

4. Efectividad en la comprensión lectora (indicador: Índice de efectividad esperada en la comprensión lectora, un índice compuesto elaborado por las autoras). Este criterio considera la capacidad de enseñar de manera sistemática y demostrable las seis competencias en cada intervención y la capacidad de escalar esa intervención a todas las escuelas. El índice se construye multiplicando los indicadores 1., 2. y 3., anteriores.

5. Costo efectividad (indicador: índice de rentabilidad esperada, construcción de las autoras). Este criterio examina cuánto cuesta, por alumno, lograr los resultados esperados de comprensión de lectura en cada intervención. El indicador se basa en el índice de comprensión lectora esperada (arriba), que luego se divide por el costo real por alumno por intervención del estudio EGRS (Taylor 2019)[21].

Matriz de análisis de alternativas de política y consideración de compensaciones

En esta sección, presentamos una Matriz de análisis de alternativas de política, que compara las mejores intervenciones y las compensaciones implícitas de elegir una sobre la otra. La Tabla II, a continuación, proporciona los indicadores subyacentes descritos en la sección anterior, lo cual que permite a las autoras construir expectativas de resultado para evaluar cada intervención, en términos de Comprensión Lectora Esperada (columna D) y Costo-Eficacia Esperada (columna F).

---

[21] La suposición que se hace aquí, en consulta con el cliente, es que los costos operativos para ejecutar las intervenciones del Programa de aprendizaje basado en competencias (después de la fase de investigación) no serán significativamente diferentes de los costos para ejecutar las intervenciones del Programa de Aprendizaje Estructurado del estudio EGRS. .

		Opinión experta	Opinión experta	Taylor 2019	Opinión experta	Taylor 2019	Opinión experta	Taylor 2019
	Fuentes de DATOS							
	INDICADORES	A	B	C	D	E	F	Sólo referencia
	Operación				A*B*C		F=D/E	
#	Alternativa de política	Índice competencia lectora	Puntaje factibilidad	Tamaño del efecto: comprensión lectora	Índice de efectividad esperada en comprensión lectora	Costo por estudiante (por 1000 Rand)	Índice de costo-efectividad esperada	Costo por estudiante en USD
4	CLP BASE: + Capacitación	1.00	1.00	1.59	1.59	0.397	4.01	$ 31
5	**CLP BASE: + Coaching**	1.00	0.50	9.88	**4.94**	0.557	**8.87**	$ 43
7	CLP BASE: Capacitación +	1.00	0.50	1.59	0.80	0.692	1.15	$ 54

Fuente: Elaboración de las autoras sobre las fuentes señaladas. Costos por estudiantes en 1000 rand y USD.

Al comparar las tres intervenciones sobre los resultados (columnas D y F), la intervención de Coaching (5. CLP + Coaching) tiene más del doble de probabilidades de ser eficaz y costo-efectiva que la intervención de formación (4. CLP + Capacitación), a pesar de una 30 por ciento más de costo por estudiante (USD 43 frente a USD 31). Del mismo modo, se espera que la intervención de Capacitación sea más eficaz y costo-efectiva que la intervención de Capacitación + parental (7. CLP + formación + parental), debido a la dificultad de escalar una intervención de los padres (columna B) y su insignificante impacto en la comprensión lectora (columna C.)

La principal compensación entre la selección de la intervención de Coaching y la de Capacitación tiene que ver con el costo diferencial de implementación. A pesar de que el Coaching es mucho más efectivo, su costo un 30% más alto por alumno, hace que sea mucho más costoso escalar que una intervención de Capacitación centralizada[22]. La implicación es que una solución única no sirve para todos y debe haber espacio para considerar una combinación de intervenciones, dependiendo de las prioridades educativas. Por ejemplo, puede ser útil invertir en el modelo de Coaching más caro en las grandes escuelas urbanas, con resultados de aprendizaje especialmente bajos, dado su mayor impacto y la capacidad de distribuir el costo fijo de un coach entre un mayor número de estudiantes que en las escuelas rurales más pequeñas.

---

[22] Como se señala en Taylor (2019), la costo-efectividad es sensible a cómo se mide la eficacia. La alternativa de una "métrica de alfabetización total" en el estudio EGRS hizo que la capacitación central pareciera ser más costo-efectiva que la capacitación.

Recomendación

Del análisis de política presentado en el documento surgen varias recomendaciones:

1. Diseñar y evaluar intervenciones piloto de CLP: una prueba piloto de las intervenciones de CLP + Coaching y CLP + Capacitación (contra escuelas de grupos de control de intervenciones SLP similares), sería valioso para determinar si a un costo similar las intervenciones de inclusión de competencias podrían mejorar el aprendizaje y la lectoescritura.

2. Considerar el uso de un modelo de CLP + Coaching en escuelas de gran prioridad: si las intervenciones basadas en CLP tienen éxito, las autoridades nacionales deberían considerar escalar una combinación de estas intervenciones, según el contexto. Un CLP + Coaching para grandes escuelas urbanas de alumnos prioritarios y un modelo CLP + Capacitación para el resto.

3. Probar los modelos CLP en los grados superiores: Idealmente, las autoridades nacionales también considerarían diseñar y probar una intervención de inclusión de competencias, posiblemente en un área temática académica diferente, en grados superiores, para determinar si el aprendizaje basado en competencias tiene un mayor efecto en los resultados de aprendizaje, tasas de graduación y empleabilidad futura de los estudiantes.

Conclusión

La pandemia de COVID-19 ha forzado abruptamente a las naciones a que revisen sus planes educativos. Ya no se puede esperar que los maestros cumplan con planes de estudio sobrecargados o hagan uso de protocolos de evaluación obsoletos. La pérdida de aprendizaje derivada del cierre de escuelas ha exigido que los planes de estudio se reduzcan a contenidos y conceptos básicos esenciales. A medida que los niños regresan a la escuela, y a medida que re-construimos colectivamente la educación después de la pandemia, se nos presenta la opción de determinar qué desechar y sobre qué arrojar luz. Sudáfrica tiene la oportunidad única de tomar el plan de estudios recientemente resumido y reconstruirlo no sólo para abordar los déficits de aprendizaje y las desigualdades que surgen de la pandemia, sino también para reconstruirlo audazmente de una manera que prepare mejor a los estudiantes para la ambigüedad e incertidumbre de un mundo volátil.

Como nuestro cliente, el Fondo de Colaboración para la Educación Nacional (NECT), brinda apoyo al Departamento de Educación Básica (DBE) para considerar formas en las que el plan de estudios sudafricano podría modernizarse a mediano y largo plazo para abordar la necesidad de preparar mejor a los alumnos para el mundo que cambia rápidamente, hay una gran cantidad de formas en las que esto se puede abordar. La intención de este análisis de política ha sido resaltar una de esas vías: una intervención de programa de aprendizaje basada en competencias que de manera deliberada, integral, sistemática y demostrable (Fadel, 2015) incluye competencias seleccionadas en la enseñanza de la lectoescritura de los primeros grados, junto con el entrenamiento de maestros y variantes de capacitación cuidadosamente diseñadas de acuerdo con las necesidades de la escuela, con la idea de que el éxito se pueda escalar desde la atención a las escuelas con la necesidad más extrema a otras partes del país. Esperamos que este análisis brinde evidencia útil para respaldar el caso de la modernización del currículo a mediano plazo a través de un enfoque gradual para la implementación, comenzando con la lectoescritura en los primeros grados, y que las alternativas de política consideradas permitan generar un proceso de aprendizaje e iteración sistemático.

Autoras

Cada una de las autoras es candidata de la Maestría en Educación en el programa de Política Educativa Internacional de la Facultad de Educación de la Universidad de Harvard.

Shirley Eadie dirige la unidad de innovación educativa del Fondo de Colaboración para la Educación Nacional Su carrera se ha centrado en la antropología social y la investigación de mercados.

Renata Villers es fundadora y directora ejecutiva de ADA, una ONG en Costa Rica, que transforma la forma en que los niños aprenden a leer y escribir para apoyar su participación en la sociedad del conocimiento.

Jazzlyne Gunawan apoya al Ministerio de Educación y Cultura de Indonesia en sus esfuerzos de Monitoreo y Evaluación. Está interesada en la gestión de programas y políticas educativas.

Arooj Naveed Haq es una ex becaria de Teach for Pakistan. Sus intereses de investigación incluyen la evaluación de programas utilizando métodos cuantitativos y el desarrollo profesional del liderazgo escolar

Referencias

Alvaredo, F., Chancel, L., Piketty, T., Saez, E., & Zucman, G. (2018). World inequality report 2018. Online. Available: http://wir2018widworld/.

Aspen Institute (2019) National Commission on Social, Emotional and Academic Development. From a nation at risk to a nation at hope. Available at: http://nationathope.org/report-from-the-nation/chapter-1-how-learning-happens/

Asmal, Z., Bhorat, H., Culligan, S., Hofmeyr, H., Monnakgotla, J., Oosthuizen, M., Rooney C. (2020). The Report on Skills Supply and Demand in South Africa. Labour Market Intelligence Program. Development Policy Research Unit, University of Cape Town, South Africa.

Bardach, E. (2012). A practical guide for policy analysis: The eightfold path to more effective problem solving (4th ed.). Los Angeles: Thousand Oaks: Sage; CQ Press.

Bialik, M., Hall, C. & Giebler. M. (2018). Competencies and Subcompetencies: Proficiency levels. Centre for Curriculum Redesign. Boston. Massachusetts.

Bowmaker-Falconer, A. and Herrington, M. (2019). 'Igniting startups for economic growth and social change – Global Entrepreneurship Monitor South Africa (GEM SA) 2019/2020 report'. Available at: https://bit.ly/3qlB471

Care, E. Kim, H. Anderson, K. Gustafsson-Wright, E. (2017). Skills for a Changing World: National Perspectives and the Global Movement. Brookings Institute. Available at: https://www.brookings.edu/research/skills-for-a-changing-world-2/

Center for Curriculum Redesign. (2015). Four-Dimensional Education: The Competencies Learners Need to Succeed. Retrieved December 11, 2020, from https://curriculumredesign.org/our-work/four-dimensional-21st-century-education-learning-competencies-future-2030/

Costin, C., & Pontual, T. (2020). Curriculum Reform in Brazil to Develop Skills for the Twenty-First Century. From https://link.springer.com/chapter/10.1007/978-3-030-41882-3_2

Department of basic Education. (2016). Entrepreneurship in Schools 2030: The Vision. Gauteng. South Africa.

Department of Basic Education. (2016). Revised Five-Year Strategic Plan: 2015/16-2019/20.

Department of Basic Education, Republic of South Africa. (2017). Summary Report. Results of Year 2 Impact Evaluation, The Early Grade Reading Study. DOI: https://www.jet.org.za/clearinghouse/projects/primted/resources/language-and-literacy-resources-repository/egrs-infographic.pdf/view

Department of Basic Education, Republic of South Africa. (2017). INFOGraphic. Results of Year 2 Impact Evaluation, The Early Grade Reading Study. DOI: https://www.jet.org.za/clearinghouse/projects/primted/resources/language-and-literacy-resources-repository/egrs-infographic-1.pdf

Department of Basic Education. (2018). Entrepreneurship and 21st Century Skills presentation. National Lekgotla. Gauteng. South Africa.

Department of Basic Education. (2019). TDCM / NEAC HEDCOM Sub-Committee, Agenda Item G.2 slides: Skills and Competencies for the Changing World and their implications for Assessment and Examinations, including the IBE Framework.

Department of Higher Education and Training. (2020). Skills Supply and Demand in South Africa. Pretoria. Department of Higher Education and Training.

Djeneba, G., Bhatia, J., Reddy V, & Reddy M. (2020). Reimers, F. Ed. Chapter 7: From Content Knowledge to Competencies and Exams to Exit Profiles: Education Reform in Zimbabwe. Forthcoming Book. Springer publications.

Department of Basic Education. (2020). National Assessment Circular 02 of 2020 – Implementation and Quality Assurance of the Amended 2020 Assessment Programme in the General Education and Training (GET) Band (Grades R-9). Available at: https://irp-cdn.multiscreensite.com/c0cc1c10/files/uploaded/Circular%2002%20of%202020%20-%20National%20Assessement.pdf

Durlak, R. Weissberg, A. Dymnicki, R. Taylor, and K. Schellinger. (2011). "The Impact of Enhancing Students' Social and Emotional Learning: A Meta-Analysis of School-Based Universal Interventions," Child Development 82, no. 1: 405-432.

Fadel, C., Bialik, M. & Trilling, B. (2015). Four-Dimensional Education. Boston. The Center for Curriculum Redesign. Boston, MA.

Fleisch, B. (2008). Primary education in crisis: Why South African School children underachieve in reading and mathematics. Juta and Company Ltd, Cape Town.

Franke, H. (2014). Toxic Stress: Effects, Prevention, and Treatment. Children. 1, no. 3: 390-402.

Fomiskina, J., Woogen, E., Peiris, A., Abdulrazzak, S. & Cameron, E. (2020). In Reimers, F. Ed. Chapter 6. Nurturing Every

Learner's Potential: Education Reform in Kenya. Forthcoming Book. Springer publications.

Glewwe, P., & Muralidharan, K. (2015). Improving school education outcomes in developing countries: Evidence, knowledge gaps, and policy implications. In Pritchett & Beatty and Eppel et al (Eds.), RISE Working Paper 15/001. Oxford: University of Oxford.

Graham, J.; Kelly, S. (2018). How Effective are Early Grade Reading Interventions? A Review of the Evidence. World Bank, Education Global Practice Group. DOI: http://documents1.worldbank.org/curated/en/28934151 4995676575/pdf/WPS8292.pdf

Gravett, S. (2020). Skills required for the 21st Century. HRDC Summit, 2020. University of Johannesburg. Gauteng.

Hanushek, E. A., & Woessmann, L. (2020). The Economic Impacts of Learning Losses (Rep.). OECD. DOI: https://bit.ly/2N4YFun

Hoadley, U. (2018). Pedagogy in poverty: Lessons from twenty years of curriculum reform in South Africa. London: Routledge.

Horvathova, M. (2018). National Education Collaboration Trust, Sandbox Schools Model. Unpublished paper. Gauteng. South Africa.

Howie, S., Combrink, C., Roux, K., Tshele, M., Mokoena, G., Palane, N. (2017). Progress in international reading literacy study 2016: South African children's reading literacy achievement. Centre for Evaluation and Assessment, University of Pretoria. Retrieved from: https://repository.up.ac.za/handle/2263/65780

ILO, (2018). Global Skills Trends, Training Needs and Lifelong Learning Strategies for the Future of Work. Available at: https://bit.ly/3b2XhjT

INEP. (2018). Resumo Técnico: Censo da Educação Básica 2018 [recurso eletrônico]. http://download.inep.gov.br/educacao_basica/censo_esc olar/resumos_tecnicos/resumo_tecnico_censo_educacao _basica_2018.pdf.

Khosa, G. and Blecher, T. (2018). Entrepreneurship and 21st Century Skills. Presentation to the Basic Education Letgolka.

Liem, G., Chua, B., Seng, Y., Kamarolzaman, K., & Cai, E. (2017). Social Emotional Learning in Singapore Schools: Framework, practice research, and future directions. In Frydenberg, E, Martin, A. & Collie, R., Eds., Social and Emotional Learning in Australia and the Asia Pacific (pp. 187-203). Singapore: Springer.

Marope M. et al. (2017). Future Competences and the Future of Curriculum. A Global Reference for Curricula Transformation, International Bureau of Education.

Muller, J., & Hoadley, U. (2019). Curriculum Reform and Learner Performance: An Obstinate Paradox in the Quest for Equality. In South African schooling: The enigma of inequality (pp. 109-125). Springer, Cham.

Mullis, I. V. S., Martin, M. O., Foy, P., & Hooper, M. (2017). PIRLS 2016 International Results in Reading. Retrieved from Boston College, TIMSS & PIRLS International Study Center website: http://timssandpirls.bc.edu/pirls2016/international-results/

Nyamai, F. (2020, January 4). Teacher crisis: Are schools ready for Grade 4? Daily Nation. https://nation.africa/kenya/news/education/teacher-crisis-are-schools-ready-for-grade-4--237838

National Planning Commission. (2012). National Development Plan 2030: Our future-make it work. South Africa.

OECD. (2017). Future of Education and Skills 2030: Reflections on Transformative Competencies 2030. Paris, France: Organization for Economic Cooperation and Development.

OECD. (2017). Getting Skills Right: South Africa. OECD Publishing, Paris. DOI: https://doi.org/10.1787/9789264278745-en

OECD. (2018). The Future of Education and Skills 2030. Retrieved from: https://www.oecd.org/education/2030-project/about/

OECD. (2019). Future of education and skills 2030. OECD Learning Compass 2030. A series of concept notes.

OECD. (2020). 'Financing SMEs and Entrepreneurs 2020: An OECD Scoreboard'. Available at: https://www.oecd-ilibrary.org/sites/37b75ad0-en/index.html?itemId=/content/component/37b75ad0-en

Orthofer, A. (2016). Wealth inequality in South Africa: Evidence from survey and tax data (Research Project on Employment, Income Distribution & Inclusive Growth, pp. 1–50).

Parker, R., Morris, K., and Hofmeyr, J. (2020) "Education, inequality, and innovation in the time of COVID-19". JET Education Services: South Africa. Retrieved from: https://www.jet.org.za/COVID-19-research-response/south-african-bootcamp/theme-9

Pellegrino, J.W. and M.L. Hilton (eds.). (2012). Education for Life and Work: Developing Transferable Knowledge and Skills in the Twenty-First Century. Washington, DC: National Academies Press

Pritchett, L., & Beatty, A. (2012). The negative consequences of overambitious curricula in developing countries. Centre for Global Development, Working Paper 293, Washington.

Schotte, S., Zizzamia, R., & Leibbrandt, M. (2018). A poverty dynamics approach to social stratification: The South African case. World Development, 110(2018), 88–103.

Schutte, N.S.; Loi, N.M. 2014. Connections between emotional intelligence and workplace flourishing. Personal. Individ. Differ. 66, pp. 134–139. [CrossRef]

Seel, N. M. (Ed.) (2012). Encyclopedia of the sciences of learning. London-New York: Springer.

Sing-Kong Lee (March 19, 2017). Singapore's Education System Some Key Success Factors. New Zealand Center for Political Research (website). Online: https://www.nzcpr.com/singapores-education-system-some-key-success-factors/

Spaull, N. (2013). Poverty & privilege: Primary school inequality in South Africa. International Journal of Educational Development, 33(5), 436–447

Spaull, N. (2015). "Schooling in South Africa: How Low-quality Education Becomes a Poverty Trap. South African Child Gauge 2015.

Spaull, N., & Kotze, J. (2015). Starting behind and staying behind in South Africa: The case of insurmountable learning deficits in mathematics. International Journal of Educational Development, 41, 13–24.

Spaull, N. (2017) Getting reading right: Building firm foundations. South African Child Gauge.

Spaull, N.(2019) Priorities for Education Reform in South Africa. Input paper for the Economic Colloquium hosted by the Minister of Finance, Tito Mboweni. 19 Jan. South African Reserve Bank. Pretoria. DOI: https://nicspaull.com/research/

Spaull, N., & Jansen, J. D. (2019). South African Schooling: The Enigma of Inequality. Cham: Springer. https://doi.org/10.1007/978-3-030-18811-5.

Statistics South Africa (2019) "General Household Survey 2018". Statssa: South Africa. DOI: http://www.statssa.gov.za/publications/P0318/P0318201 8.pdf

Statistics South Africa. (2020). Vulnerability of youth in the South African labour market. Q1: 2020. Available at: http://bit.ly/3pgYARd

Taylor, S, Cilliers, J, Prinsloo, C, Fleisch, B and Reddy, V, 2019. Improving early grade reading in South Africa, 3ie Grantee Final Report. New Delhi: International Initiative for Impact Evaluation (3ie). DOI: https://bit.ly/2NtDm5m

UNICEF South Africa (2020). UNICEF Education COVID-19 Case Study. South Africa. Available at: https://bit.ly/3dcr7oY

Van Broekhuizen, H., Van der Berg, S., & Hofmeyr, H. (2016). Higher education access and outcomes for the 2008 national matric cohort.

Van der Berg, S., Burger, C., Burger, R., de Vos, M., du Rand, G., Gustafsson, M., Moses, E., Shepherd, D. L., Spaull, N., & Taylor, S. (2011). Low quality education as a poverty trap. Stellenbosch: University of Stellenbosch, Department of

Economics Research report for the PSPPD project for Presidency.

Van der Berg, S., Gustafsson, M. (2019). Educational Outcomes in Post-Apartheid South Africa: Signs of Progress Despite Great Inequality. In "South African Schooling: The Enigma of inequality (Eds: Spaull, N & Jansen, J). Springer.

Van Der Berg, S.; Hofmeyr, H. (2018). Education in South Africa: background note for the South Africa systematic country diagnostic (English). Washington, D.C.: World Bank Group. DOI: https://bit.ly/3agInas

Van der Berg, S., Spaull, N., Wills, G., Gustafsson, M., & Kotzé, J. (2016). Identifying binding constraints in education. Available at SSRN 2906945.

Venkat, H. and Spaull, N. (2015). What do we know about primary teachers' mathematical content knowledge in South Africa? An analysis of SACMEQ 2007. International Journal of Educational Development. Vol. 41 Mar. p.121-130.

Weston, C., & Mphahlele. L. (2020). Systemic Curriculum Change in South Africa. Presentation to Competency-Infused Curriculum Task Team. Gauteng. South Africa

World Bank (2020). Poverty and Equity Brief, South Africa, April 2020. Available at: https://bit.ly/3agInas

World Economic Forum. (2017). 'The Future of Jobs and Skills in Africa Preparing the Region for the Fourth Industrial Revolution'. Available at: http://www3.weforum.org/docs/WEF_EGW_FOJ_Africa.pdf

World Economic Forum. (2020). The Future of Jobs Report 2020. Geneva, Switzerland.

Wong, C. (2016). Emotional Intelligence at Work: 18-Year Journey of A Researcher; Taylor & Francis Evidence-Based E-Books Leased; Routledge; Taylor & Francis Group: Abingdon, UK.

Capítulo Diez

Apoyando la educación de personas decididas en los Emiratos Árabes Unidos durante la pandemia COVID-19

Aida Mohajeri, Samantha Monroe y Tiffany Tryon

Resumen

Este capítulo proporciona una descripción general de la educación privada para Personas con Determinación (POD por sus siglas en inglés People of Determination), el término legal para personas con discapacidades, en Dubai, Emiratos Árabes Unidos (EAU) antes y durante el COVID-19. Primero proporcionamos el contexto del país para POD, incluida la implementación de leyes monumentales antes de COVID-19, así como la respuesta del sector de educación privada de Dubai a la pandemia. Luego, exploramos los desafíos de la política actual en torno al aprendizaje remoto, incluida la insuficiente liquidez financiera y la capacidad tecnológica de las familias, así como la tecnología de asistencia comunitaria limitada y la capacitación disponible en las escuelas. Nuestra revisión de literatura consolidada que exploró varios contextos de países como Australia, Qatar, Singapur y los Estados Unidos sugiere herramientas y estrategias de apoyo a la inclusión, como el acceso a la tecnología, la participación de los padres y el desarrollo profesional docente. Con esta evidencia, discutimos y evaluamos tres posibles opciones de políticas utilizando un criterio de acceso, eficiencia, calidad y sostenibilidad / longevidad, y finalmente seleccionamos un Modelo Híbrido. El Modelo Híbrido combina tanto centrarse en la escuela como el aprendizaje a distancia, mientras utiliza al Grupo de Trabajo de Inclusión para el apoyo y la comunicación. En última instancia, el Modelo Híbrido garantiza la visión del Consejo Asesor del POD de Dubai y cumple el

Objetivo de Desarrollo Sostenible número cuatro de las Naciones Unidas.

Introducción

Alrededor del 15 por ciento de la población mundial vive con alguna forma de discapacidad y, a pesar de las numerosas ventajas de la educación inclusiva, continúan los modelos segregados de educación. El sistema se ha arraigado en el estigma social y la discriminación contra las personas con discapacidad (PCD), dejando a más de 190 millones de niños aislados de la comunidad escolar y el aprendizaje de calidad (UNESCO, 2020).

La actual crisis de COVID-19 ha puesto de manifiesto las vulnerabilidades y desigualdades subyacentes del sistema educativo. Afectando a más del 91% de la población estudiantil mundial, los países han implementado prácticas de aprendizaje remoto para reducir la interrupción del aprendizaje. No obstante, las personas con discapacidad enfrentan desafíos aún mayores como resultado del cambio a la enseñanza en línea, incluida la exclusión digital y la amenaza de quedarse atrás debido a la ausencia de "equipos de asistencia apropiados, acceso a Internet, materiales accesibles y apoyo" (UNESCO, 2020). Por ejemplo, se estima que el 0,5 por ciento de los libros en los países en desarrollo son accesibles en los formatos necesarios para los estudiantes con discapacidades (UNESCO, 2020). Si se ponen a disposición, las aplicaciones de las tecnologías de la información y las comunicaciones (TIC) y el aprendizaje a distancia podrían apoyar y alentar a las PCD, mejorando sus posibilidades económicas y sociales en la sociedad al ampliar el alcance de las oportunidades disponibles para ellas.

Este capítulo examina el contexto antes mencionado dentro de Dubai, Emiratos Árabes Unidos (EAU). La educación de las personas con discapacidad en Dubai ha cambiado recientemente de acuerdo con las necesidades sin precedentes dentro de la pandemia de COVID-19. Antes del Covid, la política existente anterior aseguraba la inclusión. El "Marco de Políticas de Educación Inclusiva de Dubai" se creó por el compromiso de los Emiratos Árabes Unidos con la Convención de las Naciones

Unidas sobre los Derechos de las Personas con Discapacidad (UNCRPD), además de la legislación federal y local que solicita la inclusión de todos los alumnos independientemente de su capacidad. La Ley Federal 29/2006 y la Ley de Dubai no. 2 (2014) expresan la responsabilidad de Dubái de garantizar la inclusión educativa y social de todos los niños (KHDA, 2017). Para alinearse con la ratificación de la UNCRPD por parte de los EAU, esta legislación refleja las mejores prácticas internacionales, en las que los fundamentos de la equidad y la inclusión permanecen a la vanguardia del marco. Obliga a los proveedores de educación a garantizar que la educación para Personas con Determinación (POD), el término de los Emiratos Árabes Unidos para las personas con discapacidad, "tengan un acceso equitativo a una educación inclusiva de calidad con sus pares" (KHDA, 2017). La Autoridad de Conocimiento y Desarrollo Humano (KHDA, Knowledge and Human Development Authority) es la entidad gubernamental que implementa este objetivo en el sistema de educación privada K-12 al proporcionar: Entorno de Aprendizaje Menos Restrictivo a través de la Planificación Educativa Individualizada (IEP, Individualized Educational Planning), Diseño Universal para el Aprendizaje, capacitación de maestros y personal centros de discapacidad equipados con tecnologías adaptativas.

El COVID-19 en los Emiratos Árabes Unidos cambió la educación al aprendizaje a distancia entre marzo y junio de 2020. El portavoz oficial del gobierno de los Emiratos Árabes Unidos, el Dr. Omar Abdulrahman Al Hammadi, declaró que en el año académico actual "1,025 escuelas implementaron el sistema de educación a distancia, lo que representa el 82.86 por ciento del número total de escuelas. Mientras tanto, 212 escuelas eligieron el sistema de aprendizaje en persona, lo que representa el 17.14 por ciento del total" (Gulf Business, 2020).

A partir del nuevo año académico que inició en septiembre, la KHDA reanudó el aprendizaje en persona. Sin embargo, las familias tienen autonomía para elegir si desean participar en el aprendizaje completamente en persona, completamente en línea o combinado. El Ministerio de Educación (MoE) de los Emiratos

Árabes Unidos y la KHDA en Dubai publicaron protocolos para la escolarización en persona, con reglas estrictas para los procedimientos de construcción de escuelas, rastreo de contactos y transporte escolar. El regreso al aprendizaje en persona excluye a las POD, específicamente aquellas con discapacidades físicas, debido a inmunodepresión, a las personas con dependencia de los cuidadores y con mayor riesgo de exposición física al virus. La continuidad del aprendizaje remoto para las POD ha divergido las ofertas educativas de la KHDA: la pandemia continúa ampliando la brecha de accesibilidad y, por lo tanto, la brecha de aprendizaje, basada en la exclusión de las POD en las escuelas privadas K-12. El problema principal es que, aunque las escuelas están regresando al aprendizaje en persona, según la directiva de la KHDA, los estudiantes con discapacidades físicas no pueden asistir a las escuelas durante la pandemia de COVID-19, ya que la investigación sobre el COVID-19 indica que las personas con discapacidades físicas tienen un mayor riesgo de infección (Departamento de Salud y Servicios Humanos de EE. UU., 2020). Por lo tanto, algunas POD están optando por el aprendizaje completamente en línea para frenar el riesgo de infección.

Para determinar la cantidad de POD que pueden requerir aprendizaje remoto, analizamos la base de datos para la tarjeta Sanad del Ministerio de Desarrollo Comunitario. Esta tarjeta refleja el número de personas registradas para alojamiento en Dubai. La base de datos revela 541 personas con discapacidades físicas y múltiples registradas para alojamiento entre las edades de 0 a 20 años (Ministerio de Desarrollo Comunitario, 2020). Sin embargo, los informes de la Autoridad de Salud de Dubai indican que el 3.2% de alrededor de 280,000 estudiantes en las escuelas privadas de Dubai tienen una discapacidad (Al Faisal et al., 2017). La disparidad en los números puede indicar falta de conocimiento o acceso a la plataforma Sanad. En general, estos 9000 estudiantes (3.2% de los estudiantes) son el enfoque principal de esta recomendación de política.

En una encuesta realizada recientemente, aproximadamente el 60% de los maestros de las escuelas privadas y el 50% de todos los directores de las escuelas públicas y privadas no creen que las POD cuente con el apoyo adecuado en los EAU (Erfurth & Ridge, 2020). En consecuencia, Dubái se beneficiaría de nuestra evaluación de las mejores prácticas de educación inclusiva existentes para el aprendizaje a distancia y de la revisión de la literatura disponible sobre cómo abordar las brechas en la tecnología de asistencia y la capacitación relevante en aprendizaje remoto. En última instancia, esta evidencia se puede utilizar para evaluar y mejorar las circunstancias educativas para las POD post-Covid, así como para crear programas recomendados en preparación para crisis futuras con necesidades educativas y adaptativas similares.

Para crear un programa viable para abordar la inclusión, utilizamos el modelo de ocho pasos del análisis de políticas presentado por Eugene Bardach. Los ocho pasos de Bardach (2012) describen el proceso de diseño de una recomendación de política y son los siguientes: "definición del problema, obtención de información, construcción de alternativas, selección de criterios, proyección de los resultados, confrontación de costos y beneficios, ¡decida!, ¡cuente su historia!" (p. xvi). En nuestro uso de estos pasos, algunos se han utilizado en conjunción con otros para contar nuestra historia de manera efectiva. Al final, el marco de Bardach para el análisis de políticas demostró ser una herramienta invaluable para guiarnos a través del proceso de creación de la recomendación de políticas que presentamos a continuación.

Metodología

Para crear una recomendación de política bien informada, realizamos entrevistas cualitativas con POD que actualmente viven en Dubai y utilizando el sistema educativo durante la educación remota y la transición al aprendizaje en persona. Además, obtuvimos datos cuantitativos públicos que catalogan las vidas y experiencias educativas de la POD y educadores especiales en Dubai antes y durante la pandemia de COVID-19. Esto fue proporcionado por la KHDA y las bases de datos de acceso público del Ministerio de Educación de Dubai.

Seleccionamos esta área de política debido a nuestra experiencia y trabajo previo en educación especial inclusiva en

Dubai y en política (*politics*) y políticas públicas educativas. Uno de los autores de este capítulo realizó anteriormente una investigación sobre educación en los EAU para la inclusión de POD, lo que nos brindó un conocimiento básico de las políticas y normas antes de la pandemia de COVID-19. Además, un autor es un educador especial certificado en los Estados Unidos con un profundo conocimiento y comprensión de las pautas y mejores prácticas de educación especial. Actualmente, dos autores viven en los Emiratos Árabes Unidos con fácil acceso a la información educativa de los Emiratos Árabes Unidos, pero están potencialmente restringidos por las reglas y regulaciones de los Emiratos.

Contexto de la pandemia para POD

Comenzamos nuestro proceso contextualizando el problema al que se enfrentan los POD durante el COVID-19 en las escuelas privadas de Dubai. Más específicamente, debemos identificar el verdadero problema profundamente arraigado que debe abordarse, comenzando con el problema superficial que parece que estamos enfrentando. En los Emiratos Árabes Unidos, el primer problema es la forma en que la pandemia redujo el número de escuelas que cumplen con los criterios de inclusión, como se describe en la Ley Federal 29/2006 y las evaluaciones escolares de la KHDA. Tomando este primer problema, seguimos un análisis de la causa raíz, a través del cual el proceso nos llevó desde nuestro primer problema hasta el verdadero problema subyacente. Al realizar nuestro análisis de la causa raíz, consultamos varios recursos para ayudarnos a descubrir la verdadera preocupación que debemos abordar.

Antes del brote de COVID-19, las escuelas de Dubai enfrentaban un apoyo inadecuado en forma de modificación y apoyo del plan de estudios, con casi una cuarta parte (24%) brindándolo de manera insatisfactoria y solo alrededor de un tercio de las escuelas lo hacían bien (35%) (Sheikh). Ahora, los maestros crean lecciones para un entorno físico y hacen la transición del material a un entorno en línea, en el que surge el segundo problema: las escuelas cambiaron su enfoque a los planes de estudio en persona, renunciando a las mejoras en los planes de estudio de aprendizaje remoto. Este modo de crear lecciones deja a las POD en desventaja, ya que los materiales no están destinados inicialmente al aprendizaje remoto. En una entrevista, un estudiante dijo: "Ni siquiera pude ver la hoja de trabajo porque [mi maestro] tomó una foto borrosa de la hoja de trabajo impresa" (AlJassim, comunicación personal, 3 de septiembre de 2020).

Esta falta de contextualización del plan de estudios conduce al tercer problema: el plan de estudios actual requiere que las POD accedan a tecnología de asistencia para completar las lecciones. Este requisito presenta una brecha de adaptación y, por lo tanto, una brecha de aprendizaje, porque las POD ya no reciben adaptaciones tecnológicas en los centros escolares según la Ley 29/2006. Esta brecha contrasta las realidades anteriores al COVID-19. Los resultados de la inspección de la KHDA destacan el aumento de la inclusión en las escuelas de Dubai antes del Covid en comparación con años anteriores. Según los datos de 2019, el número de estudiantes con alojamiento aumentó en alrededor de 3,500 en una población de 278,794 estudiantes de escuelas privadas (KHDA).

La KHDA también proporciona clasificaciones en cada escuela física. Una de las categorías incluye, "la provisión y los logros de los estudiantes con necesidades educativas especiales y discapacidades" (KHDA, 2017). Dentro de esta categoría, la KHDA combina su propia evaluación con las autoevaluaciones de las escuelas sobre medidas inclusivas. Según la KHDA, el 71% de todas las escuelas privadas K-12, lo que representa un aumento del 5% con respecto a años anteriores, recibió una calidad de educación "Buena" o "Mejor" de las calificaciones posibles, en orden descendente, "Sobresaliente", "Muy bien", "Bueno", "Aceptable", "Débil"y "Mejorado" para inclusión.

Debido al COVID-19, la KHDA colaboró con el MoE, así como con entidades en Sharjah y Abu Dhabi, para reinventar una herramienta de evaluación: Evaluación de Aprendizaje a Distancia (DLE, Distance Learning Evaluation). La DLE proporciona información sobre la calidad del aprendizaje a distancia en las escuelas privadas, incluido "El aprendizaje y el bienestar a distancia de los estudiantes, la enseñanza y el seguimiento del aprendizaje de los estudiantes y la dirección y gestión del aprendizaje de los estudiantes". (KHDA, 2020). La herramienta se encuentra actualmente en fase de desarrollo; aunque todavía no se dispone de datos completos; se han recopilado algunos datos. Las tres categorías de evaluación incluyen: "desarrollado", "parcialmente desarrollado" y "no desarrollado". Aunque estas son categorías útiles para la recopilación de datos, son deficientes en los puntos de acción previamente presentes en las evaluaciones escolares en persona. Según los datos disponibles para las 207 escuelas evaluadas hasta el momento, 139 (67% de las escuelas) cumplieron con el criterio "desarrollado", 67 (32% de las escuelas) están "parcialmente desarrolladas" y solo una escuela está "no desarrollada". Las notas de observación a menudo incluyen medidas de aprendizaje inclusivo. Por ejemplo, los evaluadores informan "equidad de acceso" y "oportunidades de aprendizaje" en la escuela privada "desarrollada" Al Ittihad. Los datos que faltan consisten en las escuelas que abrieron en este año académico y las escuelas cuyas evaluaciones se pospusieron por razones no identificadas.

A medida que aumenta la necesidad de tecnología de asistencia por parte de las POD durante el COVID-19, esto genera nuestro cuarto problema: la KHDA estableció un mandato de gobierno a nivel nacional que establece que las familias son responsables de proporcionar la tecnología que los estudiantes necesitan para el aprendizaje remoto. Sin embargo, las familias a menudo no pueden pagar la tecnología de asistencia y no tienen la alfabetización digital para apoyar a sus hijos. Esta disparidad deja a las POD sin la tecnología que hace viable una opción de aprendizaje remoto, especialmente cuando se enfrentan las cargas financieras que acompañan a la pandemia. Según un informe, "otro problema al que se enfrentan algunos padres es el impacto financiero que han sufrido como resultado del COVID-19 ... Los padres de niños con necesidades especiales ... han visto reducidos sus ingresos y dicen que les preocupa que sus hijos sufran"(The National, 2020).

La insuficiente liquidez financiera y capacidad tecnológica de las familias conduce a la raíz y el problema final: las familias dependen de las escuelas para recibir apoyo, pero las escuelas tienen tecnología comunitaria limitada en los centros para discapacitados y pocos profesionales capacitados para usar estas tecnologías. Esta evaluación del problema se refleja en la Fundación Al Qassimi de los EAU, que declaró en un informe de julio de 2020 que un desafío educativo clave es "la escasez de recursos de aprendizaje a distancia y poca o ninguna formación para administradores, profesores, estudiantes y padres" (Erfurth y Ridge).

El problema final, en el que basaremos el resto de nuestra recomendación de política, es valioso para la visión de Dubai de defender el Diseño Universal para la Accesibilidad bajo la Ley Federal 29/2006. Al internalizar el acceso y la capacitación para la tecnología inclusiva y adaptativa durante el aprendizaje remoto, las escuelas privadas de Dubai pueden apoyar e incluir a las POD.

Revisión de literatura

Continuando con nuestro problema identificado, la información existente puede ayudar a subrayar las brechas en el acceso tecnológico y la capacitación relacionada con el aprendizaje a distancia. Además, la evidencia puede ayudar a identificar qué necesidades no se pueden satisfacer, incluso si todas las partes tienen acceso total a la tecnología, y si el aprendizaje remoto puede ser propicio para las adaptaciones requeridas para las POD. El sector de la educación privada de Dubai también se beneficiará de la evaluación de las mejores prácticas existentes de educación inclusiva para el aprendizaje a distancia, así como de la revisión de la literatura disponible, que se analiza a continuación, sobre cómo abordar las brechas en la tecnología de asistencia y la capacitación relevante para el aprendizaje a distancia. En última instancia, Dubai puede utilizar esta información para evaluar la situación educativa y los recursos disponibles para Personas con Determinación post-Covid, además de proponer programas adicionales en preparación para futuros incidentes.

Al evaluar y reunir evidencia para analizar los impactos del COVID-19 en los estudiantes con discapacidades, nos enfocamos en "De Cara al Futuro: La Escolarización para el Aprendizaje en África", que permite la comparación entre países agrupando países según la densidad de los desafíos educativos y los desafíos económicos y sociales (Bashir et al., 2018). Con esta categorización, el progreso educativo logrado se puede contextualizar, permitiendo que otros países investiguen la viabilidad de las intervenciones e implementen políticas relevantes. Con miras al futuro, nos enfocamos en los desafíos educativos, específicamente eligiendo países con leyes que abordan la inclusión antes de Covid. Por lo tanto, excluimos a los países que, de acuerdo con las políticas existentes, permanecen en las fases de exclusión, segregación o integración de Personas con Discapacidad (PCD). Evaluamos la aplicabilidad de estas leyes a la pandemia reduciendo nuestras opciones a los signatarios de la "Respuesta inclusiva al COVID-19 para las personas con discapacidad - Hacia un futuro mejor para todos" del Secretario General. Este documento enfatiza que una "respuesta y recuperación del COVID-19 que incluya a la discapacidad servirá mejor a todos y evitará que se pierdan los logros obtenidos en la inclusión y los derechos de las personas con discapacidad" (ONU, 2020).

De la lista restante, elegimos una combinación de estados miembros, miembros potenciales y no miembros de la Organización para la Cooperación y el Desarrollo Económicos (OCDE) para contrastar los recursos disponibles para brindar educación inclusiva. Los Estados miembros deben "demostrar una" disposición "y un" compromiso "para cumplir esencialmente dos requisitos fundamentales: (i) sociedades democráticas comprometidas con el estado de derecho y la protección de los derechos humanos; y (ii) economías abiertas, transparentes y de libre mercado" (TUAC, 2018). A partir de este análisis, nuestro equipo agrupó los países por transparencia de datos para políticas inclusivas y viables durante el COVID-19. Nos enfocamos en cómo los países administraron el acceso a la tecnología, la participación de los padres y el desarrollo profesional en torno a los estudiantes con discapacidades, ya que estas categorías son necesarias para una inclusión exitosa durante el COVID-19

Nuestro criterio corresponde a tres temas recurrentes en todo el espectro comparativo de la educación internacional y de los Emiratos Árabes Unidos, encontrando avances positivos y significativos en Australia, Qatar, Singapur y los Estados Unidos para la educación inclusiva en respuesta al COVID-19. El tema preliminar demuestra una variedad de intentos de brindar acceso a la tecnología a medida que las escuelas cambian su enfoque a planes de estudio presenciales. En general, el aprendizaje de las POD se ve obstaculizado sin la creación inicial e intencional de material de aprendizaje remoto. Además, la literatura examina la falta de contextualización del plan de estudios, reconociendo que el plan de estudios actual requiere que las POD accedan a la tecnología de asistencia para completar las lecciones. Este requisito muestra una brecha de acomodación debido a la falta de adaptaciones tecnológicas para las POD. El segundo tema se centra en la responsabilidad familiar en el suministro de tecnología para las necesidades de los estudiantes, la falta de comprensión de la alfabetización digital en apoyo de sus hijos o la tensión financiera incurrida. Esto deja a las POD vulnerables sin soporte que haga viable el aprendizaje remoto. El desarrollo profesional docente, nuestro tema final, revela que aunque los docentes reciben algo de formación en TIC, si es que reciben alguna, rara vez se centra en la tecnología de asistencia. Al documentar diversos enfoques para el desarrollo profesional docente, surgió el consenso de que, aunque la mayoría de los países pasaron al aprendizaje a distancia, es insuficiente asumir que los docentes pueden utilizar las TIC.

La literatura existente sobre educación inclusiva muestra que, aunque el COVID-19 ha interrumpido significativamente la educación para las POD, los países incorporan estos temas en una educación inclusiva exitosa. Después de la presentación de la literatura, se deben tomar más medidas en relación con los tres temas y la exploración continua con respecto a la participación de los padres y específicamente al desarrollo profesional de los maestros en relación con un modelo ideal de respuestas educativas inclusivas durante la respuesta al COVID-19 de Dubai.

Acceso a la tecnología

Para nuestro contexto, clasificamos la tecnología como tecnología de asistencia diseñada para el acceso equitativo a la educación para las PCD. Gyamerah afirma que, si bien la educación basada en la tecnología ofrece muchos beneficios, puede ampliar las desigualdades existentes si no se toman en consideración todas las medidas (2020). Por lo tanto, el aprendizaje a distancia podría transformar el ámbito educativo hacia la inclusión total si se implementa con cuidado.

En Singapur, la tecnología de asistencia juega un papel importante en la respuesta del país al Covid para las PCD. Se prestan tecnología de asistencia personalizada y dispositivos de comunicación a estudiantes y familias sin acceso previo (Teng, 2020). Esto incluye tecnología para mejorar la tecnología de asistencia, como el acceso completo a Internet en el hogar, con "más de 20,000 dispositivos informáticos y 1,600 dispositivos habilitados para Internet" en préstamo (Teng, 2020). De manera similar, el departamento de escuelas privadas de Qatar distribuye una computadora por hogar a los estudiantes desfavorecidos y el Departamento de Asuntos de Educación Especial del Ministerio proporciona computadoras a las familias afectadas financieramente por la pandemia (Ministerio de Educación y Educación Superior, 2020).

En Australia, la respuesta descentralizada permite una asignación de recursos excepcional e independiente. Por ejemplo, anunció el gobierno de Victoria, "su hijo puede usar una variedad de equipos y tecnología que son necesarios para su aprendizaje en casa. La escuela trabajará para brindar acceso al equipo apropiado de forma gratuita"(Coronavirus Victoria, 2020). Las escuelas también proporcionan información de contacto de una persona asignada para solucionar problemas com tecnología de asistencia. Además, el gobierno federal utiliza portales como el programa Positive Partnership. Estos módulos en línea incluyen talleres y seminarios web para implementar tecnología de asistencia (Positive Partnerships, 2020).

Involucramiento de los padres

Definimos la participación de los padres por responsabilidades adicionales para los padres, la relación con los sistemas escolares o la carga financiera incurrida durante el aprendizaje en casa. Si los padres optan porque las PCD permanezcan en casa, Australia distribuye los recursos a los padres (Coronavirus Victoria, 2020). En Victoria, un portal para padres en línea incluye recursos de apoyo a las PCD. Tasmania también brinda apoyo de aprendizaje social y emocional a los padres, incluido el acceso a los trabajadores sociales de la escuela (Departamento de Educación de Tasmania, 2020). También en los EE. UU., los padres están presentes en la educación en el hogar y asisten a las reuniones de IEP, y el aprendizaje en línea requiere un adulto en el lugar para facilitar (The Center, 2020). La literatura describe muchos recursos y sitios web disponibles para que los padres tengan acceso, líneas de ayuda para llamar y actividades para ayudar en el aprendizaje en el hogar. Por ejemplo, el Departamento de Educación de California organizó seminarios web y plataformas en línea como "Recursos de Aprendizaje a Distancia para Padres y Educadores" (Departamento de Educación de California, 2020).

Desarrollo profesional

El desarrollo profesional se refiere a la orientación para que los maestros adapten la inclusión durante el COVID-19 Qatar y Australia implementaron plenamente el desarrollo profesional para profesores. Los recursos en Australia incluyen un "centro de recursos para maestros, un grupo de Facebook y una guía de evidencia de mejores prácticas para maestros sobre cómo configurar el aprendizaje en línea" (Departamento de Salud del Gobierno de Australia, 2020). Además, el Centro de Tecnologías Digitales crea redes de profesores informales compartiendo estrategias y consejos para la inclusión de las PCD en las escuelas primarias y secundarias. Para garantizar el aprendizaje social y emocional de las enseñanzas, el gobierno también utiliza "Sea el Bienestar de su Personal", que proporciona recursos y terapia remota. El Ministerio de Educación y Educación Superior de Qatar capacitó a maestros y personal de apoyo, en colaboración con el

Centro de Tecnología de Asistencia Mada, en técnicas de aula y tecnologías de asistencia pre-Covid. A pesar de los altos niveles de alfabetización en TIC entre los educadores y la utilización continua de las economías digitales y del conocimiento, "los gobiernos del Golfo han identificado brechas de capacidad generalizadas entre los docentes nacionales y expatriados por igual" (Sparks, 2020).

Como es evidente en esta revisión de la literatura, los temas de acceso tecnológico, orientación de los padres y desarrollo profesional aparecen en la mayoría de los cuatro países. Cada tema examina y representa una interconexión compleja de las necesidades de inclusión de los estudiantes con discapacidades, junto con la capacidad de atender tales necesidades. Este análisis enfatiza que la inclusión durante el COVID-19 requiere que los países desarrollen total o parcialmente los tres temas discutidos. Sin embargo, en comparación, Dubai implementa parcialmente el acceso a la tecnología y la orientación de los padres sin implementar el desarrollo profesional para los maestros. Por lo tanto, los países que se ajustan al alcance de nuestra rúbrica temática se alinean mejor con la perspectiva de Dubai y ayudan en nuestra interpretación de la literatura presentada. Esto facilitará nuestra formulación de recomendaciones, análisis de políticas y orientación a continuación para ayudar a desarrollar nuestra inclusión de Dubai para las POD durante el COVID-19.

Tres políticas potenciales

Los autores han identificado tres recomendaciones de políticas como posibles soluciones que se analizarán a medida que avancemos en la discusión de la política más adecuada para abordar la desigualdad en el acceso a la educación en los EAU para las POD durante el COVID-19.

La primera recomendación es dejar la situación como está actualmente, con pequeñas modificaciones. Los Estudiantes de Determinación continuarán aprendiendo de forma remota desde casa, como lo han hecho desde el comienzo de la pandemia. Sin embargo, además, se les pedirá a los maestros que preparen paquetes curriculares de todos los documentos que los estudiantes necesitarán en un período de dos semanas para enviarlos por correo a sus hogares.

La segunda política es devolver a la escuela a todos los estudiantes con determinación, como es la norma actual para los estudiantes de educación general. Las POD reanudarían la escuela en las aulas a las que asistían anteriormente antes de que se promulgara el aprendizaje en línea. Por ejemplo, las escuelas en Manitoba, Canadá, reconocen que el aprendizaje remoto puede no ser para todos y podría permitir que las escuelas equiparan mejor a los estudiantes con instalaciones más seguras, siguiendo pautas y protocolos de salud, para permitir que todos los estudiantes asistan a la escuela en el ambiente menos restrictivo. Además, la Columbia Británica ha delineado la posibilidad del aprendizaje en persona para las POD, declarando "Si es operativamente factible, los distritos y las autoridades escolares independientes también deberían considerar ofrecer atención prioritaria a los padres / cuidadores de estudiantes con necesidades únicas (por ejemplo, estudiantes con discapacidades) y padres de bajos ingresos sin otras opciones de cuidado infantil" (Baker, 2020). Los estudiantes que necesitan apoyo intensivo, servicios prácticos o que están trabajando en habilidades específicas del entorno escolar o del entorno vocacional pueden requerir opciones de aprendizaje en persona para acceder plenamente al plan de estudios (Ullman Shade & Ware, 2020).

La tercer y última recomendación de política final es un modelo híbrido, con estudiantes y Asistentes de Apoyo al Aprendizaje (LSA, Learning Support Assistants) que ingresarán a las escuelas de forma rotatoria. En nuestro modelo híbrido, los estudiantes tendrán la opción de asistir al aprendizaje en persona durante un máximo de dos de cada tres, posibles días de semana en los Emiratos Árabes Unidos (domingo, martes y jueves), lo que permite una limpieza profunda de las aulas los lunes y miércoles. y durante el fin de semana. Todos los estudiantes estarán en la escuela al menos un día a la semana, y ciertos estudiantes asistirán al aprendizaje en persona dos veces por semana, según sea necesario o según lo indique su IEP. Mientras estén en la escuela, los estudiantes podrán acceder a los materiales físicos necesarios para continuar con el aprendizaje en línea ejecutado individualmente durante el resto de la semana cuando permanezcan en casa.

Después de examinar más literatura para nuestro contexto y analizar los programas híbridos disponibles actualmente en acción, hemos encontrado que dentro de los EE. UU., el Departamento de Educación Primaria y Secundaria de Massachusetts (MADESE, Massachusetts Department of Elementary and Secondary Education) ha administrado un modelo en el que los estudiantes con discapacidades reciben una IEP a través del aprendizaje remoto, instrucción en persona, o una combinación de ambas, enfocándose en "un fuerte énfasis en brindar instrucción en persona en la mayor medida posible" (Exceptional Children Special Education Advocacy, 2020).

MADESE afirmó que sin la existencia del aprendizaje presencial, las PCD deben recibir instrucción ya sea en el hogar o mediante un modelo híbrido, dando prioridad a la impartición de lecciones presencial y mixta. Incluso si la mayoría de los estudiantes no están presentes en la escuela, las escuelas deben considerar la posibilidad de administrar programas más pequeños que se ejecuten a diario para una o más cohortes de estudiantes con grandes necesidades. Además, enfatizan que este programa debe estar estructurado a través de un modelo de entrega de instrucción y servicio en lugar de depender solo de los recursos y modelos de apoyo de paquetes y asignaciones completados de forma independiente.

Adicionalmente, el distrito escolar de Virginia ha implementado un modelo híbrido completo con fases para servir mejor a las PCD. Para garantizar un acceso equitativo, el distrito alinea este plan con la Guía por Fases del Departamento de Educación de Virginia para las Escuelas de Virginia y la Guía para las Escuelas del CDC[23]. Esta guía señala la Fase 1 de la propuesta de regreso al aprendizaje como un regreso gradual al aprendizaje

---

[23] Nota del traductor: CDC se refiere a los Centers for Disease Control, Centros de Control de Enfermedades de los EE. UU.

en persona mientras se asegura la salud y seguridad de los estudiantes y el personal (Newport News Public Schools, 2020).

Con respecto a la Fase 1, las PCD identificadas regresarán a la escuela para el aprendizaje en persona utilizando un modelo híbrido de instrucción "que incluye 2 días a la semana de aprendizaje en persona y 3 días a la semana de aprendizaje virtual, o 4 días a la semana en aprendizaje personal y 1 día de virtual, dependiendo de la escuela" (Newport News Public Schools, 2020). Este modelo híbrido se puede utilizar mejor como un calendario, en el que varias categorías de estudiantes pueden utilizar sus días de instrucción. Usando un horario establecido, los estudiantes participarán en un plan de estudios adaptativo con actividades sincrónicas (instrucción en vivo) y/o asincrónicas (aprendizaje independiente) que son proporcionadas por los maestros. El distrito también emplea "proveedores de servicios relacionados" que colaboran con los maestros y otros proveedores de servicios para ayudar a los padres a coordinar los horarios, las reuniones de la IEP y organizar los servicios necesarios en los días de aprendizaje en persona.

Además, el Departamento de Educación de Oklahoma también ha escrito un resumen de políticas en el que se analiza la importancia de un modelo híbrido de aprendizaje para las PCD. Si la instrucción en persona no es posible debido a limitaciones, los maestros aún pueden continuar la instrucción a tiempo completo o parcial en persona en clases independientes, donde los servicios en persona pueden basarse en el hogar o en entornos comunitarios. Además, algunas escuelas dentro de Oklahoma han seleccionado un modelo de servicio como "(es decir, lunes, miércoles, viernes - servicios virtuales, martes y jueves - servicios en el lugar)"; y dónde los equipos de la IEP determinan estas opciones de impartición de instrucción (Departamento de Educación del Estado de Oklahoma). El contexto de EE. UU. se conecta con la visión de los EAU debido a las similitudes subyacentes de los derechos otorgados bajo la ADA y la Ley Federal de los EAU 29/2006.

Evaluación de políticas potenciales a través de cuatro criterios

Con nuestras tres políticas potenciales elegidas, avanzamos en la evaluación de estas políticas utilizando los criterios seleccionados. Estos criterios son una forma de garantizar que el plan sea viable, que la política elegida resolverá el problema que estamos tratando de abordar y que la política introduzca los valores que Dubai desea encarnar. Hemos elegido cuatro criterios sobre los cuales juzgaremos las tres alternativas expuestas anteriormente: Equidad en el Acceso, Eficiencia, Calidad, Sostenibilidad/Longevidad. Estos criterios fueron elegidos con base en una conexión con el Diseño Universal para el Aprendizaje (UDL, Universal Design for Learning), que Dubai asegura a través de la Ley Federal 29/2006, además de estar específicamente guiado por los temas (CAST, 2018). Uno de los principales pilares del UDL es satisfacer las necesidades de todos los estudiantes, a partir de lo cual constatamos la equidad en los criterios de acceso. La eficiencia también es una parte fundamental del marco del UDL, en el que cada aspecto del aprendizaje se adapta activamente a las necesidades e intereses de los estudiantes. Un sistema de aprendizaje accesible y adaptable es intrínsecamente de alta calidad porque asegura que los estudiantes reciban la más alta calidad de educación disponible para ellos. Finalmente, la flexibilidad inherente involucrada en el UDL asegura la sostenibilidad/longevidad, ya que los programas y planes de estudio se adaptan fácilmente a las necesidades cambiantes de los estudiantes o su entorno.

La equidad en el acceso refleja el acceso a la tecnología de asistencia y otros materiales necesarios para tener éxito en los entornos de aprendizaje, conectándose directamente con el tema del acceso a la tecnología y comparando el acceso de las POD a las oportunidades educativas con respecto a sus compañeros de educación general. La eficiencia considera cuán manejable es una política con respecto al trabajo adicional que requiere de los maestros para garantizar que se satisfagan las necesidades de las POD, junto con nuestro tema de desarrollo profesional mencionado anteriormente, que ayudaría a aliviar cualquier carga potencial que una política pueda agregar. La calidad hace referencia a la calidad de la educación disponible para las POD bajo una política, que nuevamente se relaciona con el desarrollo profesional y el acceso a la tecnología, ya que esos son dos pilares principales para garantizar una educación de calidad para las POD. Por último, la sostenibilidad/longevidad considera si una política tiene potencial de implementación futura y si se volverá redundante cuando las restricciones del COVID-19 se relajen. Esta definición se relaciona con los temas de desarrollo profesional y participación de los padres, componentes que garantizan la durabilidad de una política y facilitan la transición dentro y fuera de un contexto de aprendizaje remoto. Aunque un análisis de costo-beneficio hubiera sido beneficioso, no tuvimos acceso a datos financieros sobre la programación del gobierno.

Utilizando estos criterios, avanzamos en la predicción de los resultados de nuestras recomendaciones de políticas, manteniéndonos realistas y enfocados en el futuro en nuestro problema mientras lo hacemos. Para hacer esto, creamos una matriz de políticas, como se presenta a continuación, que nos permitió establecer fácilmente los resultados que predecimos de cada alternativa en función de nuestros criterios. Al determinar los resultados de las diferentes alternativas a lo largo del eje de nuestros criterios, nos mantuvimos realistas al considerar las incertidumbres futuras debido a la pandemia. Sobre la base de la situación actual en las escuelas durante el Covid, evaluamos las normas y políticas escolares promulgadas actualmente en todas las escuelas de los EAU. Estos mandatos incluyen que todas las escuelas deben cerrar durante dos semanas ante un caso confirmado en sus instalaciones, todas las personas dentro de las escuelas deben usar cubrebocas y los estudiantes deben permanecer socialmente distanciados en todos los puntos (KHDA, 2020). Las regulaciones actuales nos ayudan a determinar los resultados potenciales de nuestras alternativas. Clasificamos los resultados como "Deficiente", "Moderado" o "Alto" con respecto a cómo abordan un criterio particular para clasificar los resultados y crear comparabilidad entre los criterios y las alternativas.

Tabla 1. Matriz de Políticas Prediciendo los Resultados de las Tres Recomendaciones de Políticas Potenciales

	Equidad en el acceso	**Eficiencia**	**Calidad**	**Sostenibilidad/ Longevidad**
Todo el aprendizaje en línea	Deficiente, las POD en las regiones rurales y de bajos ingresos no tienen un acceso equitativo a la tecnología personal	Deficiente, no eficiente actualmente, los maestros tienen doble carga de trabajo proveyendo a los estudiantes en línea y en persona catering, además de crear paquetes adicionales de currículum	Moderado, la calidad de los materiales físicos se mejorará pero pero la calidad de los materiales en línea ha probado ser de calidad deficiente	Deficiente, tan pronto pase el COVID-19, los estudiantes regresarán a la escuela, desaprovechando las potenciales inversiones.
Todo el aprendizaje en persona	Moderado, equitativo sólo si las escuelas pueden permanecer abiertas de manera constante y segura, pero no es equitativo de manera realista	Moderado, parece eficiente, paro solo funciona si las escuelas no cierran debido a un caso de COVID-19 en la escuela	Alto, no se necesita adaptar materiales para aprendizaje en línea	Moderado, las escuelas cerrarán ante cualquier caso de COVID-19 en la escuela, pero permite la transición más fácil una vez que pase el COVID-19

Modelo Híbrido de Aprendizaje	Moderado, los estudiantes tienen acceso total un día por semana en lugar de cinco, pero es mejor que la situación actual sin acceso	Moderado, todos los estudiantes obtienen materiales, pero el maestro debe hacer todo tres veces y es incapaz de asistir a los estudiantes de manera remota en los días que tiene estudiantes en persona	Alto, no se necesita adaptar materiales para aprendizaje en línea	Alto, es fácil la transición a presencialidad completa, y también es fácil de usar de nuevo si una potencial necesidad de aprendizaje híbrido surge

Con las políticas, los criterios y los resultados a la mano, ahora debemos observar de cerca los resultados, en lugar de observar solo las políticas alternativas en sí mismas, para sopesar realmente la importancia de las diferentes potencialidades resumidas anteriormente. Nuestras tres opciones de política disponibles son las siguientes.

Mantener el Aprendizaje Remoto con la Política Actual

En la política actual, las POD permanecen en casa, mientras que los estudiantes de educación general asisten al aprendizaje en persona, sin ajustes menores con respecto a los paquetes curriculares enviados por correo. Estos paquetes curriculares deben contener todos los documentos que los maestros pretenden usar en un período de dos semanas en sus lecciones. Sin embargo, si se realizan cambios en las lecciones o los documentos después de que los paquetes se hayan enviado por correo, los maestros pueden cargar los documentos en línea como lo han estado haciendo hasta ahora. La política actual falla en tres de los cuatro criterios, lo que requiere una política alternativa. Puede existir equidad en el acceso para los estudiantes de hogares de altos ingresos con acceso a tecnología de asistencia personal en el hogar, pero los hogares de bajos ingresos y rurales no tienen un acceso necesario similar para obtener una educación (Erfurth & Ridge, 2020).

Además, los maestros deben crear dos currículos simultáneos, así como los paquetes curriculares recientemente implementados, generando más del doble de su carga de trabajo: un currículo para el aprendizaje en persona de los estudiantes de educación general y otro para el aprendizaje remoto de las POD, además de preparar todos los documentos necesarios para las POD durante un período de dos semanas. En términos de calidad, nuestras entrevistas cualitativas determinaron que el nivel de aprendizaje de las PCD ha disminuido en un entorno remoto. Esta disminución se debe en parte a la falta de capacitación para los maestros de educación general en aprendizaje remoto e inclusivo (Erfurth & Ridge, 2020). Por ejemplo, un estudiante con parálisis cerebral señala que un maestro tomaba una foto de la tarea diaria y la subía al portal en línea. Sin embargo, esta imagen a menudo era borrosa e inaccesible, lo que la hacía incapaz de realizar la tarea requerida. Los paquetes del plan de estudios mejorarían la calidad de los documentos proporcionados, pero solo los enviados por correo. Esto no tiene en cuenta los cambios de última hora en los planes de las lecciones que requerirían cargar los documentos en línea, que seguirían siendo de mala calidad. Por último, aunque una versión revisada del aprendizaje a distancia para las POD puede resultar útil en situaciones de crisis, el modelo actual invierte en el aprendizaje a distancia y no tiene en cuenta las adaptaciones presenciales. Por lo tanto, una vez que la amenaza de Covid disminuya, la inversión en aprendizaje remoto también se disipará.

Política de Educación pre-Covid para PCD, como los Requisitos Actuales para Estudiantes de Educación General

Esta política dicta que todos los estudiantes deben regresar a las escuelas físicas ya abiertas, independientemente de su capacidad. Siguiendo la teoría del cambio, esta política falla en los criterios de equidad en acceso, eficiencia y sostenibilidad/longevidad. La equidad en el acceso no se logra debido a la incapacidad de los estudiantes inmunodeprimidos para asistir a las escuelas, lo que deja a los estudiantes atrás debido a la diferencia de capacidades y amplía la brecha de aprendizaje para las POD. La eficiencia para los maestros y las escuelas también disminuye, ya que con cada brote de Covid, la ley de los EAU dicta que las escuelas deben cerrar durante dos semanas. En estas dos semanas, los maestros deben adaptar el plan de estudios para todos los estudiantes, solo para regresar y reajustar el plan de estudios cuando se reanude el aprendizaje en persona. La diferencia en los tiempos de transmisión puede llevar a algunos estudiantes a desarrollar síntomas más tarde, lo que requiere que algunos estudiantes permanezcan aislados más tiempo que otros, según las leyes del COVID-19 de los EAU, y que los maestros continúen planificando dos currículas. Según la KHDA, "los estudiantes que deseen reanudar el aprendizaje en el lugar sin completar su cuarentena de 14 días [desde el inicio de los síntomas], deben entregar una prueba de PCR negativa" (KHDA, 2020). Esta política tampoco cumple con los requisitos de sostenibilidad y longevidad, como lo prefiere la UDL para garantizar la flexibilidad, debido al cierre de las escuelas tras la exposición al Covid y debido a la posibilidad de futuras pandemias y desastres naturales.

Implementar un modelo híbrido

Esta política, aunque imperfecta, satisface mejor las necesidades del cliente de acceso equitativo, eficiencia, calidad y sostenibilidad/longevidad. En este modelo híbrido, las escuelas se basan en su antigua estructura de proporcionar un centro de discapacidad, con recursos públicos, para las POD. Después de completar una prueba de Covid, que es gratuita para todos las POD en los EAU (The National, 2020), las POD pueden acceder físicamente a este centro una o dos veces por semana, según los planes de apoyo individualizados, para utilizar la tecnología de asistencia pública. A diferencia de las situación pre-Covid, el centro para discapacitados estará aislado del resto de la escuela y solo permitirá LSA, personal de desinfección y a las POD. En el centro de discapacidades, habrá un LSA capacitado designado que se somete a pruebas de Covid una vez por semana de forma rotatoria, así como un miembro del personal de desinfección. La LSA garantizará el uso eficiente de la tecnología de asistencia y obtendrá orientación virtual del Grupo de Trabajo de Inclusión re-implementado en caso de cualquier problema. El Grupo de Trabajo de Inclusión está formado por técnicos y LSA que se comprometerán con la comunicación entre maestros, estudiantes y sus familias.

Aunque los estudiantes tienen acceso equitativo a la tecnología al ingresar al centro de apoyo, solo cumplen con este criterio hasta dos veces por semana. Con la planificación y la comunicación anticipadas del Grupo de Trabajo de Inclusión, las familias y los maestros, es posible satisfacer las necesidades de todos los estudiantes con acceso hasta dos veces por semana en cada escuela. La planificación del currículum es especialmente necesaria para los estudiantes con necesidades más graves, ya que el acceso limitado puede no resultar suficiente. Además, los criterios de eficiencia se pueden cumplir con el apoyo del Grupo de Trabajo de Inclusión reimplementado. Las mismas personas que participaron en el grupo de trabajo obligatorio en cada escuela antes del COVID-19 continuarán durante la pandemia. De esta manera, el maestro de educación general no será el único responsable de acomodar a todos los estudiantes con diferentes necesidades, sino que tendrá un sistema de apoyo a su alrededor. La calidad de la educación también aumenta con esta propuesta, ya que las POD reciben apoyo en persona cuando es necesario para realizar tareas y lecciones, mientras que dependen de la educación a distancia durante los tres o cuatro días restantes de la semana.

Finalmente, el modelo híbrido satisface las necesidades del gobierno en materia de sostenibilidad longevidad. Después del COVID-19 los centros y el personal estarán disponibles para el aprendizaje en persona de las POD. En caso de una nueva crisis, este modelo estará disponible para la transición del aprendizaje de las POD en el futuro. Para estudiantes con inmunodepresión temporal, hospitalización o necesidades diversas, este modelo también se puede implementar. El modelo híbrido no se ha considerado en el pasado debido al conocimiento limitado del COVID-19 y sus efectos duraderos, el costo de las pruebas del COVID-19 y el desmantelamiento de las Fuerzas de Trabajo de Inclusión una vez que comenzó el aprendizaje remoto. Sin embargo, el conocimiento actualizado y los plazos indican que el COVID-19 tendrá efectos duraderos, especialmente para las POD, antes de la diseminación de una vacuna. Con los nuevos esfuerzos del gobierno, el costo de las pruebas de COVID-19 también se ha reducido en un 39%, de 220 a 85 Dirhams en todas las ubicaciones de pruebas de Seha (UAE Health, 2020), que es más asequible para las pruebas semanales del personal de apoyo. Además, los Grupos de Trabajo de Inclusión se crearon para cumplir con los requisitos de Dubai para el aprendizaje en persona (KHDA, 2017), pero se desmantelaron para el aprendizaje en línea ya que los requerimientos no cumplían con las necesidades de aprendizaje remoto. Sin embargo, un ajuste a los requisitos y funciones de la Fuerza puede conducir a su re-implementación exitosa en las escuelas.

Análisis del Modelo Híbrido basado en las Cinco Perspectivas

Tras el análisis de las compensaciones utilizando nuestros cuatro criterios, el modelo híbrido se ajusta a las necesidades del gobierno al cumplir con la equidad en el acceso, la eficiencia, la calidad y la sostenibilidad/longevidad. Para asegurar una política holística, analizamos el modelo híbrido desde las cinco perspectivas de cambio educativo: cultural, psicológica, profesional, institucional y política (Reimers, 2020). La recomendación híbrida combina las estructuras pre-Covid y las políticas actuales, con las medidas adicionales necesarias, incluida la desinfección, la limitación de acceso y las pruebas de COVID-19.

La perspectiva cultural se basa en que las POD experimenten una cultura escolar inclusiva dentro de COVID-19, que requiere el desarrollo progresivo de actitudes, comportamientos, sistemas y creencias que permitan que el modelo híbrido de educación inclusiva se convierta en una norma. Actualmente, las POD, que no pueden asistir a clases físicas, no pueden participar en un contrato social y cultural con el sistema educativo, en el cual el sistema "brinda oportunidades, derechos de inclusión y los recursos y mecanismos de apoyo disponibles para ellos y sus familias" (KHDA, 2017). La cultura escolar de inclusión de Dubai reconoce que todos los estudiantes deben tener la oportunidad de convertirse en aprendices exitosos, de formar relaciones sociales positivas con sus compañeros y de convertirse en miembros plenamente participantes de la comunidad de aprendizaje (KHDA, 2017). Sin embargo, aproximadamente el 60% de los maestros en las escuelas privadas y el 50% de todos los directores de las escuelas públicas y privadas no creen que las necesidades de los estudiantes con determinación estén suficientemente respaldadas durante el COVID-19 (Erfurth & Ridge, 2020). Estos datos alientan a Dubai a abordar de manera efectiva la escasez de recursos de aprendizaje a distancia y capacitación para administradores, maestros, estudiantes y padres al proporcionar un modelo híbrido para crear una cultura escolar inclusiva.

En cuanto a la perspectiva psicológica, los informes indican una desconexión en la priorización de las teorías del aprendizaje y la ciencia detrás de los enfoques educativos en el actual cambio hacia el aprendizaje remoto. Erfurth & Ridge reportan que las POD carecen del aprendizaje y el apoyo psicológico necesarios y es menos probable que tengan el acceso requerido para el aprendizaje a distancia o un espacio dedicado para el aprendizaje, lo que causa impactos negativos, especialmente cuando se consideran necesidades educativas y emocionales adicionales (2020). Dubai ha intentado adaptar la IEP a los entornos domésticos. Sin embargo, los problemas se ven agravados por la falta de acceso de los estudiantes a profesionales capacitados en el hogar (por ejemplo, ayudas para el aprendizaje, tutores, terapeutas, proveedores de servicios relacionados). Además, el Ministerio de Educación ha enviado planes de asesoramiento a las escuelas privadas, brindando la libertad de elegir si se implementa el mismo plan o se crea otro, lo que provoca una gran desconexión en la coherencia de los enfoques educativos para la enseñanza y el aprendizaje pertenecientes a Estudiantes de Determinación (Erfurth & Ridge, 2020). Dentro del modelo híbrido, el aprendizaje necesario, el apoyo profesional y psicológico se implementa a través del Grupo de Trabajo de Inclusión, específicamente con la LSA en sitio. El centro de discapacidad aislado en cada escuela también crea consistencia de acceso equitativo para las POD, maestros y familias.

La perspectiva profesional, por el contrario, es posiblemente la consideración más importante en la narrativa del gobierno. Todas las entidades escolares informaron que recibieron muy poca o ninguna capacitación para lograr estándares efectivos en el aprendizaje a distancia. Con base en nuestro análisis de la causa raíz, esta falta de formación docente en tecnología digital se conecta con una oferta insuficiente de formación general a distancia, aunque la mayoría de las partes interesadas se sienten bien preparadas. El 15% de los maestros de escuelas privadas declararon no recibir capacitación, mientras que solo el 23% recibió más de un día completo de capacitación (Erfurth & Ridge, 2020). El mismo patrón se encontró con los estudiantes de escuelas privadas, con el 88% recibiendo menos de un día de capacitación y el 42% de los estudiantes encuestados reportaron no haber participado en ninguna capacitación formal de aprendizaje a distancia antes del aprendizaje remoto (Erfurth & Ridge, 2020). Además, esta respuesta indicó la cantidad de capacitación, pero los datos no exploraron la calidad de las iniciativas de capacitación proporcionadas.

Según los resultados de TALIS de TIC para la enseñanza en los EAU, los docentes se ubicaron por debajo del promedio de la OCDE en un 10% para el "Porcentaje de docentes que informan un alto nivel de necesidad de desarrollo profesional en habilidades de TIC para la enseñanza" (OCDE, 2019). Presumiblemente, un grupo demográfico similar de maestros informó sentirse preparado con la tecnología. Sin embargo, solo unos pocos profesionales selectos dentro de los centros escolares para discapacitados están capacitados en la tecnología de asistencia disponible, que es común para la escuela. Este porcentaje de maestros capacitados representaría un número bajo en la demografía general. Vale la pena señalar que, dentro de las encuestas, la tecnología de asistencia a menudo no constituye TIC. En el modelo híbrido, estos profesionales capacitados se vuelven a implementar como personal de apoyo para el aprendizaje en el centro y a distancia. En el centro, los profesionales capacitados (LSA) brindarán apoyo físico con tecnología de asistencia y se asegurarán de que se cumplan las IEP. Prácticamente, las LSA ampliarán la red de comunicación entre las POD, las familias y los maestros, manteniendo la participación de los padres y, por lo tanto, la sostenibilidad en todo el modelo híbrido. De esta manera, los maestros de educación general no sentirán la presión del tiempo y los recursos para aprender nuevas habilidades para adaptarse a las POD, mientras que simultáneamente aprenden nuevas habilidades para adaptarse a un aula de educación general remota. En cambio, las LSA, como parte del Grupo de Trabajo de Inclusión y el Centro de Discapacidades, brindarán apoyo a todos los maestros, guiándolos para crear un salón de clases inclusivo para todos.

La norma esperada también se aplica en la perspectiva profesional a los padres, transformados en asistentes de profesores en el aprendizaje a distancia. Los datos indican que el 88% de los padres de estudiantes en escuelas privadas informaron tener menos de un día de capacitación. Menos de la mitad de los padres informaron que no recibieron ninguna capacitación para el aprendizaje a distancia antes del cambio al aprendizaje a distancia (Erfurth & Ridge, 2020). A medida que los padres asumen la responsabilidad adicional de enseñar, la capacitación puede desarrollar la comunidad y fortalecer su nuevo rol. En el modelo híbrido, la participación de los padres es un aspecto central del cuarto criterio, sostenibilidad/longevidad. Aunque el modelo no tiene como objetivo capacitar a los padres, sí requiere que el Grupo de Trabajo de Inclusión se comunique con los padres y tutores de las POD por correo electrónico o por teléfono semanalmente. De esta manera, el Grupo de Trabajo puede brindar orientación sobre los mejores métodos o remitir a los padres y tutores a los técnicos de guardia para obtener apoyo tecnológico. Los padres, a su vez, se comunican con el Grupo de Trabajo, y por lo tanto con los maestros, sobre el progreso y las necesidades del estudiante, creando un círculo de comunicación y apoyo de 360 grados para las POD.

Con respecto al enfoque institucional, el artículo 12 de la Ley 29/2006 establece el deber del interesado como la adquisición de "igualdad de oportunidades para obtener educación en todas las instituciones educativas, si es necesario, con la provisión del plan de estudios y por cualquier otro método que corresponda" (MoE, 2006). Este mandato se ha aplicado en el aprendizaje a distancia como acceso a la formación y la tecnología, aunque ambos siguen siendo escasos e insuficientes. Además, el artículo 13 (5) establece además que se requiere "brindar asistencia técnica y educativa a todas las instituciones educativas que deseen recibir a personas con necesidades especiales y considerar solicitudes de financiamiento para los equipos y tecnologías y rehabilitar el entorno educativo de la institución" (MoE, 2006).

La narrativa actual no se alinea con este objetivo. Por ejemplo, Al Noor, un centro de capacitación que brinda servicios a las POD, ofreció tecnología de asistencia y capacitación a 200 estudiantes. Sin embargo, Al Noor no puede sostener este modelo y continúa pidiendo el apoyo de la comunidad. Independientemente de la estabilidad financiera, el director, Ramnath, compartió: "... aquellos que requieren apoyo físico o atención individual adicional probablemente sufrirían porque los intervencionistas capacitados del centro no pueden brindar estos servicios en línea" (Hamdoun & Katusak, 2020). El modelo educativo actual debe cambiar y alinearse con la realidad actual, en lugar de imitar intervenciones para el aprendizaje presencial. El acceso adecuado a tecnologías y equipos, acompañado de formación, tendrá un impacto positivo en la crisis actual.

En un análisis adicional, según el estudio TALIS de 2018, se reporta que antes del Covid, el 31% de los directores informaron escasez o insuficiencia de tecnología digital para la instrucción general, lo que muestra la escasez aún mayor de tecnologías adaptativas durante la pandemia (OCDE, 2019). El modelo híbrido responde a las exigencias de la Ley Federal 29/2006 al brindar acceso a recursos comunales y profesionales capacitados. En lugar de asignar la responsabilidad a las instituciones de atención privada, el modelo utiliza los recursos ya disponibles en los centros escolares para discapacitados según lo exige la ley. El modelo también evita la escasez existente de tecnologías adaptativas al implementar el modelo rotativo de uso y solo permite el acceso hasta dos veces por semana por estudiante. Esta eficiencia de uso se basa en la comunicación circular entre las POD, los padres, el grupo de trabajo y los maestros, ya que las asignaciones y la necesidad de tecnología de asistencia deben predecirse con anticipación para satisfacer las necesidades de los estudiantes.

Finalmente, desde la perspectiva política, el gobierno está legalmente obligado a cumplir con los estándares de la Ley 29/2006. Sin embargo, Dubai está luchando por equilibrar los estándares con su mandato nacional, donde la responsabilidad recae en las familias "para crear un entorno de aprendizaje apropiado en el hogar proporcionando servicios de Internet, otros recursos de educación a distancia como computadoras, tabletas y teléfonos inteligentes" (Bashir, 2020). En un recuento personal, una madre soltera en Dubai compartió que gasta alrededor de $ 4,000 USD al mes en las diversas terapias, tecnologías y personal de apoyo al aprendizaje de su hijo con discapacidad. Esta cantidad se suma a los $ 11,500 de matrícula que debe pagar a la escuela (Haza & Rizvi, 2020). En este sentido, existe una lucha política en el uso de la tecnología entre satisfacer las necesidades educativas de POD durante el aprendizaje a distancia y resaltar la falta de alineación entre los componentes clave de las adaptaciones educativas cuando se ven desde una lente política. Con el modelo híbrido, el uso y la difusión de la tecnología se asignará de manera equitativa, lo que es especialmente beneficioso para quienes no tienen acceso en casa. Aunque el monto de la matrícula sigue siendo el mismo, los estudiantes tendrán acceso comunitario a las LSA y tecnologías necesarias sin costo adicional, cumpliendo con los requisitos de la Ley Federal 29/2006.

Significado

Con nuestras opciones de política completamente realizadas y razonadas, ahora avanzamos para compartir nuestra recomendación de política con el sector de la educación privada de Dubai. La recomendación de política, que implementa un modelo híbrido de aprendizaje inclusivo, considera la legislación anterior, los mandatos actuales y la implementación exitosa de políticas y perspectivas internacionales comparativas. El modelo híbrido satisface las necesidades de Dubai de equidad en el acceso, la eficiencia, la calidad y la sostenibilidad al mirar hacia los valores actuales y hacia un futuro inclusivo para el país.

Antes del COVID-19, Dubai aspiraba a establecerse como la ciudad más inclusiva del mundo para 2020. La implementación de leyes monumentales, la colaboración con los líderes escolares y el establecimiento de grupos de trabajo inclusivos llevaron a un cambio de la segregación a la inclusión en las escuelas de toda la ciudad. Sin embargo, el modelo actual de aprendizaje remoto, según el cual las POD permanecen en casa y los estudiantes que pueden regresar a la escuela físicamente, genera brechas en la educación equitativa durante y post-Covid.

La política híbrida unifica el acceso tecnológico con el apoyo profesional para cumplir con la visión del Consejo Asesor de las POD de Dubai, que recomendó la inclusión de cuestiones relacionadas con la discapacidad en un plan estratégico de 50 años de Dubai (Hussein, 2020). La implementación de nuestra recomendación de política también guiará a Dubai para cumplir con el Objetivo de Desarrollo Sostenible Cuatro de las Naciones Unidas (2015), educación equitativa, y utiliza esta oportunidad única para implementar las mejores prácticas educativas para la inclusión de todas las personas.

Autores

Aida Mohajeri es una investigadora y defensora de los derechos de las personas con discapacidad que actualmente reside en Dubai, Emiratos Árabes Unidos. Es candidata a maestría en la Harvard Graduate School of Education en Política Educativa Internacional. amohajeri@gse.harvard.edu

Samantha Monroe es una educadora especial e investigadora dedicada con un enfoque internacional que actualmente reside en Nueva York. Es candidata a maestría en la Harvard Graduate School of Education en Política Educativa Internacional. smonroe@gse.harvard.edu

Tiffany Tryon es una profesional de desarrollo internacional con un historial comprobado de diseño y gestión de proyectos en zonas de conflicto. Actualmente reside en Abu Dhabi, Emiratos Árabes Unidos y es candidata a maestría en la Harvard Graduate School of Education en Política Educativa Internacional. ttryon@gse.harvard.edu

Referencias

Al Faisal, W., Taryam, M. M. O., Aldallal, A. M. R. A., Hussein, H. Y., Monsef, N. A., & AlBehandy, N. S. (2017). Childhood Disability among Students Population in Dubai, School-based Screening Strategy, Dubai, EAU, 2016. International Journal of Pediatrics and Neonatal Health, 1(1), 13–19. https://doi.org/10.25141/2572-4355-2017-1.0013

Baker, M. (2020, 23 de noviembre). Students with disabilities should have the option of in-person learning during COVID-19 school closures. The Conversation. https://theconversation.com/students-with-disabilities-should-have-the-option-of-in-person-learning-during-COVID-19-school-closures-136683.

Bardach, E. (2012). Part I - The Eightfold Path. In A Practical Guide for Policy Analysis: The Eightfold Path to More Effective Problem Solving (pp. 1–78). essay, Sage.

Bashir, H. (2020, April 3). Education Ministry announces early 4-week spring vacation, starting Sunday. Emirate News Agency. https://wam.ae/en/details/1395302828433.

Bashir, S., Lockheed, M. E., Ninan, E., & Tan, J.-P. (2018). Facing forward: schooling for learning in Africa. World Bank.

CAST. (2018). The UDL Guidelines. https://udlguidelines.cast.org/.

Coronavirus Victoria. (2020, October 2). Support your child's learning. Coronavirus Victoria. https://www.coronavirus.vic.gov.au/support-your-childs-learning?Redirect=1.

Dellagnelo, L., & Reimers, F. (2020, May 15). Brazil: Secretaria Estadual de Educação de São Paulo (São Paulo State

Department of Education). Education continuity during the Coronavirus crisis. https://oecdedutoday.com/wp-content/uploads/2020/05/Brazil-S%C3%A3o-Paulo-State-Department-of-Education.pdf.

El Departamento de Educación de Tasmania. (2020, September 24). Novel coronavirus (COVID-19). El Departamento de Educación de Tasmania. https://www.education.tas.gov.au/parents-carers/novel-coronavirus-COVID-19/.

Departamento de Salud del Gobierno de Australia. (2020). Return to School for Students with Disability COVID-19 Health Risk Management Plan. Departamento de Salud del Gobierno de Australia. https://www.health.gov.au/sites/default/files/document s/2020/06/return-to-school-for-students-with-disability-COVID-19-risk-management-plan.pdf.

Erfurth, M., & Ridge, N. (2020, julio). The Impact of Covid–19 on Education in the UAE. https://f.hubspotusercontent10.net/hubfs/5081768/Rep ort%2001%20-%20EN.pdf.

Exceptional Children Special Education Advocacy. (2020, August 7). Back to School 2020-2021: In-person, Hybrid or Remote? What about students on IEPs? Exceptional Children Special Education Advocacy. https://forexceptionalchildren.com/back-to-school-2020-2021-in-person-hybrid-or-remote-what-about-students-on-ieps/.

Gangone, L. M. (2020, 7 de abril). Special Education Equity in the Era of COVID-19. American Association of Colleges for Teacher Education (AACTE). https://aacte.org/2020/04/special-education-equity-in-the-era-of-COVID-19/.

Hamdoun, R., & Katusak, P. (2020, 31 de marzo). Al Noor provides distance learning for students with disabilities. ZAWYA MENA Edition. https://www.zawya.com/mena/en/press-releases/story/Al_Noor_provides_distance_learning_for_students_with_disabilities-ZAWYA20200331081628/.

Haza, R., & Rizvi, A. (2020, 4 de abril). Coronavirus: Special needs centres risk closure as parents struggle to teach children. The UAE. https://www.thenational.ae/uae/education/coronavirus-special-needs-centres-risk-closure-as-parents-struggle-to-teach-children-1.1001206.

Hussein, H. (2020, 12 de agosto). People of Determination Advisory Council recommends inclusion of disability issues in 50-year Plan. Emirates News Agency. http://wam.ae/en/details/1395302861842.

KHDA. (2017). Dubai Inclusive Education Policy Framework. KHDA. https://www.khda.gov.ae/cms/webparts/texteditor/documents/Education_Policy_En.pdf.

KHDA. (2017). School Inspection Supplement. Dubai School Inspection Bureau. https://www.khda.gov.ae/Areas/Administration/Content/FileUploads/Publication/Documents/English/20170716151230_20170716144744_School_Inspection_Supplement_En.pdf.

KHDA. (2019). Inspection Key Findings 2018-2019. Inspection Key Findings. https://www.docdroid.net/IXR6ATV/inspectionkeyfindings2018-2019-en-pdf.

KHDA. (2020). Evaluation Results. Distance learning Profiles of Dubai Private Schools. https://www.khda.gov.ae/DLEreport/DLEReports.aspx.

KHDA. (2020, 9 de septiembre). Keeping education community safe: Preventing the spread of Coronavirus (COVID-19) at schools in Dubai. KHDA. https://www.khda.gov.ae/en/safetyatschools.

Mansoor, Z. (2020, 7 de octubre). COVID-19 impact: 83% of students have opted for remote learning in UAE. Gulf Business. https://gulfbusiness.com/COVID-19-impact-83-of-students-have-opted-for-remote-learning-in-uae/.

Ministerio de Desarrollo Comunitario. (2020, August 20). United Arab Emirates Ministry of Community Development.

Statistics.   https://www.mocd.gov.ae/en/open-data/statistics.aspx.

Ministerio de Educación y Educación Superior. (2020). Private Education Sector. Ministerio de Educación y Educación Superior. https://www.edu.gov.qa/en/Pages/pvschoolsdefault.aspx.

MoE. (2006). General Rules for the Provision of Special Education Programs and Services (Public & Private Schools). School for   All. https://www.moe.gov.ae/English/SiteDocuments/Rules/SNrulesEn.pdf.

The National. (2020, 25 de abril). Coronavirus: Dubai launches home testing service. Coronavirus. https://www.thenational.ae/uae/health/coronavirus-dubai-launches-home-testing-service-1.1010599.

The National. (2020, 13 de septiembre). Abu Dhabi launches landmark strategy for 'People of Determination'. The UAE. https://www.thenational.ae/uae/government/abu-dhabi-launches-landmark-strategy-for-people-of-determination-1.1076508.

Newport News Public Schools. (2020, 7 de octubre). Newport News Public Schools Return to Learn: Plan for a Safe Return   2020-2021. http://sbo.nn.k12.va.us/returntolearn/faq-hybrid.html.

OCDE. (2019). Teachers and School Leaders as Lifelong Learners. TALIS 2018 Results (Volume I). https://read.oecd-ilibrary.org/education/talis-2018-results-volume-i_1d0bc92a-en.

OCDE. (2020). List of OECD Member countries - Ratification of the Convention on the OECD. OECD. https://www.oecd.org/about/document/list-oecd-member-countries.htm.

Departamento de Educación del Estado de Oklahoma. Special Education and Related Services During the 2020-21 School Year. Departamento de Educación del Estado de Oklahoma. https://sde.ok.gov/sites/default/files/Special%20Educat

ion%20and%20Related%20Services%20During%20the%202020-2021%20School%20Year.pdf.

Profiles Enhancing Education Reviews (PEER). (2020). National Education Systems | Education Profiles. Profiles Enhancing Education Reviews (PEER). https://education-profiles.org/.

Qatar Tribune. (2020, 29 de marzo). Ministry ensures e-learning for students with disabilities. Qatar Tribune. https://www.qatar-tribune.com/news-details/id/186144/ministry-ensures-e-learning-for-students-with-disabilities.

Reimers, F. M. (2020). Audacious Education Purposes. Springer Nature.

Sheikh, S. (2015, diciemre). Special Education Needs provision in mainstream schools in Dubai. Mohammed bin Rashid School of Government. https://www.mbrsg.ae/getattachment/7e37a024-a8f8-404e-a930-027dfe4f02e7/Special-Education-Needs-provision-in-mainstream-sc.

Sparks, C. (2020, 19 de mayo). COVID-19 in the Gulf and the Education 2030 Agenda: Learning from Crisis. Center for International and Regional Studies - Georgetown University in Qatar. https://cirs.georgetown.edu/news-analysis/COVID-19-gulf-and-education-2030-agenda-learning-crisis.

Teng, A. (2020, 5 de mayo). About 96% of students took part in home-based learning. The Straits Times. https://www.straitstimes.com/politics/about-96-of-students-took-part-in-home-based-learning.

Teng, A. (2020, 5 de mayo). Parliament: Show understanding to special needs children encountered outdoors. The Straits Times. https://www.straitstimes.com/politics/parliament-show-understanding-to-special-needs-children-encountered-outdoors.

Departamento de Salud y Servicios Humanos de EE. UU.. (2020, 11 de septiembre). People with Disabilities. Coronavirus Disease 2019 (COVID-19).

https://www.cdc.gov/coronavirus/2019-ncov/need-extra-precautions/people-with-disabilities.html.

UAE Health. (2020, 5 de diciembre). Seha drops price of PCR test for COVID-19 to Dh85 in Abu Dhabi. UAE Health. https://gulfnews.com/uae/health/seha-drops-price-of-pcr-test-for-COVID-19-to-dh85-in-abu-dhabi-1.75689891.

Ullman Shade, C., & Ware, J. (2020, October 26). Making special education work for your child during COVID-19. Harvard Health Publishing. https://www.health.harvard.edu/blog/making-special-education-work-for-your-child-during-COVID-19-2020102621189.

Organización de las Naciones Unidas. (2020). Disability-inclusive response to COVID-19 – Towards a better future for all. UN. https://www.un.org/development/desa/disabilities/wp-content/uploads/sites/15/2020/05/Joint-statement-Disability-inclusive-response-to-COVID-19.pdf.

UNESCO. (2020, 7 de agosto). A Disability Inclusive Education Response to COVID-19. UNESCO Bangkok. https://bangkok.unesco.org/content/disability-inclusive-education-response-COVID-19.

Departamento de Educación de EE.UU.. (2020, 21 de marzo). Supplemental Fact Sheet Addressing the Risk of COVID-19 in Preschool, Elementary and Secondary Schools While Serving Children with Disabilities. US Department of Education Office for Civil Rights Office of Special Education and Rehabilitative Services. https://www2.ed.gov/about/offices/list/ocr/frontpage/faq/rr/policyguidance/Supple%20Fact%20Sheet%203.21.20%20FINAL.pdf.

Capítulo Once

El Efecto de la Pandemia de COVID-19 en el Distrito Escolar Independiente de Richardson

Melanie Shimano, Yiqin Wang y Joshua Sparks

Resumen

El papel de los administradores y educadores escolares en el apoyo al bienestar de sus estudiantes se ha convertido en un desafío aún más importante, ya que las escuelas operaron en entornos de aprendizaje remotos o híbridos durante la pandemia de COVID-19. Este capítulo revisa las oportunidades y desafíos educativos específicos relacionados con el bienestar de los estudiantes considerando la pandemia de COVID-19 para el Distrito Escolar Independiente de Richardson (RISD, Richardson Independent School District) en Richardson, Texas en los Estados Unidos. Al analizar las entrevistas de los educadores y administradores, los datos escolares y la revisión de la literatura, construimos un estudio de caso que explora cómo los distritos escolares pueden utilizar sus recursos directos, como los educadores, la cultura escolar y los sistemas de gestión de los estudiantes para apoyar el bienestar de los estudiantes. También se construyó un marco analítico que considera la rentabilidad, el tiempo de implementación, la equidad, la eficacia, la cantidad de grupos relacionados con la escuela afectados y la relevancia para el bienestar de los estudiantes para revisar cuatro recomendaciones de programas para el RISD: (1) una comunidad de práctica en línea para educadores del distrito, (2) un perfil estudiantil compartido para que los educadores comprendan mejor las circunstancias de los estudiantes, (3) un programa de tutoría para estudiantes con adultos jóvenes locales y (4) notas para los padres para fomentar la conciencia y las conversaciones positivas sobre la asistencia escolar. Por último, se describen varios factores de éxito evidentes para el RISD y otros distritos escolares al considerar la implementación de un nuevo programa.

El Efecto de la Pandemia de COVID-19 en el Distrito Escolar Independiente de Richardson

La pandemia de COVID-19 ha arrojado luz sobre cómo los sistemas educativos brindan apoyo para el bienestar integral de los estudiantes, que incluye mucho más que simplemente planes de lecciones y apoyo académico (Banco Mundial, 2020). A nivel superficial, las escuelas deben brindar una educación sustantiva a través de un plan de estudios que se alinee con los estándares educativos; sin embargo, las escuelas también apoyan el aprendizaje de los estudiantes al ayudarlos a desarrollar habilidades y competencias emocionales, habilidades y competencias sociales y salud física (The Aspen Institute, 2019).

El Distrito Escolar Independiente de Richardson (RISD) en Richardson, TX no es inmune a los desafíos que enfrentan los sistemas educativos de todo el mundo durante la pandemia. Aunque el liderazgo escolar individual y del distrito responde, apoya y está orientado a la acción, el distrito aún enfrenta muchos desafíos académicos, sociales y emocionales, que describimos con más detalle en este documento. Además, los estudiantes, los maestros y las comunidades escolares en el RISD tienen muy pocos sistemas de apoyo social y emocional considerando la pandemia de COVID-19. Y, hay demasiadas probabilidades de que la pandemia exacerbe la disponibilidad de recursos monetarios y de capital humano e inhiba la capacidad del RISD para apoyar el bienestar mental de los estudiantes en entornos de aprendizaje remoto y poblaciones socioeconómicas heterogéneas.

En este análisis de políticas, se evaluaron estos desafíos y posibles soluciones alternativas que el RISD puede implementar para continuar brindando el apoyo requerido durante y después de la pandemia de COVID-19. Primero se describe el problema a través de ejemplos específicos, que se basan en evidencia empírica de datos del distrito y entrevistas con maestros y líderes del distrito.

A continuación, se expone la literatura relacionada y los estudios de casos que describen la investigación y el efecto de los programas implementados para abordar el bienestar de los estudiantes directa o indirectamente; luego, se describen las implicaciones específicas que esta revisión de la literatura tiene para el RISD. Finalmente, se exponen cinco posibles soluciones que el RISD puede considerar para abordar el desafío de tener muy pocos sistemas de apoyo social y emocional que aborden el bienestar de los estudiantes y concluye con una recomendación final del programa que describe las consideraciones específicas para garantizar el éxito. Si bien estas recomendaciones son específicas del RISD, la revisión de la literatura, las recomendaciones del programa y las consideraciones del programa proporcionan un marco para que otros distritos escolares consideren a medida que innovan la manera de continuar apoyando el bienestar de los estudiantes durante y después de la pandemia de COVID-19.

Posicionalidad

Este estudio de caso se generó como un proyecto de consulta entre tres estudiantes de la Escuela de Graduados de Educación de Harvard y administradores escolares y educadores del RISD. Uno de los autores del capítulo también ha sido profesor de secundaria en el RISD durante los últimos dos años, donde también se desempeña como entrenador de fútbol y basquetbol. El proyecto de consulta duró aproximadamente tres meses a fines de 2020, tiempo durante el cual los autores entrevistaron a diez administradores, maestros y personal del RISD de diferentes posiciones de poder y escuelas dentro del distrito y revisaron el desempeño de los estudiantes del RISD, datos demográficos y de aprendizaje remoto.

Además, los autores revisaron la literatura pasada y actual sobre el papel de las escuelas en el apoyo al bienestar de los estudiantes y cómo esto puede afectar los resultados académicos, profesionales y personales futuros de los estudiantes. Si bien la posición en el distrito de uno de los autores nos permitió tener acceso directo a los datos del distrito y más confianza con los educadores y el personal entrevistados en todo el distrito, esto también generó limitaciones menores en el lenguaje de recomendación de los autores y la identificación de la posición específica de los educadores entrevistados. Por último, los autores tampoco tuvieron acceso directo a los estudiantes o padres durante este proyecto debido a limitaciones relacionadas con el alcance del trabajo de consultoría y el tiempo otorgado.

Descripción general del Distrito Escolar Independiente de Richardson

El Distrito Escolar Independiente de Richardson (RISD) atiende a aproximadamente 39,000 estudiantes de orígenes étnicos diversos (37.8% hispanos, 29.8% blancos, 22.9% afroamericanos, 7% asiáticos, 2.9% dos o más razas, 0.3% indios americanos y 0.1% isleños del Pacífico) (The Texas Tribune, 2019). Además, la población estudiantil consiste en un porcentaje relativamente grande de estudiantes identificados con factores de riesgo, incluidos el 55,7% de estudiantes pobres, el 26,7% de estudiantes con dominio limitado del inglés y el 49,9% de estudiantes en riesgo (The Texas Tribune, 2019).

Es importante señalar que la proporción de estudiantes pobres y estudiantes en riesgo en el RISD es similar a la de todas las escuelas públicas de Texas. Sin embargo, la proporción de estudiantes con dominio limitado del inglés en el RISD es más de seis puntos porcentuales más alta que la proporción promedio de estudiantes similares en todo el estado. Además, mientras que la mayoría de los vecindarios en el RISD tienen un ingreso familiar promedio de aproximadamente $75,000 por año, hay algunos vecindarios donde el ingreso promedio del hogar es de solo $29,000 por año y la tasa de pobreza en el distrito es de aproximadamente el 10% (Censo de la Comunidad Estadounidense de EE. UU. Encuesta, 2018). El RISD no siempre tiene datos actualizados sobre la composición del hogar de cada estudiante individual, ya que algunos estudiantes pueden pasar tiempo en diferentes hogares de familiares o amigos durante diferentes períodos de tiempo durante su escolarización (Maestro A, entrevista de Zoom, 4 de diciembre de 2020).

Operación del RISD durante la pandemia de COVID-19

Planes operativos e información de antecedentes

Como la mayoría de los sistemas educativos que operaron durante la pandemia de COVID-19, el RISD ha experimentado varios desafíos operativos y educativos en los últimos diez meses desde que el COVID-19 obligó a las escuelas de Texas a cerrar durante las vacaciones de primavera en el ciclo escolar 2019-2020. El liderazgo del distrito -la superintendente Dra. Jeannine Stone y la superintendente adjunta Tabitha Branum- y el liderazgo escolar individual adaptaron sus roles para enfocarse en (1) una comunicación clara por escrito y en video para los maestros, el personal, los estudiantes y las familias a la luz de las reglas de distanciamiento social (2) actividad curricular continua y participación en entornos de aprendizaje remoto, (3) regulaciones para actividades en persona de acuerdo con el estatus de salud local, (4) material adicional y apoyo financiero para la tecnología y actividades requeridas en las clases, y (5) incorporando ciclos de retroalimentación constante con otros líderes, maestros, personal, estudiantes y padres para que pudieran generar iniciativas si las nuevas medidas no cumplían con las expectativas.

Por ejemplo, un equipo de la junta escolar y la administración del distrito crearon *The Blueprint* (Distrito Escolar Independiente de Richardson, 2020) para el plan de regreso de su distrito escolar a la escuela en el otoño de 2020 y se mantuvo en comunicación constante con los padres y estudiantes a través del correo electrónico, teléfono, cartas enviadas por correo, y anuncios generales en el sitio web sobre la reapertura en otoño de 2020 y las opciones de aprendizaje remoto. Los estudiantes y sus familias tenían la opción de participar en el próximo año escolar como aprendices remotos o como aprendices en persona, lo que resultó en que aproximadamente el 38.2% de los estudiantes participaran en el aprendizaje remoto y el 61.8% de los estudiantes participaran en aprendizaje cara a cara durante el semestre de otoño de 2020.

Originalmente, el RISD reestructuró estas clases a nivel de todo el distrito para dar cabida a clases totalmente presenciales o completamente remotas, independientemente de la escuela designada al estudiante. Después de operar bajo este plan durante un mes, los líderes del distrito y de la escuela determinaron que este plan no logró los resultados de eficiencia previstos. Esto resultó en la transición de regreso a un modelo de aprendizaje híbrido específico para cada escuela.

Desafíos de RISD durante la pandemia COVID-19

El liderazgo del RISD reconoce que sus campus escolares brindan más a los estudiantes que solo el plan de estudios y las oportunidades de aprendizaje académico, como lo demuestra el énfasis en las necesarias clases de aprendizaje socioemocional (SEL) en las escuelas primarias, una mayor disponibilidad para la consejería escolar individual y grupal a partir del otoño de 2020, y el compromiso de continuar con las actividades extracurriculares y los deportes en la escuela cuando sea seguro. Sin embargo, los estudiantes y maestros aún experimentan muy pocos sistemas de apoyo social y emocional considerando las circunstancias sin precedentes de la pandemia. En esta sección, se investiga este problema declarado a través de ejemplos específicos del RISD.

Matrícula reducida

Un desafío importante que la pandemia COVID-19 destacó en el RISD, es la cantidad de recursos disponibles para que los estudiantes continúen su educación en el hogar, sin la escuela ni ningún apoyo en persona, y potencialmente sin el acceso adecuado a Internet para los materiales de aprendizaje en línea. Además, la inscripción en el RISD disminuyó en un 5% para el ciclo escolar 2020-2021, pero las inscripciones en los campus con 100% de estudiantes de bajo nivel socioeconómico disminuyeron en un 25% (Branum.T, entrevista de Zoom, 18 de septiembre de 2020). Además de la posible pérdida de aprendizaje para los estudiantes que no regresan al campus o que corren el riesgo de abandonar la escuela considerando los desafíos relacionados con el COVID-19, la disminución de la inscripción también podría tener un impacto financiero significativo en el distrito, ya que el financiamiento escolar está directamente relacionado con la matrícula de estudiantes de las escuelas. No tomar medidas para abordar la posible pérdida de aprendizaje de los estudiantes que no regresan a la escuela o que están en riesgo de no regresar a la escuela también puede continuar propagando las disparidades de ingresos en el área circundante.

Disminución del compromiso y la participación de los estudiantes

Además, los maestros de todo el distrito han informado en entrevistas que los estudiantes de aprendizaje remoto han mostrado una menor participación en sus clases durante el semestre de otoño de 2020. Aunque la mayoría de los profesores han dedicado una cantidad considerable de tiempo a reorganizar y reconstruir su plan de estudios para adaptarse a los estudiantes distanciados socialmente, a los estudiantes en persona y a distancia, los estudiantes de aprendizaje virtual todavía no son tan activos en sus clases en comparación con los estudiantes en persona o en comparación con ellos mismos en el aula. Los problemas de participación de los estudiantes durante el aprendizaje remoto en el RISD van desde (1) estudiantes que no participan ni encienden sus cámaras en clase, pero entregan tareas asincrónicas a (2) estudiantes que inician sesión en clases remotas para que no se registren como ausentes en el sistema escolar, pero que en realidad no asisten a clase (3) estudiantes que no intentan asistir a clase de forma remota o en persona (Maestro B, entrevista de Zoom, 4 de diciembre de 2020, Maestro C, entrevista de Zoom, 30 de noviembre de 2020). Aproximadamente 1,900 estudiantes están dentro del tercer grupo en el RISD, lo que podría representar una disminución de $10.4 millones en fondos estatales para el presupuesto del próximo año (Donaldson, 2020).

Aumento de la carga de trabajo y el estrés de los docentes

Aunque ahora se requiere que todos los maestros del RISD enseñen clases híbridas tanto en persona como de aprendizaje remoto desde las aulas de clase, el RISD comenzó el ciclo escolar con aprendizaje remoto para todos los estudiantes debido al aumento de casos de COVID-19 en la región metropolitana de Dallas-Fort Worth (Maestro D, entrevista de Zoom, 4 de diciembre de 2020). Esto requirió que los maestros reajustaran su plan de estudios y las estrategias de participación de los estudiantes varias veces durante el comienzo del ciclo escolar. Incluso los maestros con más experiencia deben revisar y preparar más materiales en línea, dedicar más tiempo a comunicarse con los estudiantes y los padres para entregar el material impreso requerido para las actividades del aula, comunicarse con los padres y cuidadores con mayor frecuencia debido a la disminución de la participación y el rendimiento académico de los estudiantes, y tomar roles docentes adicionales debido a la menor disponibilidad de maestros sustitutos (Maestro A, entrevista de Zoom, 4 de diciembre de 2020; Maestro C, entrevista de Zoom, 30 de noviembre de 2020). Además, estar limitado a reuniones de videoconferencia o conversaciones basadas en textos para cumplir con los requisitos de distanciamiento social ha contribuido a las barreras de comunicación que hace que los maestros se sientan aislados de sus compañeros y estudiantes (Maestro D, entrevista de Zoom, 2 de diciembre de 2020).

Disminución de las interacciones sociales entre estudiantes y maestros

El aprendizaje remoto ha contribuido a que haya menos oportunidades para las interacciones docente-docente, docente-alumno, docente-padre y alumno-alumno. Debido a que a los estudiantes no se les permite trabajar cerca cuando asisten a clases en persona y debido a que los estudiantes generalmente no participan en las salas de Zoom, los maestros han luchado por cultivar un ambiente de clase significativo con estudiantes presenciales y remotos (Maestro C, Entrevista Zoom, 30 de noviembre de 2020). Además, los estudiantes presenciales y remotos inicialmente ni siquiera podían verse en la clase porque los maestros necesitaban usar y observar su computadora con su cámara web. Sin embargo, esto se resolvió recientemente cuando los administradores del distrito compraron iPads para que todos los maestros los usaran como un segundo "monitor" en sus clases (Maestro C, entrevista de Zoom, 30 de noviembre de 2020). Esta menor oportunidad de interacción preocupa especialmente a los maestros que enseñan a los estudiantes que ingresan a la secundaria baja y la secundaria alta, ya que estos estudiantes aún no han establecido círculos sociales o relaciones en su nueva escuela.

Mayor cantidad de responsabilidades e interrupciones en el hogar de los estudiantes

Como se mencionó anteriormente, el 55.7% de los estudiantes del RISD se identifican como pobres. Es probable que estos estudiantes tengan padres que necesitan realizar trabajos en persona, lo que significa que estos estudiantes también pueden necesitar asumir responsabilidades domésticas adicionales, como cuidar a miembros de la familia más jóvenes o muy ancianos o facilitar el aprendizaje de sus hermanos menores (Branum. T, entrevista de Zoom, 17 de noviembre de 2020). Además, algunos estudiantes incluso pasan sus días en las casas de diferentes familiares o amigos, lo que puede interrumpir su proceso de aprendizaje o la disponibilidad de material, como el acceso a libros de texto o paquetes impresos. Aunque algunos estudiantes han compartido esta información personal con algunos de sus profesores, no todos los profesores conocen la situación personal de cada estudiante con respecto al aprendizaje remoto o la pandemia en general. Aunque los maestros pueden comunicarse con los padres por teléfono o correo electrónico para discutir las situaciones personales de los estudiantes, es posible que los padres no siempre respondan o no se sientan cómodos compartiendo esta información con todos los maestros.

Abordar los desafíos del RISD a través de la revisión de la literatura y las implicaciones relacionadas

Pocos de los estudios actualmente disponibles pueden responder directamente preguntas sobre los impactos a largo plazo que la pandemia tendrá en los estudiantes, maestros y escuelas. No obstante, realizamos una revisión de la literatura para explorar investigaciones y estudios de casos que apuntan a desafíos relacionados basados en la evidencia y posibles soluciones en el bienestar de los estudiantes. Esto incluye cómo las escuelas, los maestros y las comunidades escolares pueden ayudar a respaldar esto, específicamente en el aprendizaje remoto o en poblaciones socioeconómicas heterogéneas.

Centrarse en el bienestar del estudiante

En este análisis de políticas y revisión de la literatura, nos enfocamos en el bienestar de los estudiantes, definido como "el funcionamiento y las capacidades psicológicas, cognitivas, sociales y físicas que los estudiantes necesitan para vivir una vida feliz y satisfactoria" (OCDE, 2015), y el bienestar del docente y de la comunidad para apoyar el bienestar de los estudiantes. Esto se debe principalmente al compromiso y énfasis del RISD en apoyar al "niño en su totalidad" como se evidencia en su declaración de misión - "para asegurar que TODOS se conecten, aprendan, crezcan y tengan éxito" - y entrevistas con líderes escolares y educadores. Nos enfocamos específicamente en la evidencia centrada en los entornos de aprendizaje remoto y la equidad en el acceso a los recursos al observar factores como la retención, el compromiso y el aprendizaje socioemocional de los estudiantes, además de las herramientas que se muestran para ayudar a medir y monitorear las tendencias longitudinales en todos estos elementos.

Consecuencias de las deficiencias de bienestar

La tendencia continua del RISD de ausentismo y deserción escolar podría tener graves consecuencias negativas, especialmente en la ampliación de la igualdad educativa entre las clases socioeconómicas. Muchos de los estudiantes no matriculados provienen de entornos socioeconómicos bajos, lo que implica que es menos probable que paguen por la educación fuera del sistema de escuelas públicas y es más probable que trabajen o se ocupen de miembros de la familia (Richards, 2020). La retención, el ausentismo y la deserción de los estudiantes son desafíos bien conocidos e investigados en las escuelas, y los estudios longitudinales anteriores muestran que estos resultados se deben en gran medida a las diferencias en las características familiares, experiencias escolares previas y características personales y psicológicas (Gleason, Dynarski, 2009). Específicamente, factores como el bajo nivel socioeconómico de la familia (Rumberger, 1995, Alexander et al, 1999), estudiantes repitentes (Goldschmidt, Wang, 1999), estudiantes con responsabilidades de adultos (Gleason, Dynarski, 2009), estudiantes que se mudan y cambian de escuela.

(Astone, McLanahan, 1994) y la motivación de los estudiantes para aprender (Waldrop, 2010, Archambault, 2009) se asociaron significativamente con el ausentismo y la deserción de los estudiantes.

Aunque estos determinantes pueden afectar a diferentes estudiantes de diferentes maneras, es posible que el RISD no pueda controlar los elementos relacionados con algunos de estos determinantes, como el bajo nivel socioeconómico de un estudiante o un estudiante con responsabilidades de adultos. Sin embargo, el liderazgo del distrito y los maestros pueden influir en factores que suceden dentro del aula o que podrían ser apoyados desde dentro del entorno escolar. Además, Goldschmidt y Wang (1999) muestran que estos diferentes indicadores relacionados con los estudiantes tienen diferentes efectos sobre la deserción de los estudiantes, de tal manera que los estudiantes repitentes son el predictor más fuerte de la deserción temprana y los problemas disciplinarios son el predictor más fuerte de la deserción tardía. Esto no sugiere que el RISD no deba hacer que los estudiantes repitan el ciclo escolar o graduar a estudiantes que no hayan aprendido; más bien, las escuelas y los maestros pueden concentrarse en elementos que preceden a la deserción, como el compromiso con el material y las relaciones con los maestros, como se describe a continuación.

Retención y participación en las clases en línea de la escuela secundaria

La literatura sobre las escuelas secundarias virtuales que estaban en operación antes de la pandemia muestra que la retención se asocia con estudiantes "altamente motivados, de alto rendimiento, autodirigidos y/o que les gusta trabajar de forma independiente" (Barbour, Reeves, 2009). Sin embargo, estas escuelas retienen a los estudiantes de alto rendimiento que también tenían menos probabilidades de abandonar las escuelas presenciales (Barbour, Reeves, 2009). No obstante, de la Varre, et al (2014) señalan que los estudiantes en clases virtuales de Colocación Avanzada tenían más probabilidades de abandonar estas clases debido a "limitaciones de horario y tiempo, rigor académico y motivación, problemas de tecnología, problemas con el medio en línea y falta de la inmediatez del maestro y la influencia de los padres ".

Aunque esta investigación se enfoca en una población decididamente diferente a la de RISD, también se observan estos problemas en las clases de RISD basados en entrevistas con líderes y maestros del distrito. RISD puede considerar estos hallazgos para asegurarse de que (1) haya una cantidad adecuada de trabajo escolar dedicado a cada clase en función de lo que los maestros puedan cubrir razonablemente en una clase presencial o remota, (2) los maestros tengan los materiales adecuados y la preparación para los cursos en línea. aprendizaje, (3) los maestros pasan tiempo en sus clases para desarrollar relaciones significativas con sus estudiantes, y (4) los padres y cuidadores están involucrados en la vida escolar de sus estudiantes.

Relaciones entre pares para mejorar el bienestar de los estudiantes

Las relaciones entre pares se han considerado un factor importante que genera efectos positivos en el bienestar psicológico de los estudiantes jóvenes (B Gray et al., 2018) y se ha descubierto que las interacciones entre estudiantes son un factor clave para la conexión general de los estudiantes con la escuela (Waters et al., 2009). En una encuesta realizada por Annie Gowing (2019) con 336 adolescentes cerca de Melbourne, los estudiantes comentaron que "sus amigos y compañeros eran la principal razón por la que disfrutaban estar en la escuela", y un estudio similar de Fuller et al. (1999) concluyó que una mayor conexión con los compañeros mejoraba la resiliencia de los estudiantes. En este mismo tema, Goswami (2012) encontró que las relaciones positivas de los estudiantes con sus compañeros de la escuela tienen una asociación significativa con su bienestar subjetivo. Estos estudios de métodos mixtos arrojan luz sobre el efecto de promover el bienestar de los estudiantes mediante la creación de interacciones positivas con los compañeros, lo que también puede mejorar la conexión escolar y la tasa de asistencia.

Es fundamental considerar la importancia de las interacciones y relaciones entre estudiantes, ya que muchos estudiantes del RISD han optado por un entorno de aprendizaje solo virtual. Aunque los estudiantes del RISD pueden elegir entre modelos de aprendizaje virtuales o híbridos, los requisitos de distanciamiento social para los entornos de aprendizaje en persona inevitablemente han disminuido las interacciones diarias entre los estudiantes. Además, la elección de los estudiantes de participar en un modelo de aprendizaje virtual puede estar fuertemente influenciada por sus condiciones de salud personales o familiares o las preferencias de sus padres, que están fuera del control del estudiante. Es importante que el RISD considere cómo continuar las interacciones estudiante-estudiante cuando hay temas relacionados con la salud.

Relaciones entre estudiantes y maestros para una mejor participación y bienestar de los estudiantes

Tanto la investigación educativa como la psicológica demuestran que las relaciones entre estudiantes y maestros más positivas y sólidas conducen a mejores resultados de los estudiantes. Además, Ansari (2020), et al. muestran que, aunque los maestros representan una parte relativamente transitoria de la vida de los estudiantes, una relación positiva y cercana entre estudiantes y maestros puede conducir a efectos positivos únicos y acumulativos a largo plazo en los resultados académicos, las aspiraciones educativas y las habilidades de comportamiento social (Ansari, et al., 2020). Además, las relaciones entre estudiantes y maestros con conflictos tuvieron un efecto menos negativo que el efecto positivo de relaciones más estrechas entre estudiantes y maestros, y estos resultados no son específicos de un dominio. Debido a que estos resultados describen efectos tanto en entornos sociales como académicos, esto sugiere que las relaciones positivas y cercanas entre estudiantes y maestros también pueden promover el compromiso y la motivación en el aula.

Esto sugiere además que en todas las escuelas del RISD se deben priorizar las relaciones más profundas entre estudiantes y maestros. Los maestros de escuela primaria tienen la oportunidad de desarrollar estas relaciones en sus períodos obligatorios de aprendizaje socioemocional (SEL), y los maestros de secundaria baja y secundaria alta pueden encontrar esto más manejable durante los días que tengan más tiempo asignado para sus estudiantes. Es posible que el RISD desee considerar vías adicionales para ayudar a los maestros a desarrollar sus relaciones personales con los estudiantes a través del desarrollo profesional u otros medios.

Maestros de calidad para apoyar más que el bienestar de los estudiantes

Si bien "maestro de calidad" es un término relativo a los interesados (Henard y Leprince-Ringuet 2008), aquí definimos a los maestros de calidad como aquellos que utilizan un enfoque centrado en el estudiante para educar al estudiante en su totalidad (Henard y Leprince-Ringuet 2008). Además de los beneficios mencionados anteriormente, Chetty, et al., encontraron que a medida que los estudiantes pasaban de un maestro por debajo del promedio a un maestro por encima del promedio, los ingresos del estudiante aumentaban en un 3.5% por año, lo que se traduce en aproximadamente $10,000 por año (Chetty et al, 2010). Maestros de alta calidad y mayores ingresos de por vida podrían conducir a un cambio dramático en la vida de los estudiantes de bajos niveles socioeconómicos.

Asegurar un Desempeño Docente de Calidad Durante la Pandemia

Los funcionarios escolares pueden facilitar y apoyar el desarrollo profesional formal e informal para fomentar el crecimiento de los maestros y capacitar a los maestros en diferentes valores, estrategias y habilidades que pueden usar para maximizar los resultados de los estudiantes y educar al "niño en su totalidad". Villegas-Reimers (2003) establece que el desarrollo profesional tiene un impacto positivo en tres áreas: (1) creencias y prácticas docentes, (2) aprendizaje y resultados de los estudiantes, e (3) implementación de reformas educativas. Además, la investigación indica que el desarrollo profesional también aumenta el rendimiento de los estudiantes porque los maestros mejoran sus propios conocimientos y habilidades y mejoran la enseñanza en el aula (Suk Yoon, et al 2007).

El Banco Mundial (2020) recomienda tres principios clave que los funcionarios escolares deben considerar al pensar en el desarrollo profesional de los docentes durante la pandemia que respaldan la eficacia de los docentes: (1) apoyar la resiliencia de los docentes, (2) apoyar a los docentes en la instrucción y (3) apoyar a los docentes tecnológicamente. Es importante que los líderes escolares consideren estos factores para asegurarse de que no abruman a los maestros con demasiadas tareas adicionales, lo que puede contribuir a altas tasas de agotamiento de los maestros (Jacobson 2016). Brindar a los maestros apoyo, prácticas y habilidades que se enfocan en sus necesidades pedagógicas puede ayudar a los maestros a continuar brindando a los estudiantes la instrucción de calidad que necesitan. Por último, debido a la naturaleza cambiante de la pedagogía requerida por la tecnología, los maestros necesitan apoyo y se les deben enseñar las mejores prácticas para utilizar la tecnología en el aula y cómo construir lecciones efectivas con esa tecnología.

Es importante señalar que este desarrollo profesional adicional y continuo no debe exacerbar el estrés y la carga de trabajo adicional sobre los que los maestros ya han expresado sus preocupaciones. Más bien, el RISD puede considerar cómo sus requisitos de desarrollo profesional pueden ayudar con las necesidades inmediatas de los educadores. Esto ya se está logrando hasta cierto punto con maestros destacados que muestran cómo navegan por diferentes tecnologías en aulas de aprendizaje híbrido durante sesiones de desarrollo profesional remotas. Sin embargo, el RISD puede considerar cómo pueden apoyar a los maestros a lo largo de los tres principios recomendados de manera equitativa: apoyar la resiliencia de los maestros, las prácticas de instrucción y la capacidad para implementar la tecnología.

Colaboración y participación de los padres para mejorar los resultados de los estudiantes

Las investigaciones muestran que una mayor participación de los padres en las actividades escolares de sus hijos se asocia positivamente con el bienestar de éstos; esta asociación positiva se mantiene entre los grupos étnicos y el género (Bogenschneider, 1997; Shumow y Lomax, 2002). Sin embargo, incluso si los padres quieren participar en el aprendizaje y la vida escolar de sus hijos, factores como la "incapacidad para ausentarse del trabajo", la "inconveniencia de los horarios de las reuniones escolares" y la "falta de conocimiento sobre cómo participar en las actividades escolares" pueden presentar desafíos para que los padres participen en las actividades escolares sin que sea su responsabilidad (OCDE, 2015).

La pandemia de COVID-19 amplificó la necesidad de colaboración de los padres para apoyar el aprendizaje y la salud mental de sus hijos (Brossard et al., 2020) ya que la mayoría de los estudiantes necesitaban facilitación para aprender en sus propios hogares. Sin embargo, esto se convirtió en una carga para los padres del RISD, ya que la pandemia puede haberlos afectado por el desempleo repentino, el riesgo de contraer el virus, las condiciones de trabajo desde el hogar o las opciones de cuidado infantil si trabajan en persona mientras sus hijos están en casa todo el día (Frontiers Institution , 2020). El escenario también se agrava para las familias de bajo nivel socioeconómico (Brossard et al., 2020). La incapacidad de los padres para colaborar con las escuelas pone en mayor riesgo el bienestar de los estudiantes en el RISD.

Implicaciones para el RISD relacionadas con el apoyo al bienestar de los estudiantes

La literatura relacionada con el bienestar de los adolescentes y los estudiantes sugiere que el RISD puede tener la oportunidad de apoyar mejor el bienestar de los estudiantes a través del contacto directo y las relaciones que los estudiantes cultivan en la escuela, es decir, sus relaciones personales y académicas con los maestros. Además, es importante que el RISD considere cómo pueden apoyar otros factores en el entorno de los estudiantes que contribuyen al bienestar de los estudiantes, como la capacidad de un maestro o de los padres para interactuar con los estudiantes de una manera significativa.

Si bien el bienestar es un campo activo de investigación educativa y psicológica y un indicador importante como se demostró anteriormente, es importante señalar que es muy difícil capturar con precisión el "bienestar" como una métrica individual. Específicamente, el bienestar de los estudiantes y los jóvenes es decididamente diferente al bienestar de los adultos, y este campo de investigación es relativamente nuevo (McLellan y Steward, 2015). Algunos estudios recientes utilizan encuestas de estudiantes cuidadosamente elaboradas que combinan datos sobre preguntas relacionadas con las relaciones interpersonales, la satisfacción con la vida, las competencias y las emociones negativas de un estudiante (McLellan & Steward, 2015).

Además, encuestas similares combinan estos datos con los puntajes estandarizados de matemáticas y ELA del estudiante (Howard, et al, 2018) para determinar un "puntaje" que puede ayudar a cuantificar el bienestar de un estudiante. Sin embargo, estas encuestas también pueden tener diferentes implicaciones para diferentes dominios o escuelas o para diferentes poblaciones vulnerables o no vulnerables, por lo que el RISD debe considerar el uso de un grupo de otras medidas aproximadas, como la asistencia de los estudiantes, la participación en clase, el rendimiento académico, comportamiento negativo, y participación en actividades extracurriculares (Archambault, 2009) - para continuar monitoreando los elementos del bienestar de los estudiantes.

Proponer y Evaluar Programas Alternativos para abordar los Desafíos del Bienestar de los Estudiantes

Teoría General de Acción

Como se mencionó anteriormente, nos enfocamos en mejorar el bienestar de los estudiantes como nuestro objetivo final. La teoría de acción asume que los niños que (1) experimentan el funcionamiento personal, (2) persiguen metas significativas y la autorrealización (Huppert, 2014), (3) construyen relaciones positivas con los demás y (4) experimentan crecimiento personal (Ryff, 1989) encarnan un mayor nivel de bienestar, por lo tanto, mejor retención, más compromiso y estados socioemocionales positivos. En esta sección, analizamos cinco soluciones alternativas que incluyen un escenario de *¨Business-As-Usual¨*[24] en el que la

---

[24] Business-As-Usual, se puede traducir como "Aquí no pasa nada" o continuar con el escenario usual.

condición actual en el RISD continuará sin ser alterada. Evaluamos las alternativas según los criterios seleccionados y los posibles resultados. Dado que las consecuencias generalmente no son lineales y los resultados de un programa pueden sentar una buena base para otro programa, comparamos cada alternativa según los criterios establecidos y luego reunimos la recomendación de política final.

Criterios de evaluación

Evaluamos estos programas en función de cinco factores: (1) rentabilidad, (2) eficacia, (3) equidad, (4) tiempo de implementación y (5) efectos acumulativos futuros, que se describen con más detalle en la Tabla 1. A pesar de la consenso de enfocarse en el bienestar de los estudiantes, los administradores del RISD han hecho explícito que la capacidad del distrito para implementar un nuevo programa potencial está restringida y tienen la intención de enfocarse solo en programas que impacten significativamente las necesidades socioemocionales de los estudiantes dentro del presupuesto financiero y sin agregar una carga significativa a los ya ocupados horarios de los maestros. En otras palabras, los criterios de "eficacia" y "rentabilidad" son las principales prioridades de los administradores al analizar nuestras recomendaciones de políticas. Sobre la base de estas expectativas, hemos considerado asegurarnos de que nuestros programas brinden igualdad de oportunidades a estudiantes de diferentes orígenes, ya que es fundamental dada la diversidad de estatus socioeconómicos del distrito y la literatura que sugiere que los estudiantes de familias de estatus socioeconómicos más bajos pueden tener más probabilidades de experimentar situaciones que conduzcan a una disminución del bienestar. Aunque hay algunas noticias prometedoras recientes sobre las vacunas para el COVID-19, incluimos el tiempo para implementar el programa como un criterio clave debido a la incertidumbre causada por la pandemia y sus secuelas. Finalmente, dado que cada programa impacta en un número diferente de partes de la comunidad del RISD, usamos el criterio de "efectos acumulativos futuros" para evaluar la efectividad a largo plazo de los programas y para evaluar cuántos involucrados diferentes podrían beneficiarse de la intervención.

Tabla 1. Tipos de Criterios (Bardach, 2019)

Criterios	Concepto/Significado
Costo efectividad	La cantidad de carga financiera que la recomendación impondrá al cliente.
Eficacia	La capacidad de la recomendación para producir un resultado particular.
Equidad	La capacidad de la alternativa para proporcionar a los grupos objetivo del cliente niveles de necesidad diferenciados según la cantidad de apoyo requerido.
Tiempo para implementarse	La cantidad de tiempo que le tomaría al cliente implementar la alternativa en su sistema actual en operación..
Relevancia	La conexión entre la implementación de una política para lograr el objetivo final.
Efectos acumulativos futuros	El número de interesados comunitarios del RISD que experimentarán efectos positivos a largo plazo como resultado de este programa.

En los siguientes apartados, se analiza cada una de las alternativas del programa desde la óptica de cada uno de los criterios.

Condición de referencia: Business-as-usual

Las medidas actuales del RISD para continuar con las oportunidades educativas implican ofrecer clases híbridas remotas y en persona durante el semestre de primavera de 2021 y ofrecer deportes en persona y actividades extracurriculares limitadas en los campus del distrito. Además, se espera que los maestros continúen enseñando desde las aulas físicas donde harán cumplir el distanciamiento social y los protocolos de salud relacionados con sus colegas y estudiantes.

Debido a que los empleados del distrito deben cumplir con los protocolos de distanciamiento social y debido a que no existe una herramienta de comunicación integral para el distrito, los maestros continuarán adaptando y desarrollando planes de lecciones individualmente o con maestros de su mismo campus. Esta estrategia es un desafío para los maestros que son el único maestro de una materia determinada en su escuela, ya que es posible que no tengan compañeros con los que sepan que puedan colaborar. Debido a que todos los maestros del distrito se han dado cuenta de este punto crítico, los maestros pueden evolucionar para desarrollar sus propios medios de comunicación en el distrito o en otras escuelas. Sin embargo, será un desafío garantizar que esto se haga de manera equitativa y que todos los maestros reciban el apoyo de estos mecanismos.

Los estudiantes seguirán teniendo la opción de participar como aprendices virtuales o en persona. Como mostraron los datos del Archivo de Datos Educativos de Stanford (SEDA, Stanford Education Data Archive), los resultados de los estudiantes se han reducido entre 2008 y 2018, y las brechas de aprendizaje se han ampliado entre los estudiantes negros y pobres, incluso antes de la pandemia. Debido a la disminución del compromiso y la participación de los estudiantes remotos y la disminución de las interacciones sociales entre todos los estudiantes, los estudiantes pueden retrasarse más en sus trabajos del curso o en las expectativas de resultados de aprendizaje, lo que afecta su aprendizaje en los ciclos escolares futuros y las responsabilidades de los maestros en los ciclos siguientes. Además, los estudiantes que no comunican ninguna dificultad a los maestros o el liderazgo escolar pueden seguir teniendo responsabilidades adicionales sin el apoyo de su escuela. Es de esperar que el distrito se dé cuenta de que, además de las opciones híbridas, se deben proporcionar opciones de aprendizaje flexibles y de atención más personalizada para abordar los diversos desafíos que enfrentan las familias en la pandemia.

El RISD puede experimentar una disminución de $10.4 millones en fondos debido a la disminución de inscripciones y el aumento de ausencias durante el ciclo escolar 2020-2021 (Donaldson, 2020). Sin embargo, es importante tener en cuenta que algunos de estos déficits financieros anticipados se compensarán con $5.5 millones en subvenciones de la Agencia de Educación de Texas (Plusnick, 2020), aunque ésta y las posibles subvenciones de emergencia futuras no compensarán por completo la cantidad de fondos perdidos por disminución de la matrícula y la asistencia. En conclusión, es probable que el RISD pueda iterar y desarrollar soluciones "sobre la marcha" para tratar los síntomas que surgen de los desafíos relacionados con la pandemia. Sin embargo, esto puede resultar en un gasto de emergencia excesivo, compromiso de tiempo y estrés, ya que estas soluciones pueden no abordar la causa raíz de ningún problema.

Alternativa I: Comunidad de práctica en línea del RISD para pedagogía y planes de clase

La comunidad de práctica en línea del RISD permitirá a los maestros de todo el distrito colaborar y compartir recursos específicos para grupos de edad, materias o pedagogía en una plataforma en línea. En esta plataforma, los maestros pueden compartir videos, fotos y contenido basado en texto que contenga ejemplos de cómo se preparan para enseñar o implementar actividades de clases híbridas, enlaces a sitios web de recursos externos que ayudan con materias específicas, configuraciones de tecnología que promueven un salón de clases más atractivo, u otras herramientas, consejos y notas que pueden ayudar a otros educadores en la red del RISD a trabajar mejor y conectarse entre sí, con los estudiantes y con los padres. Debido a que todos los maestros operan en circunstancias sin precedentes, necesitan reinventar y pasar varias horas revisando su plan de estudios para lograr los mismos objetivos de aprendizaje en un entorno de aprendizaje remoto, presencial o híbrido. La Comunidad de Práctica en Línea del RISD permitirá a los maestros construir y acceder a un repositorio de conocimiento colectivo de diferentes recursos para que cada maestro no necesite reinventar individualmente cómo enseñar un concepto particular en línea. Conectar a los educadores y crear un recurso central para el plan de estudios, las actividades y la participación de los estudiantes evitará esfuerzos duplicados e innecesarios para crear materiales similares y, por lo tanto, brindará tiempo adicional para que los maestros se involucren personalmente con sus estudiantes en asuntos académicos y personales. Debido a que los maestros pueden tener un impacto positivo y significativo en el comportamiento social de los estudiantes y los resultados académicos (Ansari, et al, 2020), es importante que el RISD brinde oportunidades para que los maestros desarrollen orgánicamente relaciones significativas con sus estudiantes.

Esta "comunidad de práctica" también promoverá un entorno de aprendizaje óptimo para los maestros mediante la coordinación de un grupo de maestros del RISD que participan en actividades compartidas en la plataforma y comparten recursos relacionados con un conjunto de valores y su compromiso con sus estudiantes (Lave & Wenger, 1991). Esta Comunidad de Práctica en Línea del RISD organizaría a los maestros por grados (por ejemplo, maestros de primer grado) o materias (por ejemplo, maestros de Álgebra I) para compartir los recursos relevantes mencionados anteriormente. Esta comunidad en línea podría estar alojada en una plataforma en línea como YellowDig, Flipgrid o Discourse, como se describe con más detalle en el Apéndice C.

Debido a que esta sería una plataforma social y dependería de que los maestros participen y publiquen en la plataforma para que sea útil y eficaz, el RISD permitirá a los maestros ganar una proporción de sus horas de desarrollo profesional requeridas preparando, publicando y comentando el contenido de esta plataforma. Además, el liderazgo escolar dedicará tiempo durante los días de desarrollo profesional en todo el distrito para que los maestros publiquen y exploren el contenido de la comunidad.

Beneficios

La teoría de acción aquí se basa en la literatura discutida anteriormente sobre la necesidad de que los administradores apoyen la capacidad de recuperación, la instrucción y las necesidades técnicas de los maestros. Esto supone que, si los maestros participan en este foro y comparten recursos entre ellos, usarán el conocimiento colectivo y serán más eficientes al prepararse para las clases y que se conectarán con otros maestros similares en todo el distrito. Esto también puede disminuir los sentimientos de aislamiento y ansiedad entre los maestros y permitir que los maestros pasen más tiempo interactuando con los estudiantes, lo que puede incrementar su bienestar. Además, algunas plataformas de foros son de uso e implementación gratuitos, lo que puede permitir que el RISD implemente este programa con un costo y una inversión mínimos de tiempo. Además, este programa involucraría a todos los maestros del RISD, lo que significa que esto afectaría a todos los estudiantes del distrito.

Limitaciones

Debido a que este programa depende de la participación de los maestros, y debido a que los maestros ya han notado que están haciendo mucho más trabajo de lo habitual, existe el riesgo de que este programa no se utilice como se esperaba si no se implementa la motivación y la capacitación adecuadas al comienzo del programa. Además, este programa probablemente requerirá un grupo de maestros o "campeones" del personal que usen activamente y ayuden a monitorear el contenido para que siempre haya contenido nuevo con el que las personas puedan interactuar en la plataforma. Este programa también puede requerir recursos financieros y de tiempo adicionales dependiendo de la plataforma seleccionada, lo que puede no ser factible dentro del presupuesto del RISD.

Alternativa II: Perfiles de estudiantes de información compartida de maestros para monitorear comportamientos

El programa *Perfiles de los Estudiantes* permitirá a los maestros registrar de manera informal comentarios positivos, negativos y neutrales sobre el comportamiento de los estudiantes en el sistema FOCUS que utiliza el RISD para registrar la asistencia, calificaciones, horarios e información de contacto de los padres de los estudiantes. Estos perfiles permitirán a los maestros "monitorear" las experiencias y comportamientos de los estudiantes en otras clases o en casa. Esto permitirá a los profesores apoyar mejor las necesidades específicas de los estudiantes, que pueden ser difíciles de supervisar en entornos de aprendizaje remoto.

Estos perfiles pueden respaldar mejor las relaciones personales y cercanas entre maestros y estudiantes, lo que puede aumentar el bienestar y el rendimiento académico de los estudiantes (Ansari, et al, 2020, Pane et al, 2017). Además, a medida que más maestros participan para crear estos perfiles, el RISD puede implementar análisis simples, automatizados y basados en texto a través de la base de datos respalda para "señalar" automáticamente los perfiles de estudiantes específicos para que los revisen maestros o líderes escolares específicos.

Beneficios

La teoría de acción aquí se basa en la literatura discutida anteriormente sobre los beneficios de las relaciones alumno-maestro para mejorar el bienestar de los alumnos. Esto supone que si los maestros comprenden mejor cómo se comportan los estudiantes en las clases con otros maestros y si los maestros pueden conocer los desafíos que pueden evitar que los estudiantes participen plenamente en la clase o en su trabajo académico, entonces los maestros podrán evaluar mejor los cambios en los estudiantes. comportamiento y relaciones sociales y comprender mejor cómo pueden conectarse con los estudiantes a nivel personal.

Debido a que los maestros usan FOCUS todos los días para registrar la asistencia de los estudiantes, es posible que este programa no agregue una cantidad significativa de trabajo adicional para los maestros. Aunque FOCUS ya tiene la capacidad para que los maestros ingresen referencias de estudiantes sin las acciones disciplinarias resultantes, las "referencias" tienen una connotación negativa en el distrito (Maestro E, entrevista de Zoom, 8 de diciembre de 2020), lo que puede inhibir a los maestros para recurrir a este método para registrar las percepciones de los estudiantes. Actualmente, los maestros no pueden ver los detalles de las referencias de otros maestros, incluso de sus propios estudiantes, lo que no ayuda en un perfil de antecedentes colectivo de los estudiantes. Por último, la creación de un campo de base de datos adicional no debería generar costos significativos para el RISD, y el tiempo de implementación técnica dependerá principalmente de la capacidad de los equipos de datos y TI para trabajar en este campo con FOCUS.

Limitaciones

Aunque la implementación técnica de este programa es relativamente simple, este programa requerirá una inversión de tiempo significativa por parte del distrito y un equipo de maestros y personal "campeones". Deberán determinar las "Pautas para el perfil del estudiante" para asegurarse de que los maestros reciban la capacitación adecuada para usar y comentar en estos campos y que proporcionen notas apropiadas (por ejemplo, no deben compartir ninguna información de salud sensible). Además, el éxito de este programa también requiere que los maestros participen constantemente en estos comentarios y que los perfiles de los estudiantes estén actualizados. Esto requiere el apoyo del liderazgo escolar para brindarles a los maestros un desarrollo escolar o profesional dedicado durante el día para completar la información sobre sus estudiantes.

Alternativa III: Tutoría a estudiantes con Organizaciones Locales y Universidades

El *Programa de Tutoría a Estudiantes* está diseñado para brindar un mejor apoyo social y emocional a los estudiantes de secundaria baja y secundaria alta que muestran altos niveles de desvinculación. El programa se centrará en mejorar el bienestar de los estudiantes y fomentar su participación en la escuela y el aprendizaje y se basa en la información aportada por los *Perfiles de los Estudiantes* mencionados anteriormente. Los estudiantes con bandera roja o identificados de otra manera serán invitados a unirse a un programa de dos años (con el consentimiento de los padres/tutores) donde se los empareja con estudiantes de nivel universitario o graduados que han sido capacitados para comunicarse con los estudiantes para ayudar a alimentar sus motivaciones. Estos mentores tendrán acceso al perfil de comportamiento escolar de los estudiantes (asistencia, informes académicos y comportamientos socioemocionales) para que puedan proporcionar intervenciones específicas a través de reuniones individuales continuas con sus tutorados. Las intervenciones están destinadas a abordar los obstáculos relacionados con varios aspectos de la vida socioemocional de los estudiantes y brindar sugerencias para que los estudiantes organicen mejor su tiempo de acuerdo con sus requisitos personales (es decir, preparación para los plazos de asignación o consultas para solicitudes universitarias). Los mentores también trabajarán con las familias de los estudiantes para promover la interacción entre el hogar y la escuela y crear un entorno consistente y de apoyo. Si los estudiantes requieren una intervención más intensiva, también tendrán mecanismos para informar a los líderes del distrito.

La teoría de acción del programa asume que los mentores ayudarán a los estudiantes a construir conexiones personales y que esta atención personalizada y de apoyo mejorará el bienestar del estudiante, la realización personal y la motivación intrínseca para las actividades escolares. Además, algunos beneficios de estas relaciones pueden ser cíclicos, por ejemplo, una vez que los estudiantes establecen un sentido de realización y una trayectoria clara de su vida, pueden participar en más actividades escolares, lo que conduce a una probabilidad de un mejor comportamiento social y emocional y a un estado mental de bienestar. Aunque la investigación demuestra que la relación alumno-maestro es un factor importante para apoyar el bienestar de los estudiantes (Ansari, et al, 2020, Pane et al, 2017), puede ser más rentable para el RISD asociarse con una organización externa para ayudar a construir estas relaciones personales de mentores con los estudiantes para apoyar su bienestar mental.

Beneficios

La eficacia de este programa ha sido demostrada en investigaciones anteriores. En 2016, What Works Clearinghouse (WWC) declaró que los programas que conectan a los estudiantes jóvenes con mentores capacitados que monitorean de cerca el bienestar físico y mental de los estudiantes y el progreso académico produjeron efectos positivos en los resultados de los estudiantes (Jessica, Kristina, Deborah, Mindee, Sandra y Angie, 2018). Además, el liderazgo del distrito RISD ya ha reconocido el beneficio de la programación de tutoría personalizada y ha identificado dos organizaciones asociadas externas con las que puede asociarse. Aunque este programa requiere una gran inversión operativa para capacitar y administrar mentores, puede ser fácil reclutar mentores de la Universidad de Texas en Dallas, que se encuentra a menos de 10 minutos en automóvil de la mayoría de las escuelas del RISD.

Limitaciones

Debido a que sería extremadamente costoso proporcionar mentores individuales para todos los estudiantes del RISD, este programa no es igualmente accesible para los estudiantes del distrito. Además, incluso cuando este programa solo atiende a estudiantes identificados que necesitan apoyo aprendizaje emocional adicional, su administración puede ser una carga demasiado pesada para los recursos del RISD, y es posible que el distrito desee subcontratar esta administración a un socio ya establecido. Además, si este programa comienza con la instrucción remota, es posible que no pueda servir a los estudiantes seleccionados que no tienen la infraestructura digital adecuada, como la conectividad a Internet.

Alternativa IV: Notas de Empuje automatizadas para informar a los cuidadores y aumentar la asistencia de los estudiantes

El programa de Notas de 'Empuje' es un ajuste útil y de bajo costo al plan de comunicación actual con los padres del RISD que enviará mensajes automatizados y específicos para informar a los padres sobre la asistencia y el desempeño en clase de sus estudiantes a través de mensajes positivos que animen a los padres a hablar sobre la importancia de la asistencia con sus hijos. Aunque los cuidadores del RISD pueden acceder a los registros de asistencia de sus estudiantes a través del portal de padres FOCUS, esto requiere que los padres inicien sesión en el sitio web para acceder a esta información y estos datos no brindan un contexto adicional sobre cómo la mala asistencia podría afectar los resultados relacionados con los estudiantes. Vale la pena notar que más del 70% de las familias no del distrito no son blancas y las notas de apoyo también se escribirán en el primer idioma de ciertas familias.

Esta intervención se basa en las teorías de la economía del comportamiento (Thaler, Sunstein, 2008) y en un estudio que encontró que enviar una "única postal que alentaba a los tutores a mejorar la asistencia de sus estudiantes reducía las ausencias en aproximadamente un 2.4%" (Rogers et al, 2017). Además, RISD puede mejorar este programa agregando información personal adicional de los perfiles de los estudiantes descritos en la Alternativa II. Este programa asume que recibir estos mensajes alentará a los padres a tener conversaciones más específicas sobre la participación escolar con sus estudiantes, y que el comportamiento y el bienestar de los estudiantes mejorarán con los cuidadores involucrados activamente.

Beneficios

Una investigación similar de mensajes postales centrados en los padres muestra los beneficios empíricos de enviar estos mensajes dirigidos a los padres (Proving Ground, 2020, Rogers et al, 2017). Este programa también es rentable; Rogers, et al, señalan que estos mensajes solo cuestan $0.22 USD por postal. Además, el cronograma de este programa es relativamente fácil de implementar, ya que se basa en la infraestructura actual del RISD y los mensajes de los padres.

Limitaciones

Aunque el RISD tiene la infraestructura interna para implementar este programa de mensajes postales, el liderazgo del distrito RISD ha notado que se sentirían más cómodos al asociarse con una organización externa que se encargará de estos mensajes por ellos, como School Innovations & Achievement (https: // www.sia-us.com/meet-us). Esto generaría costos significativos para el programa, pero puede ser más rentable si el equipo de datos del distrito no está preparado para implementar estos análisis y mensajes simples de manera regular. Además, si el RISD no quisiera asociarse con una organización y no quisiera implementar su propio sistema de mensajería automatizada, el distrito podría implementar una solución de bajo costo donde los maestros escriben postales a mano. Sin embargo, esto puede contribuir a una importante inversión de tiempo para los maestros y administradores escolares.

Comparación de programas alternativos

Criterios de evaluación

Después de seguir de cerca técnicas establecidas de análisis de políticas basadas en la investigación (Bardach, 2019), limitamos nuestras soluciones alternativas a los cuatro programas mencionados anteriormente, además del escenario *business-as-usual*. Cada alternativa tiene como objetivo mejorar el bienestar de los estudiantes siguiendo una determinada teoría de acción y se evalúa en función de nuestros criterios seleccionados: costo-efectividad, tiempo de implementación, equidad, eficacia, relevancia y efectos acumulativos futuros, como se describe en la matriz de políticas en la Tabla 2. En esta matriz, también calificamos cada programa alternativo en relación con los otros programas alternativos en una escala de 0 a 4, donde 0 es el peor programa relativo y 4 es el mejor programa relativo. Ponderamos cada uno de estos criterios por igual para enfatizar la igual importancia de todos los factores. Esto nos permite evaluar objetivamente el "mejor" programa como el programa con la puntuación más alta en esta matriz.

Tabla 2: Matriz de Comparación de Programas Alternativos

Escenario Alternativo	Costo	Tiempo de Implementación	Equidad (Número de estudiantes atendidos)
Business-as-usual	0 Decisiones de costos rápidas y por partes para arreglar soluciones a corto plazo sin una estrategia a largo plazo	4 No requiere tiempo de implementación	0 "Atiende" a todos los estudiantes inscritos, pero no toma ninguna medida proactiva para tender la equidad
Comunidad de Pràctica en Línea: Currìculum en líneas para maestros/comunidad de intercambio pedagógico para desarrollo profesional	2 Gratis-$10,000/año dependiendo del foro o plataforma adoptado + horas de trabajo requeridas para capacitaciòn y promoción del uso	1 1-6 meses para elegir la plataforma, capacitar a los maestros, cargar notas, hacer pautas comunitarias e incorporar al desarrollo profesional del distrito de el próximo año	4 Sirve a todos los estudiantes a través de la comunidad de maestros, la cultura y la colaboración apoyada en las horas y días de desarrollo profesional.
Perfil de los Estudiantes: Maestros compartiendo sobre la conducta y progreso de los	4 Costo de agregar un campo de datos en la base de datos de asistencia	3 1-3 meses dependiendo de los datos del RISD / relación de TI con FOCUS + desarrollar pautas y capacitación sobre comentarios	3 Esto tiene como objetivo dirigirse a todos los estudiantes,

estudiantes	(mínimo) + horas de trabajo requeridas para la capacitación y para determinar las pautas de comentarios		pero podría utilizarse más con los estudiantes que se encuentran en extremos positivos y negativos de comportami ento y desempeño
Tutoría a Estudiantes: Estudiantes tutores de universidades locales (Educación, Trabajo Social, etc.)	1 Capacitación de mentores de estudiantes, posible contrato con un proveedor externo para administrar este programa	0 6-12 meses dependiendo de las relaciones con las escuelas locales, certificaciones/autoriza ciones necesarias para interactuar con estudiantes más jóvenes, capacitación para estudiantes voluntarios y posibles proveedores externos	1 Atiende sólo a los estudiantes identificados como "en riesgo" que pueden necesitar apoyo y orientación adicional de aprendizaje socioemocio nal
Notas de Empuje: notas regulares y automatizadas para los padres sobre la asistencia y participación de los estudiantes con notas específicas	3 Costo de postales y servicios de impresión + horas de trabajo para escribir un guión que se conecte a los datos de asistencia (aproximadam ente una semana del tiempo del	2 De 2 a 12 meses, según el método del programa (mensajes impresos totalmente automatizados o notas firmadas por el maestro) y si las notas incluyen comentarios específicos de "bandera roja"	2 El sistema afecta a todos los estudiantes, pero las notas afectan principalmen te a los estudiantes con malos resultados de asistencia

	equipo de datos)		

Tabla 3: Continuación de la Matriz de comparación de programas alternativos

Escenario Alternativo	Eficacia/ " "Alcance el objetivo (bienestar del estudiante)"	Efectos acumulativos futuros	Puntaje total
Business-as-usual	0 No aborda directamente el bienestar de los estudiantes	0 No tiene efectos adicionales para los estudiantes, maestros, administradores o padres	4
Comunidad de Práctica en Línea: Currìculum en líneas para maestros/comunidad de intercambio pedagógico para desarrollo profesional	2 Afecta principalmente el bienestar de los maestros, aunque esto afecta el bienestar de los estudiantes, por medio del bienestar de los maestros	3 Afecta a profesores, administradores y estudiantes	12
Perfil de los Estudiantes: Maestros	3 Permite a los profesores utilizar	3 Afecta a maestros,	16

compartiendo sobre la conducta y progreso de los estudiantes	un enfoque más específico con respecto al apoyo al estudiante	administradores y estudiantes	
Tutoría a Estudiantes: Estudiantes tutores de universidades locales (Educación, Trabajo Social, etc.)	4 Enfoque directo y atención individual al bienestar de los estudiantes	1 Afecta solo a estudiantes	7
Notas de Empuje: notas regulares y automatizadas para los padres sobre la asistencia y participación de los estudiantes con notas específicas	1 Pone la responsabilidad del elemento de acción de bienestar del estudiante en los cuidadores que reciben las notas de empuje, que no se pueden leer	2 Afecta a estudiantes y padres	10

Mejores recomendaciones para cada criterio seleccionado

El programa Perfiles de los Estudiantes es la más rentable de estas alternativas porque se basa directamente en la infraestructura de la base de datos existente y debería incurrir en pequeños costos financieros directos, si es que los hay, para el distrito. Aunque esto generará costos indirectos relacionados con la implementación de los empleados y el tiempo de capacitación, estos costos pueden ser similares a los de otros programas alternativos descritos aquí.

El escenario con base en el enfoque business-as-usual no toma tiempo para implementar porque no hay un nuevo programa descrito en este caso, y el programa alternativo más efectivo en el tiempo es el programa de Perfiles de los Estudiantes. Una vez más, el programa Perfiles de los Estudiantes debería poder operar con relativa rapidez porque este programa se basa en la infraestructura tecnológica existente y porque los maestros ya están familiarizados con el software FOCUS, que debería requerir algo de formación, pero mínima.

El programa de la Comunidad de Práctica en Línea es el más equitativo, ya que este programa impacta a todos los estudiantes del RISD al impactar a todos los maestros del distrito. Otros programas se dirigen a los estudiantes que demuestran deficiencias específicas de comportamiento o bienestar, que no se dirigen a los estudiantes que no muestran ningún problema de comportamiento. Aunque el RISD podría enfocarse solo en los estudiantes que demuestren una necesidad de atención de bienestar, esto puede desviar la atención regular de los maestros de los estudiantes que luego pueden necesitar ser seleccionados en uno de estos programas.

El programa Perfiles de los Estudiantes y el programa de Tutoría a Estudiantes son igualmente relevantes para el objetivo de mejorar el bienestar de los estudiantes, ya que se enfocan directamente en los estudiantes mientras que otros programas se enfocan en los maestros y padres. Aunque mejorar el bienestar de los profesores y la participación de los padres tiene una relación significativa con el bienestar de los estudiantes, centrarse en los estudiantes directamente puede ayudar a alcanzar el objetivo de manera más eficaz.

Los programas Perfiles de los Estudiantes y Comunidad de Práctica en Línea crean una base para mayores efectos acumulativos en el futuro. Aunque la alternativa de la Comunidad de Práctica en Línea del RISD no se basa en un programa existente para las operaciones escolares, este programa afectará los desafíos actuales además de cómo los maestros y los líderes escolares abordan la resolución de problemas en el futuro. Estos programas impactan directamente a los maestros y administradores. Sin embargo, también brindan la mayor oportunidad para que los maestros establezcan mejores relaciones con los estudiantes y los padres y pueden servir a todos los estudiantes, en lugar de solo a los estudiantes que se identifican como que necesitan atención.

Recomendación del programa

En la matriz de evaluación del programa anterior, determinamos que el programa de Perfiles de los Estudiantes del RISD es el programa más rentable, relevante e impactante en general, y recomendamos que el RISD implemente este "complemento" del sistema a través de la plataforma FOCUS. Además, recomendamos que el RISD también implemente el programa de la Comunidad de Práctica en Línea de RISD porque se determina que es igualmente rentable e impactante. Además, el proceso de implementación de ambos programas se basa en varias características clave similares que pueden abordarse mejor en conjunto. Es decir, ambos programas se basan en (1) los maestros que dedican tiempo a contribuir con contenido a estas plataformas para que sean útiles y (2) los líderes escolares y distritales brindan oportunidades e incentivos significativos para que los maestros participen en estas plataformas no solamente en su tiempo libre.

Aunque la infraestructura tecnológica en ambos programas puede ser simple de implementar, es importante señalar que el valor de estos programas se deriva del esfuerzo de las redes sociales que impulsa la comunidad de práctica y la cultura resultante. Esto significa que como parte del proceso de implementación, el RISD necesita identificar al menos un "dueño del programa" que asumirá las responsabilidades de administrar y promover la actividad en cada una de las plataformas, probablemente por un estipendio adicional para apoyar el tiempo dedicado a este trabajo. Debe ser alguien a nivel de distrito o un educador que aspire a obtener experiencia de liderazgo o que desee trabajar en el liderazgo de la escuela o del distrito en el futuro.

Para el programa Perfiles de los Estudiantes, el RISD puede sugerir que los líderes escolares reserven un tiempo específico para que los maestros no sientan que estas notas de los estudiantes son una tarea adicional de menor importancia para completar. Las contribuciones en esta plataforma también serán datos críticos que pueden ayudar al RISD a comprender mejor cómo los diferentes comportamientos de los estudiantes informados se asocian con el rendimiento académico y cómo los diferentes maestros participan e informan sobre el rendimiento de los estudiantes. Esto también puede proporcionar evidencia concreta en tiempo real de las tendencias en el comportamiento de los estudiantes en una base de datos consolidada en lugar de a través de una combinación de referencias formales y correos electrónicos informales, mensajes de texto y llamadas a los cuidadores. Para el programa de la Comunidad de Práctica en Línea, el RISD puede querer reconocer a un pequeño grupo de maestros "campeones" durante períodos de tiempo específicos que se comprometerán a dedicar sus horas requeridas de desarrollo profesional a contribuir a esta plataforma.

Al implementar estos programas, es importante considerar los siguientes factores de éxito comprobados para estos programas:

1. Monitorear las tendencias en la participación de la plataforma: El programa o el "dueño" de la plataforma debe evaluar y administrar los comportamientos con herramientas gratuitas de la plataforma seleccionada para determinar la cantidad de actividad privada, pública y de navegación. Esto puede ayudar al RISD a iterar la implementación del programa y la estrategia para que sea más útil para comunidades específicas del RISD.

2. Evitar entornos estrictamente competitivos (p. ej., basados en micro credenciales) o estrictamente cooperativos (p. ej., basados en debates): Hlapanis y Dimitracopoulou (2007) encuentran que, en promedio, los hombres tienden a desempeñarse mejor en entornos competitivos de la comunidad de práctica en línea y las mujeres tienden a para desempeñarse mejor en entornos cooperativos, por lo que el RISD debe asegurarse de recompensar y enfatizar ambos tipos de participación para garantizar la equidad.

3. Enfatizar la participación práctica y basada en la reflexión: si bien el programa de Perfiles de los Estudiantes se basa en evidencia práctica para conectarse con los estudiantes y comprenderlos, la comunidad de práctica en línea puede ayudar a profundizar la identidad de los maestros como

educadores y miembros de la comunidad del RISD a través de la reflexión escrita y oral (Kelly, et al., 2007).

4. Promover el verdadero desarrollo profesional: Si bien el RISD está comprometido con el desarrollo profesional de maestros y líderes, es importante que su participación en estas plataformas esté vinculada a las habilidades y experiencias específicas adquiridas para la promoción, si así se desea. Por ejemplo, las contribuciones de la comunidad de práctica en línea de los maestros podrían aportar a un portafolio electrónico para el desarrollo profesional futuro (Evans y Powell, 2007)

5. Construir una cultura de tutoría en todo el distrito: el RISD puede aprovechar los programas de tutoría individual existentes con nuevos maestros y escalar esto a una tutoría a mayor escala y de mayor impacto entre maestros en diferentes escuelas con diferentes roles, lo que puede contribuir a mejorar apoyo profesional, práctica docente y necesidades socioemocionales.

Conclusión

Los autores proponen cuatro recomendaciones de programas para promover la continuidad de la educación durante y después de la pandemia de COVID-19, y recomiendan que el RISD implemente los programas (1) Perfiles de los Estudiantes y (2) programas de comunidad de práctica en línea para brindar un mejor apoyo a las necesidades sociales y emocionales de sus maestros durante y después de la pandemia, lo que posteriormente permitirá a los maestros apoyar mejor el bienestar de los estudiantes en las escuelas. Los programas Notas de Empuje y Tutoria a Estudiantes podrían promover el bienestar de los estudiantes; sin embargo, es probable que estos programas sean menos efectivos en costo y tiempo. El liderazgo del RISD actualmente está dando grandes pasos para administrar su sistema escolar que es académicamente riguroso, cumple con las regulaciones de salud en constante cambio y garantiza el apoyo social y emocional para estudiantes y maestros. Sin embargo, estos programas, además de los otros programas alternativos descritos, permiten que el RISD se concentre estratégicamente en los puntos débiles pertinentes en todo el distrito y construya una base para la oportunidad educativa continua a medida que la pandemia cede.

Autores

Melanie Shimano es estudiante de Ed.M en el programa de Tecnología, Innovación y Educación de la Escuela de Posgrado de Educación de Harvard y profesora en la Universidad Johns Hopkins. Su trabajo se centra en la creación de programas en la intersección de la educación, la tecnología y el compromiso cívico para abordar preguntas sobre cómo el público estadounidense se adaptará a una economía digital en evolución.

Yiqin Wang es estudiante de Ed.M en el programa de Política Educativa Internacional de la Escuela de Posgrado de Educación de Harvard con una maestría en Economía y Finanzas Internacionales de la Universidad de Brandeis. Ella planea seguir una carrera como diseñadora de aprendizaje y mejorar la participación de los estudiantes.

Joshua S. Sparks es un estudiante de Ed.M en Aprendizaje y Enseñanza de la Escuela de Posgrado de Educación de Harvard y graduado de Winston. Como educador y entrenador de matemáticas de nivel secundaria, Joshua pasa cada día trabajando con los estudiantes y esforzándose por brindarles una educación de calidad.

Referencias

Alexander, K., Entwisle, D., & Horsey, C. (1997). From First Grade Forward: Early Foundations of High School Dropout.   Sociology of Education, 70(2), 87-107. doi:10.2307/2673158

Ansari, Arya, Hofkens, Tara L, & Pianta, Robert C. (2020). Teacher-student relationships across the first seven years of education and adolescent outcomes. Journal of Applied Developmental Psychology, 71, Journal of applied developmental psychology, 2020-11, Vol.71.

Archambault, Isabelle, Janosz, Michel, Fallu, Jean-Sébastien, & Pagani, Linda S. (2009). Student engagement and its relationship with early high school dropout. Journal of Adolescence (London, England.), 32(3), 651-670.

Astone, Marie & Mclanahan, Sara S. (1994). Family Structure, Residential Mobility, and School Dropout: A Research Note. Demography, 31(4), 575-584.

Barbour, Michael K, & Reeves, Thomas C. (2009). The reality of virtual schools: A review of the literature. Computers and Education, 52(2), 402-416.

Branum, R. (2020, November 17). Personal interview [Zoom interview].

Chetty, Raj, John N. Friedman, Nathaniel Hilger, Emmanuel Saez, Diane WhitmoreSchanzenbach, and Danny Yagan. "How Does Your Kindergarten Classroom Affect Your Earnings? Evidence from Project STAR." NBER Working Paper 16381, September 2010.

De la Varre, Claire, Irvin, Matthew J, Jordan, Adam W, Hannum, Wallace H, & Farmer, Thomas W. (2014). Reasons for student dropout in an online course in a rural K–12 setting. Distance Education, 35(3), 324-344.

Donaldson, E. (2020, October 31). Student Enrollment Dips During Pandemic Mean Texas Schools Will Lose Millions Without State Policy Change. Retrieved from https://www.nbcdfw.com/news/local/student-enrollment-dips-during-pandemic-mean-texas-schools-will-lose-millions-without-state-policy-change/2470532/

Education Code, 2 Texas State Capitol § 29 (2007). https://statutes.capitol.texas.gov/Docs/ED/htm/ED.29.htm#2 9.081

Evans, Michael A, & Powell, Aaron. (2007). Conceptual and practical issues related to the design for and sustainability of communities of practice: The case of e-portfolio use in preservice teacher training. Technology, Pedagogy and Education, 16(2), 199-214.

Gleason, P, Dynarski M (2002) Do We Know Whom to Serve? Issues in Using Risk Factors to Identify Dropouts, Journal of Education for Students Placed at Risk (JESPAR), 7:1, 25-41, DOI: 10.1207/S15327671ESPR0701_3

Goldschmidt, P., & Wang, J. (1999). When Can Schools Affect Dropout Behavior? A Longitudinal Multilevel Analysis. American Educational Research Journal, 36(4), 715–738. https://doi.org/10.3102/00028312036004715

Henard, F. & Leprince-Ringuet, S. (2008). The path to quality teaching in higher education. Paris: OECD. Recuperado el 17 de octubre 2020, from http://www.oecd.org/edu/imhe/44150246.

Hlapanis, Giorgos, & Dimitracopoulou, Angelique. (2007). The School-Teacher's Learning Community: Matters of communication analysis. Technology, Pedagogy and Education, 16(2), 133-151.

Howard, Steven J, Siraj, Iram, Melhuish, Edward C, Kingston, Denise, Neilsen-Hewett, Cathrine, De Rosnay, Marc, . . . Luu, Betty. (2018). Measuring interactional quality in pre-school settings: Introduction and validation of the Sustained Shared Thinking and Emotional Wellbeing (SSTEW) scale. Early Child Development and Care, 190(7), 1-14.

Huppert, F.A (2014). The state of well-being science: Concepts, measures, interventions, and policies. In F.A. Huppert, & C., Cooper (Eds.). Interventions and policies to enhance well-being(pp.1-49). Oxford: Wiley-Blackwell.

Jessica B. H, Kristina Z, Deborah J. H, Mindee O, Sandra C & Angie P (2018) Efficacy of the Check & Connect Mentoring Program for At-Risk General Education High School Students, Journal of Research on Educational Effectiveness, 11:1, 56-82, DOI: 10.1080/19345747.2017.1318990

Kelly, Peter, Gale, Ken, Wheeler, Steve, & Tucker, Viv. (2007). Taking a stance: Promoting deliberate action through online postgraduate professional development. Technology, Pedagogy and Education, 16(2), 153-176.

Lave, J., & Wenger, E. (1991). Situated learning: Legitimate peripheral participation (Learning in doing). Cambridge [England]; New York: Cambridge University Press.

McLellan, Ros, & Steward, Susan. (2015). Measuring children and young people's wellbeing in the school context. Cambridge Journal of Education, 45(3), 307-332.

OCDE, 2015.PISA 2015 Results (Volume III). https://www.oecd-ilibrary.org/education/pisa-2015-results-volume-iii_9789264273856-en : ch 9: parent involvement, student performance, and satisfaction with life

Pane, John F., Elizabeth D. Steiner, Matthew D. Baird, Laura S. Hamilton, and Joseph D. Pane, Informing Progress: Insights on Personalized Learning Implementation and Effects. Santa Monica, CA: RAND Corporation, 2017. https://www.rand.org/pubs/research_reports/RR2042.html.

Plusnick, M. (2020, 6 de octubre). Richardson ISD to receive about $5.5 million from the state despite downward trend in enrollment, attendance. Retrieved from https://communityimpact.com/dallas-fort-worth/richardson/education/2020/10/06/richardson-isd-to-receive-about-55-million-from-the-state-despite-downward-trend-in-enrollment-attendance/

Providing Ground. (2020). Reduce Absences in Early Grades with Personalized Postcards. https://provingground.cepr.harvard.edu/files/provingground/files/proving_ground_postcard_guide_march2020.pdf

Richards, Erin. (2020). America's missing kids: Amid COVID-19 and online school, thousands of students haven't shown up.USA Today, https://www.usatoday.com/story/news/education/2020/09/28/Covid-online-schools-back-to-school-missing-kids/3519203001/

Richardson Independent School District. (2020). The Blueprint: Fall 2020 Return to School Plan.

Rogers, T., Duncan, T., Wolford, T., Ternovski, J., Subramanyam, S., & Reitano, A. (2017). A Randomized Experiment Using

Absenteeism Information to 'Nudge' Attendance. REL 2017-252. Regional Educational Laboratory Mid-Atlantic.

Rumberger, R. W. (1995). Dropping Out of Middle School: A Multilevel Analysis of Students and Schools. American Educational Research Journal, 32(3), 583–625. https://doi.org/10.3102/00028312032003583

Maestro A. (2020, 4 de diciembre). Entrevista Personal [Entrevista de Zoom].

Maestro B. (2020, 4 de diciembre). Entrevista Personal [Entrevista de Zoom].

Maestro C. (2020, 30 de noviembre). Entrevista Personal [Entrevista de Zoom].

Maestro D. (2020, 2 de diciembre). Entrevista Personal [Entrevista de Zoom].

Maestro E. (2020, 7 de diciembre). Entrevista Personal [Entrevista de Zoom].

Thaler, Richard H, & Sunstein, Cass R. (2008). Nudge (Concentrated knowledge for the busy executive). New Haven, USA: Yale University Press.

The Texas Tribune. (2019). Richardson ISD [data file]. Retrieved from https://schools.texastribune.org/districts/richardson-isd/

Censo de la Comunidad Estadounidense de EE. UU. Encuesta, (2018). [Data files]. Recuperado de https://censusreporter.org/data/table/?table=B28005&geo_ids=04000US48,860|04000US48&primary_geo_id=04000US48#valueType|estimate

Villegas-Reimers, E. (2003). Teacher professional development: An international review of the literature. Paris: UNESCO.

Waldrop, Devin, Reschly, Amy L, Fraysier, Kathleen, & Appleton, James J. (2018). Measuring the Engagement of College Students: Administration Format, Structure, and Validity of the Student Engagement Instrument–College. Measurement and Evaluation in Counseling and Development, 52(2), 90-107.